BAEDEKER

VENEDIG

»

Die erste und einzige Route, die ich dir empfehlen möchte … heißt Zufall … Sich verirren ist der einzige Ort, den anzusteuern sich lohnt.

Tiziano Scarpa

baedeker.com

TOP 16

Die Top-Sehenswürdigkeiten von Venedig

BASILICA DI SAN MARCO

Mit ihren prachtvollen Mosaiken auf Goldgrund und anderen Schätzen ist sie die Königin der venezianischen Kirchen. **S. 55**

BURANO

Feinste Spitzen und bunte Fischerhäuser in der Lagune – ein Gesamtkunstwerk. **S. 69**

CA' D'ORO

Das »Goldene Haus« am Canal Grande besitzt den schönsten Balkon Venedigs. **S. 71**

CANAL GRANDE

Die zauberhafte Wasserstraße ist ein Bilderbuch der Architektur: In ihrem Wasser spiegeln sich über 200 Palazzi und 15 Kirchen. **S. 89**

COLLEZIONE PEGGY GUGGENHEIM

Die Sammlung der exzentrischen Amerikanerin ist ein »Who is who« der klassischen Moderne. **S. 107**

GALLERIE DELL' ACCADEMIA

Die großen venezianischen Maler von der Gotik bis zum Rokoko unter einem Dach. **S. 116**

GHETTO

Spuren jüdischen Lebens im ältesten Ghetto der Welt. **S. 124**

SAN LAZZARO DEGLI ARMENI

Ein noch bewohntes Kloster in der Lagune. **S. 144**

MURANO

Ein Kosmos aus Glas und eine der schönsten Kirchen der Lagune. **S. 154**

PALAZZO DUCALE

Er war 1000 Jahre lang Symbol und Stolz der Seerepublik – ein Bau mit vielen Geschichten. **S. 158**

PIAZZA SAN MARCO

Mittelpunkt Venedigs und das Herz der Lagunenstadt. **S. 172**

PONTE DI RIALTO

Eines der Wahrzeichen der Stadt. Hier findet seit 1100 Jahren der zentrale Markt statt und pulsiert das Leben. **S. 180**

SANTA MARIA GLORIOSA DEI FRARI

Die äußerlich eher schlichte Kirche quillt förmlich über von Kunstwerken berühmter Venezianer. **S. 190**

SANTA MARIA DELLA SALUTE

Die Kirche mit ihren mächtigen Kuppeln ist ein Symbol für den Sieg über die verheerende Pest. **S. 197**

SANTI GIOVANNI E PAOLO · SAN ZANIPOLO

27 Dogen und einige berühmte Künstler sind hier bestattet – ihre Grabmäler sind schöne Beispiele der Bildhauerei. **S. 199**

SCUOLA GRANDE DI SAN ROCCO

Tintoretto, selbst Mitglied der Rochus-Bruderschaft, schuf hier in 20 Jahren ein Gesamtkunstwerk aus 62 Wand- und Deckengemälden. **S. 206**

DAS IST VENEDIG

TOUREN

LEGENDE

Baedeker Wissen

● Textspecial, Infografik & 3D

Baedeker-Sterneziele

★★ Top-Sehenswürdigkeiten

★ Herausragende Sehenswürdigkeiten

SEHENSWERTES VON A BIS Z

HINTERGRUND

ERLEBEN UND GENIESSEN

PRAKTISCHE INFORMATIONEN

ANHANG

PREISKATEGORIEN

Restaurants
Preiskategorien
für ein Dreigänge-Menü

€€€€	über 100 €
€€€	70 – 100 €
€€	40 – 70 €
€	bis 40 €

Hotels
Preiskategorien
für ein Doppelzimmer

€€€€	über 300 €
€€€	200 – 300 €
€€	120 – 200 €
€	bis 120 €

MAGISCHE MOMENTE

ÜBERRASCHENDES

Lassen Sie sich doch mal auf das närrische Abenteuer Karneval ein und mischen Sie sich unter die Leute im Palazzo Pisani Moretta.

D

DAS IST...

Venedig

Die großen Themen
rund um die Lagunenstadt.
Lassen Sie sich inspirieren!

ZWISCHEN HIMMEL UND MEER

Das halbmondförmige Binnenmeer mit Venedig als Perle ist etwas größer als der Bodensee. Wie Oasen liegen 117 Inseln in den seichten Fluten. Früher waren sie Festungen, Verstecke, Leprastation, Lazarett, Kloster oder Küchengarten. Andere sind seit Jahrhunderten Heimstätten alter Handwerkskunst. Diese Landschaft zwischen Festland und Adria ist weltweit einzigartig.

Venedig erschmecken: Fisch und Meerestiere aus der Lagune bestimmen den Speiseplan.

LEISE gleitet das schwere Boot mit den rotbraunen Segeln durch die Lagune. Vielfarbig glänzt das glatte Wasser. Wie eine Traumgestalt zeichnet sich die Kuppel der Salute, der Globus auf der Dogana da Mar und die Spitze des Campanile am tiefblauen Himmel ab, den am Horizont die schneebedeckten Gipfel der Dolomiten begrenzen. Dann verschmilzt die Skyline der Serenissima mit der Lagune, sind Trubel und Lärm vergessen, zeigen hohe Holzpfähle den fahrbaren Weg zu den **117 Inseln**, von denen jede ihre ganz eigene Bestimmung hat: Murano war einst das Ghetto der Glasbläser, Burano Heimat der Spitzenstickerinnen, Torcello Bischofssitz, andere sind Friedhofs-, Uni- oder Klosterinseln. Und viele sind noch Naturperlen, die erst in den letzten Jahren in den Fokus der Planer und Entwickler geraten sind wie La Certosa.

Slow-Food-Koch Mauro Stoppa steuert mit seinem flachen Traditionskahn »Eolo« mit Vorliebe kaum bekannte Inseln und unberührte Winkel in der Lagune an, von denen bereits Hermann Hesse in seinem Venedig-Reisebuch »Lagunenzauber« so schwärmte.

Sie sind vor allem im Norden, in der »**Laguna morta**« zu finden. Die »tote Lagune«, die fast die Hälfte der Lagune ausmacht und in die nur ausnahmsweise Salzwasser eindringt, verlandet immer mehr. In der mittleren Lagune dagegen wachsen künstliche Inseln wie Tronchetto in den sensiblen Lebensraum hinein. Im Süden sorgt das ständige Ausbaggern der Zufahrten nach Mestre und Marghera für einen Anstieg des Salzwassers und einen sinkenden Lagunenboden. Immer mehr Untiefen und Sandbänke verschwinden und verändern das Ökosystem. Und damit auch die »barene«, das **Watt- und Marschland**, das bei Hochwasser regelmäßig überschwemmt wird. Als Labyrinth zwischen Himmel und Erde, das von natürlichen Kanälen, den »ghebi« durchzogen ist, nimmt es über die Hälfte der 550 Quadratkilometer großen Wasserfläche ein. Austernfischer, Teichrallen und Blässhühner nisten im »baro«, dem dichten Gestrüpp, Haubentaucher und Silberreiher rasten hier beim Vogelzug.

Valle da Pesca – Aquakultur in der Lagune

Mauro Stoppa hat jetzt mit seinem Holzsegler »Eolo« den Rand der Lagune erreicht, lässt die Segel fallen und zeigt auf das Schilfgeflecht. Es markiert die Grenze eines Valle da Pesca – seit dem 11. Jh. wird in solchen »**Fisch-Tälern**« Fisch gezüchtet und gefangen. Einige sind nur wenige Hundert Quadratmeter groß, das Val Dogà als intensivste Fischkultur fast 17 km². Aal (venez. bisato), Meeräsche (meciato), Wolfsbarsch (bransin) und Goldbrasse (orada) wachsen dort heran, bis sie groß genug sind, um auf dem Rialto-Fischmarkt verkauft zu werden. An einer Backsteinwand im Durchgang zum Ponte de la Pescaria informiert eine Steintafel über die »Lunghezze minime permesse per la vendita del pesce delle seguenti qualità«, die Mindestgröße der zum Verkauf erlaubten Fische.

Das ökologische Gleichgewicht in der Lagune ist gefährdet, und die Regierung schränkt die Fischerei zunehmend ein. Aus Hartplastik und mit High-Tech-Innenleben ausgestattet sind die Roboterfische, mit denen ein Forscherverbund unter Leitung der Universität Graz Umwelt und Natur in der Lagune von Venedig überwacht. Ständig analysieren sie Temperatur, Wassertrübung, Salzgehalt, Strömung und Tiefe und machen auf Knopfdruck Fotos von Flora und Fauna. Vielleicht entdecken Sie ja bei Ihrem Törn durch die Lagune die gut zwei Meter großen Basisstationen des EU-Projekts »**subCULTron**«, künstliche Seerosen, an denen die »aFISH« andocken, um ihre Daten zu übertragen und Batterien aufzuladen.

WILLKOMMEN AN BORD!

Erkunden Sie die Lagune mit dem Boot! Törns bieten Mauro Stoppa/Eolo (Tel. 349 743 15 52, www.cruisingvenice.com) und Terra e Aqua an (Dorsoduro 3485/a, Tel. Paolo 340 664 94 80, www.terraeacqua.com). Mittags wird in einer Insel-Taverne gegessen oder an Bord gepicknickt. Martino Rizzi darf auch über die ehemalige Quarantäneinsel Lazzaretto Vecchio führen, zu der sonst bislang nur die Archäologen Zutritt haben (Guide to Venice, Tel. 328 948 56 71, www.guidetovenice.it/laguna.htm).

GONDELN, SANDOLOS UND GROSSE REGATTEN

Venedig und die Lagune sind ein eigener Kosmos, durchzogen von einem Labyrinth kleiner und großer Kanäle, mit zahlreichen bewohnten und unbewohnten Inseln und Eilanden. Die erste feste Verbindung zum Festland erhielt Venedig erst 1846. Doch bis heute gilt: Ohne Boot geht (fast) nichts.

IN Venedig kann man sich nur zu Fuß oder zu Wasser bewegen. Daher waren in Stadt und Lagune über 100 verschiedene Bootstypen unterwegs. Heute sind davon noch rund 20 erhalten. Einen Überblick erhalten Sie bei der alljährlichen **Regata Storica** am ersten Septembersonntag!

Traditionsboote heute

Angetrieben werden die Traditionsboote bis heute nur mit Muskelkraft. Doch dank der ausgefeilten Konstruktion der Boote, der Beschaffenheit des Ruders und der Ruderrolle (forcola) ist dies beileibe kein Kraftakt: Ein Gondoliere verbraucht beim Bewegen eines 900 kg schweren Boots kaum mehr Energie als ein Fußgänger! Zur »Festa della Sensa« brachten einst 168 Ruderer den Dogen in seiner prunkvollen, doppelstöckigen **Bucintoro** von San Marco hinüber zur Kirche San Nicolò. Nach den Gebeten für die Sicherheit der Seefahrer warf der Doge unter Gesängen einen gesegneten Goldring ins Meer, um die Vermählung Venedigs mit dem Meer, Sposalizio del Mare, und die Oberherrschaft Venedigs über die Adria zu feiern. Bis heute erinnert das Fest an den Sieg über die dalmatinischen Piraten im Jahr 997, mittlerweile leitet allerdings der Bürgermeister die Zeremonie. Dafür steigt der »Sindaco« in die **Desdotona** – das kunstvoll geschmückte Vollholzboot mit 18 Ruderplätzen eröffnet alle Umzüge und Paraden auf dem Wasser.

Ihre Waren ruderten die Venezianer mit sechs Mann auf der geräumigen, schweren **Caorlina** zum Markt, dem größten Transportschiff der Vollholzflotte.

Den **Sandolo**, einen acht bis zehn Meter langer Transportkahn, trieben vier Männer mit Muskelkraft an. Heute kann man ihn je nach Bedarf zum Angeln, für die Fischerei, die Regatta oder den Personentransport anpassen. Wie die Gondel ist er asymmetrisch gebaut, um den einseitigen Ruderschlag bzw. Links-drall auszugleichen. Der entsteht, wenn das Boot nur von einem einzigen Mann gerudert wird. Und das geschieht in Venedig stets stehend. Die aufrechte Haltung spart Kraft und sorgt für den besten Überblick im dichten Verkehr. Auch lassen sich Sandbänke,

REGATTEN UND RUDERKURSE

Der Glanz der Seerepublik lebt bei der **Regata Storica** am ersten Septembersonntag wieder auf: Tausende historischer Boote mit kostümierten Ruderern gleiten den Canal Grande hinab, bevor dann das eigentliche Rennen beginnt (►S. 299). Bei der **Vogalonga** bewegt sich an einem Sonntag Ende Mai ein bunter Zug paddelnd oder rudernd 30 km durch die Lagune. Hunderte Boote, alle mit Muskelkraft betrieben, sind dabei (www.vogalonga.com, ►S. 300). Bei **Row Venice** zeigen »vogatori« auch Anfängern, wie man eine Gondel richtig rudert (►S. 310).

Seit dem Jahr 697 wird sie in den »squeri« in Handarbeit gefertigt: die Königin der Wasserwege, die Gondola.

Bojen oder Hindernisse leichter erkennen. Die **Mascareta** ist etwas schmaler als der Sandolo. Woher der Holzkahn seinen ungewöhnlichen Namen hat? Er war einst das bevorzugte Gefährt von Prostituierten, die ebenfalls zum Paddel griffen – und für die Kahnfahrt eine Maske trugen, um unerkannt zu bleiben. Mit der **Batela** oder **Burchielle** wird bis heute Baumaterial und Bauschutt transportiert, mit der **Scoazarra** der Müll. In **Sabbionere** brachte man einst Ballast zu den Schiffen. Seit Jahrhunderten im Einsatz sind auch die **Traghetti**, die Gondelfähren. Extra für die Regata Storica wurde der schmale **Gondolino** für zwei Ruderer entworfen, der leichter, bunt und schwieriger zu rudern ist.

Die Königin der Wasserwege

... ist jedoch zweifellos die **Gondola**, die nur Personen, niemals Lasten befördert. Seit dem Jahr 697 fertigen sie die »squeri«, die Gondelwerften der Stadt. Ende des 19. Jh.s wurden die ersten asymmetrischen Gondeln gebaut, deren gekrümmter Rumpf es erlaubte, das Boot statt wie bisher von zwei an Bug und Heck, nur von einem Mann rudern zu lassen. Heute befahren über 400 Gondolieri die venezianischen Kanäle. 2010 bestand Giorgia Boscolo als erste Frau die »Fahrprüfung« zur Gondoliere und stieß damit in einen Berufsstand vor, der fast 1000 Jahre reine Männerdomäne war (▶ S. 84).
Völlig verschwunden ist der »felze«, den man einst auf die Gondeln stellte und mit der »rassa«, einem schweren Wolltuch, bedeckte. So waren die Gondelpassagiere nicht nur vor Regen, sondern auch vor neugierigen Blicken geschützt – im **Museo Storico Navale** können Sie noch ein intaktes Exemplar bewundern. Ob es wohl jener felze war, die Nicolas Remin zu seinem Krimi »Requiem am Rialto« inspirierte?

AUF DEN SPUREN VON COMMISSARIO BRUNETTI

Er ist einer der berühmtesten Venezianer, obwohl es ihn eigentlich gar nicht gibt: Guido Brunetti. In fast zwei Dutzend TV-Folgen hat Uwe Kockisch dem Ermittler aus Donna Leons Romanen Gestalt gegeben – ein sympathischer Kommissar mit einer klugen Ehefrau, Paola, und einer typisch italienischen Familie. Der Commissario ist ein Genussmensch und bei seinem Kampf gegen den Filz in den Behörden, korrupte Beamten und Verbrecher ermittelt er gerne abseits eingefahrener Wege.

UND so ist der charmante Commissario, der nun seit einem Vierteljahrhundert in seiner Questura Dienst tut, einer der besten Reiseführer für alle, die **das echte Venedig** entdecken möchten. In die Markusbasilika setzt Brunetti keinen Fuß, doch die Kirche San Pietro steuert er umso häufiger an. Oder er holt sich bei Rosa Salva ein süßes Teilchen und genießt es auf dem Campo Santi Giovanni e Paolo vor der gleichnamigen Kirche. Wie ihr mitunter melancholischer Polizist meidet auch **Donna Leon** zumindest bei Tageslicht die vielbesuchten Orte. Ihre Geschichten spielen an Plätzen, die die gebürtige Amerikanerin, die seit 1981 in Venedig lebt, aus ihrem Alltag kennt.
Doch die Schauplätze der Bücher sind nicht immer mit den Drehorten identisch. Die Verbrechen – illegale Adoptionen, Schwarzarbeit, Schmiergeld, Umweltfrevel oder Mord – passieren immer an weniger bekannten Orten. Mal ist es ein großbürgerlicher Palazzo, der nur zur Biennale zugänglich ist, mal ein Seniorenheim. Bei der Spurensuche mit Brunetti entdecken Sie nicht nur kaum bekannte Winkel, sondern auch typische Originale und Themen.

Zwischendurch eine Ombra

In Buch und Film erhalten Sie gleich ein paar Restauranttipps. Gerne gönnt sich der Commissario mal ein Eis in der Gelateria am Campo Santo Stefano. Eines seiner Lieblingslokale ist die **Trattoria Da Remigio** (▶ S. 294) Den frischen Fisch für seine Meeresküche holt sich der Padrone Fabio Bianchi am selben Morgen bei der Pescheria am Rialtomarkt, wo Brunetti jeden Tag auf dem Weg zur Arbeit vorbeikommt.
In den Romanen wohnt Brunetti am Campo San Polo im Palazzo Barbarigo della Terrazza, gedreht wird allerdings im Haus San Marco 3051. Doch nicht auf der Dachterrasse – diese versteckt sich hoch oben in einem Palazzo gegenüber der Anlegestelle Sant'Angelo, wo Rio di San Polo und Rio de le Erbe in den Canal Grande münden. Wenn Brunetti dort nicht abends mit seiner Gattin und den beiden Kindern Fusilli mit

Brunetti mit Paola im Palazzo seines Schwiegervaters (Filmausschnitt von 2002)

grünen Oliven genießt, die Paola mit frischen Basilikumblättern und viel Parmesan serviert, dann sitzt er vielleicht mit seiner Familie auf der **Wasserterrasse des Hotels La Calcina**, die alle so lieben (► S. 317). Oder er tafelt in der Trattoria Corte Sconta oder im Antiche Carampane – ebenfalls zwei Lieblingsadressen des Commissario. Wie auch das kleine, stets gut besuchte Bacaro **Do Mori** (►S. 294), wo Brunetti gern eine »ombra« trinkt, den »Schatten«, wie die Venezianer ein Gläschen zwischendurch nennen.

Mord im Paradies

Brunettis Arbeitsplatz, die **Questura**, ist ein repräsentativer Bau mit markanten Säulen. Im Buch befindet sich das Polizeipräsidium an den Fondamenta San Lorenzo, im Film am Campo della Confraternità – dort stehen auch die berühmten Säulen. Die Innenaufnahmen wiederum entstehen im Hotel Palazzo Stern. »**Far bella figura**« ist für Giuseppe Patta das Wichtigste. Brunettis Vorgesetzter bevorzugt Orte, die seine gesellschaftliche Stellung widerspiegeln. Und so beginnt der Vice-Questore gern seinen Arbeitstag mit einem Kaffee auf der Terrasse des noblen **Gritti** (► S. 316). Seinen mittäglichen Pranzo nimmt er öfters am Pool des luxuriösen Cipriani auf der Giudecca ein. Abends kehrt der Vice-Questore gerne in **Harry's Bar** (► S. 281) ein. Zur bella figura gehören auch die schönen Blumensträuße der Questura. Diese besorgt Signorina Elettra am **Campo San Salvador**, wo es den hübschen Blumenladen tatsächlich gibt. Hat Brunetti Streit mit Patta und helfen selbst die aufmunternden Worte von Elettra nicht weiter, dann besteigt er ein Boot und fährt hinaus in die Lagune, auf eine der Inseln, die bis heute Ruhe versprechen. Dorthin schickt Donna Leon ihren erfolgreichen Ermittler auch in seinem 26. Fall »**Stille Wasser**« (Diogenes 2017). Brunetti hatte einen Schwächeanfall, wird krankgeschrieben und will sich in der Lagune erholen. Doch da kommt er einem größeren Fall als je zuvor auf die Spur ...

BRUNETTIS LIEBLINGSPLÄTZE

Die bevorzugten Orte des Commissario stellt Toni Sepeda in zwölf Rundgängen in ihrem Buch »Mit Brunetti durch Venedig« vor (Diogenes 2017). Ein Streifzug zu 200 Drehorten ist das Nachschlagewerk »Hinter den Kulissen von Commissario Brunetti« von Elisabeth Hoffmann und Karl-L. Heinrich (Harms 2013, inkl. Stadtplan, www.krimischauplatz.de). Oder lassen Sie sich von Dr. Susanne Kunz-Saponaro einen Spaziergang zu Ihren bzw. Brunettis Lieblingsorten zusammenstellen (► S. 310, 1 Std. für 2 Pers. 95 €, www.stadtfuehrungen-venedig.de/brunetti.htm).

TOLLE TAGE

An einem Stahlseil schwebt der Engel vom Campanile auf den Markusplatz. Es regnet Konfetti. Glocken läuten. Dann bricht der Jubel los und die Party der Maskierten beginnt. Der »Volo dell'Angelo« ist Auftakt zur fünften Jahreszeit in der Lagune: Venedig feiert Karneval!

»DIESE Verkleidungen eröffnen jede Gelegenheit für eine Unmenge an Liebesabenteuern, denn die Amouren von Venedig sind intrigenreicher als in irgendeinem anderen Land.« Das notierte der Engländer Joseph Addison zu Beginn des 18. Jh.s in seinen »Remarks on several Parts of Italy«. Und auch Goethe war vom Karneval fasziniert – im Ausgabenbuch zu seiner »Italienischen Reise« hält er am 29. September 1786 den Kauf von Hut und Maske fest.

Feiern vor der Fastenzeit

Venedig bot schon immer eine **großartige Kulisse** für Feste und Feiern. Auch die Geschichte des Karnevals ist alt. Erstmals erwähnt wird der Karneval im Jahr 1094 in einem Schreiben des Dogen Vitale Falier. Der ursprünglich heidnische Brauch sollte nach einem langen Winter den Einzug des Frühlings feiern. Die Bezeichnung Carneval (evtl. aus carne levare = Fleisch weg) meinte zunächst das letzte Mahl vor der Fastenzeit, stand jedoch bald für alle Karnevalsfeiern vor Aschermittwoch. Auf dem Markusplatz wurden in Anwesenheit des Dogen, hoher Würdenträger und Staatsgäste Ochsen geschlachtet, Schwertkämpfe ausgetragen, akrobatische Kunststücke vollführt und ausgiebig dem Glücksspiel gefrönt, das nur zur Karnevalszeit erlaubt war. Besonders aufwendig waren die Umzüge auf dem Wasser mit prächtig geschmückten Gondeln. Man konnte aber auch einfach die Nächte durchmachen, tanzen, trinken und verkleidet in andere Rollen schlüpfen – schließlich wusste niemand, wer hinter einer Maske steckte. Als 1797 der letzte Doge zurücktrat und die Franzosen in Venedig einzogen, ließ Napoleon den verrufenen Carnevale umgehend abschaffen.

Fast 200 Jahre vergingen, bis das faszinierende Maskenspiel von einem kleinen Kreis engagierter Theatermacher 1979 **wieder zum Leben erweckt** wurde – mit tatkräftiger Unterstützung von findigen Tourismusmanagern, um die weniger besuchten Wintermonate zu beleben. Was offensichtlich sehr gut funktioniert hat.

CARNEVALE DI VENEZIA

Der Karneval beginnt 14 Tage vor Aschermittwoch und endet am Faschingsdienstag (www.carnevale.venezia.it). Prachtvolle Kostüme verleihen und verkaufen **Stefano Nicolao** (▶ S. 305) und das **Atelier Marega** (Calle larga San Polo 2940/b, Tel. 041 71 79 66, www.marega.it). Kunstvolle Masken aus »cartalana«, in Kleister getränkten Papierstreifen, stellen u. a. **Ca' Macana** und **Tragicomica** (www.tragicomica.it, Tel. 041 72 11 02) her. Wer sich eine eigene Maske fertigen möchte: Ca' Macana bietet zweistündige Kurse an (Dorsoduro 1169, tgl. 10–20, im Winter bis 18 Uhr, Kursteilnahme nach Voranmeldung, 2–2,5 Std. ab 50 €, Tel. 041 520 32 29, www.camacana.com).

Gualtiero Dall'Osto, Inhaber von Tragicomica, fertigt die Schnabelnase eines Pestarztes an.

Maskerade alla veneziana

Seit dem 14. Jh schenkte der Doge jedes Jahr zwölf armen Mädchen eine reiche Aussteuer. Das schönste von ihnen eröffnete mit dem »Engelsflug«, dem »**Volo dell'angelo**«, den Karneval.
Die ersten Maschere aus Papier, Mehlkleister, Mull und Farben wurden bereits Ende des 13. Jh.s hergestellt. Da im Schutz der Masken Diebstahl und Betrug zunahmen, reagierte die Serenissima mit einem Vermummungsverbot. Erst im 17. Jh. durften wieder Masken getragen werden, niemals jedoch in Kirchen. Zu Zeiten Casanavos, der Blütezeit im 18. Jh., kostümierte man sich gerne in den Rollen der Commedia dell'Arte, die Herstellung von **farbenfrohen Masken** und **fantasievollen Kostümen** wurde zu einem ganz einträglichen Wirtschaftszweig (▶ S. 305). Für die Verfilmung von Tolkiens »Herr der Ringe« entwarf **Stefano Nicolao** Rüstungen, für Cate Blanchett als Elizabeth I. edle Gewänder; seine Kostüme sind auch auszuleihen. Echte venezianische Masken statt Massenware aus Fernost finden Sie bei **Ca' Macana** oder bei **Tragicomica**. Bei **Mondonovo** bestellte Stanley Kubrick die Masken für seinen Film »Eyes wide shut«.
Kritiker meinen, der Karneval bedeute längst nur noch **Kommerz**. Während viele Einheimische in dieser Zeit aus der Stadt fliehen, strömen Hunderttausende Narren aus aller Welt nach Venedig, um ein Ereignis zu erleben, das im Grunde aus ihnen selbst besteht. Die Hotels sind ausgebucht und kosten gern das Dreifache. Das alles mag sein. Und doch: Wenn leichter Nebel über die Lagune zieht, man sich unversehens abseits vom Trubel in einer einsamen Gasse wiederfindet und plötzlich Kostümierte vorüberhuschen, dann fühlt man sich wunderbar in die Zeit Casanovas zurückversetzt.

MEISTER IHRES FACHS

Kunstvolle Masken und Marmorpapier, feinste Spitze, farbiges Glas und edle Stoffe: Das venezianische Kunsthandwerk ist vielfältig und blickt auf eine lange Tradition zurück. Wer auf eigene Faust in den Werkstätten, Läden und Showrooms stöbert, sollte allerdings genau hinsehen: Nicht selten ist das vermeintlich authentische Souvenir ein Billigimport aus Fernost.

Seit Jahrhunderten halten Frauen das Handwerk der Spitzenstickerei auf Burano am Leben (1949)

KEINE andere Stadt der Welt besitzt – gemessen an ihrer Einwohnerzahl – eine so hohe Dichte exzellenter Kunsthandwerker. Jahrhundertelang diente das örtliche (Kunst-)Handwerk der Prachtentfaltung der Republik und wurde von der Serenissima streng behütet, besonders die Glasbläserkunst und Spitzenstickerei. Zum Schutz vor Spionage wurden die Handwerker auf Laguneninseln verbannt und erhielten als Entschädigung für das Leben im Ghetto zahlreiche Privilegien. Sie waren von der Steuer befreit, konnten Ständeschranken überwinden und sogar in die Aristokratie einheiraten.

Schön und zerbrechlich

Kristallklares Glas, schimmernde Farben und subtile Formen – jahrhundertelang galt das Ghetto der **Glasbläser auf Murano** als das Herz der europäischen Glasmanufakturen. Bis heute produzieren hier berühmte Betriebe wie Barovier & Toso, Nason Moretti und Fratelli Toso Vasen, Skulpturen und Schmuckstücke in Handarbeit und aus den edelsten Materialien wie Silber und Gold (▶ S. 304). Echtes Murano-Glas wird stets als Original gekennzeichnet und mit Garantie versehen. Früher war alles, was opulent, floral und verspielt war, das Höchste. Heute arbeiten die Glaswerkstätten von Murano mit international renommierten Designern zusammen, die immer wieder die Grenzen des Materials ausloten. Luigi Camozzo ritzt und ätzt seine Glaskunst derart, dass sie an Stein oder Marmor erinnert (www.luigicamozzo.com). Carlo Scarpa schuf für Venini Battuto-Vasen, deren Oberflächen an gehämmertes Metall erinnern und die inzwischen sogar im Metropolitan Museum of Art in New York zu bewundern sind (https://venini.com).

Alles Spitze

Die Nachbarinsel **Burano** ist nicht nur für ihre bunt gestrichenen Fischerhäuser bekannt, sondern vor allem für ihre **Spitzenstickerinnen**, die mit ihren filigranen Arbeiten im 16. Jh. ganz Europa begeisterten. Mit dem Ende der Seerepublik und dem Siegeszug der Industriespitze geriet die Buranospitze in Vergessenheit. Eine Schule für Spitzenstickerei hat das 500 Jahre alte Handwerk vor dem Aussterben bewahrt. Heute erlebt die »Merlotto di Burano« als Luxusartikel ihre Renaissance, z. B. im Showroom von Martina Vidal auf Burano (Via S. Mauro 309, www.martinavidal.com).

Samt und Seide

Für **edle Stoffe** aus Venedig steht der Name Fortuny. In der 1919 eröffneten Manufaktur auf der Insel Giudecca werden die Stoffe wie vor 100 Jahren mit geheimen Techniken bedruckt und bemalt (Showroom Mo. – Sa. 10–13, 14–18 Uhr, https://fortuny.com). Lorenzo Rubelli besitzt als Einziger das Recht, die wertvollen Damaste zu weben, die im Palazzo Ducale die Privaträume der Dogen zieren (www.rubelli.com). Das Weiße Haus und den Stockholmer Königspalast schmücken Brokat-, Samt- und Satinstoffe, die bei Luigi Bevilacqua in Santa Croce auf Holzwebstühlen aus dem 18. Jh. gewebt werden (www.luigi-bevilacqua.com). Mario Bevilacqua und seine Frau Paola stellen in San Marco Textilien für Prunkkissen und Abendtäschchen her (www.bevilacquatessuti.com). Emma Gaggio beliefert mit ihren nostalgischen Textilien Theaterhäuser und Haute-Couture-Designer wie Dior (www.emmagaggio.com).

Marmorpapier

Ebru nannten die Türken das von ihnen erfundene Marmorpapier. Zart und wunderschön gemustert, wird es seit dem 17. Jh. in der Lagunenstadt handgeschöpft. Zu den Meistern seiner Zunft gehört Alberto Valese. Jeder Bogen seines hochwertig veredelten Papiers ist ein Unikat, das nach Aufbringen der Farben durch Tupfen, Spritzen oder Sprühen entsteht. Mal ähnelt das Muster echtem Marmor, mal einer verblichenen Tapete. In der Legatoria Piazzesi werden die Bögen seit 1851 mit Holzmodeln bedruckt. Anders als bei maschinell erzeugten Bögen lassen Unregelmäßigkeiten die Handarbeit erkennen (www.albertovalese-ebru.it). Wie vielseitig Marmorpapier verwendet wird, zeigen die Läden der Papierkünstler (► S. 307).

GLASBLÄSER, GONDELBAUER UND VERGOLDER

Hélène Salvadori führt auf ihrer »**Venice Master Artisans Tour**« drei Stunden lang zu den Meistern des Kunsthandwerks (Mobil: 348 592 79 74, www.aguideinvenice.com/unusual-tours/venice-master-artisans-tours, ab 80 €/Pers.).

T

TOUREN

Durchdacht, inspirierend, entspannt

Mit unseren Tourenvorschlägen lernen Sie Venedigs beste Seiten kennen.

VENEDIG
S. Giuliano
Canale delle Navi
Aeroporto, Padua
Sant' Alvise
Fond. Contarini
Fond. dei Riformati
Fondamenta della Sensa
Fond. G. Contarini
R. I° Piave
Fond. C. Coletti
Fond. del Battello
★★Ghetto
Fond. degli Ormesini
★Madonna dell'Orto
Casa Tintoret
F.C. Ferau'
Fond. di Cannaregio
Fond. d. S. Giobbe
C. d. Beccarie
Calle d. Cereria
★S. Giobbe
Panificio Volpe
Museo Ebraico
Fond. Savorgnan
Fond. Pescaria
★★Ghetto
Campo Santa Fosca
Ponte della Libertà
CANNAREGIO
C. Riello
Pte. d. Guglie
Rio Terà S. Leonardo
Campiello d. Anconetta
Pal. Correr
Isola del Tronchetto
Pasticceria dal Mas
Pal. Zeno
★Pal. Labia
S. Marcuola
Pal. Vendramin Calergi
S. Geremia
Canal Grande
Strada Nova
Scalzikirche
Lista d. Spagna
Palafenice
Bahnhof Santa Lucia
Riva di Biasio
★Fondaco dei Turchi
Strada Nuova
Ponte Scalzi
Pal. Gritti
★Ca' Pesaro
Pal. Mocenigo
S. Simeon Profeta
Ca' d'O
Chiara
Fond. Santa Lucia
S. Simeone Picc.
R. Bella
★S. Giacomo dell' Orio
★Corner d. Regina
Stazione Marittima Merci
Fond. S. Chiara
Pte. di Calatrava
Corte Canal
Campo d. S. Agostin
Casa di Aldo Manuzio
★Pescheria
Canale di
Campo S. Andrea
Garage
Campo d. Lana
C. d. Lacca
Scuola Gr. di S. Giov. Ev.
S. POLO
C-llo Albrizzi
Bacino Stazione Marittima
Piazzale Roma
S. Giovanni Evangelista
★★S. Maria Gloriosa dei Frari
Pal. Corner Mocenigo
★San Polo
S. CROCE
S. Nicolò da Tolentino
S. Rocco
Rizzardini
Stazione Marittima
Rio Terrà dei Pensieri
★★Scuola Grande di San Rocco
Pal. Cappello
Pal. Barbarigo d. Terrazza
Pal. Bernardo
Canale Scomenzera
S. Maria Maggiore
★Campo Santa Margherita
Casa Goldoni
★Pal. Fortuny
Fond. delle Procuratie
Calle Contarini
Fond. Rossa
Pal. Pisani-Moretta
Pal. Balbi
Campo Sant' Angelo
Pal. Grassi
★Ca' Foscari
Palazzo Zenobio
Fond. Foscarini
Campo Santo Stefano
Fond. S. Marta
S. Teresa
Fond. d. Terese
★Scuola Grande d. Carmini
S. Stefano
S. MARCO
S. Nicolo
Angelo Raffaele
Ca' Rezzonico
C. S. Stefano/F. Morosini
La Bitta
Pal. Loredan
Ca' del Duca
d. Amb.
Pal. Falier
Pal. Pisani
La Fenice
C. d. al Magazzini
S. Nicolò dei Mendicoli
C. d. Chiesa
Calle lunga S. Barnaba
Pal. Contarini degli Scrigni
Fond. di Borgo
Pal. Barbaro
Campo San Maurizio
★San Sebastiano
Campo S. Basegio
Campo S. Trovaso
★★Gallerie dell' Accadèmia
Ponte dell' Accademia
Fond. Zattere Ponte Lungo
San Trovaso
Fusina
Canale di Fusina
Encoteca Schiavi
Pal. Contarini del Zaffo
★★Collezione Guggenheim
Sacca Fisola
DORSODURO
S. Maria del Rosario ai Gesuati
Molino Stucky
★Isola della Giudecca
Zattere
Spirito Santo

Burano, S. Erasmo, Murano, S. Francesco, Treporti, Punta Sabbioni
S. Michele in Isola
N
200 m
©BAEDEKER
Cimitero S. Michele
Isola di S. Michele
Sacca della Misericordia
Fondamente Nove
Abbazia d. Misericordia
Canale delle Fondamenta Nuove
S. Caterina
Campo d.Gesuiti
I Gesuiti
Rio Terà B. Fruttarol
R. d. Pozzi
Ca' d'Oro
S. Lazzaro dei Mendicanti
Fondamente Nove
Isola di S. Pietro, Certosa, Lido
Pal. Valmarana
SS. Apostoli
S. Maria dei Miracoli
C. d. Testa
Ex Scuola Grande d. S. Marco
Rialtomarkt
Monumento Colleoni
Santi Giovanni e Paolo
Barbaria d. Tole
Pal. dei Camerlenghi
Fondaco d. Tedeschi
Campo d. S. Marina
S. Francesco d. Vigna
Campo d. Confraternità
Campo d. Celestia
Ponte di Rialto
Calle del Paradiso
S. Maria d. Fava
S. Salvador
S. Maria Formosa
Campo S.Lorenzo
Scuola d. S. Giorgio d. Schiavoni
Can. d. Galeazze
Canale di Porta Nuova
Darsena Grande
Calle dei Fabri
Querini-Stampalia
S. Giorgio d. Greci
Mercerie
S. Giovanni Nuovo
C. Fiubera
C.d.Arco
F. Penini
Torre dell' Orologio
Campo Bandiera e Moro
Arsenale
Proc. Vecchie
Piazza
S. Marco
S. Zaccaria
Campo d. Arsenale
S. Pietro
Contarini Bovolo
Pal. Ducale
Pal. Dandolo
S. Giovanni in Bragora
Canale di S. Pietro
Riva S. Maria degli Schiavoni
d. Pietà
Piazza San Marco
Museo Correr
Proc. Nuove
C.d. Forni
CASTELLO
Campo di Ruga
Museo Storico Navale
S. Moisè
R.d. Ca' di Dio
S. Francesco di Paola
Calle Largo XXII Marzo
S. Biagio
Via G. Garibaldi
S. Anna
Contarini Fasan
Riva dei Sette Martiri
G. Garibaldi
Viale Secco Marina
Calle Correra
S. Giuseppe di C.
Canale di San Marco
Punta della Dogana
Campo S. Giorgio
Esposizione Int. d'Arte Moderna
Giardini Pubblici
S. Giorgio Maggiore
Lido, S. Servolo, S. Lazzaro

UNTERWEGS IN VENEDIG

Wann und wie lange

Wer sich in der Lagunenstadt an die Fersen von Donna Leons Commissario Brunetti heftet, erlebt die Serenissima wie ein echter Venezianer, abseits der Touristenströme – sofern das bei 30 Mio. Besuchern pro Jahr überhaupt möglich ist. Die kommen gerne am Wochenende; die Tagestouristen von den Kreuzfahrtschiffen treffen vormittags zwischen Arsenale und San Marco ein, sind aber zum Glück am späten Nachmittag schon wieder weg. Lohnt sich denn überhaupt ein Tagesausflug nach Venedig? Selbstverständlich! Allerdings vermittelt er nur einen ersten Eindruck, nicht mehr, aber auch nicht weniger. Zwei bis drei Tage sind besser, sehr **zu empfehlen ist eine Woche**, um die verschiedenen Gesichter der Stadt kennenzulernen. In den Palästen, Museen und Kirchen, in denen über 1000 Jahre Architektur, Skulptur und Malerei vertreten sind, zeigt sich das kulturelle Venedig – während der Biennale und Filmfestspiele auch Open-Air und recht mondän. Alte Kunst in der Galleria dell'Accademia, klassische Moderne bei Peggy Guggenheim oder Avantgarde im Palazzo Grassi oder in der Punta della Dogana? Sie haben die Wahl!
Abseits der touristischen Hauptrouten lernen Sie in Vierteln wie Santa Croce, San Polo und Cannaregio den Alltag der Venezianer kennen. Keinesfalls verpassen sollten Sie den Blick von den Campanile von San Marco und San Giorgio – und den Bummel durch das Shoppingparadies der Mercerie. Wie einzigartig Venedig ist, erleben Sie bei einem **Ausflug in die Lagune** und auf die Inseln. Wer länger in Venedig weilt, kann auch eine Schiffspartie auf dem idyllischen Brenta-Kanal einplanen. Sonne, Seeluft, Sandstrände und ein **Bad in der Adria** locken auf dem Lido und der Halbinsel Litorale del Cavallino.

Komplett autofrei

Sein Auto muss man auf dem Festland oder in einer der Garagen am Piazzale Roma bzw. auf Tronchetto abstellen. Das autofreie Venedig ist daher ein Paradies zum Flanieren. Überlassen Sie bei der Besichtigung ruhig mal dem Zufall die Regie. Verloren gehen kann man nicht. Entweder finden Sie sich anhand des Stadtplans wieder zurecht, entdecken nach kurzem Suchen eines der gelben Schilder oder einen Pfeil in Richtung »Rialto«, »San Marco« oder »Ferrovia« (Bahnhof) oder Sie lassen sich von einem Venezianer den Weg zeigen.

»
Venedig ist klein, du darfst dich also ruhig verlaufen, denn weit kommst du sowieso nicht. Schlimmstenfalls gelangst du an den Rand und hast die Lagune vor dir.
«

Tiziano Scarpa, »Venedig ist ein Fisch«

Große Bühne: Der Markusplatz ist Flaniermeile und Festplatz zugleich.

SAN MARCO: DAS HERZ DER SEEREPUBLIK

Start und Ziel: Piazza San Marco | **Dauer:** 1 Tag

Tour 1

Im Viertel San Marco konzentrierte sich die geistige und politische Macht der Serenissima: Markusdom und Dogenpalast wurden Wahrzeichen. Hier trifft sich bis heute die Welt. Entdecken Sie das Herz der Lagunenstadt – und planen Sie genug Zeit für legendäre Cafés und einen Schaufensterbummel ein!

Markusplatz, Kunst von Weltrang und Schaufensterbummel

Ausgangspunkt ist die 1 ★★**Piazza San Marco**, laut Napoleon der »schönste Salon der Welt«. Für einen ersten Eindruck geht es mit dem Aufzug hinauf auf den **Campanile**: Der Ausblick auf Altstadt und Lagune ist überwältigend. Besichtigen Sie anschließend die **Basilica di San Marco** und den **Palazzo Ducale**, jahrhundertelang das Zentrum der Macht. Verlassen Sie nun den Markusplatz Richtung Westen. Schaufensterbummel ist in der eleganten Einkaufsgasse 2 **Calle Larga XXII Marzo** angesagt, die zum 3 **Campo San Maurizio** führt. Der von stolzen Patrizierpalästen gesäumte 4 **Campo Santo Stefano** lädt mit kleinen Cafés und Restaurants zur Pause ein – wie wäre es mit einem erfrischenden Limonensorbet auf der Terrasse der Gelateria Paolin? Der 5 **Ponte dell'Accademia** führt direkt über den Canal

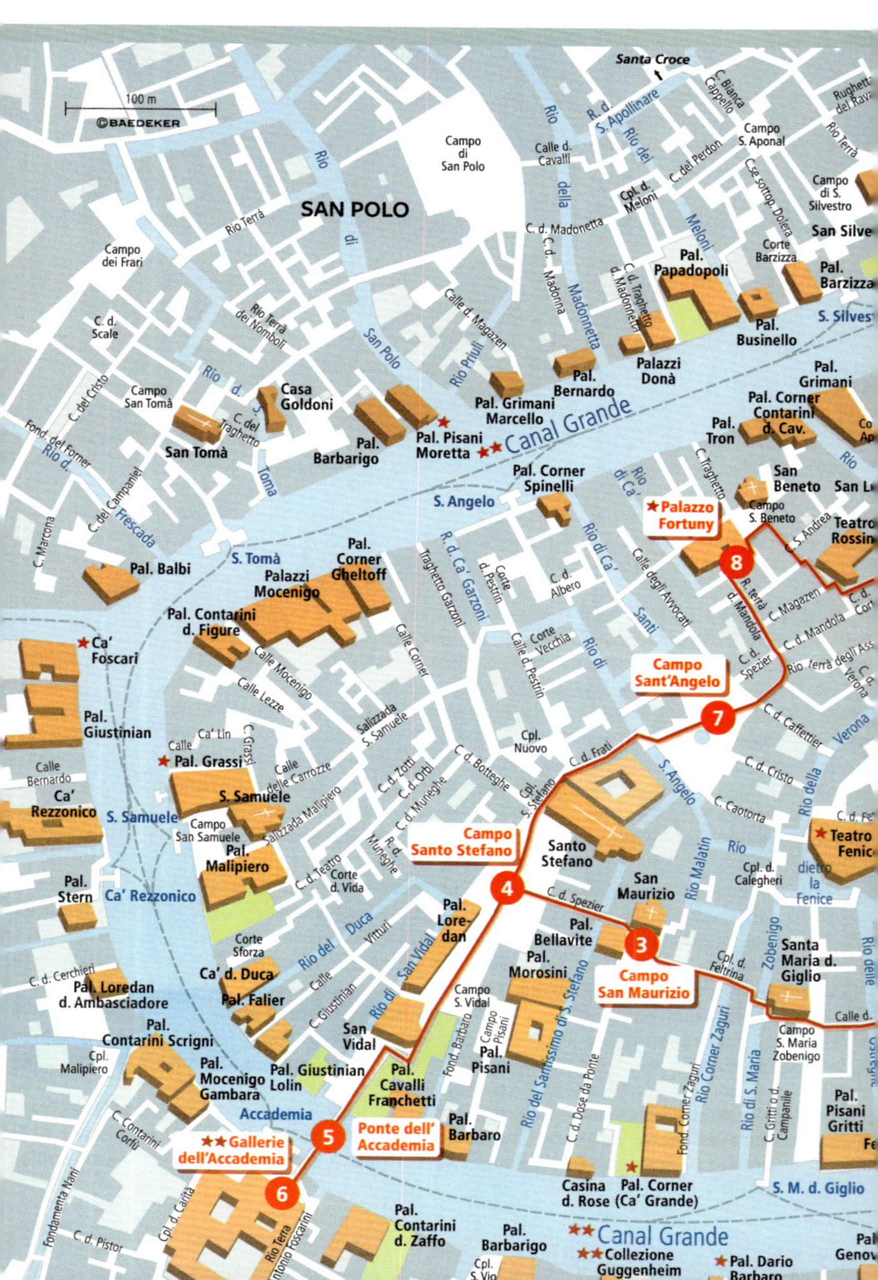
100 m
©BAEDEKER
SAN POLO
Campo di San Polo
Campo dei Frari
Santa Croce
Casa Goldoni
San Tomà
Pal. Barbarigo
Pal. Pisani Moretta
Pal. Grimani Marcello
Pal. Bernardo
Palazzi Donà
Pal. Papadopoli
Pal. Businello
Pal. Barzizza
Pal. Grimani
Pal. Corner Contarini d. Cav.
Pal. Tron
Canal Grande
S. Angelo
Pal. Corner Spinelli
Palazzo Fortuny
San Beneto
Campo S. Beneto
Teatro Rossini
S. Tomà
Pal. Balbi
Palazzi Mocenigo
Pal. Corner Gheltoff
Pal. Contarini d. Figure
Ca' Foscari
Pal. Giustinian
Pal. Grassi
S. Samuele
Campo San Samuele
Ca' Rezzonico
Pal. Malipiero
Pal. Stern
Campo Sant'Angelo
Campo Santo Stefano
Santo Stefano
San Maurizio
Pal. Bellavite
Pal. Morosini
Campo San Maurizio
Teatro Fenice
Santa Maria d. Giglio
Campo S. Maria Zobenigo
Pal. Loredan
Ca' d. Duca
Pal. Falier
Pal. Loredan d. Ambasciadore
Pal. Contarini Scrigni
Pal. Mocenigo Gambara
Pal. Giustinian Lolin
San Vidal
Campo S. Vidal
Pal. Cavalli Franchetti
Pal. Pisani
Accademia
Gallerie dell'Accademia
Ponte dell' Accademia
Pal. Barbaro
Pal. Contarini d. Zaffo
Pal. Barbarigo
Casina d. Rose
Pal. Corner (Ca' Grande)
Collezione Guggenheim
Pal. Dario Barbaro
Pal. Pisani Gritti
S. M. d. Giglio
1
2
3
4
5
6
7
8

SAN MARCO
Pal. Dieci Savi
Fondaco d. Tedeschi
★★Ponte di Rialto
12
Rialto
San Bartolomeo
13
★ Mercerie
Pal. Dolfin-Manin
Pal. Bembo
Campo S. Salvador
Pal. Giustinian Faccanon
San Salvador
Teatro Goldoni
Loredan
11
Calle dei Fabbri
Campo S. Luca
Pal. Nervi-Scattolin
Palazzo Contarini del Bovolo
10
Rio dei Ferai
San Croce d. Armeni
Campo S. Gallo
San Gallo
Bacino Orseolo
Procuratie Vecchie
Caffè Lavena
Caffè Quadri
★★Piazza San Marco
1
★ Campanile
Museo Correr
Museo Archeologico
Caffè Florian
Procuratie Nuove
Biblioteca Marciana
Zecca
Giardini ex Reali
Rio delle Zecca
Torre dell' Orologio
Piazzetta dei Leoni
★★ Basilica di San Marco
Pal. Patriarcale
Pal. Trevisan
Museo Diocesano d'Arte Sacra
★★ Palazzo Ducale
Ponte d. Sospiri
Ponte d. Paglia
Piazzetta
Molo
Colonne di Marco e Teodoro
Palazzina Selva
Capitaneria di Porto
Harry's Bar
San Marco
S. Fantin
San Moisé
Campo S. Moisé
2
Calle Largo XXII Marzo
Pal. Giustinian Morosini
Pal. Treves Bonfili
Pal. Contarini Fasan
★★ Santa Maria della Salute
Sem. Patriarcale
★ Punta della Dogana
Campo S. Marina
Pal. Marcello
San Lio
Pal. Ruzzini
Pal. Donà
Campo di S. Maria Formosa
Santa Maria Formosa
Santa Maria della Fava
Pal. Tasca-Papafava
Cpl. Querini
★ Querini Stampalia
San Zulian
Campo d. Arditi gia Guerra
Castello
Canale di San Marco
Schiffslinien

Grande zur 6 ★★ **Gallerie dell'Accademia**, der bedeutendsten Sammlung venezianischer Malerei von der Gotik bis zum Rokoko. Kanalabwärts begeistert die ★★**Collezione Peggy Guggenheim** mit Arbeiten von Max Ernst, Giacometti, Paul Klee und Mirò.

Feinste Fortuny-Stoffe, Shopping und das Finale am Markusplatz

Zurück auf dem Campo Santo Stefano, geht es weiter zum 7 **Campo Sant'Angelo** mit Blick auf seinen Campanile, einen der vielen schiefen Türme der Stadt. Im 8 ★**Palazzo Fortuny** (früher Palazzo Pesaro degli Orfei) erinnert ein Museum an den spanischen Maler und Designer Mariano Fortuny, der mit Seidenplissee Göttinnen von Film und Bühne einkleidete – ein Geniestreich, den er vermutlich seiner Frau Henriette verdankte, die die Technik des feinen Faltenpressens mitentwickelt hatte (fortuny.visitmuve.it). Ein Denkmal auf dem 9 **Campo Manin** verewigt den Advokaten Daniele Manin, der maßgeblich an der Revolution von 1848 beteiligt war.
Hier lohnt ein Schlenker zum 10 **Palazzo Contarini del Bovolo** mit einer außergewöhnlichen Außentreppe im Stil der Renaissance (www.gioiellinascostidivenezia.it/en/the-jewels/scala-contarini-del-bovolo). Über den Campo San Luca erreichen Sie die ladengesäumte 11 **Calle dei Fabbri**, auf der Sie bis zum 12 ★★**Ponte di Rialto** hinaufschlendern. Sie war bis zum 19. Jh. die einzige Brücke über den Canal Grande. Der Rückweg zum Markusplatz folgt den 13 ★**Mercerie**, die zum Einkaufsbummel verführen. Hier gibt es alles: Mode, Masken und Karnevalskostüme, feine Buranospitze und edles Muranoglas. Doch sparen Sie noch etwas für den teuren, aber wunderschönen Abschluss in einem der Cafés an der 1 ★★**Piazza San Marco**, wo Sie bei einem Cappuccino oder Aperitif den Klängen der hauseigenen Kapellen lauschen und die unvergessliche Atmosphäre der Lagunenstadt genießen.

SAN POLO & SANTA CROCE: AUTHENTISCHE VIERTEL

Start und Ziel: Ponte di Rialto | **Dauer:** 6 Stunden

Tour 2

In den beiden Stadtteilen in der oberen Schleife des Canal Grande liegen mit Rialtomarkt und Kirchenkunst irdische Freuden und geistige Erbauung dicht beieinander. Im Gassengewirr warten traditionelle Werkstätten und kleine Läden, auf großen und kleinen Plätzen haben Osterien und Bars ihre Tische aufgestellt – hinsetzen, schlemmen und schauen!

Ausgangspunkt ist die über den Canal Grande erbaute Fußgängerbrücke ❶ ★★**Ponte di Rialto** zwischen dem zum edlen Supermarkt umgewandelten Fondaco dei Tedeschi und dem schmucken ❷ ★**Palazzo dei Camerlenghi**. Unter der Woche beginnt frühmorgens hinter der Brücke der ❸ ★**Rialtomarkt** mit bunten Obst- und Gemüseständen. Sein Besuch gehört zu den farbenprächtigsten Erlebnissen in Venedig. An den Fabbriche Nuove vorbei geht es zur ★**Pescheria**, wo Fischhändler ihren Fang des Tages anbieten. Um die Ecke bei **Piedaterre** können Sie die typischen Furlane-Schuhe der Gondolieri erstehen – außen Samt, unten alte Gummireifen und innen sehr bequem (S. Polo 60, www.piedaterrevenezia.com). Am Barockpalast ❹ ★**Corner della Regina** vorbei gelangen Sie zur ❺ ★**Ca' Pesaro**. Auch wer sich für die hier beheimateten Museen für moderne und orientalische Kunst weniger interessiert, sollte diesem mächtigen Barockkomplex mit seiner eleganten Marmorfassade Beachtung zollen – fast 60 Jahre wurde am Meisterwerk Baldassare Longhenas gebaut. Wenig weiter präsentiert der ❻ **Palazzo Mocenigo** kostbare Stoffe,

Rialtomarkt und Schuhe wie für die Gondolieri

Parfums und Kostüme. Höhepunkte des Naturhistorischen Museums im ❼ ★**Fondaco dei Turchi** sind die Ausstellungen über Flora und Fauna der Lagune und ein riesiges Dinosaurierskelett aus der Sahara.

Mittags-pause!

Nun geht es in Richtung Süden entlang schmaler Kanäle zur Kirche ❽ ★**San Giacomo dell'Orio** mit einem Altarbild von Veronese. Der gleichnamige Platz lädt zur Mittagspause ein – Antipasti, Spaghetti alle Vongole oder gegrillte Steaks, im **Ristorante Al Bagolo** schmeckt das Essen (€€, Tel. 041 71 75 84, facebook.com/RistoranteAlBagolo). Nächstes Ziel ist der nach dem hl. Paulus benannte Campo San Polo, einer der größten Plätze Venedigs. Im Sommer wird hier Kino unter freiem Himmel gezeigt. Die namengebende Kirche ❾ ★**San Polo** birgt ein »Abendmahl« von Tintoretto.

Göttliche Schatzhäuser und eine Gondelfahrt

Tizian, Bellini und Donatello vereint eine der berühmtesten Kirchen Venedigs, die meist nur »Frari« genannte ❿ ★★**Santa Maria Gloriosa dei Frari**. In unmittelbarer Nachbarschaft malte Tintoretto die ⓫ ★★**Scuola Grande di San Rocco** aus. Auf dem Rückweg zur Rialtobrücke liegt die ⓬ **Casa Goldoni**, das gotische Geburtshaus des Komödiendichters, der über 150 Werke schrieb. Einen glanzvollen Tagesausklang verspricht eine **Gondelfahrt** durch die Kanäle der Lagunenstadt. Oder schlendern Sie einfach ziellos durch die kleinen, verwinkelten Gässchen, über die unzähligen Brücken und verwunschenen Plätze, und lassen Sie sich abseits der Hauptströme vom besonderen Zauber Venedigs einfangen.

CANNAREGIO: JÜDISCHE SPUREN UND ALLTAG

Start: Bahnhof Santa Lucia | **Dauer:** 3 Stunden
Ziel: Fondamente Nove

Tour 3

Mitten durch den Sestiere (Stadtteil) im Nordwesten Venedigs führt die Strada Nova, die touristische Hauptschlagader der Stadt. Zum Glück, sagen die Venezianer, denn so bleibt ihnen der Rest des Viertels: ein Mix aus Musealem und Alltäglichem, aus Bars und kleinen Handwerksbetrieben, Wohnhäusern, hübschen Kirchen und dem ältesten Ghetto Europas.

Ein Viertel, in dem die Stadt kein Museum ist

Die Hauptverbindung zum Festland verlief einst mitten durch den Stadtteil Cannaregio und von dort zum Canal Grande. Die Hausnum-

mer 1 trägt der ❶ **Bahnhof Santa Lucia**, der seit 1954 an der Stelle des Karmeliterklosters Santa Lucia steht, das für den Bau des Ponte della Libertà weichen musste, der Verbindung zwischen dem Festland und Venedig. Nur die 1654 geweihte Kirche **Santa Maria degli Scalzi** blieb als Sakralbau der Unbeschuhten Karmeliter (scalzo = barfuß) stehen. Folgen Sie der stets gut besuchten Lista di Spagna bis zum Campo San Geremia, wo der Staatssender RAI im prunkvollen ❷ ★**Palazzo Labia** residiert – bei Events können Sie einen Blick ins Innere werfen.

Über den **Ponte delle Guglie** geht es über den Canal di Cannaregio in das erste und älteste ❸ ★★**Ghetto** Europas. Vom Campo Ghetto Nuovo kommen Sie über Brücken, Plätze und Gassen zur einschiffigen Nonnenkirche ❹ **Sant'Alvise**.

Im Zickzack verläuft der Rundgang weiter zur ❺ ★**Madonna dell' Orto**, ein Muss für Tintoretto-Liebhaber, der unweit der Kirche seine Werkstatt hatte. Der **Campo dei Mori** ist bekannt wegen seiner vier Mohren-Figuren an den Häuserwänden und einer Gebäudeecke, die so gar nicht venezianisch aussehen. Es handelt sich um drei Brüder, die im Orient erfolgreich mit Gewürzen handelten, bevor sie nach Venedig zogen. Die vierte Figur, Signore Rioba genannt, fällt allein schon wegen seiner Nase auf – ihre Berührung soll Glück bringen. In der **Osteria L'Orto dei Mori** kommen leckere traditionelle Gerichte auf den Tisch wie Tagliolini mit Tintenfisch oder Fegato alla Veneziana, zarte Kalbsleber mit Zwiebelringen und Polentabrei (€€, Tel. 04 15 24 36 77, www.osteriaortodeimori.com).

Schlendern, schauen, shoppen

Nächstes Ziel ist der 6 **Campo Santa Fosca**, wo ein Standbild an Pater Paolo Sarpi erinnert, der sich für die Unabhängigkeit Venedigs von Rom einsetzte. Hier beginnt die Mitte des 19. Jh.s parallel zum Canal Grande angelegte 7 **Strada Nuova**, die auf ihrer ganzen Länge verschiedene Namen tragende »Fußgängerautobahn«, die Bahnhof und Rialto verbindet. Eine Shoppingstraße, gerade und breit, ganz und gar unvenezianisch. Hier finden Sie nette Modeboutiquen, viele Masken- und Souvenir-Läden, Glaskunst und Filialen internationaler Ketten mit ganzjährigen Sonderangeboten.

Meisterwerke Tintorettos

Vorbei an der Renaissance-Kirche **San Felice**, die mit dem »Hl. Demetrius und ein Stifter der Familie Ghissi« eines der frühesten Bilder Tintorettos birgt, kommen Sie zur eleganten 8 **★★Ca' d'Oro**. Die Strada Nuova mündet in den **Campo dei Santi Apostoli**, wo der Campanile der gleichnamigen Kirche den Blick auf sich zieht. Nächster Halt ist der Campo dei Gesuiti mit der barocken Jesuitenkirche 9 **★I Gesuiti Santa Maria Assunta**, die Tintorettos Meisterwerk der »Himmelfahrt Mariä« birgt. Auf der **Salizzada degli Specchieri** erreichen Sie die 10 **Fondamente Nove**. Von dem 1589 angelegten »Neuen Quai« blickt man hinüber auf die Friedhofsinsel **★San Michele** und auf **★★Murano**. Neugierig? Dann steigen Sie in das Lagunenschiff und schippern Sie hinüber zu den Inseln.

DORSODURO: KUNST UND SEEFAHRT

Start: Bahnhof Santa Lucia | **Dauer:** 3 Stunden | **Ziel:** Zattere

Tour 4

Dorsoduro, der Stadtteil zwischen Canal Grande und Canale della Giudecca, vereint ganz unterschiedliche Facetten – besonders in der Kunst: alte Meister, Klassische Moderne und Kunst des 21. Jahrhunderts, großartige Werke von Tizian, Tiepolo und Veronese in Kirchen und Bruderschaften, Installationen von Emilio Vedova in seinem ehemaligen Atelier sowie traditionelles Handwerk in drei der letzten Gondelwerften der Lagunenstadt.

Vom Bahnhof zur Grabkirche von Veronese

Im Unterschied zu den anderen Vierteln Venedigs steht Dorsoduro (= harter Rücken) auf spiralförmig – und nicht in Reihe – angelegten Baumpfählen. Ganz im Westen lebten ursprünglich Fischer, Seeleute und Arbeiter. Östlich der Accademia hat sich Dorsoduro zu einem der begehrtesten und teuersten Wohngebiete gemausert. Ausgangspunkt ist wieder der ① **Bahnhof Santa Lucia**. Von der Chiesa degli Scalzi führt die gleichnamige Brücke zum Südufer des Canal Grande. Nun spaziert man, den Wegweisern »Frari« folgend, nach Südosten. Nach mehreren Richtungswechseln steht man vor der ② ★★**Santa Maria Gloriosa dei Frari**, die Tizian mit großartigen Gemälden ausschmückte.

In unmittelbarer Nachbarschaft wartet ein weiterer Höhepunkt, die ③ ★★**Scuola Grande di San Rocco**. Diese Bruderschaft war eine der reichsten Venedigs, und Tintoretto, der selbst Mitglied dieser Scuola war, schmückte sie mit einem der umfangreichsten biblischen Zyklen der italienischen Malerei.

Um die Scuola herum und der Calle S. Pantalon folgend, gelangt man auf den langgestreckten Hauptplatz des Dorsoduro, den ④ ★**Campo Santa Margherita**. Er gehört zu den beliebtesten Plätzen Venedigs. In seinen Lokalen und Bars wie der Margaret DuChamp (▶ S. 281) trifft man sich – auch abends – zum Plaudern, Trinken, Feiern. Vormittags findet hier ein kleiner Obst- und Gemüsemarkt statt.

Der Campo Santa Margherita, Hauptplatz von Dorsoduro, ist abends bei Studierenden und Einheimischen ein beliebter Treffpunkt.

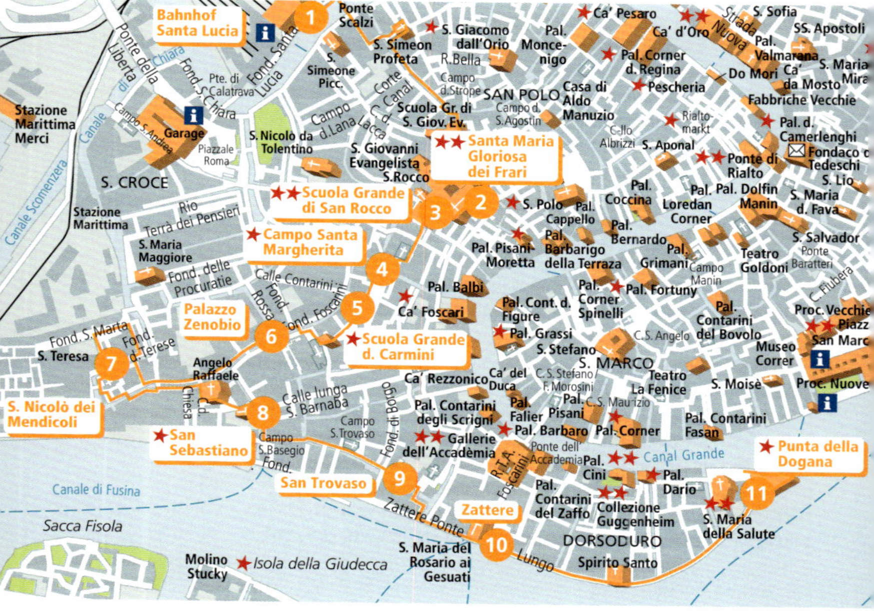

Die 5 ★**Scuola Grande dei Carmini** schmückte Tiepolo mit Deckengemälden aus. Folgen Sie nun dem Kanal an der Rückseite der Scuola und überqueren Sie ihn auf Höhe des 6 **Palazzo Zenobio**. Die Fondamenta Briati gehen über in die Fondamenta Barbarigo und münden in den Corte Maggiore. Abermals überquert man den Kanal. Von den Fondamenta della Teresa sieht man die gegenübergelegenen **Case Tron**, Reihenhäuser aus dem 18. Jh. mit sieben Schornsteinen. Hier beginnt das alte Arbeiterviertel Santa Marta vom Anfang des 20. Jahrhundets. Etwas weiter westlich endet der Weg vor einer Baumwollspinnerei, heute Teil der Architekturhochschule. Hier steht eine der ältesten Kirchen Venedigs, 7 **San Nicolò dei Mendicoli**, der heutige Bau stammt aus dem 16. Jahrhundert. Für die Renaissance-Kirche 8 ★**San Sebastiano** schuf Veronese, der hier auch begraben ist, einen wunderschönen Gemäldezyklus.

Bootsbauer und gutes Eis

Die bedeutendste der verbliebenen **Gondelwerften** Venedigs ist vermutlich die benachbarte Firma Domenico Tramontin & Figli am Ponte Sartorio (Dorsoduro 1542, www.tramontingondole.it). Am Squero di 9 **San Trovaso** liegt eine der ältesten Gondelwerften, allerdings ist die Cooperativa Daniele Manin eher eine Museumswerft als ein Schiffbaubetrieb (www.squerosantrovaso.com). Wenige Gehminuten südlich öffnet sich der Blick über den Canale della Giudecca auf die **Giudecca**-Insel mit dem mächtigen Molino Stucky und der Redentore-Kirche. Legen Sie an den ⑩ **Zattere** eine Pause ein und genießen Sie Venedigs »Sonnenpromenade« mit einem Eis von der Gelateria Nico oder einem Aperitiv in einer der vielen Bars. Auf dem Weg zur Ostspitze von Dorsoduro endet der Rundgang mit doppeltem Kunstgenuss: Im ehemaligen Atelier des Künstlers Emilio Vedova (1919 – 2006) sind Werke des bekannten Vertreters der informellen Malerei zu sehen (► S. 89). Der Spaziergang endet an der ⑪ ★**Punta della Dogana** – einem aufregenden Museum der Gegenwartskunst.

EIN KULINARISCHER SPAZIERGANG

Start: Bahnhof Santa Lucia | **Dauer:** 1/2 Tag | **Ziel:** Campo S. Barnaba

Tour 5

Morgens auf der Bahnhofstreppe am Canal Grande. Venedig erwacht. Die Pendler vom Festland – Kellner und Kommissare, Zimmermädchen und Staatsbeamte – strömen ins Centro Storico.

Bummel durch das jüdische Ghetto

Bevor Sie sich auf der Fußgängermeile **Lista di Spagna** mitziehen lassen, werfen Sie noch einen Blick auf Muranoglas, aus dem man jedoch nicht trinken kann: In der ❶ **Scalzikirche** leuchten im mystischen Dunkel einer linken Seitenkapelle zwei tiefblaue Kandelaber. Die erste Einkehr folgt im Stehen und ist eine gute Gelegenheit, dem vokalreichen venezianischen Dialekt zu lauschen: Die schöne ❷ **Pasticceria dal Mas** (Rio Terà Lista de Spagna, 149/a, Mo.–Fr. 6.30 bis 19.30, Sa. u. So. ab 7 Uhr, www.dalmaspasticceria.it) brüht exzellenten Cappuccino und ist ein Kandidat für die besten Cornetti und Apfeltaschen der Stadt. Unwiderstehlich sind auch die hausgemachten Macarons und Pralinen. So gestärkt, empfiehlt sich ein Schlenker durch das ★★**Ghetto**, das in den letzten Jahren seine jüdische Identität auch kulinarisch wieder stärker betont. Für die traditionell venezianisch-jüdische Gänsesalami, die schwerer aufzutreiben ist als die neu entstandenen israelisch geprägten Imbisse, ist es noch zu früh. Aber in der koscheren Bäckerei ❸ **Panificio Volpe** (Calle del Ghetto Vecchio 1143, Mo.–Sa. 6–19.30, So. 8.30–12.30 Uhr, facebook.com/PanificioVolpeGiovanni) können Sie jüdische Aniskekse und Mandelempade probieren.

Schattenrundgang am Rialtomarkt

Zurückgekehrt auf die Hauptverkehrsader ❹ **Strada Nuova**, heißt es jetzt ein gutes Stück laufen bis zum Campo S. Sofia. Lassen Sie sich

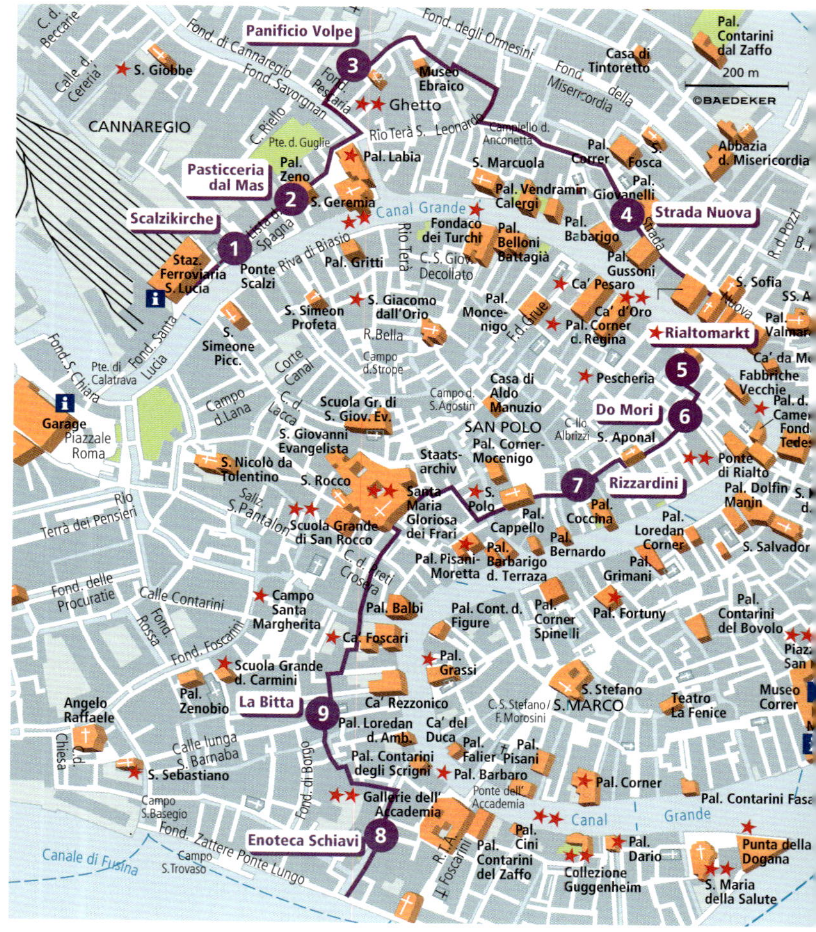

den Spaß nicht entgehen, mit der Fährgondel zum 5 ★**Rialtomarkt** überzusetzen. Wer richtig früh aufgebrochen ist, kann zuschauen, wie die Marktschiffe entladen werden. Respekt verdient die ausgefeilte Logistik dieses Marktes, der einer der schönsten und lebendigsten des Landes ist. Unter der offenen Säulenhalle der ★**Pescheria** wird der Tagesfang angeboten: helle Schie- und Moleche-Krebse, Tintenfische, Drachenköpfe, Doraden und Petersfische. »Kröten-

schwanz«, Coda di rospo, nennt man in Italien den Seeteufel. Eine Schönheit ist er wirklich nicht, dafür gehört sein grätenloses festes Fleisch zum Feinsten, was Fischliebhaber auf den Teller bekommen können. Unter Markisen verkaufen die Händler auch geschälte Artischockenböden von San Erasmo, dunkelvioletten Castelfranco-Radicchio, der gern gegrillt wird, vorbereitete Salatmischungen, sizilianische Orangen und Steinpilze aus dem Alpenvorland.
Während viele Venedig-Besucher noch schlafen, sind die Theken der winzigen **Bacari** bereits ab 8 Uhr besetzt. Sie gehören zum venezianischen Alltag. Hier kehrt man mit Kollegen ein, tauscht Neuigkeiten aus, diskutiert Sportergebnisse, schließt Freundschaften. Und trinkt dazu ein Gläschen Wein, die »Ombra«, »flüssige Schatten«. Meist sind es einfache, aber ehrliche Rot- und Weißweine. Beurteilt wird ein Bacaro aber auch nach der Qualität seiner Ciccheti, der angebotenen Häppchen aus der Vitrine (► S. 294). Ältestes der auf den Weingott Bacchus getauften Lokale ist die Cantina ❻ **Do Mori** (€/€€, Calle dei Do Mori 429, Tel. 04 15 22 54 01) hinter dem Fischmarkt. Von der Decke hängen uralte Kupferkessel, die Weinauswahl reicht vom günstigen Verduzzo bis zur edelsten Prosecco-Denomination Cartizze. Dazu könnte man Baccalà mantecato bestellen, schaumig gerührten Stockfisch mit frischen Kräutern.

Espresso, Wein & Dolci

Warum nicht dem Besucherstrom folgen und durch die engen, Ruga genannten Gassen mit ihren hübschen kleinen Läden Richtung Frari-Kirche ziehen? Unterwegs wäre Gelegenheit für einen ausgezeichneten Espresso (sprich caffè) in der Pasticceria ❼ **Rizzardini** (San Polo 1415, ► S. 297), eine der ältesten Bäckereien Venedigs. Zum Sitzen ist absolut kein Platz. Dafür kann man venezianische Dolci wie Zaeti-Kringel hübsch verpackt mitnehmen.
Der Weg führt weiter vorbei an ★★**Frarikirche** und **Universität Ca' Foscari** zum **Campo S. Barnaba**. Hier wartet eines der berühmtesten Fotomotive der Stadt: Auf dem Rio S. Barnaba gegenüber der gleichnamigen Kirche wird unter einem riesigen Sonnensegel direkt vom Schiff Obst und Gemüse verkauft – eine Szene, die an die Hafengemälde Claude Lorrains oder Canalettos erinnert. Ein paar Schritte weiter hat sich die Weinhandlung ❽ **Enoteca Schiavi** (Cantine del Vino Già Schiavi, Dorsoduro 992, Fondamenta Nani, Mo.–Sa. 8.30–20.30 Uhr, www.cantinaschiavi.com) direkt an der Brücke zu einem der beliebtesten Bacari der Stadt entwickelt. Wie wäre es mit einem Glas weißen Incrocio Manzoni, einer Kreuzung aus Riesling und Weißburgunder, und etwas Asiagokäse aus den venetischen Alpen als Aperitif?

Cucina Veneziana

Genug gestanden und gelaufen? Ganz in der Nähe wartet das kleine Lokal ❾ **La Bitta** (► S. 294) mit Sitzplätzen und handgeschriebener Speisekarte. Der Familienbetrieb hat sich auf Gemüserisotti, Kürbisnudeln und venezianische Leber spezialisiert. Buon appetito!

MIT DEM LINIENBOOT IN DIE LAGUNE

Start: Fondamente Nove | **Dauer:** 1 Tag | **Ziel:** San Zaccaria

Tour 6

Morgennebel, salzzerfressene Pfähle, Stelzvögel, Aquakulturen und unzählige Eilande: Erst die Lagune, ein Areal von der Fläche des Bodensees, macht Venedig so einzigartig. Zu den schönsten Zielen schippern von den Anlegern Fondamente Nove (Cannaregio) und San Zaccaria (San Marco) öffentliche Linienschiffe. Packen Sie ein Picknick ein, Fernglas und Kamera nicht vergessen – und los geht's zum Insel-Hopping!

Fahrpläne unter: www.actv.it und www.veneziaunica.it

Mit dem Vaporetto starten Sie von den Fondamente Nove zur Friedhofsinsel ★**San Michele** vorbei nach ★★**Murano**, seit Jahrhunderten Hochburg der Glasbläser. Auf der Weiterfahrt passiert man unbewohnte Inseln wie San Giacomo in Paludo, seit dem 11. Jh. ein Zwischenstopp für Pilger auf dem Weg ins Heilige Land, und Madonna del Monte mit einem mittelalterlichen Benediktinerkloster. Seit der Zeit der Dogen wachsen auf **Mazzorbo** »goldene Trauben«. Pro Saison werden heute nur rund 2500 Flaschen des sherryähnlichen Weißweins produziert, von Hand mit Blattgold verziert und nummeriert – und das hat seinen Preis. Kosten Sie den edlen Tropfen auf der Terrasse des ★**Weinguts Venissa** mit zauberhaftem Garten, besterntem Restaurant und hübschen hellen Gästezimmern (€€€€/€€€, Fondamenta di Santa Caterina 3, Tel. 04 1527 22 81, venissa.it). Hervorragende venetianische Küche zu zivilen Preisen gibt es direkt beim Anleger von Mazzorbo in der **Antica Trattoria Maddalena** mit gutem Hauswein, fangfrischem Fisch und einem super Tiramisu – reservieren Sie auf der Terrasse oder im Garten (€€, Fondamenta Santa Caterina Mazzorbo 7/b, Tel. 0 41 73 01 51, www.trattoriamaddalena.com). Zu Fuß geht es über eine lange Holzbrücke auf die Nachbarinsel ★★**Burano**, von wo Sie das Boot über Mazzorbo und Murano wieder zurück zu den Fondamente Nove bringt.

Noch mehr Inseln

Oder man wechselt auf Burano das Schiff und besucht ★**Torcello**. Die heute von nicht einmal fünfzig Menschen bewohnte Nachbarinsel war einst die mächtigste Siedlung in der Lagune.

Es gibt aber auch die Möglichkeit, von Burano über Treporti und Punta Sabbioni, zwei Stationen auf der Halbinsel Cavallino, zum **Lido** weiterzufahren, von wo Fährboote Sie zurück nach San Marco, zum Anleger San Zaccaria, bringen.

Wer Natur erleben möchte, sollte die »Gemüseinseln« der Lagune ansteuern; ab Fondamente Nove bringt Sie die Vaporetto-Linie 13

erst nach **Le Vignole**, dann nach **Sant' Erasmo** und weiter nach Treporti, wo man Anschluss zur Linie 14 hat, die mit Stopp am Lido nach San Zaccaria zurückfährt.
★**San Francesco del Deserto**, die Klosterinsel nordöstlich vor Sant' Erasmo, erreicht man nur mit einem Wassertaxi oder Privatboot, z. B. von Burano aus.

AUSFLÜGE

Meeresluft schnuppern und Strandleben an der Adria genießen, die schönsten Villen Venetiens beim Bootsausflug entdecken oder die quicklebendige Universitätsstadt Padua erleben? Venedig umgeben herrliche Ausflugsziele!

Strände, Prachtfassaden und Kaffeehauskultur

Zu einem Sonnenbad laden die Sandstrände des **Lido** ein, wo alljährlich Ende August/Anfang September im Palazzo del Cinema Filme und Schauspieler von Weltrang mit dem Goldenen Löwen ausgezeichnet werden. Richtigen Badespaß bieten die fast 20 km lange Halbinsel Litorale del Cavallino und der ★ **Lido di Jesolo** mit hervorragenden Camping- und Baderevieren (Bus- und Schiffsverbindungen zwischen Piazzale Roma, San Zaccaria und Jesolo und Cavallino bzw. Treporti).
Die Pracht vergangener Tage erlebt man bei einer Schiffsfahrt auf dem idyllischen Brentakanal zu den schönsten ★**Villen Venetiens** (www.rivieradelbrenta.biz/de/venezianischen_villen).
Schnell und preiswert bringen Bahn und Bus 40 km landeinwärts in die renommierte Universitätsstadt ★★**Padua** mit dem Prato della Valle, einem der größten und schönsten Plätze Europas (www.turismopadova.it). Wo sich heute über 70 000 Studierende in den Hörsälen drängen, bestand 1678 die erste Doktorandin des Abendlandes ihr Promotionskolloquium: Helena Lucretia Corelia Piscopia erhielt den Doktortitel in Philosophie. Nach den Vorlesungen trifft man sich gerne im legendären ★**Caffè Pedrocchi** – 1848 Treffpukt des Risorgimento, der Einigungsbewegung Italiens. Der grüne Salon ist eher Studenten vorbehalten. Im roten Salon mit der für Italien typischen Bar wird die elegante Kaffeehauskultur zelebriert, und selbst bei einer schnellen Durchreise sollte man sich die Zeit nehmen, hier einen echten italienischen Kaffee zu genießen (Via VIII Febbraio, 15, Tel. 04 98 78 12 31, www.caffepedrocchi.it).

S

SEHENS-WERTES

Magisch, aufregend, einfach schön

Alle Sehenswürdigkeiten sind alphabetisch geordnet. Sie haben die Freiheit der Reiseplanung.

ARSENALE

Lage: Rio dell'Arsenale | **Anlegestelle:** Arsenale | **Besichtigung:** nur während der Biennale und bei Führungen des Vereins der Museumsfreunde, Termine & Anfragen Tel. 041 244 00 10
www.amicideimuseivenezia.it

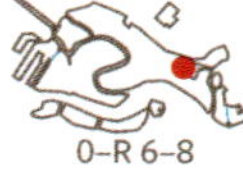
0–R 6–8

Das Arsenal war das »Herz« der Seerepublik: Hier wurden Schiffe gebaut und Waffen geschmiedet, Seeleute ausgebildet und Proviant für die Mannschaften hergestellt. Heute kann man während der Biennale in der einst weltgrößten Werft aktuelle internationale Kunst entdecken.

Eine Festung mitten in der Stadt

»So wie im Arsenal der Venezianer zur Winterszeit das Pech, das zähe, kocht, um ihre lecken Schiffe zu kalfatern, die nicht mehr seefest sind, derweilen dieser ein neues Fahrzeug baut, und jener seinem, das viele Fahrten tat, die Rippen stopft, einer am Bug, einer am Hecke hämmert, einer sich Ruder schnitzt, einer sich Seile dreht, ein andrer Topp- und Besansegel flickt, so brodelt dort nicht auf dem Feuer, nein, durch Gottes Kunst ein dicker schwarzer Brei, der rings die steinernen Ufer klebrig macht . . .« – so beschrieb der Florentiner Dichter Dante Alighieri (1265–1321) das Arsenal in seiner »Göttlichen Komödie« (Inferno, XX. Gesang, zitiert nach Eckart Peterich) – die Verse sind auf einer Marmorplatte links neben dem Haupteingang eingemeißelt.

Das »Herz« der Seerepublik

Die Werkhalle der Weltmacht

Mauern und Türme umgeben das Arsenal. Bis 1806 gab es nur zwei Eingänge in das Sperrgebiet: das 1574 errichtete Wassertor **Ingresso all'Acqua**, das durch ein Fallgitter verschlossen werden konnte, und den Landzugang **Ingresso di Terra**. Er wurde 1460 als Triumphtor erbaut und war der erste Renaissancebau der Serenissima. Die beiden Löwen brachte Francesco Morosini im 17. Jh. als Kriegsbeute aus Griechenland mit. Der hockende Löwe bewachte ursprünglich den Hafen von Piräus, der liegende Löwe stammt von Delos und war einst auf der Heiligen Straße zwischen Athen und Eleusis aufgestellt. Gegründet wurde die Werft 1104, und im Zuge des Aufstiegs Venedigs zur Seemacht ständig erweitert und gesichert. Die Produktion der Galeeren war sehr straff und effizient organisiert: Jedes bauchige, großräumige Handelsschiff konnte rasch zur wendigen Kriegsgaleere umgerüstet werden. Alle Bauteile waren genormt; Bausätze für 25 Schiffe lagerten stets im Depot – und konnten binnen kürzester Zeit montiert werden. Bereits 1188 verließen innerhalb eines halben Jahres 100 neue Hochseegaleeren die Werft. 1571, als es zur Schlacht gegen die türkische Flotte kam, waren es sogar 100 Schiffe in 60 Tagen. Aber auch Schleudermaschinen, Katapulte und später auch Kanonen wurden im Arsenal hergestellt. In ihrer Glanzzeit beschäftigte die Werft bis zu 16 000 Arbeiter. Die »Arsenalotti« genossen als Geheimnisträger hohes Ansehen und Privilegien wie Alterskasse und freies Wohnen. Bis Ende des 18. Jh.s galt das Arsenal als eine der größten und leistungsfähigsten Werften der Welt, die von Besuchern fast ebenso bestaunt wurde wie die Markusbasilika oder der Dogenpalast.

Viele Ideen: Forschen, Kunst zeigen oder wohnen

Die Zukunft des Arsenale

Das Arsenal ist 48 ha groß. Ein Drittel hat das Militär gepachtet. Zwei Drittel sind zugänglich und können während der Biennale besichtigt werden. Im Arsenal befindet sich auch das Infozentrum des Mammutprojektes MOSE »Puntomose«. Die zukünftige Nutzung des Areals wird derzeit sehr kontrovers diskutiert (Einblick gewährt die Internetseite https://futuroarsenale.org): Die Stiftung der städtischen Museen Venedigs wünscht sich dort einen Ausstellungsraum für aktuelle Kunst, andere Projektgruppen erhoffen sich dort neue Wohnungen, Büros sowie Räume für örtliche Initiativen. Im Arsenale Nord

Die »Werkhalle« der Handelsmetropole – hier der ehemalige Landzugang – könnte als erster Industriebetrieb des Mittelalters gelten.

ist das ISMAR angesiedelt – das Institut für Meeresforschung (www.ismar.cnr.it).

MOSE-Infozentrum: Mo.–Fr. 10–17 Uhr | Eintritt frei | mosevenezia.eu

Im ehemaligen Zwiebackspeicher

Museo Storico Navale

Im **Schiffsmuseum** – im ehemaligen Zwiebackspeicher der Flotte gegenüber der Kirche San Biagio – erfährt man viel über die Geschichte der einstigen Seemacht. Zu den schönsten Schätzen gehört die Gondelsammlung mit einem Bucintoro aus dem 17. Jahrhundert. Ausgestellt sind ferner Beutestücke aus den Seekriegen, Schiffsmodelle, Navigationsinstrumente, Uniformen und Dokumente über Schiffsbau und Schiffstypen.

Mi.–Mo. 11–18 Uhr | reduzierter Eintritt 7,50 €, da der Padiglione delle Navi (Schiffspavillon) derzeit geschlossen ist

Eine hübsche Flaniermeile

Via Guiseppe Garibaldi

Nur 500 m lang, aber außergewöhnlich breit, ist die Via Garibaldi. Für die Aufmärsche seiner Soldaten hatte Napoleon einst den Canal Sant' Ana zuschütten lassen – und so Castello seine heutige Flaniermeile mit 80 Läden, Kneipen und Cafés beschert. Gleich am ersten Haus erinnert eine Marmortafel an die Seefahrer Giovanni und Sebastiano Caboto, die 1497 Neufundland, Labrador und Grönland entdeckten. Vorbei am Eingangsportal der ► Giardini Pubblici und dem Garibaldi-Denkmal erreichen Sie den Rio de Sant' Ana.

Fast 1000 Jahre Sitz des geistlichen Oberhaupts von Venedig

Isola di San Pietro

Folgen Sie der Uferstraße Fondamenta Sant' Anna bis zur Isola di San Pietro, wo sich einst Olivolo befand, eine der ältesten Siedlungen in der Lagune. Dort soll einer Legende zufolge im 7. Jh. der hl. Petrus dem Bischof Magnus von Altinum erschienen sein und ihm befohlen haben, eine Kirche zu errichten. **San Pietro di Castello** war mehr als 1000 Jahre – von 775 bis 1807 – Sitz des geistlichen Oberhaupts der Stadt, bis diese Aufgabe an die ► Basilica di San Marco überging – sie war bis dato »nur« die Palastkapelle der Dogen gewesen.

Der jetzige Bau entstand im 17. Jh., die Fassade soll auf Andrea Palladio zurückgehen. Den eindrucksvollen Campanile schuf Mauro Coducci 1482–1488, die Turmhaube stammt aus dem 17. Jahrhundert. Neben dem barocken Hochaltar (1649) sind die Chorfresken (1735) von Girolamo Pellegrini, das Veronese zugeschriebene Altarbild mit den hll. Johannes Evangelista, Petrus und Paulus sowie die sog. Cattedra di San Pietro, der Sessel des hl. Petrus, von Bedeutung. Auf diesem Marmorthron soll Petrus in Antiochia gesessen haben; die Rückenlehne ist eine arabische Grabstele, auf der Korantexte eingemeißelt sind. Die Cappella Vendramin verdankt ihre reiche skulpturale Ausstattung Baldassare Longhena.

Mo. – Sa. 10.30–17 Uhr | Eintritt 14 € (Kombikarte Choruskirchen)

★★ BASILICA DI SAN MARCO

Lage: Piazza San Marco | **Anlegestelle:** Vallaresso San Marco, San Zaccaria | Mo.–Sa. 9.30–17.15, So. ab 14 Uhr | kostenlose Führungen auf Deutsch: So.–Fr. 11, 14.30, 16, Sa. 11 Uhr | Eintritt 3 €, Aufpreis für Besichtigung der Pala d'Oro 5 €, für Museo di San Marco – Loggia dei Cavalli 7 €; wer die Warteschlange vermeiden will, bucht auf **www.venetoinside.com** ein Ticket mit Zeitfenster (2 € Aufpreis) oder eine Skip the Line-Führung (64 €) | **www.basilicasanmarco.it**

Mit prachtvollen Mosaiken auf Goldgrund, fünf Kuppeln und Kunstschätzen ist der Markusdom das Glanzstück der ▶ Piazza San Marco. Doch: Ohne die beiden findigen Händler, die die Gebeine des Heiligen unter gepökeltem Schweinefleisch versteckt aus Alexandria nach Venedig schmuggelten, hätte es diesen Prachtbau nie gegeben ...

Im 9. Jh. soll der Doge den Auftrag zum Schmuggel der heiligen Knochen gegeben haben. 828 erreichte die kostbare Fracht per Schiff die Serenissima – die muslimischen Hafenwächter hatten die Ladung aus Glaubensgründen gar nicht erst angefasst (▶ Geschichte). Gleich neben dem Dogenpalast erhielt der neue Schutzheilige der Stadt – zuvor war es der heilige Theodorus gewesen – eine Kathedrale. Sein Symbol, ein Löwe, wird Wappentier Venedigs.

Der heutige Bau ist der dritte an dieser Stelle. Die erste Markuskirche, nach Ankunft der Reliquien aus Holz errichtet, wurde 976 beim Brand des Dogenpalastes gleichfalls zerstört, wieder aufgebaut, im 11. Jh. abgerissen und auf Initiative des Dogen Domenico Contarini (1043–1070) durch den heutigen Prunkbau ersetzt. Beibehalten wurde der alte Grundriss: ein griechisches Kreuz mit zwei Seitenschiffen, über dessen Vierung sich die Hauptkuppel sowie vier kleinere Kuppeln über den Kreuzarmen erheben. 1094 wurde die Basilika in Anwesenheit von Kaiser Heinrich IV. geweiht und zur Staatskirche erhoben. Erst 1807 stieg sie in den Rang einer Kathedrale auf.

San Marco ist die **einzige byzantinische Kirche**, die Venedig erhalten blieb. Sie fasziniert durch ihr prächtiges Dekor, das sie nicht zuletzt durch ein Gesetz des Dogen Domenico Selvo erhielt, der 1075 die ganze Stadt an der Ausstattung der Markuskirche beteiligte: Er verpflichtete jeden Heimkehrer, ein kostbares Schmuckstück für das »Haus des hl. Markus« mitzubringen. Dies erklärt die vielen architektonischen Versatz- und Schmuckstücke aus dem Orient, die Säulen, Reliefs, Skulpturen und Goldschmiedearbeiten aus unterschiedlichsten Materialien.

OBEN: Die Haupt- bzw. Westfassade des Markusdoms mit ihren vielen Kuppeln und der Engelsleiter. Auf der Terrasse über dem Eingang stehen die Kopien der vier antiken Bronzepferde.

UNTEN: Die mysteriösen Tetrarchen aus Porphyr an der Südwestecke zum Dogenpalast.

Bei Goethe weckte San Marco ganz andere Assoziationen: »Ich pflege mir die Fassade zum Scherz als einen kolossalen Taschenkrebs zu denken«, schrieb er im September 1786 in der »Italienischen Reise«. 100 Jahre später ging Mark Twain in »A Tramp Abroad« noch weiter:

»

Ich habe keine glücklicheren Stunden verbracht als die, welche ich täglich vor dem Caffè Florian verbrachte, von wo aus ich die Kirche über den großen Platz hinweg betrachten konnte. Auf ihrer langen Reihe niedriger, dickbeiniger Säulen gepflanzt, den Rücken mit Kuppeln bepflastert, sah sie aus wie eine riesige, warzige Wanze, die nachdenklich spazieren geht.

«

Außenbau

Die Königin aller venezianischen Kirchen

Haupt- bzw. Westfassade

Fünf tief eingeschnittene, rundbogige und mosaikengeschmückte Portale bestimmen die Haupt- bzw. Westfassade. Über dem Hauptportal, auf der Schauseite zum Markusplatz, zeigt Venedig, was es 1204 Konstantinopel geraubt hatte: **vier antike Bronzepferde**. Darunter sind verschiedenfarbige Spoliensäulen in zwei Reihen übereinander angeordnet. Die Mosaiken der Lünetten in den Seitennischen der Portale stellen die Geschichte der Markusreliquien dar, beginnend rechts außen mit der Entführung des Leichnams aus Alexandrien, dessen Verehrung und der Ankunft in Venedig – alles aus dem 17. und 18. Jahrhundert. Das einzige Mosaik aus dem Mittelalter befindet sich über dem äußersten linken Portal, der Porta di San Alippio. Es ist von 1265 und zeigt die Überführung des Leichnams des heiligen Markus und verrät, wie die Kirche im 13. Jh. vor ihrer Gotisierung ausgesehen hat. Die Lünette des Hauptportals zeigt Christus als Weltenrichter. Die Mosaiken des Obergeschosses konzentrieren sich auf die Passion Christi bis zu seiner Himmelfahrt. Die inneren Bogenfelder sind mit byzantinisch-romanischen Reliefs geschmückt. In der Laibung des mittleren Bogens sind Handwerkerberufe dargestellt (Mitte 13. Jh.). Die Reliefs in den Zwickeln der äußeren Arkadenbögen (13. Jh.) greifen die Themen der Herkules-Sage auf. Die **drei Flaggenmasten** stehen seit 1376 vor der Westfassade. 1505 erhielten sie aus der Werkstatt des Alessandro Leopardi aufwendige Basen aus Erz. Die Reliefs des mittleren Sockels stellen Justitia dar zwischen Elefanten (Symbol für Stärke und Weisheit) und Pallas (Symbol des Überflusses). Auf dem südlichen sind Nereiden und Tritonen zu sehen, auf dem nördlichen Neptun, dem ein Satyr die Früchte der Erde offeriert – Venedigs Herrschaft zu Wasser und zu Lande eindrucksvoll demonstrierend!

BASILICA DI SAN MARCO

BAEDEKER WISSEN

Hauskapelle der Dogen, Staatskirche und Monumentalschrein für den Staatsheiligen – die von riesigen Kuppeln überwölbte Markusbasilika ist eines der eindrucksvollsten Baudenkmäler der Lagunenstadt.

1 Portale
Die tief eingeschnittenen Portale an der Westfassade der Markuskirche sind mit Säulen aus kostbarem verschiedenfarbigen Marmor und Mosaiken sowie – am mittleren Haupteingang – mit Steinmetzarbeiten aus dem 13. Jahrhundert geschmückt.
Unter einer Ladung Schweinefleisch schafften Kaufleute den Leichnam des hl. Markus aus Alexandrien nach Venedig. Die Geschichte dieser »Entführung« wird in den Mosaiken über den Portalen der Westfassade dargestellt.

2 Taufkapelle · Baptisterium
Mosaiken und Reliefs auf dem Taufstein erzählen vom Leben Johannes des Täufers.

3 Tetrarchen
Rätselhafte Figurengruppe aus Porphyr aus dem 4. Jh.: vier Männer in inniger Umarmung.

4 Tesoro
Die Beutestücke, die die Venezianer 1204 aus dem eroberten Konstantinopel mitbrachten, sind heute der Grundstock des Kirchenschatzes.

5 Säulenwunder
Die Gebeine des hl. Markus waren seit dem Brand der Kirche 976 verschollen. Das Mosaik beschreibt das Wunder ihrer Wiederauffindung.

6 Hochaltar
Prachtstück des aus alten Stücken zusammengesetzten Hochaltars ist der Baldachin, der auf vier Säulen ruht.

7 Kuppeln
Die Kuppeln wurden nach der Eroberung Konstantinopels 1204 erhöht, seither sind sie auch vom Markusplatz aus sichtbar und verleihen dem Bau orientalisches Flair.

7
6
5
2
4
3
©BAEDEKER

Raubkunst aus Konstantinopel

Süd- und Nordfassade

Raubkunst aus Konstantinopel zeigt die Serenissima stolz auch an der Südfassade: Marmorsäulen, die sog. Pilastri Acritani (6. Jh.), und vier rätselhafte, sich umarmende Männer – die Tetrarchen (4. Jh.). Die spätantike Spolie aus ägyptischem Porphyr, dem damals kostbarsten Material, an der Südwestecke des Tesoro zum Dogenpalast eingemauert, stellt vermutlich die nach der Reichsreform von 293 regierenden Kaiser Diokletian, Maximinian, Valerius und Constantius dar. Die Legende sieht in ihnen vier Diebe, die bei dem Versuch, den Schatz von San Marco zu rauben, in Stein verwandelt wurden.
Die einstige Porta da Mar, der für Zeremonien genutzte Eingang zur Lagune, entfiel 1503 zugunsten der Cappella Zen. Innen sieht man noch das mit Mosaiken der Markuslegende geschmückte Portal. Das maßwerkbekrönte Tor rechts daneben führt in den Vorraum der Taufkapelle. Daran schließt die glatte, mit Marmor verkleidete Außenwand des Tesoro an. Für das zweite Stockwerk ist das Schema der Westfassade übernommen, jedoch mit mehr Fensteröffnungen und marmorverkleideten Bogenfeldern – vor dem byzantinischen Madonnenmosaik (13. Jh.) werden abends zwei Lampen entzündet. Schönster Schmuck der Nordfassade, die Geschosse und Gliederung der Westfassade aufgreift, ist ein romanisches Relief über der Porta dei Fiori (4. Arkade) zur Geburt Christi.

Die Mosaiken der Vorhalle

Vorhallen

Die Vorhalle (Narthex) entstand im Laufe des 13. Jahrhundert. Hauptsehenswürdigkeiten sind der vielfarbige Marmorfußboden, die in Nischen eingelassenen Dogengrabmäler (12. Jh.) und vor allem die Gewölbemosaiken, die etwa zwischen 1220 und 1300 entstanden. Die Themen sind vorwiegend dem Alten Testament entnommen (für die Mosaiken im Inneren der Basilika hingegen dem Neuen testament). Sie beginnen im südlichen Joch der Westvorhalle mit Darstellungen zur Genesis und werden in den folgenden Jochen mit Geschichten zu Noah, Abraham, Joseph und Moses fortgeführt.

In der Chiesa d'Oro, der goldenen Kirche

Ein Fest fürs Auge

Überblick

Die Raumwirkung des dreischiffigen Gotteshauses wird stark durch die fünf Kuppeln bestimmt. Sie ruhen auf massiven Pfeilern und sind mit breiten Tonnengewölben verbunden. Ursprünglich war die Contarini-Kirche weitgehend schmucklos. Die Marmorverkleidung der Wände, die Bodeninkrustation, die Öffnung des Maßwerks und die Mosaiken folgten erst später. Allerdings fiel es Besuchern bis in die 1990er-Jahre schwer, die Mosaiken überhaupt zu erkennen. Erst eine raffinierte Ausleuchtung vertrieb das vorherrschende Dämmerlicht.

BASILICA DI SAN MARCO

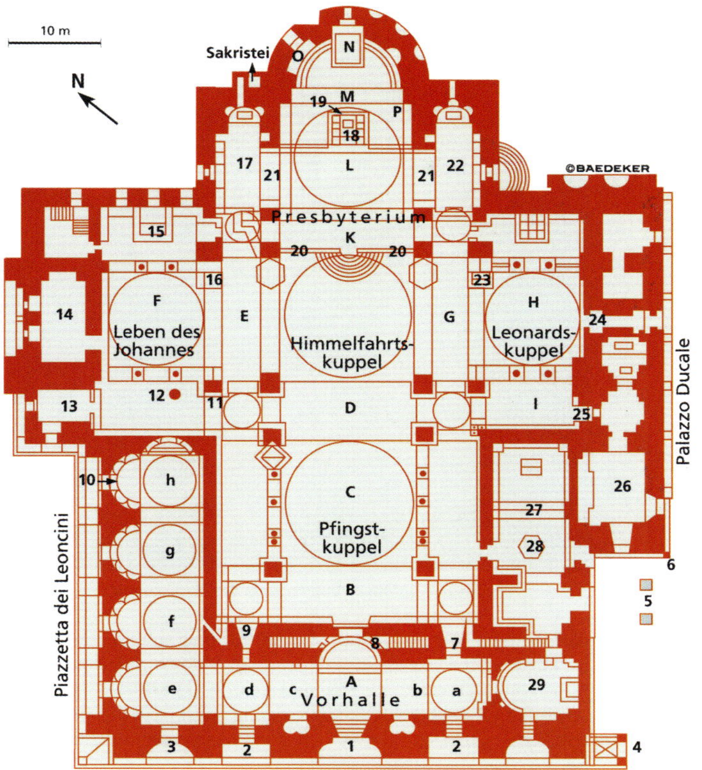

1 Hauptportal
2 Gitter des venezianischen Meisters Bertuccius (um 1300)
3 Porta di S. Alippio
4 Pietra del Bando
5 Pilastri Acritani
6 Skulptur der Tetrarchen
7 Porta di San Clemente
8 Aufgang zum Museo di San Marco
9 Porta di San Pietro
10 Porta dei Fiori
11 Verkündigungsaltar
12 Romanisches Weihwasserbecken mit Engeln (12. Jh.)
13 Cappella dei Mascoli
14 Cappella di Sant' Isidoro
15 Cappella della Madonna Nicopeia
16 Altare di San Paolo
17 Capella di San Pietro
18 Hochaltar
19 Pala d'Oro
20 Ikonostase
21 Reliquienschreine
22 Cappella di San Clemente
23 Altare di San Giacomo
24 Verbindung zum Dogenpalast
25 Eingang zur Schatzkammer
26 Schatzkammer (Tesoro)
27 Baptisterium
28 Taufbecken von 1546
29 Cappella Zeno, für den Kardinal G. B. Zeno (†1501)

MOSAIKEN

a Genesis
b Arche Noah
c Geschichte Noahs und Turmbau zu Babel
d Geschichte Abrahams
e-g Josephs-Geschichte
h Geschichte Moses'

A Bogen des Jüngsten Gerichts
B Bogen der Apokalypse
C Pfingstwunder
D Passionsszenen
E Hl. Michael mit Schwert
F Marienleben
G Fußwaschung, Versuchung in der Wüste
H Vier Wunder Heilige
I Säulenwunder
K St. Peter, Auferstehung u. a.
L Christus mit Propheten
M Heiliges Lamm
N Christus als Pantokrator
O Sakristeitür Sansovinos
P Markuslegende

Mosaiken überziehen die Wände und Kuppeln des Markusdoms.

Nun erkennt man, wie eindrucksvoll die Seerepublik ihren Reichtum und ihre Macht inszenierte! Ein einziger Besuch reicht kaum, um alle Kunstwerke zu erfassen. **Für den ersten Überblick** steigen Sie die steile Treppe rechts vom Haupteingang hoch – die hierfür nötige Eintrittskarte gilt auch für den Besuch des San-Marco-Museums mit seiner Aussichtsterrasse!

Geschichten aus farbigen Steinchen auf Goldgrund

Die Mosaiken

Die Mosaiken an den Wänden und Kuppeln überziehen rund 8000 m ^{2} Fläche, damit gehören sie zu den größten Mosaikzyklen der Welt. Zum Großteil stammen sie aus dem 12./13. Jahrhundert. Seit dem 15. Jh. wurden sie teilweise nach Vorlagen von Tizian, Tintoretto, Veronese und Tiepolo ersetzt. »Die Luft scheint aus Gold gemacht«, schreibt Dan Brown in seinem Venedig-Krimi und zitiert einen Volksglauben: »Jahrhunderte lang hatte es geheißen, man müsse nur die Luft des Markusdoms atmen, und schon werde man reicher« (»Inferno«, S. 479). »Chiesa d'Oro«, »goldene Kirche«, wurde daher der Markusdom auch genannt.

Die Hauptthemen entwickeln sich zwischen Apsis und Ausgang, beginnend mit Christus als Weltenherrscher im Osten bis zur Apokalypse im Westen. Dazwischen erstrecken sich die Ereignisse der Passion bis zur Himmelfahrt. Die Wandflächen der Querarme machen die Gläubigen, die zumeist Analphabeten waren, mit Heiligengeschichten und den Eltern Jesu vertraut.
Am berühmtesten sind zwei Mosaik-Kuppeln aus dem 12. Jh.: die Pfingstkuppel im Langhaus und die Himmelfahrtskuppel in der Vierung. Im Zentrum der **Pfingstkuppel** schwebt der Heilige Geist in Gestalt einer Taube. Er sendet Lichtstrahlen über die zwölf Apostel am unteren Kuppelrand aus. In der **Himmelfahrtskuppel** schwebt Christus in einem von Engeln getragenen Sternenkreis, darunter betet Maria mit zwei Engeln. Die zwölf Apostel trennen Ölbäume. In den Pendentifs finden die vier Evangelisten Platz. Zwischen diesen beiden Kuppeln zeigt das **Passionsgewölbe** u. a. Gefangennahme, Kreuzigung und Vorhölle Christi (um 1200).
In der **Chor- oder Presbyteriumskuppel** ist der segnende Christus dargestellt, umgeben von Propheten und Maria. Das Mosaik stammt aus dem 12. Jh., Teile wurden aber nach dem Brand 1231 erneuert, was an dem Goldgrund zu erkennen ist, wo sich alt und neu deutlich abheben. Das Apsismosaik mit dem Weltenherrscher (Pantokrator) datiert von 1506. Die Mosaiken im rechten Chor-Schiff schildern die Markuslegende.
Die **Johanneskuppel** im nördlichen (linken) Querschiff schmücken Szenen aus dem Leben des hl. Johannes Evangelista (12. Jh.); die südliche **Leonhardskuppel** zeigt die vier Heiligen Leonhard, Clemens, Blasius und Nikolaus. Die Westwand des südlichen Kuppelraums erzählt vom **Säulenwunder**. Nach dem Brand der Kirche 976 waren die Gebeine des hl. Markus vermisst. Erst durch lange Gebete des Dogen und der venezianischen Bevölkerung geschah das Unfassbare: Sie lösten sich aus der gegenüberliegenden Wand heraus.

Ein Mosaik für den Boden

Fußboden

Meister aus dem Orient schufen im 11. und 12. Jh. den Fußboden aus mehrfarbigem Marmor, Porphyr, Serpentin, Chalcedon, Lapislazuli und Malachit. Die Mosaiken bilden teppichartige, teils perspektivische Muster, Ornamente und Tiermotive ab und sind meist in einen viereckigen Rahmen eingepasst – eine unerschöpfliche Inspirationsquelle für viele spätere Steinböden. Leider sind die Bodenmosaiken heute überwiegend von Teppichen bedeckt.

Dogengräber und Bibelgeschichten aus bunten Steinen

Taufkapelle und Zenokapelle

Das **Battistero**, die Taufkapelle im rechten Seitenschiff, birgt zwei Dogengräber: im Vorraum das für Giovanni Soranzo und dem Eingang gegenüber das aufwendiger ausgestattete für Andrea Dandolo; der Stifter der Mosaiken im Baptisterium wurde 1354 als letzter

Doge in San Marco beigesetzt. Die Mosaiken der Taufkapelle, Arbeiten aus der Mitte des 14. Jh.s, schildern Szenen aus dem Leben Johannes' des Täufers (an den Wänden) und der Kindheit Jesu. Schaurig schön ist die tanzende Salome, sie balanciert bereits das Haupt des Johannes in einer Schale auf dem Kopf. Die Bildreliefs des Taufsteins beziehen sich ebenfalls auf Johannes den Täufer und wechseln sich mit Darstellungen der Evangelisten ab. Vermutlich hat Jacopo Sansovino (1486–1570; vor dem Altar sein Grab) das Taufbecken entworfen.
Die **Zenokapelle** mit dem freistehenden Grabmal des Kardinals Giambattista Zeno ist nur über das Baptisterium zu erreichen. Bemerkenswert ist die »Madonna della Scarpa«, die »Muttergottes mit dem Schuh«. Zwischen dem hl. Markus und Johannes dem Täufer sitzt die Muttergottes, nach Entwürfen von Antonio Lombardo gegossene Bronzen (frühes 16. Jh.). Der Legende nach schenkte ein Armer der Madonna seinen linken Schuh, der als Zeichen des himmlischen Dankes in Gold verwandelt wurde.

Eine bemerkenswerte Schatzkammer

Tesoro

Unbedingt sehenswert ist auch die Schatzkammer, in der seit dem Mittelalter der Staatsschatz der Seerepublik aufbewahrt wurde – vor allem Beutestücke, die die Venezianer nach der Eroberung von Konstantinopel 1204 in die Lagunenstadt brachten: Reliquienschreine aus Gold und Silber, mit Edelsteinen besetzt und reich verziert, Pokale, Gläser, liturgische Geräte, Elfenbeinarbeiten, Ikonen und Tapisserien. Der »Thron des hl. Markus« soll, so die Überlieferung, im Jahr 630 der Kaiser in Byzanz dem Patriarchen von Grado geschenkt haben. Vermutlich diente der Stuhl als Aufbewahrungsort für Reliquien. Beachtenswert ist auch ein Weihrauchfass aus vergoldetem Silber in Form einer byzantinischen Kirche.
Zugang rechts neben dem Durchgang zum Dogenpalast | Eintritt 3 €

Meisterwerk der Goldschmiedekunst

Hochaltar und Pala d'Oro

Der **Hochaltar** birgt heute die Gebeine des hl. Markus. Besonderes Augenmerk verdienen die vier reliefierten Säulen des Baldachins. Sie zeigen Szenen aus dem Leben Jesu und der Jungfrau Maria. Es ist nicht sicher, ob es sich bei den Reliefs um byzantinische Werke aus dem 6. Jh. oder venezianische aus dem 13. Jh. handelt. Die berühmte, 2,50 m hohe und 3,50 m breite Altartafel, die **Pala d'Oro**, ist auf der Rückseite des Hochaltars angebracht: Mit 1401 Edelsteinen, 526 Juwelen und rund 250 kleinen Emaillemedaillons ist sie ein Meisterwerk der Goldschmiedekunst. Die erste Version der Pala d'Oro bestellte der Doge Pietro Orselo I. 976 in Konstantinopel. Im 12. und 13. Jh. wurde sie erweitert. Ihre endgültige Gestalt erhielt sie 1345 unter Andrea Dandolo, der die Einzelteile durch den Goldschmied Gian Paolo Boninsegna neu ordnen und montieren ließ.

6X

EINFACH UNBEZAHLBAR

Erlebnisse, die für Geld nicht zu bekommen sind

1. JUNIOREN & SENIOREN

In allen **städtischen Museen** Venedigs haben Kinder unter 18 und Senioren über 60 Jahre freien Eintritt. Kostenlos kommen in viele Sammlungen auch die Einheimischen.

2. STRANDVERGNÜGEN

12 km lang ist der Sandstrand des Lido – und auf den ersten Blick fest in der Hand der Hotels und privaten Strandclubs. Doch am Ende der Gran Viale Santa Maria Elisabetta wartet der öffentliche Strand »**Blue Moon**« auf Sie. (► **S. 148**)

3. FESTE FEIERN

Vom Carnevale bis zur Regata Storica, von Open-Air-Kino bis zu Freiluftkonzerten ist Venedig das ganze Jahr hindurch Bühne für Festivals, die **Traditionen lebendig halten**, Trends präsentierten und für Volksfeststimmung sorgen. (► **S. 22, 299**)

4. 1001 NACHT

Viele Sehenswürdigkeiten kosten Eintritt. Doch dieses Juwel können Sie ganz kostenlos bestaunen: die goldenen Himmel und vielfarbigen Fußböden der **Basilica San Marco**. Ein Kirchentraum wie im Orient! (► **S. 55**)

5. VENEDIG-FLAIR

Venedig ist eine Stadt für Fußgänger und **überrascht hinter jeder Biegung**, nach jedem Sotoportego, in jedem Sestiere mit einzigartigen, typischen Eindrücken: vom Gemüsehändler auf dem Kanal bis zum Squero di San Trovaso, wo bis heute Gondeln gebaut werden. (► **S. 83**)

6. BIENNALE

Während der Biennale erobert aktuelle Kunst die Kais, Plätze und Palazzi der Lagunenstadt und verwandelt Venedig in ein aufregendes **Gesamtkunstwerk.** (► **S. 130, 301**)

Zu den ältesten Arbeiten zählen die kleinen, runden Medaillons, die in die Rahmen eingefügt wurden. Die lateinisch beschrifteten, rechteckigen Platten mit Szenen aus dem Markus- und Christusleben wurden wohl zu Beginn des 12. Jh.s in Venedig hergestellt. Der Aufsatz mit dem Erzengel Michael im Mittelpunkt und sechs Darstellungen mit Szenen aus dem Neuen Testament gelangten 1204 nach der Plünderung Konstantinopels nach Venedig. Im Zentrum des unteren Teils sehen Sie den thronenden Christus, umgeben von Evangelisten und Aposteln. Darunter stehen die Mutter Gottes, die heiliggesprochene byzantinische Kaiserin Irene (rechts) und der Doge Ordelaffo Falier (links), der die erste Erweiterung der Pala 1105 in Auftrag gab. Diese Medaillons entstanden 1345 in Venedig, ebenso wie die Rahmung der vielen Einzelteile, die das heterogene Werk zu einem Ganzen verbindet.

Besichtigung der Altartafel: 5 €

Christus thront als Pantokrator im Zentrum der Pala d'Oro.

Ein Meisterwerk aus Bronze

Sakristeitür von Jacopo Sansovino

In einer Nische der Apsis steht ein Sakramentshäuschen mit einer reliefgeschmückten Bronzetüre von **Jacopo Sansovino**: der auferstandene Christus, umgeben von Engeln, die die Marterwerkzeuge präsentieren. Die in das Apsisrund eingefügte **Sakristeitür** gehört zu den bedeutendsten Arbeiten Jacopo Sansovinos (1486–1570); sein Vorbild war die Paradiestüre von Ghiberti am Baptisterium in Florenz. Der Türrahmen ist aus Marmor, die leicht gerundete Türe aus Bronze. Zwei große rechteckige Reliefs schmücken sie mit Darstellungen der Grablegung unten und der Auferstehung Christi oben. In den Rahmenleisten stehen Propheten und Heilige. Die kleinen Porträtbüsten stellen der Überlieferung nach einige Künstlerkollegen dar: Sich selbst stellte er ins Zentrum seiner Tür, auf einem Divan ein Buch lesend. Rechts von ihm können Sie Tizian sehen. Abgebildet sind auch Palladio und Veronese. Den in päpstliche Ungnade gefallenen Aretino (Dichter) platzierte er auf dem Türgriff.

Vielgereiste goldene Pferde

Museo di San Marco und Loggia dei Cavalli

Der Museumsbesuch lohnt sich nicht nur wegen der Exponate, sondern auch wegen des herrlichen Blicks von der Terrasse auf den Markusplatz. Der steile Zugang liegt rechts des Hauptportals. Die Räume waren ursprünglich die Werkstätten der in der Kirche tätigen Mosaizisten. Im Museum sind Wandteppiche, Skulpturen und liturgische Gewänder ausgestellt. Hauptsehenswürdigkeit sind die berühmten, ursprünglich feuervergoldeten **Bronzepferde von San Marco**. Ihre Herkunft ist nicht ganz geklärt. Vermutlich entstanden die vielfach kopierten Rosse im 4. Jh. v. Chr. in Griechenland. Von dort gelangten sie nach Rom, wo sie den Triumphbogen des Kaisers Trajan zierten. Im 4. Jh. nach Konstantinopel überführt, gelangten sie nach dessen Plünderung 1204 nach Venedig, wo sie auf der Galerie der Markuskirche aufgestellt wurden. 1797 entführte Napoleon die Pferde nach Paris. Nach seinem Sturz kehrten sie 1815 in einem Triumphzug zurück. Das Kirchenmuseum zeigt außerdem die ehemalige Verkleidung der Pala d'Oro, die werktags den Altaraufsatz bedeckte; Paolo Veneziano und seine Söhne schufen 1345 das Polyptychon mit Darstellungen von Christus, Maria, Heiligen und aus dem Leben des Markus sowie Mosaiken, Messegewänder und liturgisches Gerät.

Zugang rechts des Hauptportals | Eintritt 7 €

Das ist noch nicht alles

Ikonostasis und nördliches Querschiff

Die Ikonostasis, die Kirchenschiff und Chor voneinander trennt, ist eine Arbeit von Jacobello und Pierpaolo dalle Masegne (1394). Eine Kolonnadenreihe aus acht gedrungenen Säulen trägt das waagrechtes Gebälk. Darauf steht in der Mitte das Triumphkreuz, umgeben von den Marmorfiguren der Maria, des hl. Markus und der zwölf Apostel. Die Säulenkanzeln rechts und links der Ikonostasis wurden im

Die originalen Bronzepferde sind im Museo di San Marco zu bewundern.

14. Jh. aus alten Säulen und Marmorplatten zusammengefügt. Auf der rechten Kanzel präsentierte sich der neu gewählte Doge dem Volk. Das Andachtsbild **Madonna Nicopeia** (die Siegbringende) an der Ostwand des nördlichen Querschiffes entstand im 10. Jh. in Byzanz. Die mit Juwelen, Perlen und Edelsteinen besetzte Ikone wurde einst von der byzantinischen Armee mitgeführt und gelangte 1204 als Beutestück nach Venedig. Die **Kapelle des hl. Isidor** birgt die 1125 in Chios erworbenen Gebeine des Heiligen, die in einem Sarkophag in einer Nische der Stirnwand ruhen. Die Liegefigur auf dem Sarkophag stellt den Heiligen dar, die Mosaiken des 14. Jh.s erzählen teilweise sehr dramatisch verschiedene Episoden aus seinem Leben. Die **Cappella dei Mascoli** war im 17. Jh. die Kapelle der Bruderschaft der Mascoli (Junggesellen). Die Skulpturen ihres Altars vom Beginn des 15. Jh.s – Maria zwischen den hll. Markus und Johannes – zeigen schön den Übergang der Spätgotik zur Renaissance. Der **Verkündigungsaltar** verdankt seinen Namen seiner baldachinartigen Gestalt: Ein marmornes polygonales Pyramidendach wird von Säulen getragen, die eine Mensa umschließen. Das Kruzifix ist ebenfalls ein 1205 nach Venedig gebrachtes Beutestück aus Byzanz, die Statuen zur Verkündigung wurden im 14. Jh. angefertigt.

★★ BURANO

Einwohner: 2720 | **Anlegestelle:** Burano (Linie 12 von Fondamente Nove)| **www.isoladiburano.it**

40 Minuten Bootsfahrt trennen den Markusplatz von Burano, der malerischsten Insel der Lagune. Hier fertigen seit Jahrhunderten Stickerinnen mit komplizierten Luftstichen kunstvolle Spitzen und bunte Fischerhäuser spiegeln sich im Wasser.

Erst importierte Venedig die feine Handarbeit aus Byzanz, dann machte die Seerepublik die Spitzenherstellung zum Staatsmonopol und verbannte seine Stickerinnen nach Burano, wo sie ab 1414 Spitze für die Serenissima fertigten. Eine Legende erzählt die Ursprünge des Traditionshandwerks: Ein verliebter Kapitän segelte an der Insel der Sirenen vorbei. Während seine Männer von den Zaubergesängen überwältigt, von Bord sprangen, widerstand er als Einziger den Verlockungen. Als Zeichen ihrer Anerkennung ließ die Herrscherin der Sirenen eine Schaumkrone aus dem Meer auftauchen, die sich in den Händen des Seemanns in feinste Spitze verwandelte – in einen Hochzeitsschleier für seine auf Burano wartende Geliebte. Jene wollte den Liebesbeweis auf ewig bewahren. Sie griff zu Nadel und Faden und folgte den Linien und Knoten der Natur – der »**punto in aria**«, ein komplizierter Luftstich und bis heute Markenzeichen Buranos – war geboren.

Recht bald waren die feinen Arbeiten in ganz Europa gefragt. Krone und Klerus, Adel und reiches Bürgertum schmückten sich mit den kostbaren Accessoires. Im 17. Jh. war die Spitze in Frankreich so begehrt, dass der französische Minister Colbert Stickerinnen aus Burano anwarb, um die eigene Spitzenproduktion anzukurbeln. Mit der Auflösung der Republik Venedig 1797 war auch der Niedergang der Spitzenherstellung besiegelt. Ende des 19. Jh.s war das Traditionshandwerk schon fast vergessen, als 1872 Gräfin Andriana Marcello auf Burano die »Scuola dei Merletti« (merletti = ital. Spitzen) eröffnete und mit Francesca Memo die letzte Frau, die die kunstvolle Technik noch beherrschte, als Lehrerin verpflichtete. Zu Beginn des 20. Jh.s zählte die Insel bereits wieder sieben Spitzenmanufakturen mit fast 500 Stickerinnen. Heute sind die meisten Spitzen, die entlang der Via Galuppi angeboten werden, jedoch maschinell hergestellte Billigimporte aus Fernost – echte Burano-Spitze ist ein teures Luxusgut. Das **Museo del Merletto** präsentiert Kleider, Schleier und Fächer der letzten zwei Jahrhunderte und zeigt, wie der »punto in aria« entsteht.

Museo del Merletto: Via Galuppi 187 | Di. – So. 10–16 Uhr
Eintritt 5 € (Kombiticket mit Museo del Vetro/Murano 12 €)
https://museomerletto.visitmuve.it

Farbklecks im Norden

Außerdem sehenswert

Neben der Spitze ist Burano auch für seine farbenfroh bemalten, ein- bis zweistöckigen Fischerhäuser berühmt. Viele Postkarten ziert die Casa Bepi Suà, die Giuseppe Toselli in Regenbogenfarben und geometrischen Mustern fantasievoll verziert hat. Der Legende nach sind die Fassaden von Burano so auffällig bunt getüncht, damit die Fischer auch bei dichtem Nebel wieder heimfinden. Die Fischerboote an den Kais der schmalen Kanäle zeigen ebenfalls kräftige Farben und ergeben mit der sich im Wasser spiegelnden Häuserkulisse ein bezauberndes Bild. Kein Wunder, dass die Insel auch Maler und Fotografen angezogen hat. Ihr Treff war um 1910 die **Trattoria Da Romano** in der Via Galuppi 468. Dort konnten sie ihre Mahlzeit mit einem Gemälde bezahlen. Heute sind einige Werke dieser »Schule von Burano« so wertvoll, dass nur noch Kopien an den Wänden des Lokals hängen.
In ihren Vin Santo tauchen die Einheimischen gern die harten Bussolà-Kringel, die ursprünglich nur zu Ostern gebacken wurde, heute aber mit feiner Zitronennote oder Schokoladenstückchen bei der Panificio Pasticceria Palmisano Carmelina in der Via Galuppi 335 sowie in vielen Souvenirshops zu finden sind.

Burano, der Farbklecks, ist nicht nur für seine Spitze, sondern auch für seine bunt bemalten Häuser berühmt.

Der Straßenname verweist auf den berühmtesten Einwohner von Burano: **Baldessare Galuppi** (1706–1785) – beim Fähranleger und auf dem Inselplatz, der ebenfalls Galuppis Namen trägt, erinnern Skulpturen von Remigio Barbaro an den Komponisten der Opera Buffa. Mit Pino Donaggio (geb. 1941), der u. a. mit Paul Anka auftrat und später für Brian De Palma die Soundtracks von »Dressed to Kill«, »Blow out« und »Raising Chain« komponierte, stammt auch ein berühmter Gegenwartsmusiker von der kleinen Insel.
Vom marmornen Ponte Terranova an der Via Giudecca haben Sie den besten Blick auf den 53 m hohen Campanile Storto di Burano, der sich 1,83 m aus der Achse zur Seite neigt. Er gehört zu **Bischofskirche San Martino** (16. Jh.), die im Innern eine Kreuzigung von Tiepolo (1725) birgt. Über eine Holzbrücke gelangen Sie auf die kleine **Nachbarinsel Mazzorbo**, wo Weinbau und Landwirtschaft das Bild bestimmen (316 Einw.; ▶ auch S. 48).

★★ CA’ D’ORO · GALLERIA GIORGIO FRANCHETTI

Lage: Canal Grande | **Anlegestelle:** Ca’ d’Oro | Mo. 8.15 – 14, Di. – So. bis 19.15 Uhr | Der 1. Stock ist wegen Renovierungsarbeiten bis auf Weiteres geschlossen. Zugänglich sind die Loggia, der 2. Stock und die wichtigsten Meisterwerke, Eintritt 7 € | **www.cadoro.org**

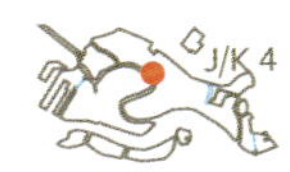

Mit ihrer farbigen Marmorfassade, die einst mit Blattgold überzogen war, Spitzbogenfenstern und Arkaden gehört die Ca’ d’Oro zu den schönsten Palazzi Venedigs. Im »Goldenen Haus« zeigt die Galleria Giorgio Franchetti Meisterwerke von Bellini, Tintoretto und Tizian.

Es ist tatsächlich ein Schmuckstück und einer der schönsten gotischen Paläste Venedigs. Auftraggeber war der reiche Adlige und hohe Staatsbeamte Marino Contarini, der gleich drei renommierte Architekten beauftragte, den alten Palast der Familie Zen zum Schmuckstück am Canal Grande umzubauen: Mateo Raverti und die beiden Venezianer Giovanni und Bartolomeo Bon. Nach deren Plänen entstand der Palast zwischen 1421 und 1440. Berühmt ist vor allem die Fassade, die einst großzügig mit Blattgold überzogen war, daher der Name »Goldenes Haus«. Auch wenn das Gold mittlerweile ver-

Der Blattgoldüberzug ist schon lange verschwunden, der Name Ca' d'Oro ist jedoch geblieben.

blasst ist, mit seinen vielfarbigen Marmorinkrustationen, den Balkonen und dem herrlich verspielten Maßwerk der Spitzbogenfenster ist die Ca' d'Oro ein Höhepunkt spätgotischer Dekoration. Erste Zeichen der Frührenaissance sind die offene Säulenhalle mit ihrem mittleren Rundbogen im Erdgeschoss und der Seitentrakt (Torresello), der in klar gegliederte Rechteckfelder aufgeteilt ist. Nach einer langen Reihe verschiedener Besitzer erwarb 1894 der kunstsinnige Baron Giorgio Franchetti († 1922) den Palast, den er sorgfältig restaurieren ließ. Heute birgt die Ca' d'Oro seine Kunstsammlung, die Galleria Franchetti.

Im Goldenen Haus

Galleria Giorgio Franchetti

Den Brunnen aus rotem Veroneser Marmor, den Bartolomeo Bon einst für den Palazzo gefertigt hatte, entdeckte Franchetti zufällig in Paris bei einem Händler und stellte ihn wieder im kleinen Innenhof auf. Wunderschön ist auch der Boden des Andron (Wasserhalle) im Erdgeschoss. Ihn gestaltete Franchetti nach dem Vorbild der Mosaiken von San Marco eigenhändig aus farbigem Marmor. Er wollte in der Ca' d'Oro die venezianische Kunst von der Gotik bis zum Barock als Gesamtkunstwerk zeigen. Das ist ihm gelungen: Inmitten spätmittelalterlicher Wohnkultur mit Holzdecken in den Hauptsälen präsentiert die Galleria Skulpturen, Wandteppiche und berühmte Gemälde aus dem 15. und 16. Jh., darunter der »Hl. Sebastian«, ein Spätwerk von **Andrea Mantegna**, die »Madonna mit schlafendem Kind« von **Giovanni Bellini** und das Portrait des Prokurators Niccolò Priuli von **Tintoretto**. Die Fresken-Fragmente im zweiten Stock fertigten **Giorgione** und sein Kollege **Tizian** für die Fassade des ► Fondaco dei Tedeschi. Und versäumen Sie nicht die Aussicht von der Loggia über den Canal Grande hin zur neogotischen Pescheria!

»Bei der Witwe«

Alla Vedova

»Ca' d'Oro alla Vedova«, »Goldenes Haus der Witwe«, nennt sich in der Nähe eine urige Trattoria, in der Venezianer am Tresen gerne ein paar Cicchetti, kleine Häppchen aus der Vitrine, und ein Glas Wein zu sich nehmen. Wer den berühmten Polpetti am Tisch essen möchte, sollte vorab reservieren.

Cannaregio 3912 | Tel. 041 528 53 24 | Do., Aug. geschl. (€€)

 CA' PESARO

Lage: Fondamenta Mocenigo/Canal Grande | **Anlegestelle:** San Staè
Di. – So. April – Okt. 10–18, sonst bis 17 Uhr, die Kasse schließt 1 Std. früher | Eintritt 11 € | **capesaro.visitmuve.it**

Der imposante Barockpalast am Canal Grande birgt gleich zwei hervorragende Museen: europäische moderne Kunst und fernöstliche Meisterwerke – Klimt, Chagall und Japanische Kunst der Edo-Epoche unter einem Dach!

Der Barockpalast entstand 1676–1710 im Auftrag des Dogen Giovanni Pesaro nach Plänen von Baldassare Longhena, dem Meister des Spätbarocks. Nach dessen Tod übernahm sein Schüler Antonio Gaspari die Fertigstellung. 1898 vermachte Felicita Bevilacqua La Masa den Palast der Stadt mit der Auflage, Ateliers und Ausstellungsräume für junge Künstler einzurichten. 2002 wurde der Bau von dem Wiener Architekt Boris Podrecca sensibel restauriert. Nach eigenen Worten baute er »ein neues Gebäude in den alten Kern hinein« – mit Stiegen in Glas und Stahl und einem Anbau. Seitdem betritt man den Palast durch einen kleinen Innenhof auf der Rückseite mit einem Brunnen von Sansovino. Anschließend gelangt man in den prächtigen, einst zum Canal Grande offenen Andron (Wasserhalle).

Galleria d'Arte Moderna

Europäische moderne Kunst

Zu den Beständen der 1897, im 2. Jahr der Biennale, gegründeten Galleria Internazionale d'Arte Moderna gehören Gemälde, Grafiken und Plastiken aus dem 19. und frühen 20. Jh.; Hauptwerke sind Gustav Klimts erotische »Judith II« (Salome), die »Badende« von Max Klinger, der »Rabbi von Witebsk« von Marc Chagall, der »Cardinal« von Giacomo Manzù und Rodins »Denker« und »Bürger von Calais«.

Museo d'Arte Orientale

Fernöstliche Kunst

Im dritten Stock ist das Museum für orientalische Kunst untergebracht. Die einzigartige Sammlung entstand nach »einer wahrhaftigen Reise um die Welt« des Grafen Enrico von Bourbon-Bardi 1887 bis 1889 und umfasst u. a. ganz hervorragende Stücke der japanischen Edo-Epoche (1614–1868), dazu kleinere chinesische und indonesische Abteilungen. Die »Bardi-Sammlung« umfasst etwa 30 000 Objekte, vom Siegel über Waffen und Rüstungen bis zu Porzellan, Lackarbeiten und Seidenmalerei, die abwechselnd ausgestellt werden.

CA' REZZONICO

Lage: Rio di Santa Barnabà/Canal Grande | **Anlegestelle:** Ca' Rezzonico | Mi. – Mo. 10–18, Nov. – März nur bis 17 Uhr | Eintritt 11 €
carezzonico.visitmuve.it

»Settecento« nennen die Italiener das 18. Jahrhundert. Wie Venedigs Oberschicht damals gelebt hat, vermittelt der Palazzo einer Familie, die sich mit Geld in die Aristokratie eingekauft hatte, ein Juwel des Rokoko.

Der Palast wurde 1667–1682 von Venedigs bedeutendstem **Barockbaumeister Baldassare Longhena** für die Familie Bon begonnen. Erst ein Jahrhundert später beendete **Giorgio Massari** den Herrschaftssitz im Auftrag der Familie Rezzonico, die sich ihren Adelstitel erst Mitte des 17. Jh.s gekauft hatte. Ein Sohn dieser Familie war Carlo Rezzonico, der spätere Papst Clemens XIII. (1758–1769). Der Untergang der Seerepublik trieb auch die Familie Rezzonico in den Ruin. Mitte des 19. Jh.s kam der Palast in den Besitz des englischen Balladendichters Robert Browning, der dort bis zu seinem Tod 1889 lebte.

Stilvolle Salonkunst

Reise in eine goldene Zeit

1936 eröffnete der Palast als Museum. Passend zur Anlage und herrlichen Ausschmückung gibt die Sammlung einen Überblick über das

Leben in Venedig zur Zeit des Rokokos, des »Settecento veneziano«. Die rund 40 Räume vermitteln Salonkunst in höchster Vollendung mit Seidentapeten, flandrischen Bildteppichen und kostbaren Barockmöbeln von Andrea Brustolon (1662–1732), der ein großes Faible für aus Ebenholz geschnitzte Mohren hatte. Bewundern Sie auch die in dieser Zeit so beliebten Chinoiserien und Lackmöbel. Neben venezianischem Porzellan, Keramiken und Bronzearbeiten besitzt das Museum zudem eine der schönsten Sammlungen Murano-Glas!
Eine elegante Freitreppe führt ins Obergeschoss (Piano nobile) mit seinem riesigen Ballsaal, dessen Decke G. B. Crosato bemalte (1755). Zu den Hauptschätzen gehören die Hochzeitsallegorie im anschließenden Saal von **Giambattista Tiepolo**, der damit die 1758 aufwendig gefeierte Vermählung Ludovico Rezzonicos mit Faustina Savorgnan verewigte, und die humorvollen Genreskizzen von **Pietro Longhi** (1702–1785; zweiter Stock) zum venezianischen Alltag, etwa »Die Frühstücksschokolade«, »Die Krapfenbäckerin« und sein berühmtes »Rhinozeros«. Nach der Besichtigung laden der schöne Garten und das Caffè-Bistro ein, noch ein wenig länger im Ambiente des 18. Jh.s zu verweilen.

Hier feierte der wohlhabende Adel im 18. Jh.: der mit goldenen Lüstern, geschnitzten Möbeln und Deckenfresken geschmückte Ballsaal im Piano nobile.

BAEDEKER WISSEN

VENEDIGS PALÄSTE

Etwa 200 Palazzi aus allen Epochen säumen den Canal Grande. Die ältesten aus dem 13. Jh. spiegeln den byzantinischen Stil wider; etwa 70 gehören der gotischen Epoche an, weitere 130 der Renaissance. Im 17. Jh. wurde im Barockstil gebaut. Einer der »jüngsten« Prachtbauten, der Palazzo Grassi (18. Jh.) zeigt bereits die Durchsetzung des Klassizismus.
Eine Fahrt auf dem Canal Grande ist eine Reise durch die venezianische Palastarchitektur und zeigt, dass bei aller Veränderung die Säulenarkade als traditionelles Motiv seit dem 13. Jh. die Lagunenstadt geprägt hat.

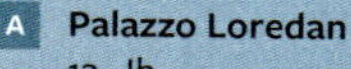

A Palazzo Loredan
13. Jh.
(ohne spätere Aufstockung)

B Palazzo Pisani-Moretta
14. – 15. Jh.

▶ Veneto-byzantinisch (13. Jh.)
Die Gebäude sind zweigeschossig und horizontal gegliedert. Zwei Arkadenreihen öffnen die zum Wasser zeigende Hauptfassade. Hufeisenbögen ruhen auf oft antiken, byzantinischen Säulen.

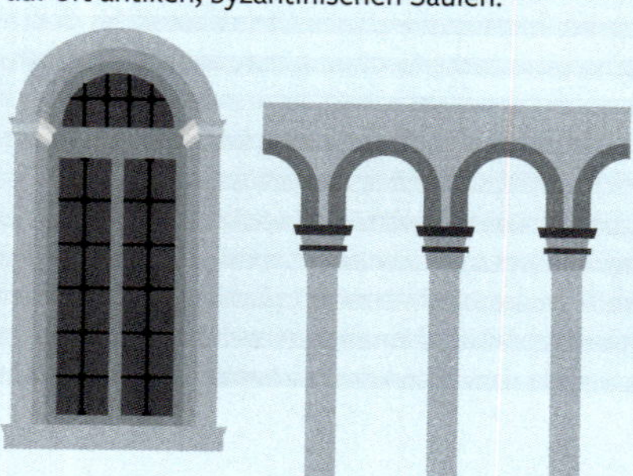

▶ Gotik (14 – 15. Jh.)
Die dreigeschossige Fassade ist gegliedert in den Mittelteil als eigentlicher Schmuckzone und zwei schmale Seitentrakte. Der Rundbogen der Säulenarkade wird spitzbogig und durch feingliedriges Maßwerk umgestaltet. Die Kapitelle sind aufwendig verziert.

anal Grande

er fast 4 km lange, s-förmige Kanal t Venedigs wichtigste Verkehrsader.

Wichtige Paläste:

- Ca' da Mosto
- Fondaco dei Turchi
- Palazzo Ducale (gotisch: Fassade am Molo und Piazzetta; barock: Porta della Carta)
- Ca' Foscari
- Ca' d'Oro (»flammende Gotik«)
- Palazzo Grimani
- Palazzo Vendramin-Calergi
- Ca' Rezzonico

C Palazzo Contarini
15. – 16. Jh.

D Ca' Pesaro
17. Jh.

Renaissance (15 – 16. Jh.)
Symmetrie und harmonische Proportionen werden wieder stärker betont. Die Fassadengliederung zeigt gegenüber dem Mittelteil aufgewertete Seitenteile. Vorgotische Stilmerkmale sind gerillte Säulen, korinthische Kapitelle und Halbkreisbogen. Typisch auch: doppelte Säulen zur Gliederung.

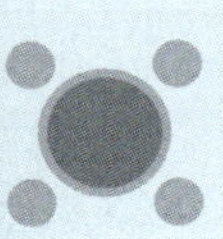

▶ Barock (17. Jh.)
Venezianischer Barock ist üppig verzierter Renaissancestil. Säulen oder Doppelsäulen, urspr. Teil der Außenmauer, treten »vor« die Wand. Die Fassade wird phantasievoll mit Girlanden, Engelchen und grotesken Masken dekoriert.

★ CAMPO SANTA MARGHERITA

Anlegestelle: Ca' Rezzonico

Tagsüber verströmt der Hauptplatz des Stadtteils Dorsoduro mit Marktständen und Weinschenken dörflichen Charme, abends treffen sich Studierende und Einheimische in seinen Bars. Erleben Sie hier Venedigs Nachtleben!

Der Campo gehört zu den beliebtesten Plätzen von Venedig (Abb. ► S. 43). Im Unterschied zum Markusplatz gibt es hier kaum Pracht, dafür viel Leben. Gesäumt wird er von Häusern aus dem 14. und 15. Jh.; es gibt auch Bäume, eine Seltenheit in der Stadt, sowie eine sehr abwechslungsreiche Infrastruktur mit Fisch- und Gemüseständen, kleinen Läden und Lokalen, die für Venedigs Verhältnisse lange geöffnet haben. Besonders beliebt bei Nachtschwärmern sind das Caffè Rosso (Nr. 2963), die Bar Salus (Nr. 3112) und das fast schon legendäre Margaret Duchamp (Nr. 3019), wo die alternative Szene gerne einkehrt. **Das würfelförmige Gebäude in der Mitte** war die Scuola der Kürschner (Varoteri). An der Fassade verkündet eine alte Inschrift die gesetzlichen Mindestmaße für den Verkauf von Fischen: Aale haben länger als 25 cm, Sardinen nicht kürzer als 7 cm zu sein. Die ehemalige Kirche Santa Margherita ist heute Aula der Universität.

Scuola Grande dei Carmini

Ein Haus für die Bruderschaft der Karmeliter

Der im 13. Jh. gegründete Karmeliterorden besaß in Venedig ein Kloster und eine Kirche. Die gleichnamige Bruderschaft, eine der sechs großen Scuole der Stadt, beauftragte 1663 Baldessare Longhena mit dem Bau eines Sitzes in unmittelbarer Nachbarschaft der Kirche. Im 18. Jh. erlebte die Scuola ihre Blütezeit, damals engagierte sie für die Ausschmückung des großen Versammlungssaals im Obergeschoss **Giambattista Tiepolo**, der zwischen 1739 und 1744 nicht weniger als neun Deckengemälde schuf. Sein Hauptwerk zeigt »Maria übergibt dem seligen Simon das Skapulier der Karmeliter« (das Skapulier ist Teil der Ordenstracht, ein Überwurf für Brust und Rücken). In den Eckfeldern erscheinen Personifikationen der Tugenden und Szenen aus dem Leben des seligen Simon Stock. Beachtenswert sind auch Piazzettas Gemälde »Judith und Holofernes« (um 1743) im Durchgang vom Herbergssaal zum Archiv und dort der schöne Marmorboden. Von September bis Juli finden hier samstags und dienstags um 21 Uhr **Maskenkonzerte** statt; musi cainmaschera.it.

tgl. 10–17 Uhr | Eintritt 7 € | scuolagrandecarmini.it

»Das Martyrium des hl. Sebastian« der Brüder Veronese in der Kirche S. Sebastiano

Wertvolle Gemälde in der Kirche der Karmeliter

Santa Maria del Carmine (I Carmini)

Die gegenüberliegende gotische Kirche der Karmeliter (13./14. Jh.) wurde im 17. Jh. erweitert und erhielt dabei ihren hohen Campanile. Innen schildern einige Gemälde Szenen aus der Geschichte des Ordens. Zu den wertvollsten Kunstwerken zählen Cima da Coneglianos »Anbetung der Hirten« (um 1504; zweiter Altar im rechten Seitenschiff) und Lorenzo Lottos »Hl. Nikolaus mit Johannes dem Täufer und Lucia« (um 1523; im linken Seitenschiff) sowie im rechten Seitenschiff ein Tintoretto, »Darstellung im Tempel«. Im einstigen Kloster nebenan ist die Kunstakademie untergebracht.

Mo. - Sa. 7–12, 14.30–19.30, So. ab 8.30 Uhr

Tiepolo und Antonio Guardi

Palazzo Zenobio

Etwas weiter südwestlich steht an den Fondamenta Soccorso 2596 der 1680–1685 von Antonio Gaspari erbaute barocke Zenobio-Palast. In ihrer schlichten Gliederung weist die Fassade bereits klassizistische Stilelemente auf. Der Palast ist Sitz des armenischen Priesterkollegs Moorat-Raphael. Der von **Tiepolo** ausgemalte Festsaal ist nach Anmeldung zu besichtigen; das Collegio vermietet auch Gästezimmer. Die

südwestlich aufragende **Kirche Sant' Angelo Raffaele** geht ins 17. Jh. zurück. Auf der Orgelempore ist die Geschichte des blinden Propheten Tobias zu sehen, ein Meisterwerk von Antonio Guardi (18. Jh.).
Palazzo Zenobio: Tel. 041 522 87 70 | Anlegestelle San Basilio

Ein Museum für Paolo Veronese (▸ Abb. S. 79)

San Sebastiano

Von hier sind es nur wenige Schritte in Richtung Guidecca-Kanal zur Renaissancekirche San Sebastiano, die 1505–1546 nach Plänen von Scarpagnino entstand. Links im Chor liegt das Grab des Malers **Paolo Veronese**, der seinen Ruhm mit einem seit 1553 geschaffenen Bilderzyklus begründete. Zu seinen bedeutendsten Werken zählen die Deckengemälde »Marienkrönung« und »Vier Evangelisten« in der Sakristei sowie im Langhaus die Geschichte von Esther, der jüdischen Gemahlin des Perserkönigs Xerxes: »Esther wird vor Ahasver geführt«, »Esther wird gekrönt«, »Mardochai triumphiert«. Die Wandmalereien im Langhaus schuf Paolo Veronese gemeinsam mit seinem Bruder Benedetto. Auch der Orgelprospekt stammt von ihm. Seine Gemälde »Hl. Sebastian vor Diokletian« und »Das Martyrium des hl. Sebastian« im Nonnenchor sind auf die Zeit um 1558 datiert. Am Hochaltar ist sein Spätwerk »Thronende Muttergottes mit den hll. Sebastian, Petrus, Katharina, Franziskus« zu sehen. Im Konvent von San Sebastiano befinden sich heute Teile der Universität untergebracht. Das Portal links der Kirche entwarf Carlo Scarpa 1980.
Campo San Sebastiano | Anlegestelle San Basilio | Mo. 10.30–16, Di. bis Sa. bis 16.30 Uhr | Eintritt 3,50 €, Kombikarte Choruskirchen 14 €

CAMPO SANTO STEFANO

Lage: Campo Santo Stefano | **Anlegestelle:** Accademia

Traditionelle Palazzi, Terrassenlokale und die drittgrößte Ordenskirche Venedigs machen den weitläufigen Platz in der Nähe der ▸ Gallerie dell'Accademia zu einem der beliebtesten Orte, auch im Winter, beim schönsten Weihnachtsmarkt der Stadt.

Der langgezogene Campo Santo Stefano ist mit dem anschließenden Campo San Vidal einer der größten Plätze Venedigs. Wo bis 1802 Stierkämpfe stattfanden, laden heute Restaurants und Cafés zum Verweilen ein. Im Osten begrenzt den beliebten Platz der langgestreckte Loredan-Palast (16. Jh., Sitz des Istituto Veneto di Scienze, Lettere ed Arti). Vor

VIVALDI LEBT!

Der Geigenvirtuose mit auffallend rotem Haarschopf hat wie kein Zweiter Venedig musikalisch zum Klingen gebracht. Mehr als 500 Werke für alle Gattungen und Bühnen hat Vivaldi hinterlassen: Oratorien, Opern, Konzerte und andere Auftragsarbeiten. Er war im Barock der unumstrittene Musikstar der Serenissima – und lockt heute Einheimische und Besucher zu den Konzerten der Interpreti Veneziani, die Vivaldis Werke fast 200 Mal im Jahr in der Chiesa San Vidal erklingen lassen (Interpreti Veneziani, Chiesa San Vidal, San Marco 2862/B, Tel. 04 12 77 05 61, interpretiveneziani.com).

dem Palazzo erinnert ein Denkmal an den Schriftsteller Niccolò Tommaseo (1802–1874). Gegenüber erhebt sich der Palazzo Morosini Gatterburg, erbaut für den 1688–1694 amtierenden Dogen Francesco Morosini, von dessen Siegen über die Türken der Portalschmuck an Haupt- und Seiteneingängen kündet. Wenige Schritte weiter südlich erhebt sich der barocke **Palazzo Pisani** mit schönem Innenhof, dessen Anfänge Bartolomeo Monopola um 1614 ausführte. Heute ist er Sitz des Musikkonservatoriums Benedetto Marcello. Im Süden endet der Platz an der Rückseite des gotischen **Palazzo Cavalli-Franchetti** und der seit langem profanierten **Kirche San Vidal**, in der die »**Interpreti Veneziani**« jährlich rund 200 Konzerte aufführen.
Während der Adventszeit verwandelt sich der Platz in den wohl **schönsten Weihnachtsmarkt der Lagunenstadt**. In alpenländischen Holzhütten verkaufen Händler venezianische Masken, Murano-Glaskunst und kulinarische Köstlichkeiten wie Panetone, Aceto Balsamico, hausgemachte Wurstwaren und Käsespezialitäten. Hier trifft sich Venedig in der Vorweihnachtszeit zu einem Glas Grappa, Prosecco oder Glühwein!

Eine Backsteinkirche mit schiefem Glockenturm

Santo Stefano

Den nördlichen Abschluss des Platzes bildet die drittgrößte Ordenskirche Venedigs: Santo Stefano. Die Augustiner errichten sie im 15. Jh. aus Backstein; ihr Glockenturm wurde im Laufe der Jahrhunderte immer schiefer. Allerdings weist nur die Südseite auf den Platz, ihre schöne Hauptfassade dagegen auf eine schmale Gasse. Unter ihrer kassettierten Holzdecke in Form eines umgedrehten Schiffsrumpfs haben im

reich ausgestatteten Innern zwei bedeutende Venezianer ihre letzte Ruhestätte gefunden. Im Mittelschiff befindet sich das Grab des Dogen Francesco Morosoni (Dogat 1688–1694), der den Peloponnes für Venedig zurückeroberte und durch einen Schuss den Parthenon auf der Athener Akropolis zerstörte – dort war das türkische Pulvermagazin untergebracht. Vor dem ersten Altar links ist Giovanni Gabrieli (1557 bis 1612) begraben. Der Komponist war ab 1586 an der ▶ Basilica di San Marco als Organist tätig und ein Pionier der frühbarocken Musik. Die Sakristei ist eine kleine Pinakothek venezianischer Malerei. Der bedeutendste Schatz sind drei Gemälde von **Tintoretto**, »Abendmahl«, »Fußwaschung« und »Christus auf dem Ölberg«, und ein Gemälde von Bartolomeo Vivarini, »Der hl. Nikolaus von Bari« (um 1475).
Mo. 10.30–16, Di. – Sa. bis 16.30 Uhr | Eintritt 3,50 €, Kombikarte Choruskirchen 14 €

Außerdem sehenswert

Campo Sant' Angelo und Campo San Benedetto
Nördlich des Campo Santo Stefano liegt der malerische Campo Sant' Angelo, der seinen Namen einer Kirche des Erzengels Michael verdankt, die im 19. Jh. abgerissen wurde. Erhalten blieb nur das von der Familie Morosini gestiftete kleine **Oratorio Annunziata**. Im Palazzo Duodo (Nr. 3584) schräg gegenüber in der Nordostecke des Platzes verbrachte der Komponist Domenico Cimarosa (1749–1801) seine letzten Lebensjahre. Von hier ist es nicht weit zum kleinen **Campo San Benedetto**. Er wird von der gleichnamigen Benediktinerkirche sowie vom Palazzo Fortuny gesäumt, in dem das Allroundgenie **Mariano Fortuny** bis zu seinem Tode 1949 lebte (▶ S. 212).

CAMPO SAN TROVASO

Lage: Campo San Trovaso | **Anlegestellen:** Accademia, Zattere

Rund um den Campo San Trovaso treffen das alte Venedig und kreative Impulse aus aller Welt aufeinander. Hier entstehen noch Gondeln in Handarbeit. Am Zattere zeigt der Spazio Vedova Hauptwerke der informellen Malerei und in urigen Bacari treffen sich alle zur »ombra«, einem Gläschen Wein.

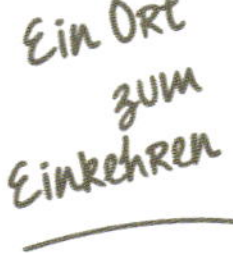

Im Süden begrenzt der Rio dei Ognissanti, im Osten der Rio di San Trovaso den kleinen Platz, der sich sogar einer kleinen Grünfläche rühmt. Um den Ponte San Trovaso, die vom Kirchplatz ans andere Ufer des gleichnamigen Rio führt, finden Sie charmante Weinbars wie die Enoteca Gia Schiavi und die Cantine del Vino già Schiavi. Oder machen Sie es wie die Studenten der nahe Universität und genießen Sie im winzigen Bacaro El Borrachero hausgemachte Cicchetti zu Wein oder Bier (Dorsoduro 1078, facebook: el borrachero venice).

Kirche mit zwei gleichen Fassaden

San Trovaso

Die 1590 erbaute Kirche ist eigentlich den Heiligen Gervasius und Protasius geweiht. Ihr Name – Santi Gervasio e Protasio – wurde zu San Trovaso verkürzt. Sie besitzt zwei schöne, völlig identische Fassaden, eine zum Campo, die andere zum Kanal hin gelegen. Einer Legende nach waren es die Eingänge zweier verfeindeter Familien. **Tintoretto** schmückte die Kirche mit einem »Abendmahl« (linkes Querschiff) und der »Versuchung des hl. Antonius« (um 1557, linke Chorkapelle), aus seiner Werkstatt stammen die Anbetung der Könige und die Verweisung Joachims aus dem Tempel. Michele Giambono schuf das Altarbild »Hl. Chrysogonus« (um 1440) für die rechte Chorkapelle. Rosalba Carriera malte das Madonnenbildnis in der Sakristei.

Mo. – Sa. 14.30–17.30 Uhr

Hier werden Gondeln gefertigt

Squero di San Trovaso

Am Rio di San Trovaso liegt eine der letzten Gondelwerften Venedigs. Im Squero di San Trovaso werden bis heute die schwarzglänzenden Wahrzeichen der Lagunenstadt – wie seit Jahrhunderten – handgefertigt (▶ Baedeker Wissen, S. 84, 86) – Gruppen ab 25 Personen

Unscheinbar, aber voller Geschichten: eine der letzten Gondelwerften in Venedig

KÖNIGIN DER KANÄLE

BAEDEKER WISSEN

Laut einer Sage entstand die Gondel, als der Halbmond vom Himmel fiel, um einem jungen Liebespaar Unterschlupf zu gewähren. Ein schönes Bild – tatsächlich aber gibt es das lange, schmale Wasserfahrzeug, das auch die flachsten Kanäle befahren kann, schon seit rund 1000 Jahren.

Einst waren die Gondeln prächtig geschmückt, teils auch mit sog. »felze«, überdachten Kabinen, ausgestattet, bis der Doge Girolamo Priuli den zur Schau gestellten Reichtum 1562 verbot. Seither sind alle Gondeln schwarz. Ihre Herstellung ist eine besondere Kunst, die nur noch von wenigen beherrscht wird. Eine der letzten und ältesten Werkstätten ist der Squero di San Trovaso.

Die Gondel

Zum Bau einer Gondel werden acht Holzsorten benötigt: Aus Tannenholz, das sich im Wasser ausdehnt und fugendicht abschließt, wird der flache Boden gefertigt, die Rundplanken sind aus harter Eiche. Lindenholz wird für Bug und Heck verarbeitet, die Spanten sind aus flexiblem Ulmenholz, für den Innenboden wird leichtes Birkenholz verwendet, die gebogenen Teile des Überbaus sind aus Kirschholz und die Abdeckung aus Mahagoni und Walnuss. In etwa zwei Monaten entsteht aus 280 Einzelteilen ein 10,87 m langes und 1,42 m breites, mit Leinöl und vier sattschwarzen Farbschichten imprägniertes, 350 kg schweres Boot. Ihre eigenwillige Form erhält die Gondel auch durch ihre Asymmetrie: Um 1880 hatte der geniale Konstrukteur Tramontin die Idee, das Boot auf der rechten Seite um 24 cm zu kürzen. Diese leichte Krümmung sorgt dafür, dass die Gondel geradeaus und nicht nur im Kreis fahren kann, obwohl der Gondoliere immer nur auf einer Seite (hinten links) steht und rudert. Ein Meisterwerk der Schnitzkunst ist die bis zu 80 kg schwere **Forcola**, die achtern an Steuerbord eingelassene Rudergabel. Sie wird auf den Körperbau des Gondoliere zugeschnitten, erlaubt acht Ruderpositionen (quasi die »Gangschaltung«) und ist auch ein beliebtes Sammlerstück. Ein anderes typisches Teil ist der 20 kg schwere Ferro, der am Bug befestigt ist und der Gondel Stabilität verleiht. Sechs Zacken stehen für die Stadtteile, die siebte für die Insel Giudecca.

Der Beruf Gondoliere/a

Als die Gondeln nur für die Venezianer da waren, war Gondoliere ein Hungerleider-Job. Heute muss diese venezianische Tradition teuer bezahlt werden. So ein schwarz lackiertes Schmuckstück kostet rund **30 000 €**. Die Ausbildung dauert lange. Der Unterhalt der Boote ist teuer, nach zwölf Jahren sind sie in der Regel überholungsbedürftig, ihre Lebensdauer beträgt kaum mehr als 35 Jahre. Standplätze und Lizenzen kosten ebenfalls viel Geld – Letztere werden meist vom Vater auf den Sohn vererbt und sonst für Summen ab 300 000 € verkauft. Und trotz aller Bemühungen, die Boote aufwendiger zu machen, gegenüber der motorisierten Konkurrenz haben sie **keine Überlebenschance**. Von den einst über zehntausend Gondeln in Venedig sind heute weniger als fünfhundert geblieben. Obwohl sie die ökologisch sinnvollere Alternative sind, da sie wenig Wirbel und Wellenschlag verursachen. Wer sich den Sinn für Romantik bewahrt hat, der sollte eine Fahrt in dem eleganten Wasserfahrzeug unternehmen, das ein (singender) Gondoliere behutsam durch die Postkartenkulisse steuert. Das Vergnügen kostet ungefähr so viel wie eine gleichlange Taxifahrt in Deutschland: für 40 Minuten (das Minimum) 80 €. Eine billigere und kürzere Alternative ist die Fahrt mit einem **Traghetto**. Diese Boote, etwas breiter und länger als die klassische Gondel, bieten Stehplatz (!) für 14 Personen. An mehreren Stellen setzen Traghetti für einen sehr geringen, subventionierten Preis Einheimische und Besucher über den Canal Grande. Mittlerweile gibt es auch eine erste Gondoliera. Die Italienerin Giorgia Boscolo bestand 2010 die schwierige Prüfung, was ihrer deutschen Vorgängerin Alexandra Hai 2007 noch nicht gelang – auch wegen großem männlichen Widerstand. Letztere arbeitet als »private« Gondellenkerin für ein Hotel.

Die »Forcole« sind formschön und längst auch bei Kunstsammlern begehrt.

O SOLE MIO

BAEDEKER WISSEN

Noch gibt es rund 470 traditionell gefertigte Gondeln, doch laufen die Boote Gefahr, durch Sperrholzkopien ersetzt zu werden. Am Bau sind außer dem Zimmermann noch beteiligt: Forcole-Tischler, Schlosser und Kunstschmiede, Graveure, Vergolder und Polsterer. Selbst das Gondelschwarz ist eine lokale Spezialität. Das Museo Storico Navale präsentiert eine stolze Gondelsammlung.

▶ **Traditionelle Gondeln bestehen aus acht verschiedenen Holzsorten:**

1. WALNUSS
»Forcola« (Rudergabel)
Die an Steuerbord eingelassene Forcola erlaubt acht Ruderpositionen, vom Schnellgang über verschiedene Anlegevarianten bis zur Rückwärtsfahrt.

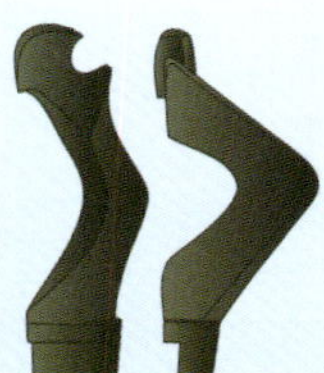

3. BIR
leichtes Holz f
den Innenbod

4. TANNE
dehnbar und besonders dicht, ideal für den Gondelboden

5. EICHE
Hartholz für die Außenwände, das bei Kollisionen schützt

6. KIRSCHE
weich und leicht zu bearbeiten, ideal für die Dekors

7. MAHAGONI
Edelholz für die Abdeckungen

8. ULME
flexibles Holz für die Spanten

»Ferro di prua«
Der »Ferro« gleicht das Gewicht des Gondoliere aus. Die sechs Metallzähne symbolisieren die sechs Stadtviertel Venedigs; der siebte, zum Heck zeigende, steht für die Insel Giudecca. Gekrönt werden sie von der Dogenmütze.

▶ **Geschichte**

697 n. Chr.
erstmalige Erwähnung

1094
als »godulana« erwähnt: gedrungenes Boot mit Rudermannschaft

1483
erste bildliche Darstellung einer Gondel

15. Jh.
Die Form verändert sich, die »felze« (Überdachung) wird hinzugefügt, Gondeln werden mit Gold geschmückt.

16 Jh.
Fortbewegungsmittel Nr. 1 in Venedig (10 000 Gondeln)

1000 ◀ Jahr | 1100 | 1200 | 1300 | 1400 | 1500 | 1600

…er Gondoliere
…erzeit gibt es rund 400 Gondo-…eri, die in der Hauptsaison …is zu 5000 € monatlich verdienen. …ie Ausbildung dauert 1,5 …ahre. Eine Gondellizenz …ostet bis zu 350 000 Euro.

…LINDE
…g und …eck

1 2 3 4

©BAEDEKER

Die Gondel ist asymmetrisch, d.h. rechts 24 cm kürzer als links. Diese leichte Krümmung verhindert, dass sich der links stehende und rechts rudernde Gondoliere nur im Kreis dreht.

1880
Domenico Tramontini gestaltet die erste asymmetrische Gondel.

…62
…ndelfarbe Schwarz …rd vorgeschrieben, … die Prunksucht ein-…dämmen.

2007
Erste Frau und Ausländerin wird »Gondellenkerin«.

2010
Erste Frau wird »Gondoliera«.

…0 | 1800 | 1900 | 2000

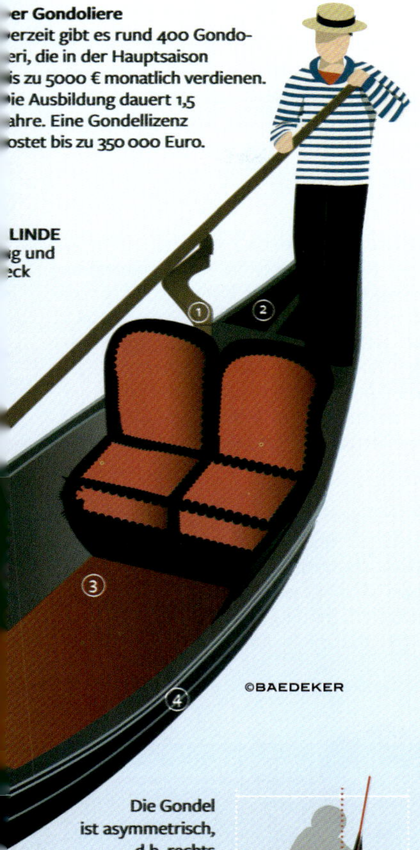

▶ **Der Strohhut**
Er wird seit Mitte des 20. Jh.s getragen. Die Bänderfarben zeigen traditionell die Zugehörigkeit zu bestimmten Stadtteilen Venedigs an.

»Nicolotti«
San Polo,
Santa Croce,
Cannaregio

»Castellani«
San Marco,
Castello,
Dorsoduro

▶ **Der Glanz**
Sieben Schichten schwarzer Lack geben der Gondel ihren Glanz.

▶ **Der Gondelbau**
Der Bau einer »echten« Gondel ist zeitaufwendig und komplex. In reiner Handarbeit entsteht in zwei Monaten ein Unikat, das 35 Jahre halten wird.

 500 Arbeitsstunden

 280 Einzelteile

 400 – 500 kg

 10,87 m lang
1,42 m breit

 15 000 – 30 000 Euro

▶ **Gondolieri und ihre Sprache**

Oi!	Achtung!
Sià stali!	Nach rechts!
Sià premi!	Nach links!
Sià de longo!	Geradeaus!
Gondola, gondola!	Lockruf

▶ **Die Preise**
30-40-minütige Fahrt ohne Gesang ca.:

80 € tagsüber  abends

können die Werkstatt besichtigen. Einzelreisende müssen sich mit einem Blick vom Kanal auf die Werft begnügen. Das Holzhäuschen mit hübschen Blumenbalkonen erinnert an die Herkunft vieler Schiffsbauer aus den Tälern der Dolomiten.

Mo. – Fr. nur nach Voranmeldung: info@squerosantrovaso.com | squerosantrovaso.com

Die Uferpromenade gegenüber der Giudecca

Zattere

Von hier ist es nicht weit zu der beliebten, schon 1519 angelegten Uferpromenade Zattere, die sich gegenüber der Insel Giudecca von der ehemaligen Stazione Marittima bis zur Dogana da Mar (► S. 104) zieht. Einst kamen hier die zu Flößen (ital. zattere) zusammengebundenen Baumstämme aus den Wäldern der Alpen an, die zum Bau Venedigs benötigt wurden. In den umliegenden Betrieben wurden sie dann weiterverarbeitet. Heute ist der Zattere eine beliebte Flaniermeile, gesäumt von zahlreichen Terrassenlokalen – Nico (► S. 297) macht hier hervorragendes Gelato!

Porträts von Propheten und Heiligen sowie ein Löwenmaul

Santa Maria della Visitazione

Die Renaissancekirche (1494–1524) beim Zattere-Anleger besitzt eine im 16. Jh. von umbrischen Künstlern mit 58 Propheten- und Heiligenporträts bemalte Holzdecke. In die Fassade des anschließenden ehemaligen Klosters ist eine Bocca di leone (Löwenmaul) eingelassen, ein Briefkasten für geheime, aber nicht anonyme Denunziationen aus der Zeit der Republik.

WO ALT UND NEU VERSCHMELZEN

Laufen Sie zur Spitze von Dorsoduro. Jetzt stehen Sie genau dort, wo in Venedig Alt und Neu verschmelzen. Hinter Ihnen hat der französische Milliardär Pinault im ehemaligen Zollamt Punta della Dogana spektakuläre Gegenwartskunst versammelt, vor Ihnen liegt das Erbe der Serenissima: Kirchen und Palazzi, prunkvoll ausgeschmückt von Künstlern wie Tintoretto, Tiepolo und Tizian. Venedig – ein Gesamtkunstwerk, das mit solchen Augenblicken und Bilderwelten berauscht (Punta della Dogana ► S. 104).

Das auffälligste Gebäude an den Zattere

Santa Maria del Rosario ai Gesuati

Der Name der benachbarten Kirche, die im Volksmund auch nur Gesuati genannt wird, erinnert an den Orden der Jesuaten des hl. Hieronymus, dessen Kloster nach der Auflösung 1668 von den Dominikanern übernommen wurde. Die Kirche entstand 1726–1736 nach Plänen von Giorgio Massari in üppigem Barock. Der Skulpturenschmuck stammt von Giovanni Maria Morlaiter (1699–1781). Die Deckenfresken von **Giambattista Tiepolo** zeigen das »Leben des hl. Dominikus« (1738), er malte auch die »Thronende Muttergottes mit Heiligen« (1. Seitenkapelle rechts; 1738). Von Piazzetta stammen das Tafelbild »Hl. Dominikus« (um 1743; zweiter Altar rechts) und das Bild mit den Dominikanerheiligen Vinzenz Ferrer, Ludovico Bertrando und Giacinto (dritter Altar rechts). Sebastiano Ricci schuf das Altarbild »Die drei Heiligen« (um 1733), Tintoretto die »Kreuzigung« (um 1560; erster und dritter Altar links).

Mo. – Sa. 10–17 Uhr | Eintritt 3,50 €, Kombikarte Choruskirchen 14 €

Auf den Spuren des Informel-Künstlers

Spazio Vedova

In den alten Salzlagerhallen (Magazzini del Sale) an den Zattere di Saloni in Richtung Punta della Dogana hatte der venezianische Maler Emilio Vedova (1919–2006) sein Atelier. Renzo Piano verwandelte es in eine auch architektonisch spannende Galerie, die Arbeiten des wichtigsten Vertreters der italienischen Informel-Malerei ausstellt.

Zattere 50 | Mi. – Mo. 10.30–18 Uhr | Eintritt 8 €, Konzerte 15 €
fondazionevedova.org

★★ CANAL GRANDE

»Ja, das ist meines Erachtens die schönste Straße der Welt«, schwärmte schon der französische Gesandte Philippe de Commynes vor 500 Jahren vom Canal Grande. Über 200 Palazzi und mehr als 15 Kirchen säumen seine Ufer und spiegeln sich im Wasser. Gondeln, Wasserbusse und Freizeitskipper sorgen für ein farbenfrohes Getümmel auf der wichtigsten Wasserstraße, die sich als spiegelverkehrtes S vom Bahnhof bis zum Markusplatz windet und die Stadt in zwei Hälften teilt.

Der Kanal ist eigentlich der letzte und kanalisierte Abschnitt des Flusses Brenta, bevor dieser ins Meer mündet. Er ist knapp 4 km lang, 30 bis 70 m breit und maximal 5 m tief. Vier Fußgängerbrücken überspannen den Wasserweg, den die Einheimischen auch »Canalazzo« nennen – eine Verschmelzung von »Canal« und »Palazzo«.

Am Piazzale Roma beim Bahnhof Santa Lucia starten die Wasserbus-Linien 1 und 2 zur Fahrt durch den berühmtesten Kanal Venedigs – nehmen Sie, mit Blick auf den Kanal, den linken Anleger, um flussabwärts direkt zur Piazza San Marco zu gelangen. Vom rechten Anleger schippern Sie erst außen um die Stadt, dann flussaufwärts den Canal Grande entlang. Unterwegs genießen Sie den Blick in die venezianische Architekturgeschichte vom 12. bis ins 20. Jh.; die Bauten spiegeln den einstigen Reichtum und Glanz der Seerepublik wider. Eine **Bootsfahrt** auf der ungewöhnlichsten »Hauptstraße« vom Bahnhof über die Rialtobrücke und die Volta del Canal zum Markusplatz gehört zu den schönsten Erlebnissen eines Venedigaufenthaltes.

Vom Bahnhof zur Rialtobrücke

(L = linkes Ufer, R = rechtes Ufer)

Unterwegs auf der schönsten »Straße« Venedigs

Rund um den Bahnhof Ferrovia Santa Lucia L

Venedigs erster Bahnhof nahm 1860 seinen Betrieb auf. Für seinen Bau wurde 1861 die Santa-Lucia-Kirche abgerissen – ein Gedenkstein in der Platzmitte erinnert an das Gotteshaus. Der heutige Kopfbahnhof von 1954 liegt am Canal Grande kurz hinter dem **Ponte della Libertà**, der 3,85 km langen Eisenbahnbrücke zwischen Festland und Stadt (1841–1846). Bahnhof und Piazzale Roma, wo die Besucher mit Auto oder Bus ankommen, verbindet seit 2008 die vierte Brücke über den Kanal: der 94 m lange **Ponte della Costituzione** (Brücke der Verfassung) von Santiago Calatrava.

Der grün patinierte Kuppelbau gegenüber ist für viele Besucher die erste venezianische Kirche, die sie nach ihrer Ankunft in der Stadt sehen. Die spätbarocke Ovalkirche **San Simeone Piccolo** (R) entstand 1718–1738. Ihr Architekt Giovanni Scalfurotto orientierte sich am römischen Pantheon und an Andrea Palladio: Eine breite Freitreppe führt zum Säulenportikus hinauf, an den sich der eigentliche Rundbau anschließt.

Kirche und Brücke für die barfüßigen Karmeliter

Chiesa & Ponte degli Scalzi L

Gleich links vom Bahnhofsplatz errichtete ab 1670 Baldassare Longhena die Chiesa degli Scalzi, die **Kirche der »barfüßigen Karmeliter«**, eigentlich Santa Maria di Nazareth. Hinter der zweigeschossigen, am römischen Hochbarock orientierten Marmorfassade von Giuseppe Sardi (1683–1689) birgt die 1705 geweihte Kirche das Grab des letzten Dogen Ludovico Manin; von Tiepolos Ausmalung sind nur noch Reste (zweite Kapelle rechts und dritte links) zu sehen.

An dem **Ponte degli Scalzi**, der die Sestiere Cannaregio und San Polo verbindet, startet alljährlich die Regata Storica, Zieleinlauf ist bei der Ca' Foscari (► S. 99). Der benachbarten Palazzo Foscari Contarini entstand 1452 im Auftrag des Dogen Francesco Foscarini.

San Geremia mit mächtigem Vierungsturm und rechts davon, an der Mündung des Canale di Cannaregio in den Canal Grande, der Palazzo Labia

Eine sizilianische Märtyrerin in Venedig

San Geremia & Lucia L

Kurz vor der Einmündung des Canale di Cannaregio steht am linken Ufer die Kirche San Geremia, erkennbar an ihrer mächtige Vierungskuppel (1753; Architekt: Caro Corbelli). Rechts neben dem Chor hängt »Die Krönung der Venezia durch Heilige« von **Palma d. J.** Zur Kanalseite verrät eine Inschrift, um wen es sich handelt: »Lucia Vergine di Syracusa in questo tempio riposa. All'Italia e al Mondo ispiri luce e pace.« (»In diesem Tempel ruht die Jungfrau Lucia von Syracus. Bringe Italien und der Welt Licht und Frieden«). Die sizilianische Märtyrerin (283–304), die die Schweden bis heute als Bringerin des Lichtes verehren, gehört zu den beliebtesten Heiligen der Venezianer. Als 1861 ihr Körper gestohlen wurde, half die ganze Stadt mit, den Raub aufzuklären – und noch im gleichen Jahr kehrten die Reliquien wohlbehalten in die Kirche zurück. Um das Antlitz der Heiligen vor Staub zu schützen, ließ 1955 Angelo Roncalli als Patriarch von Venedig – der spätere Papst Johannes XXIII. – ihr Gesicht mit einer silbernen Maske schützen.

Aus Reichtum wird Adel

Palazzo Labia (L)

Gleich hinter S. Geremia erscheint der vierstöckige Palast der reichen Kaufmannsfamilie Labia aus Katalonien. Baubeginn war Ende des 17. h.s, vollendet wurde der Palast im zweiten Viertel des 18.

MORGENTÖRN

Zart schickt die Sonne ihre ersten Strahlen über die Hausfassaden, weckt die schlafende Stadt. Steigen Sie jetzt in ein Vaporetto, setzten Sie sich auf die halboffenen Plätze im Heck und lassen Sie sich durch den Canal Grande schippern – vorbei an den Palazzi, mit Strahlern effektvoll in Szene gesetzt, und den Händlern am Rialto, die ihre Marktstände aufbauen. In der Morgendämmerung ist auch hier Venedig noch authentisch – und ein unvergessliches Erlebnis (Vaporetto Linie 1 ab Anleger Piazzale Roma, tgl. ab 5 Uhr, oder Linie 2 ab San Zaccaria, ab 4.55 Uhr).

Jahrhunderts. Die Labia erkauften sich 1646 für 100 000 Dukaten ihre Aufnahme ins Patriziat von Venedig. Mit dem prachtvollen barocken Palast am Canal Grande unterstrichen sie ihre neue gesellschaftliche Stellung. Als Architekten wählten sie zwei recht unbekannte, daher günstige: Andrea Cominelli und Allesasandro Tremignon. Die Schauseite zum Kanal gestaltete das Duo im Erdgeschoss mit einer dorischen Rustika, in den oberen Geschossen mit ionischen und korinthischen Säulen. Zwischen die ovalen Fenster der Kranzgesimse setzten sie das Wappentier der Labia: den Adler. 1951 ersteigerte die RAI (Italienische Rundfunk- und Fernsehanstalt) den Palast, restaurierte ihn und öffnete ihn für Veranstaltungen. Sie finden zumeist im Ballsaal statt, den **Tiepolo** Mitte des 18. Jh.s mit großartigen Fresken schmückte. Die Wandgemälde zeigen das »Festbankett von Königin Kleopatra zu Ehren Marc Antons« (mit der blau gekleideten zweiten Gestalt von links soll Tiepolo sich selbst porträtiert haben) und die »Einschiffung Kleopatras nach Rom«, beide Szenen spielen in Venedig. Das Deckengemälde symbolisiert die »Zeit, die die Schönheit zurückweist«.

Haus der Herzen

Pal. Correr Contarini L

Vorbei am Palazzo Correr Contarini (17. Jh.; L) mit zwei Wassertoren, der wegen seines herzförmigen Familienwappens auch »Haus der Herzen« (Ca' dei Cuori) genannt wird, und der unvollendeten Backsteinfassade der Kirche S. Marcuola (1728–1736; Giorgio Massari, L), die im Innern mit dem »Abendmahl« und einer alten Kopie seiner »Fußwaschung« zwei Werke von Tintoretto (1547) birgt, erreichen Sie mit dem Vaporetto den Fondego dei Turchi.

Ein Abendmahl von Tintoretto

San Marcuola
L

Die folgende unvollendete Ziegelfassade der Kirche S. Marcuola wurde 1728–1736 von Giorgio Massari erbaut. Das »Abendmahl« an der linken Seitenwand des Presbyteriums stammt von Tintoretto (1547), gegenüber hängt eine alte Kopie seiner »Fußwaschung«.

Safari in die Urzeit der Tiere

★
Fondaco dei Turchi
R

Der zinnenbekrönte Fondaco dei Turchi auf der gegenüberliegenden Kanalseite ist einer der ältesten Paläste Venedigs. Gebaut wurde er Mitte des 13. Jh.s im venezianisch-byzantinischen Stil. Zur Kanalseite zeigt er eine offene Säulenhalle, rechts und links erheben sich zwei turmähnliche, dreigeschossige Seitentrakte, der Mittelteil ist zweigeschossig und wird durch zwei Arkadenreihen gegliedert. Ab dem Ende des 14. Jh.s diente der Palast als Residenz für Staatsbesucher. Von 1621 bis 1838 nutzte ihn die türkische Kaufmannschaft als Handelsniederlassung (daher der Name, von arabisch »funduk«, »Lagerhaus, Unterkunft«). Im 19. Jh. wurde das Gebäude im Stil des 13. Jh.s rekonstruiert. Heute beherbergt er das **Naturkundliche Museum**. Hauptattraktionen sind ein 1973 in der Südsahara entdecktes 7 m langes, fast 4 m hohes Dinosaurierskelett, ein 20 m langes Skelett eines Finnwals sowie rund 300 Trophäen und Fotografien des Großwildjägers Giuseppe de Reali.

Museo di Storia Naturale: Di. –So. Juni – Okt. 10–18, sonst bis 17 Uhr | Eintritt 10 € | msn.visitmuve.it

Ein schöner Kornspeicher für die Republik

Antico Granaio
R

An die einstige Handelsniederlassung der Türken schließt der Kornspeicher der Republik an, auch Deposito del Megio genannt, ein kompakter zinnenbekrönter Ziegelbau aus dem 15. Jh. mit kleinen Fenstern. Am Obergeschoss zeigt ein Relief den Markuslöwen (Kopie eines 1797 zerstörten Originals).

Ein Frührenaissancepalast für das Glücksspiel

Palazzo Vendramin Calergi
L

Im Palazzo Vendramin Calergi am linken Ufer, einem der schönsten Paläste Venedigs aus der Frührenaissance, residiert heute das **Casino** von Venedig (► S. 282). Er wurde um 1500 von Mauro Coducci für die Familie Loredan entworfen und von Tullio Lombardo fertiggestellt. Im zurückgesetzten Grimani-Flügel wohnte **Richard Wagner** mit seiner Familie von 1882 bis zu seinem Tod am 13. Februar 1883.

Besichtigung: Nur nach vorheriger Anmeldung | Tel. 041 276 04 07, 338 416 41 74 oder arwv@libero.it.

Gemälde von Piazzetta, Ricci, Tiepolo und Pellegrini

San Staè
R

Gegenüber sehen Sie, kurz nach dem Barockpalast Belloni Battagià mit seinen zwei markanten Spitztürmen (R; 1647, Baldassare Longhena), die Barockkirche San Staè, auch Sant' Eustachio genannt. Sie wurde 1678 nach Plänen von Giovanni Grassi erbaut. Auftraggeber war der Doge Alvise Mocenigo (Amtszeit 1700–1709), der in der Kirche bestattet wurde. Die Barockfassade zum Canal Grande gestaltete dreißig Jahre später Domenico Rossi. Im Innern sind einige Werke aus dem frühen 18. Jh. zu besichtigen, u. a. von Giovanni Battista Piazzetta, Sebastiano Ricci, Tiepolo und Pellegrini.

Mo. 10.30 – 16, Di. – Sa. bis 16.30 Uhr | Eintritt 3,50 €, Kombikarte Choruskirchen 14€

Ca' Pesaro
R

Kurz nach San Staè ragt die Ca' Pesaro auf. Dieses barocke Meisterwerk beherbergt zwei Museen (▶ Ca' Pesaro).

Palazzo Corner della Regina
R

Ein Andenken an die Königin von Zypern

Neben der Ca' Pesaro und nur kurze Zeit später (1724) entstand der gewaltige Barockpalast Corner della Regina. Architekt war Domenico Rossi. Im Vorgängerbau kam **Caterina Corner** (1454–1510) zur Welt, die spätere Königin der für Venedig strategisch bedeutsamen Mittelmeerinsel Zypern. Die Corner waren durch Zuckerrohrplantagen auf Zypern so reich und mächtig geworden, dass der zypriotische König Giacomo II. di Lusignano 1472 die achtzehnjährige Caterina heiratete. Acht Monate später wurde der König vergiftet, ein Jahr da-

An diesem Platz wird seit 600 Jahren Fisch verkauft. Die Pescheria, die offene neogotische Halle am Fischmarkt, entstand aber erst 1907.

rauf starb der gemeinsame Sohn. Auf Drängen Venedigs überließ Caterina schließlich ihr Königreich der Republik. Im Gegenzug durfte sie auf Schloss Asolo und später in ihrem Palast am Canal Grande ein standesgemäßes Leben führen. Der Palast war städtisches Leihhaus und wurde 2011 für 40 Mio. € an den Modekonzern Prada verkauft. Nach Voranmeldung wird er für Gruppen ab sechs Personen zur Besichtigung geöffnet, außerdem findet jährlich dort ein großes Kunstprojekt statt – vorzugsweise von der cineastischen Avantgarde.
Termine, Projekte: www.fondazioneprada.org/visit/visit-venezia
Tickets online: 12 €

Ca' d'Oro
L

Schräg gegenüber erhebt sich auf der linken Seite das berühmteste gotische Gebäude am Canal, die ► Ca' d'Oro.

Pescheria
R

Seit 600 Jahren wird hier Fisch verkauft
Venedigs berühmter Rialtomarkt (► Ponte di Rialto) reicht bis ins 11. Jh. zurück. Die einzelnen Marktbereiche sind getrennt; 1907 erhielt der berühmte **Fischmarkt** die offene zweigeschossige, neogotische Halle (Architekten: Domenico Rupolo und Cesare Laurenti). Hier findet seit über 600 Jahren der Fischmarkt statt.
Eine Gondelfähre verbindet hier rechtes und linkes Kanalufer (► S. 338). Ungewöhnlich hohe und schlanke Säulen, auf denen die Bogenreihen seines Untergeschosses ruhen, gaben dem **Palazzo Michiel delle Colonne** auf der anderen Uferseite (L) seinen Namen.

Palazzo Mangili Valmarana
L

Kunst für den englischen Hof
Der Palazzo Mangili Valmarana war der Wohnsitz des englischen Konsuls Joseph Smith, eines bekannten Kunstsammlers und Mäzens. Ihm verdanken der englische Hof und das Britische Museum einen Großteil ihrer venezianischen Gemälde, darunter vor allem Meisterwerke von Canaletto. Smith ließ den Palast Mitte des 18. Jh.s von A. Visentini im klassizistischen Stil umbauen und die Räume von A. Selva aufwendig neu dekorieren. Neben dem Palast gibt ein Einschnitt des Rio dei SS. Apostoli den Blick auf den Campanile der gleichnamigen Kirche frei.

Ca' da Mosto
L

Einer der ältesten Bauten am Canal Grande
Die Ca' da Mosto auf der linken Uferseite gehört zu den ältesten Bauten am Canal Grande. Der Palast mit seinen feinen, auf schlanken Säulen ruhenden Marmorbögen wurde im 13. Jh. in venezianisch-byzantinischem Stil errichtet und im 17. Jh. aufgestockt. Alvise da Mosto, der 1465 als erster Europäer die Kanarischen und Kapverdischen Inseln umsegelte, wurde 1432 hier geboren.

Fabbriche Nuove
R

Ein Lagerhaus für Waren und Büros
Für die langgezogenen, 1554–1556 mit Laubengängen erbauten, dreigeschossigen Fabbriche Nuove gegenüber zeichnete Sansovino

verantwortlich. In dem schmucklosen Bau waren Speicher und Büros untergebracht. Gleich hinter den Fabbriche Nuove tauchen auf der rechten Uferseite die **Fabbriche Vecchie** auf, ein Bau mit 37 Fensterachsen (Scarpagnino, 1522).

★ Palazzo dei Camerlenghi R

Ein Palast für die Finanzverwaltung
Der weiße, über Eck gebaute Marmorpalast vor der Rialtobrücke war einst Sitz der obersten Finanzverwaltung. Entworfen hatte den 1525 bis 1528 erbauten »Palast der Finanzsekretäre« der aus Bergamo stammende Architekt Guglielmo Grigi.

BAEDEKER MAGISCHE MOMENTE

DER REIZ DES GEHEIMNISVOLLEN

Lassen Sie sich auf das närrische Abenteuer Karneval ein, mischen Sie sich unter die Leute und erleben Sie zum Auftakt den Volo dell'Angelo, den Engelsflug vom Campanile auf den Markusplatz. Danach tanzen Sie im Palazzo Pisani Moretta am Canal Grande auf dem Gran Ballo Mascheranda. Kostüme und Masken leiht Ihnen Stefano Nicolao (Kostümball im Palazzo Pisani Moretta: carnevale.venezia.it/feste/gran-ballo-mascheranda; Kostümverleih ▶S. 305).

Das Gebäude gegenüber, die ehemalige Handelsniederlassung der Deutschen in Venedig, birgt in seinem Inneren auf 7000 m« ein ultramodernes, stets gut besuchtes Luxuskaufhaus. ▶ Fondaco dei Tedeschi.

Fondaco dei Tedeschi
L

▶ Ponte di Rialto

Ponte di Rialto

Von der Rialtobrücke zum Markusplatz

(L = linkes Ufer, R = rechtes Ufer)

Ein klassisches Ideal

Palazzo Dolfin Manin
L

Auf der linken Seite taucht nun der Palazzo Dolfin Manin auf, eines der ersten Werke des Florentiners Sansovino in Venedig (1532–1560 erbaut). Über einer offenen Erdgeschosshalle erheben sich zwei Stockwerke, die mit ihren Säulenordnungen dem klassischen Ideal der Renaissance folgen. Hier lebte der 120. und letzte Doge Ludovico Manin während seiner Amtszeit 1789–1797, heute residiert hier die Banca d'Italia. Daneben folgen der spätgotische Palazzo Bembo (15. Jh.) und die Paläste **Loredan** und **Ca' Farsetti**. Mit ihren zum Kanal hin geöffneten Arkadenreihen sind sie schöne Beispiele für den romanisch-byzantinischen Baustil des 12. Jh.s; die oberen Stockwerke wurden später umgestaltet. Seit dem 19. Jh. befindet sich hier die Stadtverwaltung (**Municipio**).

Ein Meisterwerk des Manierismus

Palazzo Grimani
L

»Das edelste aller Gebäude in Venedig ist das Haus Grimani«, schrieb John Ruskin (1819–1900) in seiner kunstgeschichtlichen Abhandlung »The Stones of Venice« über den dreistöckigen Palast an der Einmündung des Rio di San Luca in den Canal Grande, ein Meisterwerk des Manierismus. Er wurde um 1540 von Michele Sanmicheli für den Prokurator von San Marco, Girolamo Grimani, begonnen. Die monumentale Fassade stellte Giangiacomo Grigi 1559 fertig. Seit 2008 finden in dem Palast Wechselausstellungen statt.

Di.–So. 10–19 Uhr | Eintritt 14 €, Kombikarte mit Ca' d'Oro 15 €, 1. So. im Monat frei | https://polomusealeveneto.beniculturali.it/musei/museo-di-palazzo-grimani/

Etwas für das leibliche Wohl

Riva del Vin
R

Sind Sie hungrig oder durstig? Entlang der Riva del Vin gleich nach der Rialto-Brücke gibt es einige Restaurants mit Tischen direkt am Ufer des Canal Grande!

Kurz nach der Fährstation S. Silvestro fällt der **Palazzo Papadopoli** auf mit zwei Dachobeslisken (Mitte 16. Jh., Giangiacomo Grigi aus Bergamo). Der sich anschließende **Palazzo Bernardo** ist ein Beispiel für die gotische Palastarchitektur mit schönem feingliedrigen Maßwerk in den beiden Mittelgeschossen.

Ein Renaissancepalast

Palazzo Corner-Spinelli (L)

Die Pläne für den Renaissancepalast Corner-Spinelli auf der anderen Uferseite, vor der Vaporetto-Station S. Angelo, lieferte Mauro Coducci (1490–1510): Auf ein blockhaft geschlossenes Untergeschoss folgen zwei Arkadengeschosse.

Noch heute in Privatbesitz

Palazzo Pisani Moretta R

Hinter der aprikosenfarbenen, absolut symmetrischen Fassade des Palazzo Pisani Moretta auf der anderen Uferseite wird gerne gefeiert – besonders beim Ballo Tiepolo während des Carnevale di Venezia. Dann tanzen Hunderte Kostümierte unter riesigen Kronleuchtern und Deckengemälden (1742) von Tiepolo und Piazetta. Der Palast entstand in der zweiten Hälfte des 15. Jh.s. Besonders schön sind die beiden zum Wasser geöffneten Torbögen im Erdgeschoss und die mit reichem Maßwerk verzierten, sechsteiligen Loggien im ersten und zweiten Piano nobile (Obergeschoss). Bis 1857 zierte den Salon Veroneses Werk »Die Familie des Darius zu Füßen Alexanders« (heute in der Londoner National Gallery). Der Palast ist einer der wenigen, der sich noch in Privatbesitz befindet. Rechts schließt sich der **Palazzo Barbarigo della Terrazza** an, Sitz des Deutschen Studienzentrums (Centro Tedesco di Studi Veneziani, Calle Corner 2765/a, dszv.it).

Giordano Bruno und Lord Byron zu Besuch

Palazzi Mocenigo L

Eigentlich handelt es sich bei dem Palazzo Mocenigo kurz vor der Kurve (Volta) um vier miteinander verbundene Paläste der Familie Mocenigo. Sieben Mitglieder aus dieser Familie lenkten zwischen 1414 und 1778 als Dogen die Geschicke Venedigs. Im ersten (Palazzo Mocenigo Nero), einem langgestreckten Doppelpalast (17./18. Jh.), lebte 1818/19 Lord Byron, der hier u. a. seinen »Don Juan« und seine Vision des Jüngsten Gerichts verfasste. Ältester Mocenigo-Palast ist die folgende Casa Vecchia, die 1579 im Stil der venezianischen Spätrenaissance erbaut wurde. 1592 besuchte dort der Philosoph Giordano Bruno die Familie. Der Palazzo Mocenigo Casa Nuova aus dem späten 16. Jh. verweist bereits auf den venezianischen Barock. Heute birgt der original eingerichtete Palazzo Mocenigo Venedigs **Textil- und Kostümmuseum**.
An die Mocenigo-Bauten schließt sich der **Palazzo Contarini delle Figure** an, der 1504 von Giorgio Spavento begonnen und 1546 von Antonio Abbondi, genannt Scarpagnino, fertig gebaut wurde. Benannt ist der Palast nach den zwischen den Fenstern in die Wand eingelassenen dekorativen Details.

Museo del Tessuto e del Costume: Di. – So. 10–18 Uhr | Eintritt 10 €
mocenigo.visitmuve.it

Von hier aus wird die Region Veneto regiert

Palazzo Balbi R

Kurz nach dem Anleger San Tomà bzw. nach der Einmündung des Rio Foscari, zieht der Palazzo Balbi den Blick auf sich. Er wurde 1582 bis

Der Palazzo Pisani Moretta befindet sich bis heute in Privatbesitz.

1590 nach Entwürfen von Alessandro Vittorio erbaut. Die Fassade zeigt einige Merkmale des Manierismus, des Übergangsstils zwischen Spätrenaissance und Frühbarock, z. B. doppelte Säulen zwischen den Fenstern im ersten Stock, durchbrochene Giebel über den Fenstern und ovale Fensteröffnungen. Eine Plakette erinnert daran, dass Napoleon 1807 von hier den Zieleinlauf einer Regatta verfolgte (▶ Abb. S. 245). Seit 1973 ist der Palast Sitz der Regionalverwaltung des Veneto.

Eines der schönsten Beispiele venezianischer Spätgotik

Ca' Foscari
R

Der Palast auf der anderen Seite des Rio Foscari ist eines der schönsten Beispiele venezianischer Spätgotik und heute Sitz der **Universität**. Als Francesco Foscari das Anwesen 1452 erwarb, ließ er die beiden ursprünglich hier stehenden Giustiniani-Türme zu einem prachtvollen Palast umgestalten. 1574 logierte hier der junge Heinrich III., König von Frankreich, auf seinem Weg von Polen nach Paris, wo er die Krone Frankreichs in Empfang nehmen sollte. Der sich anschließende **Palazzo Giustiniani** entstand wohl gleichzeitig; zusammen bilden sie den größten gotischen Palastkomplex Venedigs.

Der Stolz des Milliardärs

Palazzo Grassi L

Das dreigeschossige Gebäude an der Anlegestelle S. Samuele auf der anderen Uferseite, dessen relativ schlichter Fassadenschmuck zwischen Barock und Klassizismus steht, wurde Mitte des 18. Jh.s nach Plänen des Architekten Giorgio Massari erbaut, der auch für die ▶ Ca' Rezzonico verantwortlich zeichnete. Auftraggeber war die mächtige Familie Grassi, die sich 1718 für 60 000 Dukaten in den venezianischen Adel einkaufte und den Palast bis Mitte des 19. Jh.s bewohnte. Später wohnte hier der Opernsänger Antonio Poggi, im 19. Jh. beherbergte der Bau das illustre Badehaus Degli Antoni. Anfang der 1980er-Jahre ging der Palast in den Besitz des Fiat-Konzerns über. 2005 kaufte der Multimilliardär und Kunstsammler François Pinault den Palast. Er ließ ihn nach Plänen des japanischen Architekten Tadao Ando umbauen und zeigt hier nun Teile seiner Sammlung von Gegenwartskunst mit Werken von Damien Hirst, Jeff Koons und Andy Warhol sowie Wechselausstellungen. Die Wand gegenüber dem prachtvollen Treppenaufgang zieren Fresken von Michelangelo Morlaiter. Im oberen Stockwerk sind Wandgemälde von Jacopo Guarana und Fabio Canal im Rokokostil erhalten. Es gibt ein gutes Café im 1. Stock.
Mi. – Mo. 10–19 Uhr | Eintritt 15 € (Kombikarte mit Punta della Dogana) | www.pinaultcollection.com/palazzograssi

Ca' Rezzonico (R)

Rechter Hand folgt der Barockpalast ▶ Ca' Rezzonico (heute Museum für die Geschichte Venedigs im 18. Jh.).

Gallerie dell'' Accademia R

Kurz vor der Holzbrücke Ponte dell'Accademia folgen das ehemalige Kloster und die Scuola della Carità, in denen heute die berühmte **Gemäldegalerie** der Accademia untergebracht ist (▶ S. 116).

Gotische Mauern, die vielfach inspirierten

Palazzo Barbaro Curtis L

Der Palast Barbaro Curtis auf der anderen Kanalseite stammt noch aus gotischer Zeit. Besonders schön ist das sechsbogige Fenster im ersten Stock. Das Vierbogenfenster im zweiten Geschoss zeigt bereits spätgotischen Stil mit zugespitzten, hochgezogenen Bögen. An der rechten Seite schließt ein barocker Erweiterungsbau von Antonio Gaspari an. 1815 erwarb die Bostoner Familie Curtis das Anwesen und ließ die Wohnräume prächtig ausstatten. Schnell entwickelte sich der Palast zu einem Treffpunkt von Künstlern und Literaten. Hier schrieben, komponierten und malten so illustre Besucher wie Robert Browning (1812 bis 1889), J. McNeill Whistler (1834–1903), Claude Monet (1840–1926), Henry James (1843–1916) und Cole Porter (1891–1964).

Ein Renaissancepalast für die Kunst

Palazzo Cini R

In dem für sich allein schon sehenswerten Renaissancepalast (San Vio 1050) ist heute die Privatsammlung mittelalterlicher und Renaissance-Kunst des Großindustriellen Vittorio Cini (1885–1977) zu sehen. Be-

sonders beachtenswert sind u. a. das »Doppelporträt zweier Freunde« von Jacopo Pontormo, Sandro Botticellis »Urteil des Paris«, Piero della Francescas »Madonna mit Kind« und Elfenbeinschnitzereien.
Nur während Sonderausstellungen geöffnet | cini.it

Palazzo Venier dei Leoni (R)

In dem bis heute unvollendeten Palast am rechten Ufer wohnte einst die extrovertierte amerikanische Kunstsammlerin **Peggy Guggenheim** (▶ Collezione Peggy Guggenheim).

Casina delle Rose L

Granatapfelblüten für die Bewohner
Auf der gegenüberliegenden Seite, wo im Frühling die roten Blüten des Granatapfelbaums das Haus schmücken, hatte der Bildhauer Antonio Canova (1757–1821) sein erstes Atelier. 1915–1919 lebte Gabriele d'Annunzio (1863–1938) in dem Palast, der in seinem autobiografischen Venedigroman »Il Fuoco« (»Das Feuer«) seine stürmische Affäre mit der gefeierten Schauspielerin Eleonore Duse verarbeitete.

Palazzo Corner Ca' Grande L

Provinzregierung im Renaissancepalast
Für 22 000 Dukaten erwarb Giorgio Corner, Bruder der Königin von Zypern, zu Beginn des 16. Jh.s das prächtige, Ca' Grande genannte Anwesen, das 1532 einem Großbrand zum Opfer fiel. Sohn Jacopo Corner beauftragte daraufhin den Florentiner Architekten und Bildhauer Jacopo Sansovino mit dem Bau eines prachtvollen dreigeschossigen Neubaus nach den Ideen der Renaissance. Harmonisch komponierte er die venezianische Arkadengliederung mit der toskanischen Sockelzone. Anfang des 19. Jh.s ging das riesige Palastgebäude an die Habsburger und diente als Amtssitz des kaiserlichen Statthalters; heute haben die **Regierung der Provinz Veneto** und die **Präfektur** hier ihren Sitz.

Palazzo Dario R

Schönheit und Abgrund
Wie die Fassaden zum Rio delle Torreselle und zum Garten hin belegen, war auch der Dario-Palast ursprünglich gotisch, bevor Pietro Lombardo 1479 im Auftrag Giovanni Darios begann, den Bau im Renaissancestil umzugestalten. Bringt der Palazzo seinen Besitzern tatsächlich Unglück? Seine Geschichte klingt wirklich unglaublich (▶ Baedeker Wissen, S. 102), aber seine urvenezianische Schönheit hat Maler und Literaten inspiriert. John Ruskin schwärmte detailreich von den farbigen Marmorverzierungen. Claude Monet hielt 1908 den Palazzo an der Einmündung des Rio delle Torreselle im Wechselspiel des Lichtes auf der Leinwand fest.

Palazzo Gritti L

Berühmte Herberge
Illustre Gäste wie John Ruskin, Somerset Maugham und Ernest Hemingway stiegen im Gritti-Hotel ab und genossen das Dolce vita am linken Ufer des Kanals. Zur zweistöckigen Redentore-Suite gehört

DÜSTERE GEHEIMNISSE

BAEDEKER WISSEN

So malerisch und bunt Venedig dem Besucher erscheint – die Stadt birgt doch so manch düsteres Geheimnis. So vermeiden es die Venezianer, zwischen den beiden Säulen vor dem Dogenpalast hindurchzugehen, die seit 1172 einen geflügelten Löwen und den heiligen Theodorus im Kampf mit einem Drachen zeigen. Denn hier wurden einst Mörder, Diebe oder Betrüger hingerichtet und ihre Leichen zur Abschreckung oft tagelang zur Schau gestellt. Wer zwischen den Säulen hindurchgeht, so besagt die Legende, der erlebt in nächster Zeit ein Unglück.

Ein anderer magischer Ort ist die Scuola della Misericordia am Campo dell'Abbazzia, eine Abtei aus dem 10. Jh., um deren Padres sich allerlei Geschichten ranken. Mit Hilfe von verhexten Münzen sollen einige Ordensmitglieder den Abt vergiftet haben, andere Erzählungen berichten von übersinnlichen Kräften, die die Ordensbrüder besessen haben sollen. Zur Strafe soll Gott eines Tages die Pest geschickt haben, die in der Tat im Mittelalter die ganze Gemeinschaft auf einmal dahinraffte. Dagegen sollen sich auf der Friedhofsinsel San Michele in der nördlichen Lagune Venedigs Hexen versammelt haben, um von hier aus mit Gondeln, die über dem Wasser schweben konnten, zu Festen oder Versammlungen auf den abseits gelegenen Inseln zu fliegen.

Das düstere Geheimnis des Palazzo Dario

Schreibt man dem Palazzo Contarini del Zaffo an den Fondamenta Gasparo Contarini auch viele Spukgeschichten und rumorende Gespenster zu, so verblüfft die Geschichte des um 1490 nach Plänen von Pietro Lombardo am Canal Grande erbauten Palazzo Dario (**auch Ca' Dario genannt**) selbst aufgeklärte Gemüter. Alles begann mit dem Tod von Marietta Dario Ende des 15. Jh.s. Die Tochter des Bauherrn Giovanni Dario starb an Liebeskummer, da man ihren Verlobten Vincenzo Barbaro in einige politische Intrigen verwickelt hatte, um ihn zunächst aus der Stadt zu verbannen und dann zu ermorden. Weitere, teilweise **mysteriöse Schicksalsschläge** führten dazu, dass die Familie schon Mitte des 17. Jh.s ausgestorben war. Die Nachbarn und neuen Besitzer, die Familie Barbara, verkauften den Palazzo Ende des 18. Jh.s an einen armenischen Schmuckhändler, dessen Unternehmen nur wenige Monate nach dem Einzug zusammenbrach. Der nächste Käufer, der Engländer Rawdon Lubbock Brown, übernahm sich mit dem Umbau des Hauses finanziell – und erschoss sich im Ballsaal des Palastes. Es folgten der Dichter Henri de Régnier, der kurz nach dem Kauf an einer sehr seltenen Infektion erkrankte und 1936 starb, der Amerikaner Charles Briggs, der aus Venedig ausgewiesen wurde, weil er den Palazzo in einen zu freizügigen Homosexuellentreff verwandelt hatte, und ein Turiner Graf, der im Juli 1970 erschlagen in dem Palast aufgefunden wurde. Und auch dem nächsten Käufer, Kit Lambert – Manager der bekannten Rockgruppe The Who – sollte das Gebäude kein Glück bringen. Nach übermäßigem Alkohol- und Drogengenuss starb er, nur 45 Jahre alt, an einem Hirnödem. Doch damit nicht ge-

nug. Schon kurz nach dem Einzug Mitte der 1970er-Jahre verfolgte eine seltsame **Pechsträhne** auch den neuen Hausherrn Fabrizio Ferrari. Nicht nur, dass sich sein Vermögen in Luft aufzulösen schien, auch mehrere Familienangehörige starben, und das kurz nacheinander. So wechselte der Palast ein letztes Mal den Besitzer: 1985 erwarb ihn der Industrielle Raul Gardini. Er verstrickte sich allerdings in zahlreiche Korruptionsaffären und strauchelte auch wirtschaftlich, und so nahm er sich im Juli 1993 das Leben, allerdings nicht im Palazzo Dario, sondern in Mailand. Vielleicht hätte einer der Eigentümer ja mal in den **Canal Grande fallen** sollen. Das nämlich bringt nach Meinung der Venezianer **Glück**.
Heute gehört der Palast einem amerikanischen Großkonzern und kann nicht besichtigt werden (ein unterhaltsamer Literaturtipp: Petra Reski, »Palazzo Dario«).

Eigentlich sieht er ganz harmlos aus: der im Lauf der Zeit etwas schief gewordene Palazzo Dario am Canal Grande.

Im alten Hauptzollamt wird heute zeitgenössische Kunst gezeigt.

eine 250 m^2 große Dachterrasse! Erbaut wurde der Palazzo vor fast 500 Jahren für den Dogen Andrea Gritti; zuletzt wurde er 2016 für 35 Millionen Euro renoviert.
Der benachbarte schmale, um 1480 erbaute **Palazzo Contarini Fasan** mit seinen spätgotischen Flamboyantfenstern verdankt seinen Namen angeblich der Jagdleidenschaft seines Besitzers. Die Legende erzählt, dass hier die schöne Desdemona wohnte, die in Shakespeares Tragödie das unschuldige Opfer des eifersüchtigen Othello wird.

Santa Maria della Salute R

Am rechten Ufer taucht die mächtige Silhouette der Kirche ▶ Santa Maria della Salute auf. Im benachbarten Seminario (um 1669, B. Longhena) zeigt die **Pinacoteca Manfrediniana** u. a. Büsten von A. Vittoria (1525–1608), Gemälde von Antonio Vivarini (ca. 1440 – 1480), Cima da Conegliano (1459–1517) und Filippo Lippi (1406 – 1469).
Dorsoduro 1 | Anlegestelle Salute | Do.–So. 10–18 Uhr | Eintritt 8 €
Tel. 041 241 10 18 | seminariovenezia.it/cms/pinacoteca

Punta della Dogana

Zeitgenössische Kunst im Hauptzollamt

An der Landspitze ragt die Dogana da Mar wie ein Schiffsbug ins Wasser. Vom Dach des dreieckigen Gebäudes, dem im 17. Jh. erbauten ehemaligen Hauptzollamt der Seerepublik, grüßt die bronzene Glücksgöttin Fortuna, sie steht auf einem von Atlasfiguren getragenen Globus. 2009 öffnete hier die Punta della Dogna ihre Tore, ein von dem japanischen Architekten Tadao Ando umgestalteter **Tempel für zeitgenössische Kunst**. Sie beherbergt einen Teil der Kunst-

sammlung des französischen Unternehmers und Mäzens François Pinault. Ausgestellt sind u. a. Werke von Sigmar Polke, Richard Serra, Cy Twombly, Thomas Schütte, Jeff Koons und Cindy Sherman.
Hinter dem Gebäude eröffnet sich das herrliche Panorama mit den Inseln ▶ Giudecca und ▶ San Giorgio Maggiore. Wenige Schritte westlich, an den Fondamenta Zattere ai Saloni am Giudecca-Kanal, zeigt der **Spazio Vedova** Werke des bedeutenden venezianischen Informel-Malers Emilio Vedova (▶ S. 89).

Dorsoduro 2 | Anlegestelle: Salute | Mi. – Mo. 10–19 Uhr | Kombikarte mit Palazzo Grassi 15 € | pinaultcollection.com/palazzograssi

Bellini, Königliche Gärten und Markusplatz

Harry's Bar, Königliche Gärten und Auskunft L

Von der äußersten Spitze Dorsoduros schippert das Vaporetto auf die andere Kanalseite zum Markusplatz. Nur wenige Schritte vom Anleger Vallaresso/San Marco finden Sie das Mekka für alle Freunde illustrer Cocktails: Harry's Bar. Das Stammlokal von Ernest Hemingway und anderen Prominenten ist berühmt für seinen Bellini und seine besondere Atmosphäre (▶ S. 281).
Der einstige Kornspeicher **Fontegheto della Farina** (15. Jh.) ist Sitz der Capitaneria del Porto (Hafenamt). Zwischen Anleger und Markusplatz ließ Napoleon die alten Getreidespeicher abreißen und die **Giardini Reali** anlegen. Heute sind die Königlichen Gärten eine kleine, schattige Oase im touristischen Herzen der Lagunenstadt, die dort im klassizistischen Pavillon (1817) eine Touristen-Information unterhält. Hinter der Zecca (Münze) und der Biblioteca Marciana tauchen bereits die Piazzetta und der anschließende Markusplatz auf (▶ Piazza San Marco).

★ CHIOGGIA

Lage: 40 km südlich von Venedig am Südrand der Lagune | **Einwohner:** 49 750 | **Anfahrt:** In der Saison mit dem Linienschiff 19 (Clodia, Extraticket) zwischen S. Zaccaria und Chioggia; vom Lido (u. a. Haltestelle S. Maria Elisabetta) geht es mit dem Bus nach Pellestrina und mit der Fähre durch die südliche Lagune bis zur Piazza Vigo (ca. 1,5 Std.); schneller ist der Bus vom Piazzale Roma.

Mit seiner Altstadt, die über eine Steinbrücke ans Festland angebunden ist, seinen Gassen und Kanälen, in denen sich Palazzi und Fischerhäuser spiegeln, erinnert Chioggia ein wenig an Venedig. Und das Badevergnügen kommt auch nicht zu kurz: Dafür sorgt der Strand von Sottomarina.

Entspannte kleine Schwester Venedigs

Wie Venedig wurde auch das Fischerstädtchen Chioggia (gespr. »kioddscha«) auf unzähligen Holzstämmen errichtet. Die beiden Hauptachsen sind der 830 m lange und 24 m breite Corso del Popolo, Chioggias »Laufsteg« mit hübschen alten Palästen und vielen Cafés, sowie der von mehreren Brücken überspannte Hauptkanal Canale Vena mit den Bragozzi, den für Chioggia typischen bunten Fischerbooten. Im zweiten und dritten Stock des Palazzo Grasssi präsentiert das **Museo di Zoologica Adriatica Guiseppe Olivi** die Unterwasserwelt der Adria mit 1600 Species in Formalin – ungewöhnlich! Am Nordende des Corsos, an der **Piazzetta Vigo**, legen die Ausflugsboote von Venedig an. Geht man den Corso hinunter, beeindruckt links der alte Granaio (Kornspeicher), in dem täglich außer montags der Fischmarkt stattfindet. Wenige Schritte weiter folgt die Barockkirche San Giacomo. In dem Haus gegenüber kam die Malerin Rosalba Carriera 1675 zur Welt († 1757), und Carlo Goldoni wohnte hier während seiner Zeit in Chioggia. In seiner Komödie »Le Baruffe Chiozzotte« (1761; »Viel Lärm in Chiozza«) beschreibt Venedigs gefeierter Dichtersohn die zänkische Eigenart der Einheimischen. Der **Dom Santa Maria Assunta** mit seinem 64 m hohen Campanile (14. Jh.) wurde im 17. Jh. von Baldassare Longhena in einen schlichten Barockbau umgewandelt. Das gotische **Oratorio San Martino** neben dem Dom birgt einen Flügelaltar von Paolo Veneziano von 1349. Vor dem südlichen Stadttor steht der wuchtige Backsteinbau des ehemaligen Franziskanerklosters San Francesco mit dem **Museo della Laguna Sud**, das sich der Geschichte der Lagune widmet.

Das beschauliche Chioggia ist die kleine Schwester Venedigs.

Interessant ist die Atmosphäre des **Stadtteils San Domenico** östlich des Canale Vena. Dort bildet der Canale San Domenico die »Rückseite« des Städtchens, wo Fischer ihre Netze reparieren, Boote entladen oder sich nachmittags auf einen Caffè in der Bar treffen. Wer etwas vom Alltagsleben in Chioggia kennenlernen möchte, spaziert am Kanal entlang und geht durch eine der engen Gassen zum Corso del Popolo zurück.

Museo di Zoologia Adriatica: Riva Canal Vena 1281 | Mi. 9–12.45, Juni bis Sept. Do.–So. 18–22.45 Uhr | Eintritt 4 €, Kombiticket mit Museo della Laguna Sud 5 € | museoolivi.it

Museo della Laguna Sud: Campo Guglielmo Marconi 1 | Di.–So. 10 bis 13, Fr./Sa. 18–22 Uhr | Eintritt 4 € | museo.chioggia.org

Ein Bild von Carpaccio in der Kirche San Domenico

Isola San Domenico

Östlich der Piazzetta Vigo, am Nordende des Canale S. Domenico, liegt die Isola San Domenico mit der gleichnamigen Kirche, die ein Altarbild von Vittore Carpaccio (»Heiliger Paulus«, 1520) schmückt.

Sonne, Sandstrand und blaues Meer

Sottomarina

Eine 800 m lange Brücke verbindet die Altstadt mit dem östlich gelegenen, vielbesuchten Badeort Sottomarina. Hinter dem 11 km langen, sehr breiten Sandstrand mit seinen Reihen kleiner Kabinen und Sonnenschirme verläuft die vierspurige Uferstraße. Die meisten Hotels reihen sich hinter dem Lungomare Adriatico mit Blick auf den Strand. Am südlichen und nördlichen Strandende gibt es Campingplätze.

★★ COLLEZIONE PEGGY GUGGENHEIM

Lage: Canal Grande/Fondamenta Venier | **Anlegestellen:** Salute, Accademia | Mi. – Mo. 10–18 Uhr (letzter Eintritt 17 Uhr) | **Eintritt** 17 €
www.guggenheim-venice.it

»In meinem Leben ging es nur um Kunst und Liebe«, sagte Peggy Guggenheim kurz vor ihrem Tod 1979 und hinterließ als Erbe aus Ehen und Beziehungen mit Künstlern Venedig ein kleines, feines Museum mit Meisterwerken europäischer und amerikanischer Kunst aus der ersten Hälfte des 20. Jahrhunderts.

Was im unvollendeten Palazzo Venier dei Leoni am Canal Grande an den Wänden hängt, ist ein »Who is who« der klassischen Moderne. Peggy Guggenheim (► S. 269) hatte, ohne kunsthistorische Ausbil-

6x TYPISCH

Dafür fährt man nach Venedig

1. MORGENGLÜCK

Das Standardfrühstück in Italiens Touristenhotels ist bescheiden. Gehen Sie lieber in eine Bar oder ein Café, wo sich Cornetti und andere süße Köstlichkeiten stapeln, und genießen Sie im Gedränge und Stimmengewirr Ihren Cappuccino, Latte oder Caffè. Dolce Vita ab 5 Uhr früh! (► **S. 286**)

2. O SOLE MIO

Gut, es kostet einen Aufschlag. Aber wenn man sich eine **Gondelfahrt** gönnt, gehört ein Ständchen einfach dazu! Und auch die Zuschauer bleiben stehen und freuen sich mit Ihnen über das Spektakel. (► **S. 14**)

3. INSELREICH

117 Inseln, große und kleine, stille und quirlige, einsame und viel besuchte tauchen aus der **Lagune** auf, jede für sich einzigartig – vom Glasbläser-Ghetto Murano bis zur Klosterinsel San Francesco del Deserto. (► **S. 10, 69, 139, 154**)

4. MARKUSPLATZ

Das Sehnsuchtsziel der Venedigbesucher und der Prunksaal der Serenissima: die **Piazza San Marco**. Hier kann man lässig einen Tag verbringen mit Schauen und Staunen. Nur die Tauben zu füttern ist inzwischen verboten! (► **S. 172**)

5. AQUA ALTA

Das Hochwasser im Herbst gehört zu Venedig wie der Löwe auf dem Markusplatz. Doch keine Angst, Gummistiefel gibt es in der Lagunenstadt wie Sand am Meer. Und **auf Holzstegen über das Hochwasser** zu balancieren gehört fast zum Alltag. Noch – denn bald soll MOSE die Stadt vor den Fluten retten. (► **S. 230, 246**)

6. KUNSTSTÜCK

Können Sie widerstehen oder greifen Sie – wie andere Besucher auch – nach dem besten Stück von Marino Marinis »Angelo della città« auf der Terrasse des **Guggenheim**? (► **S. 107**)

dung, ein unglaubliches Gespür für neue Strömungen und noch unbekannte, jedoch vielversprechende Künstler. Durch ein Gittertor von Claire Falkenstein (1961) gelangt man zunächst in einen kleinen Garten. Hier finden sich, neben Constantin Brancusis »Maiastra«, weitere Plastiken von Hans Arp, Max Ernst und Henry Moore. Im Garten wurde auch Peggy Guggenheims Urne begraben, neben ihren 14 heißgeliebten Schoßhunden. Das **berühmteste Exponat** ihrer Sammlung steht auf der Terrasse zum Canal Grande: die Bronzeskulptur eines nackten Reiters mit ausgebreiteten Armen und aufgerichtetem Phallus, »L'Angelo della Città« (»Engel der Stadt«; Abb. S. 108) von Marino Marini von 1948. Angeblich konnte man einst den Phallus abschrauben. Nachdem er mehrmals gestohlen wurde, bat Peggy Guggenheim den Künstler um einen neuen Guss mit angeschweißtem Phallus. In einem kleinen Pavillon mit ein paar Originalfotos von Peggy Guggenheim und ihren Freunden lädt ein Café ein.

Die letzte Doga-Ressa von Venedig

In der Sammlung sind alle wichtigen Künstler der klassischen Moderne vertreten: Kubisten wie Braque und Picasso, Surrealisten wie Dalí, Futuristen wie Boccioni und Expressionisten wie Max Ernst, mit dem sie fünf Jahre lang verheiratet war, und Jackson Pollock, den sie entdeckt und gefördert hat.

Gezeigt wird die Sammlung in einem weißen, sehr modern wirkenden Bau, der 1749 nach Plänen Lorenzo Boschetti errichet wurde. Warum damals nur das Sockelgeschoss ausgeführt wurde, ist unbekannt. Seinen Name erhielt er von den steinernen Löwenköpfen, die oberhalb des Wasserspiegels die Fassade zieren. 30 Jahre lang, von 1949 bis 1979, lebte die amerikanische Kunstmäzenin in dem Palast und hielt hier mit ihren Hunden Hof. Nach ihrem Tod vermachte die »letzte Dogin von Venedig« Palast und Sammlung der Salomon-R.-Guggenheim-Stiftung in New York mit der Auflage, die Kunstwerke öffentlich zugänglich zu belassen. Heute bereichern Schenkungen und Dauerleihgaben die 300 gesammelten Werken der Mäzenin.

FONDACO DEI TEDESCHI

Lage: Ponte di Rialto | **Anlegestelle:** Rialto

Im Handelskontor der deutschen Kaufleute aus dem 13. Jh. wird nach Protesten und Umbau wieder gehandelt: Das T-Fondaco dei Tedeschi lockt mit Luxus-Shopping. Für Unterhaltung sorgt ein reich gefüllter Veranstaltungskalender.

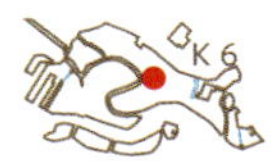

Ein Haus für deutsche Kaufleute

Zur Zeit der Seerepublik gab es in Venedig – ähnlich wie die Kontore der Hanse – Niederlassungen ausländischer Händler. Sie entstanden am Canal Grande, bevorzugt in der Nähe der Rialtobrücke. Ihr Name war »Fontaco«, abgeleitet von »funduk« (arabisch = Lagerhaus, Unterkunft). 1228 wurde östlich der Rialtobrücke die Handelsniederlassung der deutschen Kaufleute erstmals erwähnt, der Fondaco dei Tedeschi.

Von der Warenbörse zum Luxuskaufhaus

Lager, Büro- und Wohnhaus

Der heutige Bau entstand 1505, nachdem der mittelalterliche Vorgänger abgebrannt war. Die Hauptansicht zum Canal Grande ist – venezianischer Tradition folgend – dreigeteilt. Fünf große Tore zum Kanal erleichterten den Zugang zum Gebäude. Über einen Innenhof erstrecken sich vier Stockwerke mit 160 Räumen, davon 80 Schlafzimmer. Die Ecken nahmen jeweils die Speisesäle ein. In den äußeren Räumen des Erdgeschosses befanden sich die Läden; in den übrigen waren die Lagerhallen untergebracht. Die oberen Räume wurden als Wohn- und Verwaltungsräume genutzt. Eine zinnenähnliche Schmuckleiste bildet den Abschluss. Mit der Ausschmückung der Außenfassade wurden Giorgione und Tizian beauftragt – leider sind nur Fragmente der Fresken erhalten (► Ca' d'Oro).
Sowohl die exponierte Lage am Rialto als auch die Übernahme der Kosten für den Wiederaufbau des Fondaco nach dem Brand sprechen für den wirtschaftlichen Nutzen, den Venedig aus der deutschen Warenbörse zog: Bei jedem Handel musste ein bestimmter Prozentsatz an den venezianischen Staat abgeführt werden. Nicht umsonst hieß der Fondaco im 16. und 17. Jh. »die goldene Arche des Senats«. Nur hier durften die deutschen Händler wohnen, ihre Waren lagern und anbieten. Sie aßen und wohnten gemeinsam (nur Männer waren zugelassen) und unterstanden staatlicher Aufsicht. Außerhalb des Fondaco durften sie nicht einzeln, sondern nur als Bruderschaft (die zugehörige Kirche war San Bartolomeo) auftreten und sich kaufmännisch betätigen: So konnte Venedig seine ausländischen Gäste bestens kontrollieren. Von 1870 bis 2011 beherbergte das Gebäude das Hauptpostamt der Stadt. Dann kaufte die **Benetton Group** das Gebäude und ließ den Komplex trotz öffentlicher Proteste vom Büro OMA des niederländischen Architekten Rem Koolhaas zusammen mit dem Briten Jamie Fobert in ein **Einkaufszentrum** umbauen. Ankermieter ist das Hongkonger Handelsunternehmer DFS Duty Free Shopping, das in Venedig den Markteintritt in Europa wagt.

Jede Menge Luxusmarken

From Venice with Love

In seiner 7000 m² großen Shoppinggalerie bietet DFS neben Luxusgütern auch Kunsthandwerk und hochwertige Souvenirs an (»From Venice with love«). Im Erdgeschoss entwarf Philippe Starck mit viel Marmor, Murano-Glas und glänzendem Metall das Café-Restaurant AMO. Ebenfalls im EG finden Sie die Concept Stores von Gucci und

Bottega Veneto. Eine rot beleuchtete Rolltreppe führt ins 1. OG mit Damenmode, Schmuck und anderen Accessoires von Bulgari, Fendi, Lanvin, Max Mara, Tiffany & Co und Valentino. Im 2. Stock gibt es Luxusuhren sowie die Herrenmarken Brioni, Burberry, Salvatore Ferragamo, Moncler und Ermenegildo Zegna. Designer-Damenschuhe von Jimmy Choo, Parfüms von Acqua di Parma und andere Beauty-Produkte sind im 4. OG versammelt. Die spektakuläre Aussichtsplattform im Dachgeschoss des Fondaco lockt mit einem wunderbaren Ausblick über den Canal Grande.

tgl. 10–19.30 Uhr | Besuch (gratis) der Dachterrasse buchen (obligatorisch) unter: dfs.com/en/venice/service/rooftop-terrace

Um den Fondaco dei Tedeschi

Santa Maria dei Miracoli

Ein Meisterwerk der Frührenaissance

Santa Maria dei Miracoli nordöstlich von S. Giovanni Crisostomo ist ein Meisterwerk der Frührenaissance, erbaut 1481–1489 nach Plänen von Pietro und Tullio Lombardo für ein wundertätiges Marienbild

Vom mittelalterlichen Lager- und Handelshaus der deutschen Kaufleute zum Luxuskaufhaus: der Fondaco dei Tedeschi am Canal Grande

(1408), das heute auf dem Hochaltar steht. Außen verwendeten die Baumeister statt Skulpturenschmuck verschiedenfarbigen Marmor, den sie in der Fassade in Form von Rosetten, Kreisen, Oktogonen und Kreuzen verarbeiteten. Im Innern beeindruckt die goldene, gewölbte Kassettendecke über grauroten Marmorwänden. In den Kassetten der Decke sind Porträts von rund 50 Propheten zu sehen (Pier Maria Pennacchi, 1528). Der erhöhte Chor ist durch eine vollendet gestaltete Marmorbalustrade (Frührenaissance) mit Halbfiguren abgetrennt.
Campo Santa Maria Nova | Mo.–Sa. 10.30–13.30 u. 14.30–17 Uhr
Eintritt 3,50 €, Kombikarte Choruskirchen 14 €

San Giovanni Crisostomo

Ein Meisterwerk der Renaissance

Die Renaissancekirche etwas nördlich vom Fondaco ist dem hl. Chrysostomus geweiht, einem der vier griechischen Kirchenväter. Die Kreuzkuppelkirche ist ein Meisterwerk von Mauro Coducci, der sie 1497–1504 errichtete. Sehenswert ist Giovanni Bellinis Spätwerk »Hll. Hieronymus, Christophorus und Augustin« (1513) in der ersten Seitenkapelle rechts sowie das Hochaltarbild von Sebastiano del Piombo »Madonna mit Heiligen« (1509–1511) – unter den Heiligen ist auch der hl. Chrysostomus zu finden. Beachtung verdienen am zweiten Altar links der Marmoraufsatz von Tullio Lombardo und das Werk des deutschen Barockmalers Karl Loth »Tod des hl. Joseph« von 1679. Gleich hinter der Kirche liegen zwei kleine Höfe, Corte Prima und Corte Seconda del Milion, die auf **Marco Polo** verweisen – »Il Milione« hieß der Bericht Marco Polos über seine Reisen. Vermutlich lebte seine Familie hier. Im 1678 gegründeten **Teatro Malibran**, wenige Schritte südöstlich, finden Konzerte und Opern statt.
San Giovanni Crisostomo: Campo S. Giovanni Crisostomo | Anlegestelle Rialto | tgl. 8.15–12.15 und 15–19 Uhr

Santi Apostoli

Letzte Ruhestätte für Vater und Sohn Corner

Nördlich von San Giovanni Crisostomo mündet die vom Bahnhof kommende Strada Nova auf den Campo SS. Apostoli. Hier steht die äußerlich schmucklose, im 14. Jh. geweihte Kirche Santi Apostoli, weithin sichtbar an ihrem hohen, im 17. Jh. zugefügten Campanile. Die Cappella Corner im rechten Seitenschiff, ein quadratischer, überkuppelter Raum, entstand Ende des 15. Jh.s nach Plänen von Mauro Coducci. Das schöne Beispiel venezianischer Renaissancearchitektur sollte ursprünglich Catarina Corner, Königin von Zypern, als Grabstätte dienen. Ihre letzte Ruhestätte fand sie jedoch in der Kirche San Salvador (▶ Mercerie); dafür befinden sich hier die Gräber von ihrem Vater Marco und ihrem Bruder Giorgio. Die geschmückten Säulen und die leichte Kuppel harmonieren sehr schön. Das Altarbild, die »Kommunion der hl. Lucia« (1748), stammt von Giambattista Tiepolo.
Campo dei Santi Apostoli | Anlegestelle Ca' d'Oro
tgl. 9–12, 16–19 Uhr

★ FONDAZIONE QUERINI STAMPALIA

Lage: Campiello Querini Stampalia | **Anlegestelle:** San Zaccaria
Di. - So. 10-18 Uhr | **Eintritt** 10 € | **querinistampalia.org**

Der Kunstleidenschaft der Patrizierfamilie Querini Stampalia verdankt Venedig eine schöne Sammlung venezianischer Gemälde. Diese sind im Palazzo Querini Stampalia, in den Salons, Schlafzimmern, im Musikzimmer und im Boudoir zu bewundern.

Ein wesentlicher Charme der Galerie besteht genau darin zu erleben, wie die einstigen Hausherren wohnten. Der schöne Renaissancepalast aus dem 16. Jh. liegt an einem kleinen Campo in der Nähe der Kirche S. Maria Formosa. Ihre einstigen Besitzer gehörten zu den ältesten und einflussreichsten venezianischen Familien. 1869 vermachte der letzte Spross der Familie, Giovanni Querini Stampalia, seinen Palast mitsamt seiner Gemäldesammlung und einer bedeutenden Bibliothek einer nach ihm benannten Stiftung.

Anfang der 1950er-Jahre gestaltete der venezianische Architekt Carlo Scarpa das Erdgeschoss einschließlich der sogenannten Wasserhalle mit einem Ausgang auf den Kanal und den Garten behutsam um. 2003 folgten Erweiterungen durch den Scarpa-Schüler Mario Botta. So gibt es heute im Erdgeschoss ein Café-Restaurant und einen Museums-

WOHNEN IM PALAZZO

Es gibt Luxusherbergen in ehemaligen Adelspalästen wie das Danieli und das Gritti. Es gibt aber auch eine Herberge, die erschwinglich ist und doch den Flair des 16. Jh.s lebendig werden lässt mit Fortuny-Lampen, Rubelli-Stoffen, Frühstücksterrasse am Kanal und »i Signori«, die vergessen machen, dass ihre Casa Verardo heute ein Hotel und nicht mehr ihr Zuhause ist. Auch Haushund Leone ist waschecht venezianisch nach dem Markuslöwen benannt (▶ S. 316).

Eine kleine Oase: der Garten der Fondazione Querini Stampalia

shop mit ausgefallenen Kunst- und Design-Souvenirs. Das erste Obergeschoss birgt eine öffentlich zugängliche, reichhaltige Bibliothek. Die Gemäldesammlung befindet sich im zweiten Obergeschoss.

Szenen aus dem Leben in Venedig

Pinacoteca

Die Sammlung mit Bildern venezianischer Künstler des 14. bis 18. Jh.s wurde weitgehend von Giovanni Querini Stampalia zusammengetragen. Besondere Beachtung verdient der Bilderzyklus von **Gabriel Bella** aus dem 18. Jh. (Saal 1); er zeigt vor allem venezianische Feste und Szenen aus dem Alltag, darunter die berühmte »Regatta der Kurtisanen auf dem Canal Grande« und die »Karnevalsfeier am Gründonnerstag auf der Piazzetta«. Besonderes Vergnügen bereiten auch die Genreszenen von **Pietro Longhi** (18. Jh.; Säle 12, 13), die anekdotisch und humorvoll Szenen aus dem Leben in Venedig wiedergeben. In einem kleinen Saal direkt am Portego (Empfangs- bzw. Festsaal) hängt **Giovanni Bellinis** »Darbringung Jesu im Tempel« (1469). Saal 8 zeigt u. a. eine »Madonna mit Kind« von Bellini, Porträts von Francesco Querini und seiner Frau Paola (von Palma d. Ä.) sowie »Maria mit Kind und Johannes« von Lorenzo di Credi.

Campo Santa Maria Formosa

Die Kirche mit zwei Gesichtern

Santa Maria Formosa

Schöne Palazzi säumen den großen, etwas nördlich der Fondazione gelegenen Campo Santa Maria Formosa. Im Süden erhebt sich auf den Grundmauern eines Vorgängerbaus aus dem 11. Jh. die von 1492 bis 1500 von Mauro Coducci erbaute, gleichnamige Kirche. Ihre Fassade und der barocke Glockenturm wurden im 17. Jh. hinzugefügt.

Der fast frei stehende Renaissancebau besitzt auf schlanken Säulen ruhende kleine Kuppeln und Tonnengewölbe, die über und über von hervorragenden Renaissanceornamenten überzogen sind. Der Beiname »Formosa« (im Venezianischen »dick«) geht auf die Legende zurück, dass dem Bischof Magnus die Muttergottes in Gestalt einer drallen Matrone erschienen sei und ihn zur Kirchengründung aufgefordert habe. Bis zum Ende der Republik besuchte der Doge alljährlich zu Lichtmess die Kirche. Diese Tradition geht auf das Jahr 944 zurück, als eine Gruppe Mädchen beim Kirchgang von Dalmatinern entführt und von der Zunft der Truhenschreiner, die in der Kirche ihre Scuola hatte, befreit wurden. Zum Dank erbaten sie vom Dogen dessen jährlichen Besuch am Lichtmesstag. »Und was tue ich, wenn es regnet?«, fragte der Doge. »Wir werden Euch einen Hut geben.« »Und was, wenn mich dürstet?« »Wir werden Euch Wein geben.« Von da an bekam der Doge in Santa Maria Formosa einen Strohhut und einen Krug Wein überreicht. Einer der Hüte befindet sich im Museo Correr (▶ S. 177).

Größte Schätze im Licht durchfluteten Innern sind der Flügelaltar von Bartolomeo Vivarini mit dem Tafelbild »Madonna der Barmherzigkeit« (1473) sowie die »Hl. Barbara« (um 1510) von Palma d. Ä. am Flügelaltar in der Kapelle rechts vom Hochaltar. Verlässt man die Kirche durch das Portal an der Westwand, stellt man fest, dass das Gotteshaus zu dieser Seite eine zweite Fassade (1542) hat. Ein musikalischer Genuss sind die regelmäßigen **Barockkonzerte** des Collegium Ducale in der Kirche (Konzerttermine: www.collegium-ducale.com).

Campo Santa Maria Formosa | Anlegestelle Rialto | Mo.–Sa. 10–17 Uhr | Eintritt 3,50 €, Kombikarte Choruskirchen 14 €

Allerfeinste Spaghetti & Pizza

6342 A Le Tole

Weniger als fünf Minuten sind es von hier ins 6342 A Le Tole, ein kleines, gemütliches Lokal, in dem vor allem die Einheimischen tafeln und sich über die grundsolide Küche zu günstigen Preisen freuen und im Sommer über die Terrasse mit Blick auf Kirche, Denkmal, Scuole und Kanal.

Castello 6342 (€/€€) | Tel. 041 476 84 10 | facebook.com/6342AleTole
Mi.–Mo. 12–15.30 und 19–22.30 Uhr

★★ GALLERIE DELL'ACCADEMIA

Lage: Canal Grande/Ponte dell'Accademia | **Anlegestelle:** Accademia Mo. 8.15–14, Di. – So. 8.15–19.15 Uhr | **Eintritt** 15 € (+1 € bei online-Buchung) | **gallerieaccademia.it**

Wie hat sich Venedigs Kunst von der Gotik bis zum Rokoko entwickelt? Das verrät die Gemäldegalerie der Kunstakademie, kurz Accademia genannt, in 24 Sälen mit Meisterwerken von Tizian und Tintoretto, Bellini und Veronese.

Die großen Venezianer unter einem Dach

Der schönste Weg zur Pinakothek führt über den Ponte dell'Accademia. Von der Holzbrücke eröffnen sich herrliche Ausblicke auf den ► Canal Grande! Oder lassen Sie sich mit dem Vaporetto zur Kunstsammlung fahren – der Anleger befindet sich direkt am Museum!
Die weltgrößte Sammlung venezianischer Kunst ist in drei zusammengewachsenen Gebäuden untergebracht: dem von Palladio 1561 entworfenen Konvent der Laterankanoniker, der 1441–1452 von Bartolomeo Bon erbauten Kirche Santa Maria della Carità und der gleichnamigen Scuola. Nach der Schließung des Klosters und der Scuola um 1800 entstand hier zunächst eine »Sammelstelle« für heimatlos gewordene Kunstwerke aus aufgehobenen Klöstern, Kirchen und aufgegebenen Adelspalästen. In kürzester Zeit kam so eine einmalige Sammlung zusammen, die heute in 24 Räumen und mehr oder weniger chronologisch geordnet einen faszinierenden Überblick über 500 Jahre venezianischer Malerei bietet.

Saal 1 **Veneziano, die erste Malerpersönlichkeit in Venedig**
Der Rundgang beginnt im Obergeschoss im ehemaligen Versammlungsraum der Scuola. Unter einer schönen Kassettendecke werden Altartafeln gotischer Meister des 14. und frühen 15. Jh.s gezeigt. Von **Paolo Veneziano** (tätig 1333–1358), der ersten bedeutenden Malerpersönlichkeit Venedigs, stammt das mehrteilige Altarbild (Polyptychon, um 1350) aus der Kirche Santa Chiara mit der Marienkrönung auf der Mitteltafel und je vier Szenen aus dem Leben Christi auf den Seitentafeln. Zarte Farben und ikonenhafte Unbewegtheit der Figuren vor allem in der Mitteltafel zeichnen seine Malerei aus, die unter dem Einfluss byzantinischer Formensprache steht, in den Christusszenen aber zunehmend an Lebensnähe gewinnt.

Giovanni Bellini, der wichtigste Renaissancemaler Venedigs
Saal 2 In Saal 2 sind Altartafeln des 15. und frühen 16. Jh.s zu sehen. Den Wechsel von den klein- und mehrteiligen Tafelbildern der Spätgotik

zum großformatigen Altarblatt der Renaissance macht die sog. **Pala di San Giobbe** (vor 1490) deutlich, eine der großen Schöpfungen venezianischer Malerei der Frührenaissance von **Giovanni Bellini** (1430–1516). Ihm gelang es, den Bildraum als Kirchenraum zu gestalten, wobei das Goldmosaik der Apsiswölbung und die marmorne Wandverkleidung auf San Marco verweisen. Mit der Darstellung von Heiligen um die Gottesmutter (Sacra Conversazione) schuf Bellini den venezianischen Prototyp des Renaissance-Altarbilds, das vielfach nachgeahmt wurde, zum Beispiel (ebenfalls in diesem Saal) von Giambattista Cima da Conegliano (um 1459–1517) mit seiner thronenden Muttergottes mit Kind oder von Vittore Carpaccio (um 1465–1526) mit seiner »Darstellung Jesu im Tempel«.
Die Säle 3 und 4 zeigen Meisterwerke u. a. von Giambattista Cima da Conegliano, Piero della Francesca (1416/1417–1492), Bellinis Schwager **Andrea Mantegna** (1431–1506) sowie Jacopo (1424–1470/71) und Giovanni Bellini.

GALLERIE DELL'ACCADEMIA

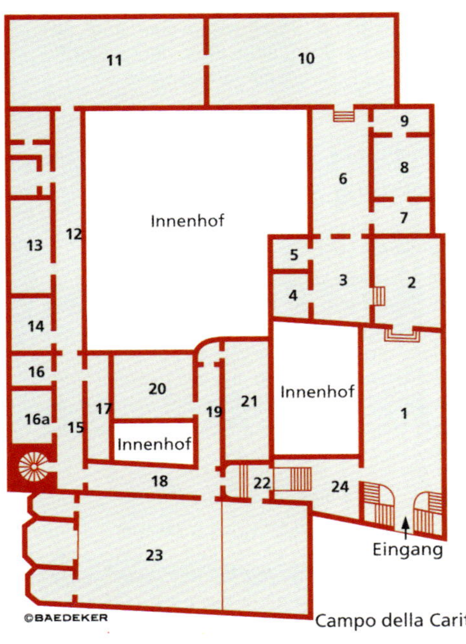

1 Die frühen Meister
2,3 Die großen Altartafeln des 15. Jh.s und Giovanni Bellini
4,5 Mantegna, Piero della Francesca, Cosmè Tura und Giorgione
6 Tizian, Jacopo Tintoretto und Paolo Veronese
7,8 Lorenzo Lotto, Romanino und Jacopo Palma d. Ä.
9 Buchladen
10 Tizian, Jacopo Tintoretto und Paolo Veronese
11 Bonifacio Veronese, Jacopo Tintoretto, Bernardo Strozzi und Giambattista Tiepolo
12,13 Marco Ricci, Francesco Zuccarelli, Giuseppe Zais, Jacopo Bassano und Bildnisse von Jacopo Tintoretto
14 Werke des 17. Jh.s
15 Giovanni Antonio Pellegrini, Tiepolo und Giannantonio Guardi
16,16a Jugendwerke von Tiepolo, Alessandro Longhi Giambattista Piazzetta und Fra'Galgario
17,18 Canaletto, Francesco Guardi, Tiepolo, Pietro Longhi, Rosalba Carriera und Werke der Akademiker
19,20 Bartolomeo Montagna, Giovanni Agostino da Lodi, Boccaccio Boccaccino und »Wunder der Kreuzreliquie«, Vittore Carpaccio
21,22 »Wunder der hl. Ursula«, Vittore Carpaccio und klassizistischer Durchgangsraum
23 Ehemalige Kirche Santa Maria della Carità Werke der venezianischen Schule des 15. Jh. und Wandgemälde der Scuola di San Marco
24 Sala dell'Albergo; Tizian, Antonio Vivarini und Giovanni d'Alemagna

Giorgones Gewitter

Saal 5 In Saal 5 belegen zahlreiche Madonnenbilder, meist Halbfiguren, von **Giovanni Bellini** die große Ausdrucksbreite dieses wichtigsten Renaissancemalers Venedigs. Besonders seine »Madonna mit den Bäumchen« (1487) ist von großer atmosphärischer Wirkung und voll menschlicher Würde. Die »Muttergottes mit Kind zwischen Johannes dem Täufer und einer Heiligen« (um 1505) zeigt Bellini vor dem Hintergrund einer bezaubernden Voralpenlandschaft. Interesse an der vom Menschen geprägten Umwelt und an spätgotischer Frömmigkeit belegt Bellinis »Pietà« (um 1505). Die Klage der Gottesmutter mit dem Leichnam des Sohns auf ihrem Schoß spielt sich vor einer weiten Landschaftskulisse ab als einer Kombination der Stadtansichten von Vicenza (Dom, Ratsbasilika) und Cividale (Nasone-Brücke). Neben Tizian ist **Giorgione** (1476/1477–1510) der wichtigste Schüler von Giovanni Bellini. Sein berühmtes Gemälde »Gewitter« (»La Tempesta«) entstand kurz nach 1505 und zeigt die Stimmung kurz vor Ausbruch eines Gewitters. Mittels aufeinander aufbauender Farbschichten gelang dem jung verstorbenen Maler, der auch die Freuden der Liebe und das Lautenspiel intensiv genossen haben soll, eine neuartige Synthese von Farbe und Raum. Der gewittrige Himmel im Hintergrund steht in starkem Kontrast zum ruhigen, friedlichen Ambiente im Vordergrund. Von krassem Realismus geprägt ist dagegen Giorgiones Porträt einer alten Frau, deren Schriftband in etwa besagt: »Das hat die Zeit aus mir gemacht.«

Werke des Manierismus

Saal 6 Zu den Werken des Manierismus zählt die legendäre »Übergabe des Rings an den Dogen« (1545–1550) durch einen vom Evangelisten Markus beauftragten Fischer, die **Paris Bordone** (1500–1571) aus Treviso inmitten eines fantastischen Architekturprospekts in erlesener, kühler Farbigkeit inszenierte.

Von gleicher erzählerischer Qualität ist das »Gastmahl des reichen Mannes« (1543–1545) von **Bonifacio de' Pitati**, das Gleichnis vom reichen Prasser mit Musikanten in lustiger Gesellschaft unter dem Portikus seiner Villa und dem zerlumpten, vergeblich auf sein Almosen wartenden, armen Lazarus. Die Falkenjagd und das Liebespaar im Garten spielen auf die Annehmlichkeiten des Lebens an, während die brennenden Gebäude im Hintergrund wohl auf das Höllenfeuer verweisen.

Tizian und Lorenzo Lotto

Saal 7 Anklänge an die Plastik Michelangelos zeigt hingegen **Tizians** manieristische Gestaltung des kraftvollen Johannes des Täufers. Ein manieristisches Meisterwerk der Bildniskunst ist das Porträt eines jungen Edelmannes in seinem Studierzimmer von **Lorenzo Lotto** (1480 bis 1556).

OBEN: Lorenzo Lotto, »Porträt eines jungen Mannes«, 1. Hälfte 16. Jahrhundert. Das Porträt ist – für seine Zeit – außergewöhnlich, weil es so individuell ist.

UNTEN: »Pala di San Giobbe«. Giovanni Bellini malte dieses Altarbild um etwa 1487 für die Kirche San Giobbe.

Bonifacio de' Pitati, Palma d. Ä. und Girolamo Romani

Saal 8 Unter den Werken des 16. Jh.s beeindrucken von Bonifacio de' Pitati der »Bethlehemitische Kindermord«, von Palma il Vecchio (Palma der Ältere, 1480–1528) die »Heilige Familie mit der hl. Katharina und Johannes dem Täufer« als Spätwerk in langgezogener Dreieckskomposition mit diffusem Licht und vollendeter Farbharmonie sowie von Girolamo Romani (genannt Romanino) die »Beweinung Christi mit Heiligen« (1510), das erste bekannte Werk des aus der Lombardei gebürtigen Künstlers.

Veronese und Tintoretto

Saal 10 Vorbei am Buchladen (in Saal 9) erreichen Sie Saal 10, wo zwei Titanen der venezianischen Kunst die unterschiedlichen Positionen der Malerei im Zeitalter der Gegenreformation verdeutlichen: Paolo Caliari (1528–1588), genannt **Veronese**, und Jacopo Robusti (1514 bis 1594), genannt Tintoretto. Die Schmalseite des Saals schmückt das monumentale »Gastmahl im Hause des Levi«, das Veronese als Auftragswerk für das Refektorium der Dominikanerkirche Santi Giovanni e Paolo im April 1573 fertigte. Knapp drei Monate später wurde Veronese unter dem Verdacht der Häresie vor das Heilige Offizium zitiert. Der Vorwurf: Seine Darstellung des Abendmahls sei allzu freizügig ausgefallen – Narren mit Papagei, deutsche Landsknechte und Hunde und Affen hätten auf einem seriösen Bild mit biblischem Inhalt nichts zu suchen. Veronese berief sich auf seine künstlerische Freiheit. Vergeblich: Er musste sein Bild innerhalb von drei Monaten auf eigene Kosten ändern. Doch das Einzige, was er änderte, war der Bildtitel, wohl in Absprache mit den Dominikanern als Auftraggebern, mit Verweis auf das 5. Kapitel des Lukas-Evangeliums: »Und Levi richtete ihm ein großes Mahl zu in seinem Haus.« So wurde aus dem Abendmahl ein Gastmahl, ein Bildthema, das Veronese in Form einer festlich-prächtigen Inszenierung häufiger gestaltete.
Dramatik und Irrealität bestimmen dagegen das Bildgeschehen bei **Tintoretto**. Das für den Kapitelsaal der Scuola Grande di San Marco 1548 geschaffene Gemälde »Der hl. Markus befreit einen Sklaven« stellt eines der Markuswunder dar. Es zeigt, wie der Evangelist einen frommen Sklaven, der sich zur Verehrung der Markusreliquien verbotenerweise von seinem Herrn entfernt hatte, vor der Strafe der Blendung und Beinzertrümmerung bewahrte, indem er die Folterwerkzeuge zertrümmerte. Nicht minder spektakulär sind die ungewöhnlichen Raumfluchten in Tintorettos Wiedergabe der »Entführung des Leichnams des hl. Markus aus Alexandria« (1563/64). Wohl im selben Jahr ist auch Tintorettos Bild »Der hl. Markus rettet einen gläubigen Sarazenen aus Seenot« entstanden. Hier setzt er auf einen intensiven Rot-Blau-Gelb-Farbklang, um das erregende Ereignis wirkungsvoll zu schildern. Daneben hängt das letzte, unvollendete Bild von **Tizian** (1488/90–1576): die erschütternde Darstel-

lung der Pietà. In gedämpften Farben zeigt Tizian die Gruppe der Trauernden mit dem Leichnam Christi vor einer Nischenarchitektur mit den Statuen von Moses und einer Sibylle. Gegenüber der mitreißenden Lebensfreude im Frühwerk, z. B. bei der Assunta in der Frari-Kirche, stellt Tizian im Alterswerk die Unerbittlichkeit des Todes dar. Ursprünglich war das Bild für die bestimmt, in der der Künstler auch begraben werden wollte (▶Santa Maria Gloriosa dei Frari).

Nochmals Veronese und Tintoretto sowie Tiepolo

Saal 11

Die »Mystische Vermählung der hl. Katharina« (1575) im vorderen Teil des Saals ist ein Spätwerk von **Veronese** von fast barockem Pathos. Weitere Werke Veroneses, meistens ehemalige, auf starke Untersicht gearbeitete Deckenbilder, sind die »Huldigung von Ceres und Herkules an Venezia« (1575–1577) und der »Empfang des hl. Nikolaus als Bischof von Myra«. Wegweisend für das barocke Altarbild ist Veroneses thronende Muttergottes und Kind mit dem Johannesknaben und den Heiligen Joseph, Hieronymus, Franziskus und Justina. Von **Tintoretto** stammen als Frühwerke (um 1550) die beiden Gemälde »Adam und Eva« sowie »Kain und Abel«, die jeweils als Aktfiguren in Vorder- und Rückenansicht harmonisch ruhend bzw. im Kampf verschlungen in die Landschaft eingebunden sind.
Einen neuen Aufschwung erreichte die venezianische Malerei mit der lichten Farbenwelt und den heiteren Kompositionen des Rokokomalers Giovanni Battista **Tiepolo** (1696–1770), von dem das große Deckenbild mit der »Auffindung des wahren Kreuzes Christi durch die hl. Helena« (die Mutter des Kaisers Konstantin) stammt.

Tintoretto, Bassano und Tiepolo

Säle 13 und 16

Zu den bedeutendsten Arbeiten in den nachfolgenden Räumen gehören das Bildnis des Prokurators Jacopo Soranzo von **Tintoretto**, der hl. Hieronymus in Meditation von Jacopo da Ponte, genannt **Bassano** (1517–1592), beide in Saal 13, sowie die vier mythologischen Szenen »Raub der Europa«, »Diana und Aktaion«, »Diana entdeckt Calypso« sowie »Wettstreit zwischen Apoll und Marsyas«, Frühwerke der Jahre 1720–1722 von Giambattista **Tiepolo** in Saal 16.

Canaletto, Rosalba Carriera und Pietro Longhi

Saal 17

Fantasiearchitekturen, Ruinen-Capricci und Veduten mit kräftigen Licht-Schatten-Kontrasten sind Markenzeichen von Antonio Canal, genannt **Canaletto** (1697–1768), der Wirklichkeitsbeobachtung und Einbildungskraft unterhaltsam verbindet. **Rosalba Carriera** (1675–1758) erwarb sich großen Ruhm durch ihre Pastellporträts. Kaum einer hat sich als so scharfsichtiger Chronist des venezianischen Alltags im 18. Jh. hervorgetan wie **Pietro Longhi** (1702 bis 1785).

Carpaccios »Heilung eines Besessenen durch die Kreuzreliquie«

Große Bilderzyklen

Saal 20 Einzigartig ist der Gemäldezyklus zu den **Wundern der Heiligkreuzreliquie**, den namhafte venezianische Meister zwischen 1494 und 1502 für die Sala dell'Albergo der Scuola di San Giovanni Evangelista schufen, in der seit 1369 eine Reliquie des Kreuzes Christi aufbewahrt wurde. Einer von ihnen war **Gentile Bellini** (1429–1507), der die Prozession auf dem Markusplatz mit einer detailgetreuen Wiedergabe der Piazza aus der Zeit um 1500 malte. Über den fünf Portalen der Markuskirche sind noch die mittelalterlichen Mosaiken des 13. Jh.s zu sehen, die später ersetzt wurden. Die Bilderchronik setzt sich fort mit **Gentiles** Darstellung des Wunders der Kreuzreliquie am Ponte San Lorenzo, wo im Menschengedränge bei der alljährlichen Prozession das Reliquiar ins Wasser gefallen war, sich von selbst wieder dem suchenden Hochmeister der Scuola in die Hand fügte und ihn ans Ufer zog. Als Zeugen dieses Ereignisses erscheinen links im Bild Catarina Cornaro, die Königin von Zypern, mit ihrem Gefolge und rechts Mitglieder der Scuola. Die wunderbare Heilung des Pietro de Ludovici verlegt Gentile in eine Kirche, vermutlich San Giovanni Evangelista. Vittore **Carpaccio** (um 1465–1526) lässt das Wunder der Heilung an der Rialtobrücke stattfinden und zeichnet ein präzises Bild der städtebaulichen Situation im geschäftigen Kaufmannsviertel.

Carpaccio

Der für die Scuola di Sant' Orsola geschaffene **Zyklus zum Leben der hl. Ursula** in Saal 21 ist das Werk Vittore **Carpaccios** (um 1465 bis 1526). Der Legende nach willigte Ursula, eine christliche Prinzessin der Bretagne, in ihre Heirat mit dem heidnischen englischen Fürstensohn Aetherius ein, allerdings unter der Bedingung, dass er sich taufen ließe und mit ihr eine Wallfahrt nach Rom unternähme. Auf der Rückfahrt erlitten Ursula und ihre Jungfrauen vor den Toren des von Hunnen belagerten Köln das im Traum vorausgesagte Martyrium.

Saal 21

Bellini und Tizian

Die ehemalige Kirche enthält Werke der venezianischen Frührenaissance, u. a. mehrteilige Altarbilder aus den 1460er-Jahren von Giovanni **Bellini** und seiner Werkstatt. Im letzten Raum (Saal 24), dem Gästehaus der Carità-Bruderschaft, befindet sich **Tizians** »Tempelgang Mariens« (1534–1538). Das einzige Bild, das er für die Bruderschaft gemalt hat, hängt noch an seiner ursprünglichen Stelle.

Säle 23 und 24

★ I GESUITI · SANTA MARIA ASSUNTA

Lage: Campo dei Gesuiti | **Anlegestelle:** Fondamente Nove | 10.30–13 und 15–19 Uhr, sonst nach Anmeldung | Tel. 041 528 65 79

Äußerlich ist sie unscheinbar und ähnelt anderen Barockkirchen. Doch der Altarraum der Ordenskirche der Jesuiten ist eine Augenweide mit stoffbespannten Wänden, vielfarbigem Marmor, prachtvollen Decken und einem Meisterwerk Tizians.

Aufgrund ihrer Nähe zum Papsttum waren die Jesuiten in der Seerepublik nicht wohl gelitten. Erst 1657 wurden sie in Venedig zugelassen. 1715 beschloss der Orden den Bau eines großen Klosters. 1729 war die Ordenskirche nach Plänen Domenico Rossis fertiggestellt. Ihre barocke Fassade mit Säulen und Skulpturen der Apostel, gefertigt nach dem Vorbild der Mutterkirche Il Gesù in Rom, sponserte die Familie Manin – sie wurde mit dem Familienwappen verewigt. Das Selbstbewusstsein der Jesuiten spiegelt auch die opulente Ausstattung des Saalbaus mit Tonnengewölbe und tiefen Seitenkapellen, Querhaus und Chor wider: Wandverkleidungen aus grünem und weißem Marmor und edlen Stoffen, mächtige Säulen, goldene Stuckdecke, Vergoldun-

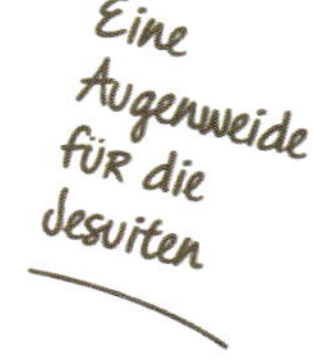

gen und kostbare Inkrustationen im Fußboden. Den Hochaltar mit zehn gedrehten Säulen und Baldachin schuf Giuseppe Pozzo.
Die erste Seitenkapelle linker Hand birgt das berühmteste Gemälde der Kirche: **Tizians »Marter des hl. Laurentius«** (1558–1560): Neben dem gepeinigten Heiligen verkündet in der dunklen Nacht ein Lichtschimmer die himmlische Botschaft, die Hoffnung der Seele auf ewiges Leben. Besondere Beachtung verdienen auch »Die Himmelfahrt Mariä« von Tintorettos im linken Querschiff sowie die Wand- und Deckengemälde in der Sakristei von Palma d. J.

Eine kleine Kirche für die Kreuzritter

Oratorio dei Crociferi

Im benachbarten Oratorio, dem Überrest eines Hospizes für Kreuzritter, schildert ein 1583–1591 geschaffener Bilderzypkus von Palma d. J. die Geschichte des Ordens, die Leidensgeschichte Jesu und die des Dogen Pasquale Cicogne, der die Crociferi (Kreuzritter) verehrte.
tgl. 10–18, Nov.–Feb. 9.30–17 Uhr | Kombiticket für alle Orte der »Gioielli nascosti« (versteckte Schmuckstücke) 8 €, Kombiticket mit Scala Contarini del Bovolo 9 € | gioiellinascostidivenezia.it

★★ GHETTO

Lage: Ghetto Vecchio und Ghetto Nuovo, nicht weit vom Bahnhof Santa Lucia | **Anlegestellen:** San Marcuola, Ponte Guglie

G/H 2/3

Der Jude Shylock aus dem »Kaufmann von Venedig« ist zwar eine Erfindung von William Shakespeare, das Ghetto gibt es aber tatsächlich. Es ist sogar das älteste Ghetto der Welt – entdecken Sie hier die Spuren jüdischen Lebens in Venedig.

Ältestes Ghetto der Welt

Vermutlich gab es schon um das Jahr 1000 kleinere jüdische Gemeinden in Venedig, damals wichtigster Umschlagplatz zwischen Europa und der Levante, dem Orient. 1152 wurden in einer Volkszählung 100 Juden erwähnt. Als erfolgreiche Geschäftsleute unterhielten sie über alle Meere reichende Handelsbeziehungen. Davon profitierte die Seerepublik, die über jüdische Mittler sogar Waren an solche Länder verkaufen konnte, mit denen sie in Fehde lag. So kam es, dass sich Juden zu einer Zeit, als ihre Glaubensbrüder in Europa verfolgt wurden, in Norditalien und vor allem in Venedig niederließen. Ihre Handlungsfreiheit allerdings war beschränkt. So durften sie keine Immobilien besitzen, außer dem Ärzteberuf kein Handwerk ausüben (ihnen waren die christlichen Zünfte versperrt), außerdem mussten sie zu ihrem »Schutz« Steuern zahlen. Dafür waren sie im Geldverleih, das den Christen durch das Zinsverbot im Neuen Testament verwehrt war, sehr erfolgreich.

Angst vor Überfremdung

Geschichte des Ghettos

Als nach dem berüchtigten Dekret Ferdinand des Katholischen 1492, das alle Juden aus Spanien und Portugal vertrieb, immer mehr Juden in die Stadt strömten, wuchsen auch bei den Venezianern Bedenken. Um sie besser überwachen zu können, wies die Seerepublik im März 1516 den Juden ein bestimmtes Wohngebiet zu: »Die Juden müssen alle gemeinsam in dem Komplex von Häusern wohnen, die sich im Ghetto bei San Girolamo befinden; und damit sie nicht die ganze Nacht umhergehen, sollen an jener Seite des Ghetto Vecchio, wo es eine kleine Brücke gibt, und gleichermaßen an der anderen Seite der Brücke zwei Tore errichtet werden, das heißt je eines für die beiden genannten Orte. Jedes Tor muss morgens beim Klang der Marangona-Glocke geöffnet und abends 24 Uhr durch vier christliche Wachen zugesperrt werden, die dafür von ihren Juden angestellt und bezahlt werden zu dem Preis, der unserem Kollegium angemessen erscheint.«

Der Name des Geländes, auf dem sich einst eine **Gießerei** befand, **»getto«** im Venezianischen, bürgerte sich für die Judenviertel Italiens und bald in aller Welt ein. 1516 wurden 700 Ghettobewohner gezählt, 1536 hatte sich die Zahl mehr als verdoppelt. Daher wurde das Ghetto 1541 um das »Ghetto Vecchio« (Altes Ghetto) und 1633 um das »Ghetto Nuovissimo« (Neuestes Ghetto) erweitert. Im 17. Jh. lebten hier zeitweilig 5000 Menschen. Die Raumnot zwang die Bewohner, ihre Häuser aufzustocken. So entstanden bis zu achtstöckige »Wolkenkratzer«. Drei Gemeinschaften, Nationen genannt, existierten nebeneinander: Aschkenasim (Juden aus Deutschland, Polen und anderen Teilen Osteuropas), Levantiner aus dem Nahen Osten und Sepharden, die vor der Inquisition aus Spanien und Portugal geflohen waren.

Alltag im Ghetto

Stadt in der Stadt

Sie besaßen eigene **Synagogen, Scuole genannt** – heute ein einzigartiges Zeugnis jüdischen Brauchtums und jüdischer Kultur in der Renaissance –, eigene Lehrer und Richter, Rabbiner und soziale Einrichtungen. Ihre Interessenvertretung, Università, ein Gremium von anfangs zwölf, später sechs Mitgliedern mit weitreichenden sozialen, religiösen und wirtschaftlichen Befugnissen, war Verhandlungspartner für die venezianische Regierung und regelte die Verteilung der finanziellen Lasten, die ihnen von der Kommune als Steuern und Zwangsdarlehen aufgebürdet wurden. Kurzum, das Ghetto war eine Stadt in der Stadt.

Diese multikulturelle jüdische Gemeinde brachte bedeutende Rabbiner, Gelehrte und Dichter hervor, darunter Leone da Modena (1571 bis 1648), Simone Lazzatto (1583–1663), Simone Calimani (1699 bis 1784) und Sara Coppia Sullam (1590–1641), deren Korrespondenz mit dem genuesischen Geistlichen Ansaldo Céba einen wichti-

OBEN: Das jüdische Ghetto, von dem alle anderen ihren Namen haben, liegt in Cannaregio. Der Campo Ghetto Nuovo ist das Zentrum des jüdischen Lebens.

UNTEN: Auch heute gibt es im Ghetto koschere Geschäfte, Restaurants, mehrere Synagogen sowie ein jüdisches Altersheim. Allerdings wohnen in dem Viertel nur noch wenige jüdische Familien.

gen Beitrag zum Verständnis zwischen Christentum und Juden darstellt. Zur Verbreitung all dieser Ideen war der hebräische Buchdruck unerlässlich, der in Venedig sein wichtigstes Zentrum hatte.

Erst frei, dann deportiert

Das Ende des Ghettos

Auch wenn die jüdische Gemeinde in Venedig immer wieder Anfeindungen ausgesetzt war, lebten die Juden im Großen und Ganzen recht sicher. Als sich die Lage der Seerepublik im Laufe des 18. Jh.s weiter verschlechterte, konnte auch jüdisches Kapital den Niedergang Venedigs nicht aufhalten. Als angesichts der Türkenkriege die Zwangsdarlehen immer weiter zunahmen – zwischen 1669 und 1700 hatte die jüdische Gemeinde die ungeheure Summe von 800 000 Dukaten gezahlt –, waren schließlich die finanziellen Möglichkeiten der jüdischen Geldgeber erschöpft, 1737 die Banken sogar bankrott. Die Einwohnerzahl schrumpfte. Gegen Ende des 18. Jh.s wohnten nur noch 1620 Juden im Ghetto, von denen etwa ein Drittel gut situiert war, während die anderen am Rand der Armut lebten.
Es bedurfte schließlich eines Kraftakts von außen, um ihr Schicksal zu ändern. Am 7. Juli 1797 rissen französische Soldaten die Tore zum Ghetto nieder, seine Bewohner wurden freie Bürger. Nach und nach ließ sich die jüdische Bevölkerung auch in anderen Stadtteilen nieder. Das Ghetto verkam. Im September 1943 besetzten deutsche Truppen Mestre und Venedig. Im August 1944 wurden 200 Juden deportiert. An sie erinnern heute Stolpersteine, die der Kölner Künstler Gunter Demnis auch in Venedig vor den Wohnungen jüdischer Holocaust-Opfer verlegt hat – 250 venezianische Juden starben in den Lagern. Heute leben nur noch wenige der rund 450 venezianischen Juden in dem Viertel, darunter die Senioren im Altenheim der Casa Israelitica de Riposo. Doch Architektur und Atmosphäre sind bis heute anders als im restlichen Venedig.

Ein Gang durch das Ghetto

Campiello delle Scuole

Man erreicht das Ghetto am besten von den Fondamenta di Cannaregio durch den schmalen Durchgang neben dem Restaurant Gam Gam. Früher wurde er nachts verschlossen. Ein paar Schritte weiter verrät in der Wand eine Steintafel von 1704, welche Strafen den Juden drohten, die trotz Konvertierung zum Christentum heimlich ihren religiösen Bräuchen nachgingen.
Am Ende der engen Gassen liegen am Campiello delle Scuole die ersten beiden Synagogen. Größte und bekannteste Synagoge der Stadt ist die **Scuola Spagnola** aus der 2. Hälfte des 16. Jh.s, die der Barockbaumeister Baldassare Longhena 1635 umbaute. Messingleuchter, vergoldete Holzgegenstände, vielfarbiger Marmor und eine aufwendige Balustradendekoration schmücken das Innere. Für die

Scuola Levantina, vermutlich die prachtvollste Synagoge Venedigs, schuf Andrea Brustolon aus Belluno ein reich geschnitzten Lesepult (Tewa) auf spiralförmigen Säulen.

Drei Synagogen

Campo di Ghetto Nuovo
Über eine schmale Brücke betritt man den weitläufigen Campo di Ghetto Nuovo, bis heute Zentrum für die religiösen, sozialen und kulturellen Aktivitäten der venezianischen Juden. Ein Mahnmal des Bildhauers Arbit Blatas erinnert an den Rabbiner Ottolenghi und 200 venezianische Juden, die zwischen 1943 und 1944 mit ihm verschleppt wurden. Beim Haus Nr. 2912 ist noch die verblasste Inschrift des »Banco rosso«, eines der jüdischen Pfandhäuser, zu lesen, die nach der Farbe ihrer Quittungen »verde« oder »rosso« hießen und an alle Schichten Venedigs Geld verliehen. Hinter unscheinbaren, hohen Fassaden verbergen sich in den oberen Stockwerken **drei Synagogen**. Fünf Fenster, eine barocke Kuppel und eine Kartusche mit der Inschrift »Santa Communità Italiana« kennzeichnen die 1575 erbaute **Scuola Italiana**, die bescheidenste der venezianischen Synagogen. Die benachbarte **Scuola Ganton** – der Name geht wohl auf die Stifterfamilie oder den Standort an einer Ecke zurück – wurde 1531 gegründet. Von außen ist der Bau außer durch eine kleine hölzerne Kuppel nicht zu erkennen. Innen ähnelt sie einer Kirche; so befindet sich die Gebetskanzel (Bima) in einer kleinen überkuppelten Apsis. Größte Synagoge am Platz ist die **Scuola Tedesca**, die sich im gleichen Haus wie das Museum befindet. Sie erkennen die älteste Synagoge Venedigs und eine der ältesten erhaltenen Synagogen des deutschen Judentums an ihren fünf großen Bogenfenstern in der Fassade – drei sind zugemauert. 1528 wurde sie in die bestehenden Häuser hineingebaut. Daher rührt auch ihr leicht asymmetrischer Grundriss. Im 18. Jh. wurde sie theatergleich umgebaut und erhielt ihre ovale, vergoldete Frauenempore.

Die Schulen und Synagogen im Ghetto sind nur mit Führung (auf Italienisch und Englisch; Deutsch auf Anfrage) zu besichtigen; Auskunft und Treffpunkt am Jüdischen Museum.

Führungen: tgl. ab 10.30 Uhr alle halbe Stunde; Juni – Sept. bis 19, sonst bis 17, Fr. bis 16 Uhr | 15 € | www.ghettovenezia.com

Museo Ebraico

Die Geschichte der venezianischen Juden
Das kleine Museum der jüdischen Gemeinde schildert die Geschichte der venezianischen Juden. Es zeigt neben Dokumenten und Handschriften auch Ölleuchter, Kronen und Fialen für die Gesetzesrollen – besonders schön die auf das 5. Jh. v. Chr. datierte Schutzhülle für die Estherrolle, die die Errettung der persischen Juden durch Königin Esther erzählt. Vertiefende Literatur hält der Museumsbuchladen bereit; es gibt außerdem ein Café.

Museo Ebraico: So. – Fr. Juni – Sept. 10–19, sonst bis 17.30 Uhr

Eintritt mit Audioguide 12 € | facebook.com/GhettoVeneziaMuseoEbraico | weitere Informationen: jewishvenice.org und jvenice.org
Alter jüdischer Friedhof auf dem ▶ Lido: Führungen So. 14.30 Uhr sowie an anderen Tagen nach Anmeldung im Museum, Tel. 055 298 98 15
Treffpunkt Lido, Riviera San Nicolò, gegenüber der Bootsanlegestelle

Jüdische Kultur und jüdisches Leben

Jüdische Geschäfte, koscher essen und übernachten

Die benachbarte kleine **Biblioteca Renato Maestro** birgt mehr als 10 000 Werke in italienischer, englischer, französischer, deutscher und hebräischer Sprache sowie ein umfangreiches Archiv zum jüdischen Leben in Venedig (renatomaestro.org). Ein Menorah, den ein Muraner Glaskünstler fertigte, Dekoschmuck zum Sukkot-Fest und andere Judaika verkauft **Elisabetta Orsoni** in ihrem Antiquitätenladen (Cannareggio 1133). 1996 eröffnete mit einem Andy-Warhol-Portrait Luigi Rocca die erste **Galerie für zeitgenössische Kunst** am Campo del Ghetto Novo (Melori & Rosenberg, melori-rosenberg.com). In der **Bäckerei Volpe** im Ghetto Vecchio gibt es jüdische Leckereien, u. a. Empade (Mandelgebäcke) oder ungesäuertes Brot (pane azzimo). Im **Ghimel Garden** (ghimelgarden.com, nur samstags) und **Gam Gam**, zwei koscheren Restaurants im Ghetto, genießen Sie köstliche Gerichte aus dem Vorderen Orient und der jüdischen Traditionskost. Kosher übernachten lässt es sich mitten im Ghetto im **Rimon Place**, das auch Familienzimmer bietet.
Panificio Volpe (€): Calle del Ghetto Vecchio 1143 | Tel. 041 71 51 78

Die Scuola Tedesca ist die größte und älteste Synagoge des Ghettos.

Ghimelgarden (€€): Cannaregio 3764 | Tel. 346 473 50 61 | Sa. 17–23 Uhr oder auf Vorbestellung | ghimelgarden.com
Gam Gam (€): Sotoportego del Ghetto Vecchio, Cannareggio 1122 Tel. 366 250 45 05 | Fr. abend und Sa. geschl. | gamgamkosher.com
Rimon Place (€€): Cannaregio 2873 | Tel. 041 822 61 31 rimonplace.com

San Giobbe

Schönes Beispiel für die Frührenaissance

Die dem Hiob des Alten Testaments gewidmete Kirche San Giobbe südlich des Cannaregio-Kanals liefert ein ausgezeichnetes Beispiel für die venezianische Sakralarchitektur der Frührenaissance. Ihre Baumeister waren ab 1450 Antonio Gambello, der die Kirche mit dem Campanile im spätgotischen Stil begann, und Pietro Lombardo, der das schöne Portal, die Chorkuppel und die Cappella Martini ab 1471 im Renaissancestil fortführte. Besondere Beachtung verdienen die Cappella Martini (2. Seitenkapelle) mit ihren farbig glasierten Terrakottakacheln aus der Schule des Florentiners Luca della Robbia, am 4. Seitenaltar rechts ein Hl. Petrus von Paris Bordone (16. Jh.) und die Grabplatte für den Dogen und Kirchenstifter Cristoforo Moro (Amtszeit: 1462–1471) vor dem Hochaltar. In der Sakristei hängen ein Porträt Moros und ein Triptychon von Antonio Vivarini (um 1445).

Campo San Giobbe, Anlegestelle Stazione Santa Lucia | Mo. 10.30 – 16, Di. – Sa. bis 16.30 Uhr | Eintritt 3,50 €, Kombikarte Choruskirchen 14 €

Fondamenta di S. Giobbe

Studien im einstigen Schlachthof und ein Einkehrtipp

Ein paar Schritte sind es von hier bis zum Ende des Cannaregio-Kanals, von dem man einen schönen Blick auf die Lagune hat. In den Ex-Macelli, dem ehemaligen Schlachthof aus dem 19. Jh., ist heute ein Teil der Universität von Venedig untergebracht. Und wem nun der Sinn nach traditioneller (Festlands-)Küche steht, der ist bei **Marisa** am Ponte dei Tre Archi gut aufgehoben (► S. 294).

GIARDINI PUBBLICI

Lage: Riva dei Sette Martiri · Castello | **Anlegestelle:** Giardini

Venedig braucht Luft zum Atmen, dachte sich Napoleon, ließ 1807 die Sümpfe im Osten von Castello trockenlegen – und schuf mit den Baumreihen und Rasenflächen der »Volksgärten« eine attraktive Kulisse für die Biennale, die dort alle zwei Jahre in den Nationenpavillons zeitgenössische Kunst präsentiert.

Die Biennale ist das älteste internationale Forum für zeitgenössische Kunst. Sie geht zurück auf eine Initiative des venezianischen Bürgermeisters, Literaten und Künstlers Riccardo Selvatico. Als am 30. April 1895 in den Giardini die erste Biennale eröffnete, waren in einem einzigen Pavillon 516 Werke von 285 Künstlern zu sehen, die fast 225 000 Besucher anlockten.

Moderne Kunst in den Volksgärten

Anfangs wurde die Kunstschau nach Themen und nicht nach Nationalitäten organisiert. Heimische und ausländische Künstlerverbände wählten gemeinsam die Werke aus. 1907 gab es zur Biennale erstmals einen Nationen-Pavillon. Heute stehen in den Giardini Pubblici 28, von Länderkommissaren betreute Pavillons. Die Kunstschau findet in ungeraden Jahren statt und dauert etwa ein halbes Jahr (von Juni bis November). Längst werden auch zahlreiche andere Gebäude der Stadt in das Ausstellungsprogramm miteinbezogen, darunter das ► Arsenale. Parallel zur Biennale gibt es außerdem ein buntes Rahmenprogramm mit Musik, Tanzaufführungen und Filmen. In geraden Jahren informiert die ebenfalls sehr angesehende **Architektur-Biennale** über aktuelle Strömungen. Weitergehende Infos erhält man unter labiennale.org.

Die Pavillons

Architektur-ikonen

Zu den markantesten, jedoch nur während der Biennale zugänglichen Gebäuden gehören gleich rechts des Haupteingangs (Antonio Selva, 1810) der venezolanische Pavillon (1954–1956) von Carlo Scarpa und der benachbarte russische Pavillon im Stil der Gründerzeit (1914; Alexej Schtschusew). Links vom Eingang erreichen Sie den italienischen Pavillon im klassizistischen Stil. Zu den renommierten Architekten gehörten außerdem Josef Hoffmann mit dem österreichischen Pavillon (1934), Gerrit Thomas Rietveld mit dem niederländischen Komplex (1954) und Alvar Aalto mit dem finnischen Bau (1956). Die Pläne für den gläsernen Bücherpavillon lieferte der Glasgower James Stirling (mit Michael Wilford, 1991). Der deutsche Pavillon wurde 1909 zunächst als Bayerischer Pavillon nach antikisierenden Entwürfen des venezianischen Architekten Daniele Donghi erbaut. 1938 wurde der mittlerweile umbenannte Padiglione della Germania umgestaltet. Nach den Plänen von Ernst Haiger wurden die ionischen Säulen durch vier mächtige Rechteckpfeiler ersetzt, auf denen ein giebelloser Architrav sitzt. Dieser umstrittene Bau besteht bis heute fort – mittlerweise unter Denkmalschutz.

Kunst-Café mit Paradeblick

In Paradiso

Seit der Biennale 2007 gehört auch In Paradiso zu den Ausstellungsorten der Biennale – das Café-Restaurant ist ein wunderschöner Ort, um beim Spritz den Sonnenuntergang zu genießen, sein Restaurant eine gute Adresse für typisch venezianische Gerichte.

In Paradiso (€€): Giardini della Biennale, Castello 1260
Tel. 041 241 39 72 | inparadiso.net

Eine Mini-Insel ganz im Osten Venedigs

Sant' Elena

Fünf Brücken führen hinüber nach Sant' Elena. Neben der Chiesa San Elena (15. Jh.), einfachen Wohnanlagen und einer Marineschule – mit eigener Brücke – befinden sich auf der Mini-Insel noch ein Jachthafen sowie das Stadio Pierluigi Penzo, Heimstadion des FBC Unione Venezia mit Flutlichtanlage und rund 7500 Plätzen. Der Parco delle Rimembranze (Park der Erinnerungen) ist an heißen Tagen eine beliebte schattige Oase.

Über 1000 Jahre Venedigs Bischofssitz

San Pietro di Castello

Auf der Insel San Pietro di Castello befand sich eine der ältesten Siedlungen in der Lagune namens **Olivolo**. Einer Legende zufolge soll im 7. Jh. der hl. Petrus dem Bischof Magnus von Altinum erschienen sein und ihm befohlen haben, dort eine Kirche zu errichten. San Pietro war 775–1807 Sitz des geistlichen Oberhauptes der Stadt, bis diese Funktion an den Markusdom überging (bis dahin war dieser »nur« die Palastkapelle der Dogen). Der jetzige Bau entstand im 17. Jh., die Fassade soll auf Andrea Palladio zurückgehen. Den eindrucksvollen Campanile schuf Mauro Coducci 1482–1488, die Turmhaube stammt aus dem 17. Jahrhundert. Neben dem barocken Hochaltar (1649)

Die kleine Insel San Pietro di Castello im Nordosten von Venedig hieß einst Olivolo und gehörte zu den ersten Siedlungen in der Lagune.

sind die Chorfresken (1735) von Girolamo Pellegrini, das Veronese zugeschriebene Altarbild mit den hll. Johannes Evangelista, Petrus und Paulus sowie die sog. Cattedra di San Pietro, der Sessel des hl. Petrus, von Bedeutung. Auf diesem Marmorthron soll Petrus in Antiochia gesessen haben; die Rückenlehne ist eine arabische Grabstele, auf der Korantexte eingemeißelt sind. Die Cappella Vendramin verdankt ihre reiche skulpturale Ausstattung Baldassare Longhena.
Mo. – Sa. 10.30 – 17 Uhr | Eintritt 14 € (Kombikarte Choruskirchen)

★ GIUDECCA

Einwohner: 4790 | **Anlegestellen:** Zitelle, Redentore, Palanca, Sant' Eufemia (Vaporetto 2, 41, 42)

A–M 10–12

»Wir fahren nach Venedig«, sagen die Bewohner der Giudecca und freuen sich, dass ihre Insel bis heute vom andauernden Trubel im Centro Storico verschont ist. Das hat auch einige Prominente begeistert, die hier ihre Wahlheimat haben wie Ulrich Tukur und Elton John. Doch einmal im Jahr ist die Hölle los – bei der Festa del Redentore am 3. Juliwochenende.

Der stille Charme der Insel

Der Canale della Giudecca trennt Venedigs Altstadt vom 2 km langen und maximal 300 m breiten Eiland. Bis vor wenigen Jahren glitten noch riesige Kreuzfahrtschiffe zum Greifen nah an den Häusern vorbei und ließen Geschirr und Gläser zittern. Heute müssen die Megaschiffe andere Wege nehmen – und auf der Giudecca ist wieder Ruhe eingekehrt, die nur vom Zwitschern der Vögel und den Stimmen der Menschen unterbrochen wird. Und wer das dritte Mal bei der gleichen Bar oder dem Bäcker auftaucht, wird beinahe wie ein Insulaner begrüßt.

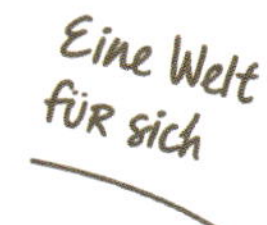

Vom Verbannungsort zur Sommerfrische

Eine der größten der 117 Inseln der Lagune

Bestimmt wird die Giudecca von drei Bauwerken: an den beiden Endpunkten die Kirche Le Zitelle und die massive einstige Nudelfabrik Stucky (im Osten; heute das Fünfsternehotel Molino Stucky), in der Mitte Palladios Il Redentore. Dabei besteht La Giudecca eigentlich aus acht Inseln, die durch Kanäle (rii) getrennt und durch Brücken miteinander verbunden sind. Spina lunga (»Lange Gräte«) hieß sie ursprünglich. Ihren heutigen Namen verdankt sie vermutlich den Giudicati, den im 9. Jh. wegen kleinerer Vergehen aus Venedig hierher Verbannten. Dann entdeckten wohlhabende Patrizier das Eiland

Wunderbarer Blick vom Turm der Basilika San Giorgio Maggiore über die Giudecca und den gleichnamigen Kanal

als Sommerfrische. Vom 14. Jh. bis Anfang des 19. Jh.s bauten sie auf der Seite zum Stadtzentrum hinter Mauern versteckte Villen mit Gärten. Die Seite an der Lagune wurde von sieben Klöstern und Palazzi der Literarischen Akademie eingenommen, deren brillantestes Mitglied einst Carlo Goldoni war. Im 19./20. Jh. siedelten sich Gewerbebetriebe an, und die Insel wurde zu einer Arbeitersiedlung.

Edel, hip & alternativ

La Giudecca heute

Heute gibt es auf der Giudecca neben Wohnhäusern, einem Frauengefängnis und ein paar Werkstätten einige charmante B&Bs und drei Fünfsternehotels: Bauer Palladio & Spa Resort (facebook.com/PalladioHotelSpa), Hilton Molino Stucky (molinostuckyhilton.it) und das legendäre Hotel Cipriani (cipriani.com). Die ehemalige Brauerei Dreher wurde zu einem Ort für Künstler mit Ateliers und Galerien wie Spazio Punch (spaziopunch.com) und Michela Rizzo (galleriamichelarizzo.net) – und im Juli findet hier das Festival della Giudecca statt (festivaldelleartigiudecca.org). Die Insassen des Frauengefängnisses beliefern nicht nur den Bauernmarkt der Giudecca mit Bioprodukten (Fondamenta delle Convertite, Do. 9–12 Uhr), sondern schneidern auch Mode und Accessoires (Info: rioteradeipensieri.org).

An den Fondamenta San Biagio 773 lädt Harry's Dolci zu einer Pause ein – der Ableger des großen »Bruders« ist etwas preiswerter und die Aussicht auf Dorsoduro und San Marco grandios. Auf der Karte stehen mit Suppen, Salaten, Eisbechern und Kuchen aus der Cipriani-Bäckerei in nächster Nähe lauter Köstlichkeiten, die gut zum Venegazzu passen, dem roten Hauswein (Mo./Di. u. Mitte Nov. – Mitte März geschl.; Tel. 04 152 248 44). Andere genießen lieber Gnocchi oder Meeresfrüchte-Pasta in der Trattoria Altanella – das Lokal, das die Familie Stradelli in vierter Generation betreibt, gilt als beste Adresse der Insel (Calle delle Erbe, €€/€€€, Mi. – So., Tel. 04 152 277 80). Auch der Komponist **Luigi Nono**, 1924 gegenüber an den Zattere geboren, wohnte bis zu seinem Tod 1990 auf der Giudecca; im Kloster SS. Cosma e Damiano hält das **Nono-Archiv** sein Andenken lebendig (luiginono.it).

Junges Giudecca

Judeca Nova

Auf und um das ehemalige Gelände der Junghans-Werke, wo Uhren und Zünder für Bomben produziert wurden, entstand nach Plänen von Cino Zucchi (Mailand) und Boris Podrecca (Wien/Stuttgart) im Süden der Guidecca zur Wasserseite die »Judeca Nova« mit Sozialwohnungen für junge Leute und Familien, Läden, der renommierten Schauspielschule Accademia Teatrale Veneta (accademiateatraleveneta.com) und dem Teatro Junghans als junger, experimenteller Bühne (accademiateatraleveneta.com/teatro-junghans).

Ein Hauptwerk Palladios

Il Redentore

Die weiß leuchtende Kapuzinerkirche ist ein Hauptwerk von Andrea Palladio (1508–1580). Er orientierte sich an Vorbildern der Antike, vor allem an den zehn Büchern der Baukunst von Vitruv, eines römischen Architekten aus der Zeit des Kaisers Augustus. Für die Front der Erlöserkirche fügte Palladio daher drei ineinandergestellte Tempelfassaden zusammen. Doppelgiebel und Attika übernahm Palladio vom römischen Pantheon, das Zentrum der einschiffigen Saalkirche bildet die dominante Kuppel zwischen Langhaus und Mönchschor.

Das Erlöserfest (**Festa del Redentore**) und die Kirche haben ihren Ursprung in einer Pestepidemie von 1576, der 50 000 Menschen, ein Drittel der Stadtbewohner, zum Opfer fielen. Der Senat gelobte damals den Bau des Gotteshauses und eine Feier für den Erlöser (Redentore); die pastorale Betreuung übernahm der Kapuzinerorden. Baubeginn war im Juli 1577, nach dem Tod Palladios wurde der Bau von Antonio da Ponte, dem Architekten der Rialtobrücke, 1592 abgeschlossen. Zu beiden Seiten des Langhauses in Gestalt eines römischen Thermensaals liegen jeweils drei längsovale Seitenkapellen. Ihre Altarbilder stellen Szenen aus dem Leben Christi dar. Die »Taufe Christi« stammt aus der Werkstatt Veroneses, die beiden Altarblätter »Geißelung« und »Verklärung Jesu« kamen aus der Schule Tin-

IL REDENTORE

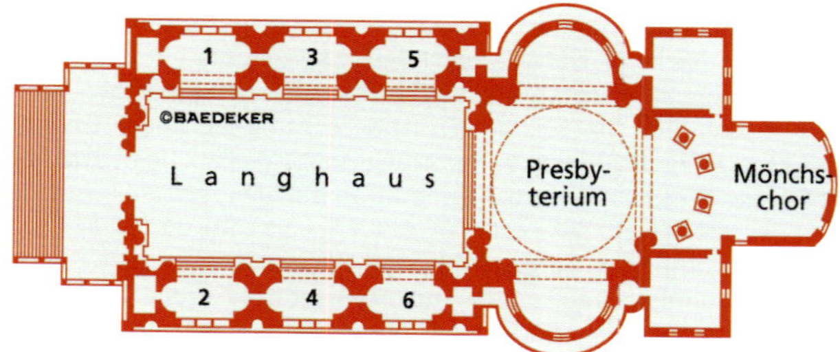

Altarbilder

1 Himmelfahrt aus der Schule Tintorettos
2 »Geburt Christi«, Francesco Bassano
3 »Auferstehung«, Francesco Bassano
4 »Taufe Christi« aus der Schule Veroneses
5 »Grablegung Jesu«, Palma il Giovane
6 »Geißelung Christi« aus der Schule Tintorettos

torettos. Während der spätbarocke Hauptaltar erst 1680 geschaffen wurde, stammt die bronzene Kreuzigungsgruppe vom Ende des 16. Jahrhunderts. Sie ist ebenso wie der Hochaltar eine Arbeit von Girolamo Campagna (1550 – 1623).

Anlegestelle Redentore | Mo.-Sa. 10.30-17 Uhr | Eintritt 3,50 €, Kombikarte Choruskirchen 14 €

Ein Fest für den Erlöser

Festa del Redentore

Nach Einweihung der Kirche zog der Doge alljährlich mit den Spitzen des Staates über eine schwimmende Brücke aus Booten von San Marco hierher zum Dankgottesdienst. Dieses Erlöserfest hat sich erhalten. Am dritten Sonntag im Juli wallfahren die Venezianer, nun allerdings über eine Pontonbrücke, von den Zattere über den Canale della Giudecca zur Erlöserkirche. Das Fest endet am Abend mit einem prächtigen Feuerwerk und einer Parade von beleuchteten Booten.

Ein Haus für mittellose Mädchen ...

Le Zitelle

Auch die Kirche Le Zitelle 500 m östlich – ihr offizieller Name ist Santa Maria della Presentazione – geht auf **Andrea Palladio** zurück. Gebaut wurde sie jedoch erst nach seinem Tod 1582–1586 von Jacopo Bozzetto. Die Kirche ist im Wesentlichen ein Bau des 18. Jahrhunderts. Das dazugehörende Kloster, einst ein Stift für Mädchen aus mittellosen Familien (zitelle = Jungfrauen), die hier berühmte Spitzen herstellten, beherbergt heute ein Kongresszentrum. Im benachbarten Jugendstilpalast **Casa dei Tre Oci** finden Wechselausstellungen statt (treoci.org). Die ebenfalls benachbarte Bootswerft wurde von Michael Carapetian in Luxusappartements umgewandelt.

... und ein Haus für Märtyrerinnen

Sant' Eufemia

Nicht zum Canale della Giudecca, sondern zum Rio di Santa Eufemia weist seit dem 7. Jh. das Gotteshaus für die christliche Märtyrerin hin, die in Aquileia mit der heiligen Dorothea, der heiligen Thecla und der heiligen Erasma den Märtyrertod erlitten haben soll. Im 9 Jh. neu errichtet, versah sie Tommaso Temanza im 18. Jh. mit ihrer klassischen Kolonnade. Damals wurde die Kirche auch von Giambattista Canal nach dem Vorbild von ► I Gesuiti ausgemalt. Von Bartolomeo Vivarini stammen das Triptychon »San Rocco und der Engel« und das Gemälde »Jungfrau mit Kind« (1480; 1. Altar im rechten Seitenschiff).

Seidenplissee, satte Farben und edle Stoffe

Fortuny

Hinter vergitterten Fenstern, vor die dicke Fortuny-Vorhänge gezogen sind, webt, färbt und bedruckt die renommierte Textilmanufaktur Fortuny auf der Guidecca Seidenplissee und edle Stoffe auf alten Maschinen. Sanft und satt sind die Farben, Tizianrot, Jadegrün, Silber und Gold. Einblicke in die Produktion werden nicht mehr gewährt – der Showroom jedoch ist auf jeden Fall einen Besuch wert! Und blättern Sie auch einmal im Musterbuch: Was sich dort wie Samt und Seide anfühlt, ist feinste Fortuny-Baumwolle. Wer sich für das Leben und Wirken des Allroundgenies Mariano Fortuny y Madrazo, genannt Fortuny, interessiert, der wird im Museo Fortuny fündig (► S. 212).

Giudecca 805 | Nov. – März Mo. – Fr. 10–13, 14–18, April – Okt. auch Sa. geöffnet | fortuny.com

Luxushotel in Nudelfabrik

Molino Stucky

Das Westende der Giudecca nimmt der riesige Backsteinkomplex des Molino Stucky ein. Der wohlhabende Schweizer Nudelfabrikant Giovanni Stucky hatte sich – trotz heftiger Proteste – 1895 von dem Hannoveraner Architekten Ernst Wullekopf nach dem Vorbild der Malzsilos der Hannoveraner Gildebrauerei eine Nudelfabrik mit Mühle, Getreidesilos und Magazinen im neogotischen Stil erbauen lassen. Bis 1954 war sie in Betrieb. Seit 2007 ist sie das Hilton Molino Stucky, ein 380-Betten-Hotel mit Kongresszentrum und aussichtsreicher Dachbar (molinostuckyhilton.it).

Venedig wächst

Sacca Fisola

Hinter dem Hotel führt eine Fußgängerbrücke über den Canale dei Lavraneri hinüber zur 18 ha großen Insel, die vor San Biagio, Venedigs Müllverbrennungsinsel, als neues Wohngebiet künstlich aufgeschüttet und mit modernen Wohnblocks, Schwimmbad und Kirche versehen wurde. 2001 noch unbewohnt, leben heute hier mehr als 1500 Menschen.

6x ERSTAUNLICH

Hätten Sie das gewusst?

1. CAMPO SANTA MARGHERITA

Künstler und Studierende haben **Dorsoduro** in ein hippes Viertel verwandelt, wo man sich auf dem Campo Santa Margherita trifft und im »Ai Do Draghi« einen Spritz oder im »Al Bocon DiVino« einen perfekt gemixten Negroni genießt. (▶ **S. 78**)

2. GANZ GRÜN

Es gibt scheinbar kaum Bäume in Venedig. Doch gibt es – außer hinter Mauern versteckten Gärten – auch zwei grüne Oasen: die **Giardini** in Castello und den **Parco Savorgnan** in der Nähe der Ponte delle Guglie in Cannaregio. (▶ **S. 130**)

3. DIE FRIEDHOFSINSEL

David Chipperfield hat sie erweitert, doch auch er zieht kaum Touristen an nach **San Michele**. Es kommen fast nur Einheimische – auf ihrer letzten Reise, mit Blumen, um ihrer Toten in Familien-, Wand- oder Urnengräbern zu gedenken. Oder um die Asche der Verstorbenen durch ein Loch in der Mauer ins Meer zu streuen. (▶ **S. 139**)

4. GIANDUIOTTO

Der zarte Schmelz des »Gianduiotto« erobert Ihren Gaumen – egal ob nussig, schokoladig, cremig oder kühl. Nico ist der **Gelato-Zauberer** von Venedig. (▶**S. 297**)

5. CANNAREGIO

In den Nebengassen von Cannaregio ist Venedig **noch recht ursprünglich** – mit Wäscheleinen, die von Haus zu Haus gespannt sind, Nachbarn, die von Fenster zu Fenster klönen, und »bacaro« genannten Weinschenken, wo man sich zu »ombra« und »cicchetti« trifft.

6. VOGA VENETA

Es sind überwiegend Frauen, die bei Row Venice Anfängern zeigen, wie eine **Gondel** gerudert wird – obwohl der Beruf Gondoliere bis 2010 eine reine Männerdomäne war! (▶**S. 14, 84ff., 310**)

INSELN IN DER LAGUNE

***Die Lagune von Venedig hat ihren ganz eigenen Zauber: mit Sandbänken und Salzmarschen, Fischzuchten und 117 Inseln – berühmt wie Murano, Burano und Torcello, einsam und idyllisch wie Le Vignole oder Sant' Erasmo** (**▶Das ist Venedig, S. 10**).*

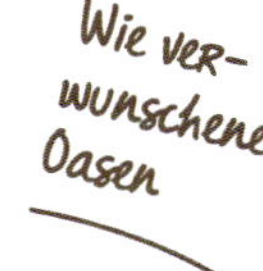

»Wie von einer Fee beschworen«, sah Lord Byron »die Inseln aus dem Wasser steigen.« Außer Burano, Murano und Torcello sind heute nur noch wenige Inseln bewohnt – und doch begann gerade dort vor rund 1500 Jahren die Geschichte Venedigs: Auf der Flucht vor den Barbaren besiedelte die Küstenbevölkerung im Frühmittelalter die Lagune. Im Lauf der Zeit dienten die Inseln unterschiedlichen Zwecken. Auf einigen gab es Klöster, Unterkünfte für Pilger auf dem Weg ins Heilige Land, Hospize und/oder Quarantänestationen, andere wurden zur Verteidigung Venedigs mit Forts oder Pulverlagern bebaut. Fast alle Einrichtungen wurden aufgegeben. Die Gebäude verfielen, wobei das Baumaterial oftmals neue Verwendung fand, und die Inselchen verwilderten. In jüngerer Zeit hat die Kommune einige Inseln an private Investoren oder an Umweltorganisationen verkauft oder verpachtet. Andere Inseln wurden von den Venezianern als Ausflugsziele wiederentdeckt, vor allem im Sommer, wenn Venedig von Touristen überflutet wird. Die größeren Inseln sind ans Vaporetto-Netz angeschlossen. Abseits gelegene Inseln können nur auf eigene Faust oder im Rahmen von geführten Touren erkundet werden.

Nördliche Lagune

San Michele

Ein Eiland für die Toten

Im Mittelalter bewohnten Kamaldulenser-Mönche die zypressenbestandene Toteninsel, auf halbem Weg zwischen Fondamente Nove und ▶ Murano. Von ihrem Kloster sind noch der gotische Kreuzgang aus dem 15. Jh. und die hübsche Renaissancekirche San Michele (1469–1478) von Mauro Coducci erhalten. 1530 fügte Guglielmo Bergamasco die mit rotem und grünem Marmor ausgeschmückte, sechseckige Cappella Emiliana an und verband beide Bauten mit einer Tür. Seit 1835 ist San Michele die **Friedhofsinsel** von Venedig. Auf dem Friedhof ruhen u. a. der russische Ballettmeister Sergej Diaghilew (1872–1929), sein Landsmann und Komponist Igor Strawinsky (1882–1971) und der amerikanische Dichter Ezra Pound (1885–1972). 2010 wurde mit dem »Corte dei Quattro Evangelisti«, vier Blöcken aus anthrazitfarbenem Basalt mit Innenhöfen und erhöhten Grasflächen, der erste Teil einer

LAGUNE VON VENEDIG
Pességgia
Ghetto
Mogliano
Venero
Gàggio
Martellago
Robegano
Marocco
A4
F. Dese
Trivigneno
Maerne
Salzano
Olmo
Dese
Zelarino
Can. Bazzera
Rossignago
Favaro Vento
Asseggiano
Orgnano
Carpenedo
Tessera
Mirano
Spinea
Chirignago
MESTRE
Crea
Osellino
Campalto
Canal
Fornase
Malpaga
Marghera
S. Giuliano
(Parcheggio auto)
Marano
Ca'Sabbioni
Borbiago
Oriago
Marghera
Valmarana
Ísola d.
Tronchetto
Mira
Malcontenta
Gambarare
I. S. Giorgio
in Alga
S. Fisola
Fusina
(Parcheggio auto)
Canale
di Fusina
Moranzani
la Giudecca
I. La Graz
Stradona
I. S. Àngelo
della Pòlvere
Dogaletto
I. S. Clemente
Can. Contorta
S. Angelo
Canale Malamocco-Marghera
S. Sèssola
Taglio di Brenta
Ca' Vanassi
Motte di Volpego
Maso
I. Forte
si Sopra
Can. povèglia
Can. di S. Spirito
Calcroci
Lago Dei
Stradoni
L. del
Téneri
la Pila
Casone
Serraglia
Canale
Perarolo
I. Povèglia
Malamocco
ex Batt.a Povèglia
o I. Forte di Mezzo
Valle
Serraglia
Lugo
Canale Campana
Casone
d. Tezze
Tagliata Nuova
I. Forte di Sotto
L. delle
Tezze
Valle
dell' Averto
Valle
Contarina
Canale Fisolo
Canale
Rocchetta
Canale
di Malamocco
Porto
San Leonardo
Campagna
Lùpia
Casone
Averto
Torson
di Sotto
Canale del Cornio
Lago
di Rivola
Canale del Petroli
Alberoni
Vella
del Comio
Valle
Valle
Figheri
Zappa
Porto
Malamo
Lova
Chioggia

Portegrandi
Prave Vècchia
Altino
Cason di Val Dogà
Valle Grassabo
Ca' Montiran
V. di Cà Zane
Can. Cenesa
Paluda del Bombagio
Palude Maggiore
Cason Grassabo
Cason Vecchio di Grassabo
Can. d. Ancora
Vallesina
Palude di Cona
Monte dell'Oro
I. S. Cristina
la Cura
Palude della Rosa
ex Saline di S. Felice
Ca' Lio Maggiore
Can. d. Ban
Tarcello
Ossario di S. Ariano
Palude della Centrega
Palude del Tralo
Liona
Laguna Falconera
Porte del Cavallino
Ca' Zóia
I. Buèl del Lovo
Lio Piccolo
Valle Paleazza
Le Mesole
Mazzorbo
Can. di Burano
Can. Pordelio
Burano
Cavallino
Il Ghetto
Monte
I. Madonna del Monte
S. Francesco d. Deserto
Can. Scomenzera S. Giacomo
Can. S. Felice
V. Sacchetta
Cason di Valle
Porto di Paive Vècchia
Can. Bisatto
I. San Giàcomo in Palude
Treporti
le Due Sorelle
Ca' Pasquali
Ca' di Valle
Sant' Erasmo
Can. Pordelio
Ca' Vio
Ca' Ballarin
Litorale di S. Erasmo
Canale di Treporti
Punta Sabbioni
Ca' Savio
Litorale del Cavallino
Michele
Can. di S. Erasmo
Le Vignole
Can. di S. Nicolò
Porto di Lido
Sèrvolo
Lido
I. S. Làzzaro degli Armeni
Città Giardino
Ca' Bianca
Lido
Mare Adriático
2 km
©BAEDEKER

Friedhofserweiterung nach Plänen des Londoner Architekten David Chipperfield fertig gestellt.

Kirche San Michele: Mo.–Fr. 8.45–11.30 Uhr | Vaporetto 4.1, 4.2 ab Fondamente Nove

Die Gemüsegärten Venedigs

Le Vignole und Sant' Erasmo

Seit Jahrhunderten sind Le Vignole und vor allem Sant' Erasmo Venedigs Gemüsegärten und beliebte Ausflugsziele: kilometerweit feuchtes, fruchtbares Land mit großen Feldern, auf denen Spargel, Artischocken (castraure), Tomaten, Zwiebeln, Kartoffeln und Wein wachsen, die auf dem Rialtomarkt verkauft werden. Beide Inseln wurden im 19. Jh. befestigt, daran erinnern das **Forte di Sant' Andrea** auf Le Vignole, das 1543 von Michele Sanmichele erbaut und nach der Schlacht von Lepanto 1571 erweitert wurde, und die Torre Massimiliana auf Sant' Erasmo. Das Linienboot hält zunächst auf **Le Vignole**. Die Insel hieß früher Isola delle Sette Vigne (Insel der sieben Weinberge). Auch heute wird hier noch Wein angebaut, der für seinen leicht salzigen Geschmack bekannt ist (Weinfest/Festa del mosto am ersten Sonntag im Oktober). **Sant' Erasmo** (www.veneto.eu/IT/SantErasmo) ist die größte Insel der Lagune und lädt zu einer ausgedehnten Wanderung ein. Hier leben noch ca. 800 Menschen, vor allem von der Landwirtschaft (es gibt drei Bootshaltestellen sowie privaten Autoverkehr). Tipp: Am besten steigt man an der ersten Haltestelle aus (Capannone) und geht in Richtung **Torre Massimiliana**. Beim Festungsturm im Südosten erstreckt sich ein kleiner Strand. Im Al Bacan gibt es einfache gute Gerichte (Via dei Forti 24, Tel. 04 12 44 41 39, facebook.com/al.bacan.92), lokale Produkte bei Sapori di Sant' Erasmo (Via Boaria Vecia 6, isaporidisanterasmo.it). Die Straße führt weiter durch Felder und Wiesen um die Insel herum.

Vaporetto 13 ab Fondamente Nove

In Klostermauern übernachten

San Francesco del Deserto

Die Legende erzählt, dass der hl. Franziskus auf seinem Heimweg vom Heiligen Land 1220 auf dieser winzigen Insel zwischen Burano und Sant' Erasmo Halt machte. Vom 13. Jh. bis zur Säkularisierung 1806 durch Napoleon bewohnten Franziskanermönche die Klosterinsel. Heute bieten die hier lebenden Mönche gegen eine Spende Führungen an. Die Klostergebäude gruppieren sich in der Mitte der Insel. Die kleine Kirche von 1228 inmitten von Zypressen besitzt eine zauberhafte Atmosphäre.

Vaporetto 12 ab Fondamente Nove nach Burano, weiter mit dem Wassertaxi | Führungen Di. – So. 9–11 u. 15–17 Uhr | sanfrancescodeldeserto.it | Übernachtung nach Anmeldung, Tel. 041 528 68 63

Insel der Erholung

La Certosa

Die Geschichte der Insel (ital. certosa = Kartause) ist eng mit dem Klosterleben verbunden. Von 1200 bis 1807 lebten hier Mönche wie

Hinter hohen Zypressen: San Francesco del Deserto, die kleine Insel des Rückzugs

Einsiedler von Gartenbau und Schafzucht. Im Anschluss wurde die Insel bis 1968 militärisch genutzt, dann blieb sie sich selbst und Ruhe suchenden Venezianern überlassen bis in den 1990er-Jahren die Idee einer Wiederbelebung der Insel aufkam. Seither hat der Segelclub Vento di Venezia immer mehr Sportler angezogen, mittlerweile gibt es auf der Insel auch eine Segelschule und ein hübsches kleines Hotel mit Restaurant.

Vaporetto 4.1, 4.2, 5.1, 5.2 ab Fondamente Nove | www.veneto.eu/IT/Certosa | Venezia Certosa Hotel (€€): www.veneziacertosamarina.it

Bei Ausgrabungen helfen

Lazzaretto Nuovo

Die ersten Bewohner dieser Insel südwestlich von Sant' Erasmo waren Eremiten. 1486 wurde hier eine Quarantänestation für Menschen und Waren eingerichtet. 1576, während der Pestepidemie, waren hier bis zu 10 000 Menschen untergebracht. Die bereits Pestkranken wurden im 1423 eingerichteten Alten Lazarett (Lazaretto Vecchio, ► S. 145) behandelt. Heute können Besucher im Sommer bei archäologischen Camps ehrenamtlich mithelfen, die Geschichte der Insel freizulegen (archeove.com/campi-archeologici).

Vaporetto 13 ab Fondamente Nove um 9.25 und 16.05 Uhr | Führungen des Archeoclub d'Italia: April – Okt. Sa., So. 9.45 u. 16.30 Uhr (Sa. 11 auf Englisch), sonst nach Anmeldung | Tel. 041 244 40 11
Eintritt 10 € | lazzarettiveneziani.it

Südliche Lagune

Vom Kloster, über Psychiatrie bis zum Seminarzentrum

San Servolo

Das Schiff nach San Lazzaro (► unten) hält zunächst auf der 4,8 ha großen Insel San Servolo, auf der schon im 7. Jh. Mönche lebten. Vom 12. Jh. bis 1716 war sie Heimstatt von Benediktinerinnen; ihr Kloster wurde später psychiatrische Anstalt. Seit 2003 betreibt hier die Provincia di Venezia ein modernes Seminarzentrum mit Gästehaus (sanservolo.provincia.venezia.it). Die Führung schließt u. a. die Kirche und das Museo del Manicomio (Museum der Irrenanstalt) ein. Auf der Insel ist auch die Venice International University ansässig, ein Gemeinschaftsprojekt der Universitäten Venedig, Barcelona, München und Durham.

Führung nach Anmeldung: Tel. 041 524 01 19 | Auskunft Venice International University: Tel. 041 271 95 11 | univiu.org.

Das erste Lepra-Krankenhaus Europas

San Lazzaro degli Armeni

Mit nur drei Hektar bietet die dem Lido vorgelagerte Insel San Lazzaro gerade Platz genug für ein Kloster, einen Garten und einen kleinen Friedhof. Im 12. Jh. befand sich hier das erste Lepra-Krankenhaus Europas, später diente die Insel als Quarantänestation für Pestkranke. Heute leben hier rund 30 Mechitaristenmönche. 1717 war der armenische Ordensgründer Mechitar (geb. 1676 im anatolischen Sivas, armenisch Sebaste) mit 19 Glaubensbrüdern vor den osmanischen Truppen nach Venedig geflohen, wo ihnen der Doge die kleine Insel überließ. Unter einem Deckengemälde **Tiepolos** zeigt das Klostermuseum vor

Die Bibliothek von San Lazzaro zeigt: Die Mönche waren große Literaturfreunde.

allem Zeugnisse armenischer Geschichte und eine 3000 Jahre alte ägyptische Mumie. Kostbarster Schatz ist die armenische Bibliothek mit rund 150 000 Büchern und Handschriften aus den Jahren 862 bis 1700, darunter die armenische Übersetzung einer verlorengegangenen griechischen Biografie Alexanders des Großen sowie ein Medizinbuch von 1281. Im klostereigenen Verlag gaben die Mönche die Hauptwerke der armenischen Literatur, Übersetzungen wichtiger Werke der italienischen Literatur und eine Reihe von Wörterbüchern heraus. Eine Ausstellung erinnert an Lord Byron; der romantische Dichter und Weltenbummler lebte 1816 auf der Insel, um die Sprache der Mönche zu lernen.
Etwa 300 000 der acht Millionen Armenier gehören der armenisch-katholischen Kirche an. Sie erkennt den Papst an, feiert ihre Messen aber nach alter armenischer Liturgie. Ihr Patriarch sitzt im Libanon.
Führung durch das Kloster: tgl. 15.30 Uhr (passend zur Ankunft des Vaporetto 20 von San Zaccaria, Abfahrt 15.10 Uhr) | Eintritt 6 €
www.visitlido.it/luoghi/san-lazzaro-degli-armeni

La Grazia und Lazzaretto Vecchio

Die vielen Pilger, die sich im Mittelalter von Venedig ins Heilige Land einschifften, fanden auf den Inseln La Grazia und Lazzaretto Vecchio eigene Unterkünfte. Später wurden hier Epidemie-Kranke behandelt. Die Insel ist von April bis Oktober sporadisch zu besonderen Anlässen im Rahmen von Führungen für Besucher geöffnet.
Traghetto ab Lido passend zu den Führungen | lazzarettiveneziani.it

★ LIDO DI JESOLO

Einwohner: 26 100 (mit Jesolo) | jesolo.it/de | **Anfahrt:** Bus vom Piazzale Roma nach Lido di Jesolo (1,20 Std.); Vaporetto-Linie 12 von Fondamente Nove (über Burano, Treporti; 1,35 Std.) und 14 & 15 (von San Marco/San Zaccaria) zur Punta Sabbioni (35 Min.; hier gebührenpflichtige Parkplätze), dann weiter mit dem Bus 23 bis Lido di Jesolo | **Auskunft Vaporetto:** actv.avmspa.it; Bus: atvo.it

15 km feinster Sandstrand, Promenaden zum Flanieren, Sportangebote für jeden Geschmack, Jachthafen und Aquarium, Shopping, Freiluft-Küche sowie ein lebendiges Nachtleben machen den Lido di Jesolo zu einem der beliebtesten Badeorte Italiens.

Seebad der Superlative

Fast 6 Millionen Besucher zieht es jährlich an den Lido di Jesolo auf der 15 km langen, sehr schmalen Landzunge Litorale del Cavallino nordöstlich von Venedig, zwischen den Flüssen Sila und Piave, viele sind Stammgäste. Und Jesolo investiert jedes Jahr, um sie zu halten

ESSEN MIT AUSSICHT

117 Inseln verstecken sich in der Lagune von Venedig. Berühmte wie Murano und Burano und unbekanntere Kleinode wie Le Vignole und Sant' Erasmo. Vom Restaurant »Antica Dogana« im alten Zollhaus an der Vaporetto-Station Treporti haben Sie fünf Eilande im Blick – gibt es einen schöneren Ort, um direkt am Wasser abseits vom Trubel Risotto, Gambas oder Linguine zu genießen? Und dabei immer wieder den Blick über die Lagune schweifen zu lassen, in der die Sonne langsam versinkt? (Ristorante Antica Dogana €€, Via della Ricevitoria 1, Cavallino-Treporti, Tel. 04 15 30 20 40, anticadogana.info)

und den Ruf eines Seebades der Superlative zu bewahren. Lido di Jesolo, das sind 15 km Liegestuhlreihen am feinen Sandstrand, über 400 Hotels, Dutzende Campingplätze, unzählige Restaurants, Cafés, Bars und Diskos sowie ein überbordendes Sportangebot an Land wie auf dem Wasser – auch Golf gehört dazu. Abendlicher Treffpunkt ist die parallel zum Strand verlaufende Haupteinkaufsstraße Via Andrea Bafile; in der Hauptsaison wird sie um 20 Uhr für den Verkehr gesperrt und zur 10 km langen Flaniermeile. Das namengebende Landstädtchen Jesolo liegt gut 3 km landeinwärts. Drei Klöster und 40 Kirchen erinnern noch daran, dass es einst ein Zentrum christlicher Kultur war.

LIDO DI VENEZIA

Einwohner: 17 190 | **Anlegestelle:** Santa Maria Elisabetta (Vaporetti 1, 5.1, 5.2, 6; Kfz-Fähre 17 von Tronchetto nach San Nicolò)

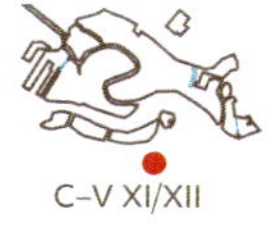
C–V XI/XII

Zehn Schiffsminuten vom Markusplatz entfernt, lockt der Lido mit Sonne, Sand und Meer statt Sightseeing: Gelato schlecken, radeln, sonnenbaden und schwimmen am 11 km langen Strand, der im August die Welt zu den Filmfestspielen willkommen heißt.

Die 12 km lange, bis zu 4 km breite Insel mit ihren langen, flachen Sandstränden, die die Lagune Venedigs vom offenen Meer trennt, »entdeckten« Schriftsteller wie Lord Byron, Shelley und Musset im 19. Jh. zum Flanieren, Baden und Reiten, zum »Urlaub am Meer«. Zu Beginn des 20. Jh.s war der Lido ein mondänes Seebad mit luxuriösen Hotels und internationalem Publikum. Heute ist er ein Vorort Venedigs, die Hotels haben längst Patina angesetzt. Die Strände, die noch immer Einheimische und Urlauber anziehen, sind bis auf einen schmalen Streifen fest in der Hand von Hotels und Strandklubs. Doch Ende August leben Glanz und Glamour beim ältesten Filmfestival der Welt wieder auf, wenn sich auf dem roten Teppich die Weltstars ein Stelldichein geben.

Seebad mit etwas Patina

Schöne Kulisse für Kinogeschichte

Goldene Löwen

Venedig war und ist immer wieder Kulisse der Kinogeschichte. Das erste venezianische **Filmfestival** fand 1932 mit großem Erfolg im Hotel Excelsior statt. Drei Jahre später wurde auf dem Lido der von Luigi Quagliata entworfene Palazzo del Cinema eröffnet, in dem heute Ende August, Anfang September der berühmte »Premio Leone d'Oro di San Marco«, die italienische Variante des amerikanischen »Oscar«, für die besten Filme und Schauspieler verliehen wird. Filmvorführungen finden im Palazzo del Cinema und in einigen kleineren Kinos statt (labiennale.org). Große Regisseure wie John Ford, Louis Malle, John Cassavetes, Vittorio De Sica, Fellini und Visconti feierten hier große Triumphe. Und auch heute gehört der **»Goldene Löwe«** zu den begehrtesten Auszeichnungen der Filmkunst.

Berühmte Herbergen

Rauf aufs Rad!

Am besten erkundet man den Lido di Venezia mit dem Fahrrad – Leihräder gibt es u. a. bei Gardin (Piazzale S. M. Elisabetta, Tel. 339 682 33 87, biciclettegardin.com) und Lido on Bike (Granviale Santa Maria Elisabetta, Tel. 04 152 680 19, lidoonbike.it).
Heute erinnern nur noch wenige Gründerzeitbauten, Villen im Stile Liberty (der italienischen Variante des Jugendstils) und imposante Hotelkomplexe entlang des Lungomare Guiglielmo Marconi an die vornehme Vergangenheit, allen voran das neomaurische Grand Hotel Excelsior und das Grand Hôtel des Bains, illustrer Schauplatz von Thomas Manns Novelle »Der Tod in Venedig«, die von Luchino Visconti verfilmt wurde.

Vermählung mit dem Meer und Streit um heilige Gebeine

San Nicolò

Die Kirche San Nicolò an der Nordspitze des Lido beim gleichnamigen Vaporetto-Anleger war bis 1797 das Ziel des **Sposalizio del Mare** (Vermählung des Dogen mit dem Meer). Nach dem erstmals 998 bezeugten Brauch fuhr der Doge alljährlich vom Porto di Lido auf das Meer hinaus und warf einen Ring in die Wellen, um Venedig sym-

MIT DEM SCHIFF ZUM STRAND

»Prima il lavoro, doppo la spiaggia«, erst zur Arbeit, dann zum Strand, so halten es die Venezianer. Sommers wie winters schippern sie im Vaporetto zum Lido, atmen die salzige Brise beim Strandspaziergang, genießen auf den Liegen der Strandbäder Sonnenschein und kühle Cocktails. Oder sie fahren mit dem Bus weiter Richtung Süden zum weniger besuchten Naturstrand von Alberoni, wo kleine Dünen die Adria säumen, italienische Familie das Strandleben genießen und ein kleines Strandrestaurant italienische Küche, Kaffeespezialitäten und hausgemachtes Eis serviert. Abends steht eisgekühlter Weißwein auf den Tischen der Terrasse und der Duft von frisch gebratenem Fisch erfüllt die Luft (Vaporetto Linie 17 zum Lido, weiter mit dem Bus B bis Alberoni, bagnialberoni.com).

bolisch mit der See zu vermählen. Im 17. Jh. wurde die Kirche barock umgestaltet. Hier ruhen die Gebeine des hl. Nikolaus, die venezianische Seefahrer aus dem Dom der Stadt Myra an der Südküste Kleinasiens geraubt hatten – dachte man wenigstens. Dann mussten die Venezianer jedoch feststellen, dass ihnen die Einwohner von Bari in Apulien zuvorgekommen waren. Das Chorgestühl (1635) von Giovanni da Crema erzählt die Legende.

Jüdischer Friedhof

Cimitero Ebraico

Auf dem Jüdischen Friedhof werden seit dem 14. Jh. Juden beerdigt. Besonders malerisch ist der alte Teil, wo eine schlichte Steinplatte über einem Massengrab an die Pestepidemie von 1630/31 mit fast 2000 jüdischen Opfern erinnert. Das Jüdische Museum bietet von April bis Oktober Führungen an (▶ Ghetto). Sehr schön ist der Blick über die Lagune und auf die Festung Sant' Andrea auf der Insel Le Vignole (▶ S. 142).

Im Süden des Lido

Malamocco, Alberoni und Pellestrina

Im Süden der Insel liegen die beschaulichen Dörfer Malamocco und Alberoni. Bei Alberoni gibt es einen Golfplatz und einen öffentlichen Strand. Von hier geht es mit der Autofähre über die meistbefahrene Meeresöffnung der Lagune hinüber nach **Pellestrina**. Diese 11 km lange, schmale Insel wird seit Mitte des 18. Jh.s von **Murazzi** geschützt, einer Befestigung aus istrischem Stein. Vom südlichen Ende Pellestrinas setzt die Fähre nach ► Chioggia über.

★ MADONNA DELL'ORTO · SANTA MARIA DELL'ORTO

Lage: Fondamenta della Madonna dell'Orto | **Anlegestelle:** Madonna dell'Orto | tgl. 10–17 Uhr | **www.madonnadellorto.org** | Eintritt 3,50 €, Kombikarte Choruskirchen 14 €

Nur wenige Schritte von dem Haus entfernt, in dem er lebte und arbeitete, fand Tintoretto im Norden Venedigs seine letzte Ruhestätte: Folgen Sie seinen Spuren und entdecken Sie eine der schönsten gotischen Kirchen der Stadt.

Nördlich des Rio della Sensa im Stadtteil Cannaregio befand sich an den Fondamenta dei Mori das Geburtshaus von Jacopo Robusti, Sohn eines Wollfärbers, der als Tintoretto in die Kunstgeschichte einging (1518–1594; ► Interessante Menschen, S. 272). In der Casa del Tintoretto lebte und arbeitete der kleinwüchsige Maler bis zu seinem Tod am 31. Mai 1594. Zur Pfarrkirche des Viertels, der an ihrem markanten Turm weithin erkennbaren Chiesa Madonna dell'Orto, hatte der Maler eine ganz besondere Beziehung: 30 Jahren lang arbeitete er dort an einigen seiner berühmtesten Werke. Und nach seinem Tod fand er in der rechten Apsiskapelle zusammen mit seinen Kindern Marietta und Domenico, auch ein Maler, sowie seinem Schwiegervater seine letzte Ruhestätte. Für Tintoretto-Fans gehören die Kirche Madonna dell'Orto wie die ► Scuola di San Rocco zu den Höhepunkten eines Venedig-Besuchs.

Tintorettos Hauskirche

Die Kirche der Madonna aus dem Garten

Ursprünglich war das um 1365 erbaute Gotteshaus dem hl. Christopherus geweiht, dem Schutzheiligen der Fährschiffer, Reisenden und Händler – Bartolomeo Bon hat ihn über dem Portal verewigt. Ein paar Jahre später wurde sie umbenannt, da in einem nahe gelegenen Gemüsegarten (ital. orto) eine wundertätige Madonnenstatue gefunden wurde, die heute noch in der Cappella San Mauro aufbewahrt wird. Die auffällige Backsteinfassade, die erst 1460–1464 entstand,

zieren die Figuren der zwölf Apostel, die Jacobello dalle Masegne und seiner Werkstatt zugeschrieben werden. Der Glockenturm folgte 1503.
Gleich am ersten Altar auf der rechten Seite des Kirchenschiffs befindet sich ein herrliches Altarbild von Cima da Conegliano: »Johannes der Täufer zwischen den Heiligen Petrus, Hieronymus und Paulus« (1495). Über dem Eingang der Markuskapelle im rechten Seitenschiff, in der die Madonna dell'Orto aufbewahrt wird, ist der »Tempelgang Mariens« von Tintoretto (um 1552) zu bewundern. Im Presbyterium befinden sich »Das Kreuz erscheint dem hl. Petrus« (um 1556), »Die Enthauptung des hl. Paulus« (1550–1553), die beiden mehrteiligen Wandgemälde das »Jüngste Gericht« (1563) und »Die Anbetung des Goldenen Kalbs« (1563). Von Tintoretto sind auch die vier Kardinaltugenden Fortitudo, Prudentia, Justitia und Temperantia. In der rechten Apsiskapelle **liegt der berühmte Maler begraben**. Im linken Kirchenschiff hängt das Bild »Gottvater im Himmel« von Domenico Tintoretto, Jacopos Sohn. Die vierte Kapelle enthält ein weiteres Werk Tinorettos, die »Die Erweckung des Licinius durch die hl. Agnes« (1575). In der nächsten Kapelle sind noch zwei Bilder von Domenico Tintoretto zu sehen, »Christi Geburt« und »Weihrauchengel«, sowie eine Kreuzigung von Jacopo Palma d. J. Der leere Platz in der letzten Kapelle im linken Seitenschiff erinnert daran, dass 1993 eine »Madonna mit Kind« (1480) von Giovanni Bellini gestohlen wurde, über deren Verbleib bis heute nichts bekannt ist. Links folgt auf die Kirche die Scuola dei Mercanti, die Zunft der Händler, die 1570 von Andrea Palladio errichtet wurde.

Tintorettos Wohnhaus

Campo dei Mori

Auf der anderen Seite des Kanals erstreckt sich der Campo dei Mori. Sein Name geht vermutlich auf die Kaufmannsdynastie Mastelli zurück, die von der Morea – venezianisch für Peloponnes – stammte und sich hier im 12. Jh. einen Palast errichten ließ. Verewigt sind die Handelsleute in den Turban tragenden Statuen in der Fassade eines Eckhauses. In dem Haus, das an die vierte Mohrenfigur anschließt, kam 1518 der Maler Tintoretto zur Welt (Casa del Tintoretto). Im Nachbarhaus erhalten die Künstler der Bottega del Tintoretto (tintoret tovenezia.it) mit Druckwerkstatt und Kursen das künstlerische Erbe am Leben und führen es weiter.

Drei weitere Gemälde von Tiepolo

Sant' Alvise

Die einschiffige Nonnenkirche mit ihrer schlichten, aber imposanten Backsteinfassade nordwestlich der Madonna dell'Orto entstand Ende des 14. Jahrhunderts. Sie ist dem hl. Ludwig von Toulouse – Alvise ist die venezianische Form von Ludwig – geweiht. Bezahlt wurde sie, wie das Kloster, zum Großteil von der Familie Venier. Laut einer Legende war der Heilige Andrea Venier erschienen und hatte ihn um

OBEN: Die Kirche Madonna dell'Orto ist ein Schatzhaus der venezianischen Malerei. Tintoretto schenkte seiner »Hauskirche« eine Reihe großformatiger Bilder, darunter »Das Kreuz erscheint dem hl. Petrus«. Der Heilige, hier gekleidet als Papst, sieht in einer Vision das von Engeln getragene Kreuz.

UNTEN: Eine Plakette erinnert daran, dass in diesem Haus, ganz in der Nähe der Kirche Madonna dell'Orto, 1518 Tintoretto zur Welt kam.
Die Figur mit dem Turban in der Nische stellt der Legende nach einen levantinischen Händler dar, vielleicht ein Mitglied der Familie Mastelli.

den Bau einer Kirche für den Konvent gebeten, der heute noch von Nonnen bewohnt wird. Schmuckstücke im Innern sind drei Werke von **Tiepolo**: der »Weg nach Golgatha« an der rechten Wand des Chorraums, die »Geißelung« und die »Dornenkrönung« (1740).
tgl. 10–17 Uhr | Eintritt 3,50 €, Kombikarte Choruskirchen 14 €

★ MERCERIE

Lage: Zwischen Rialtobrücke und Piazza San Marco | **Anlegestellen:** Rialto, Vallaresso San Marco

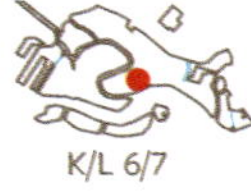

K/L 6/7

Sie sind ein teures Pflaster und seit Jahrhunderten das Einkaufsviertel der Serenissima: die Mercerie, Einkaufsstraßen und Flaniermeilen, die sich von der Rialtobrücke bis zum Markusplatz erstreckt. Ob Alltagsbedarf, Souvenirs, Mode oder Masken: Hier gibt es (fast) alles!

Entlang der Verbindungsstraßen zwischen Markusplatz und Rialtobrücke, zwischen dem religiös-politischen und dem wirtschaftlichen Zentrum, siedelten sich schon früh die Händler an und boten ihre Waren (ital. mercerie = Kurzwaren) feil. Heute gibt es Läden für die hier von früh bis spät entlang strömenden Touristen sowie für die Venezianer, die hier ihren Alltagsbedarf decken. Das Angebot ist bunt und reicht von Lebensmitteln bis zu feinsten Lederwaren und kunstvollen Karnevalsmasken – auch diese Kontraste machen den Reiz der Mercerie aus. Wer allerdings hofft, ein Schnäppchen zu machen, wird schnell eines Besseren belehrt. Die Lagunenstadt ist hier ein teures Pflaster.

Hält man sich vom Ponte di Rialto rechts, gelangt man auf den kleinen Campo San Bartolomeo. Dieser Platz – ein Denkmal erinnert an Carlo Goldoni – ist abends ein beliebter Treffpunkt junger Leute. An der Kirche San Bartolomeo vorbei und über die Marzaria 2 Aprile gelangt man auf die Merceria San Salvador, die nach ihrer Kirche (► unten) benannt ist. Im weiteren Verlauf ändern die Mercerie erneut ihren Namen und münden als Merceria dell'Orologio unter dem Uhrturm (Torre dell'Orologio) in die ►Piazza San Marco.

Ein Grabmal für die Königin von Zypern

San Salvador

Kunstvolle Grabmäler von Dogen, Kardinälen und Adelsfamilien schmücken die Konzertkirche, die Tullio Lombardo und Sansovino 1507–1534 im Renaissancestil erbauten – Vorbild im Grundriss war die Markuskirche. 1663 gestaltete Giuseppe Sardi ihre zweistöckige

Barockfassade zum Campo. Die Grablege für den Dogen Francesco Venier (1556, im rechten Seitenschiff) gestaltete Sansovino prunkvoll aus farbigem Marmor. Beachtenswert sind die Wandgräber an der Stirnseite des Querhauses mit den sterblichen Überresten der Familie Corner und das Bodengrab für Caterina Corner (1454 bis 1510), Königin von Zypern. **Tizian** schuf für die Kirche die »Verklärung Christi« über dem Hochaltar und »Die Verkündigung. Paris Bordone fertigte das »Martyrium des hl. Theodor« rechts des Chors, Vittore Carpaccio den »Christus in Emmaus« in der Cappella del Santissimo links vom Hochaltar.

Mo.–Sa. 9–12 u. 15–19.15, von Juni bis Sept. nachmittags 16–19 Uhr
chiesasansalvador.it

Exklusivste Adressen

Unter den Arkaden des Markusplatzes und andere Adressen

Noch exklusiver und teurer sind die Läden in den Arkaden des Markusplatzes. Bruno Magli, Missioni und andere italienische Top-Designer haben in der westlich abzweigenden Flanierzeile Calle Vallaresso ihre Läden – Cipriani und Harry's Bar laden hier zu einer nicht weniger edlen Einkaufspause ein. Prada gehört zu den exklusivsten Adressen an der Salizada San Moisè. In der Calle San Moisè finden Sie Cartier. Internationaler zeigt sich das Angebot an der für die Lagunenstadt ungewöhnlich breiten Calle Larga XXII Marzo mit Paul & Shark, Tod's, Burberry, Chanel, Monclerc – und der Deutschen Bank.

Wer nach einem ausgiebigen Bummel eine gemütliche Pause einlegen möchte, den erwarten hier auf den ersten Blick Fastfood-Lokale und

Die besten Shoppingadressen in Venedig: Mercerie und Calle Largo Marzo XXII

teure Restaurants in den Seitenstraßen. Doch in der Calle delle Ostreghe versteckt sich mit der **Bar Ducale** auch eines der typischen kleinen, stets vollen Imbisse, die mit köstlichen hausgemachten Dolci, leckeren Panini, Kaffee, heißer Schokoladen oder einem guten Glas Wein für Glücksmomente sorgen.

Eine Kirche für Moses

San Moisè

Auch wenn die 1668 von Alessandro Remignon ausgeführte Barockfassade manchem Kunstkenner zu überladen ist, die Venezianer lieben ihre im 9. Jh. dem Moses geweihte Kirche San Moisè am gleichnamigen Campo zu Beginn der Calle Larga XXII Marzo. Innen sind eine »Fußwaschung« von Tintoretto und ein »Abendmahl« von Palma d. J. zu sehen. Das aus Stein gehauene Altarbild von Heinrich Meyring zeigt, wie Moses am Berg Sinai die Zehn Gebote entgegennimmt. Ebenfalls am Campo San Moisè residiert seit 1880 das Luxushotel Bauer; die wunderbare Aussicht von der Dachterrasse »Settimo Ciele« steht nur Hotelgästen offen.

Mo. – Sa. 9.30 – 12.30 Uhr

Ein Denkmal für den erfolgreichen Capitano da mar

Santa Maria del Giglio

Die auch **Santa Maria Zobenigo** genannte Kirche am Westende der Calle Larga XXII Marzo mit ihrer auffälligen Barockfassade (1680, Giuseppe Sardi) stiftete Antonio Barbaro. Als Gegenleistung ließ sich der erfolgreiche Capitano da mar in der Front verewigen: in Stein gehauen über dem Hauptportal. Die unteren Sockel sind mit Panoramen der Städte geschmückt, die in seiner Karriere eine Rolle spielten: Padua, Chania (Kreta), Zadar (links), Rom, Korfu und Split (rechts). Innen befinden sich zwei Frühwerke **Tintorettos** (um 1550) und ein Bild von **Peter Paul Rubens** (17. Jh.) in der Molin-Kapelle.

Mo.–Sa. 10.30–17 Uhr | Eintritt 3,50 €, Kombikarte Choruskirchen 14 €

★★ MURANO

Einwohner: 4430 | **Anlegestelle:** Murano (Vaporetti 4.1, 4.2 ab Fondamente Nove)

150 Glasmacher, die »maestri« von Murano, halten das Erbe der Glasherstellung lebendig, die die Insel einst berühmt gemacht hat. In ihren Werkstätten zeigen sie, wie die farbigen, zerbrechlichen Werke entstehen. Zu einer Reise durch die Geschichte dieser Handwerkskunst lädt das Glasmuseum ein.

Von Schmuckperlen, die eingearbeitetes Blattgold leuchten lassen, über Vasen bis hin zu Kronleuchtern reicht das Angebot der Werkstätten und Läden, die vom Anleger Colonna aus die Hauptstraßen Fondamenta dei Vetrai und Fondamenta Cavour säumen. Die Echtheit der Ware garantieren das Zertifikat »Vetro Artistico Murano« sowie die Signaturen bekannter Herstellerfamilien wie Barovier.

Museo Barovier & Toso: Palazzo Contarini, Fondamenta Vetrai 28
Führungen: tgl. 10–18 Uhr | Eintritt 5 € | www.barovier.com
Glasbläser-Vorführungen u. a. bei:
Fratelli Toso: Fondamenta Colleoni 7 | www.fratellitoso.it
Matteo Seguso: Campiello Peschiera 3 | www.matteoseguso.it
Murano Glass Fantasy: Fondamenta dei Vetrai 99/100 | www.glassfantasy.it
Costantini Glass Beads (Spezialist für Glasschmuck): Calle del Cimitero 11 | www.costantiniglassbeads.com/murano

Die hohe Kunst der Glasbläserei

Museo del Vetro

Die Coppa Barovier aus dunkelblauem Glas, die Emaillemedaillons mit Bildern der Eheleute und allegorische Szenen zieren, ist das berühmteste Exponat des Glasmuseums, das im Palazzo Guistinian (17. Jh.; Saal 1) seine große Sammlung von venezianischem Glas ausstellt. Gefertigt wurde der Hochzeitskelch um 1470 vermutlich in der Werkstatt von Angelo Barovier. Das Museum erzählt die Geschichte Muranos, die Ende des 13. Jh.s so richtig begann, als wegen der Brandgefahr die Schmelzöfen aus Venedig hierher verbannt wurden. Die ältesten Zeugnisse der Glaskunst stammen aus der Römerzeit, sie reichen über schöne Beispiele böhmischer und maurischer Glasbläser bis in die Gegenwart, in der LED-Licht Einzug hält.
Fondamenta Giustinian 8 | tgl. 10–18, Juni–Sept. Fr. u. Sa. bis 20 Uhr
Eintritt 10 € | museovetro.visitmuve.it

Sieben kleine Inseln, acht Kanäle und elf Brücken

Murano – Mini-Venedig

Mit sieben Inseln, acht Kanälen und elf Brücken ist das schon früh besiedelte Murano eine Miniaturausgabe von Venedig. Lebten die Bewohner anfangs von Fischfang und Salzhandel, begann im 15. Jh. der Aufstieg der Insel als Ghetto der Glasbläser. In der Renaissance entdeckten dann reiche venezianische Patrizier die Insel als Sommerfrische und legten sich Villen wie den Palazzo da Mula zu sowie Lustgärten an.

Eine der schönsten Kirchen der Lagune

Santi Maria e Donato

Ihre außergewöhnliche Ostfassade und wunderbaren Bodenmosaike machen die zunächst nur Maria, ab dem 12. Jh. auch dem hl. Donatus geweihte Kirche zu einer der schönsten der Lagune. Nicht wie sonst üblich die Westfassade, sondern der Chor im Osten ist die Schauseite der Basilika: Er weist Richtung Meer und sollte mit zwei Arkadenreihen, die venezianisch-byzantinische und frühromanische

MUNDGEBLASENE JUWELEN

Die Glasherstellung war in Venedig bereits Ende des 10. Jh.s bekannt. Einen Aufschwung erlebte sie nach dem vierten Kreuzzug 1204 durch die Übernahme orientalischer Techniken. Fortan wurde die Glasindustrie wie ein Staatsgeheimnis gehütet. Jahrhundertelang hielt Venedig das Glasmonopol.

Damals befanden sich die Werkstätten noch im Zentrum der Lagunenstadt. Nach wiederholten Brandkatastrophen, zuletzt 1291, befahl der Senat ihre Verlegung nach Murano – offiziell um der Brandgefahr entgegenzuwirken, inoffiziell und der Wahrheit wohl näherkommend, um Spionage vorzubeugen. Aus dieser Zeit sind auch die ersten Zunftregeln bekannt: die in Samt und Silber gefasste »Mariegola« von 1441 ist im Museo Correr zu bewundern. Schon um die Mitte des 14. Jh.s war Muranoglas ein **begehrter Luxusartikel**. Perlen, Brillengläser, Lüster und filigranes Trinkgeschirr wurden bis nach China exportiert. Ab dem 15. Jh. auch prunkvoll gerahmte Spiegel, nachdem Muzio da Murano entdeckt hatte, dass Glas durch das Auftragen einer Zinnquecksilberlösung eine reflektierende Oberfläche erhält.

Entdeckungen

Mitte des 15. Jh.s entwickelte Angelo Barovier das Cristallo, ein blasen- und farbstichfreies, an Bergkristall erinnerndes Glas. Etwa zur selben Zeit kreierte ein anderer Meister den Calcedonio, ein mehrfarbiges Glas ähnlich dem Achat. Der durch Beimischen einer Goldlösung rosa getönte Rubino war eine Erfindung des 16. Jh.s, das mit Kupferteilchen gesprenkelte, geheimnisvoll schimmernde Aventurin wurde im 17. Jh. von Briani entwickelt. Zu den raffiniertesten Techniken gehört die mit Spitze vergleichbare, seit dem 16. Jh. bekannte Filigrana der Netz- und Reticellagläser, wobei feine weiße und farbige Fäden auf der Oberfläche des geblasenen Glases aufgetragen werden. Bei der alten, Murrine oder Millefiori genannten Technik werden gefärbte Stäbchen in durchsichtiges Glas eingearbeitet. Lattimo ist milchigweißes Glas, das im 15. Jh. meist mit Lackverzierungen versehen wurde und dann wie Porzellan aussah.
Die wichtigsten Rohstoffe, Quarzsand (bis zum 17. Jh. vor allem aus Kieseln des Flusses Tessin), Kalk und Soda, werden bei 1400 °C im Ofen zum Schmelzen gebracht. Nach Abkühlung auf 1000 bis 500 °C erfolgt die Formgebung, anschließend lässt man die Gegenstände langsam abkühlen. Durch Zusatz von Metalloxiden werden die unterschiedlichen Farben erzielt.

Privilegien und Bedrohung

Bis ins 17. Jh. hinein war die Glasherstellung das **bestgehütete Geheimnis**. Die Zunft der Vetrai, der Glasbläser, war sehr angesehen und genoss zahlreiche Privilegien. Murano besaß eine eigene Regierung und ein Libro d'Oro, in dem die alteingesessenen Familien aufgeführt waren. Es war ihnen jedoch unter Todesstrafe verboten, die Lagune zu verlassen, da das einem Geheimnisverrat gleichkam. Eine Verordnung von 1454 besagte: »Ein Glasbläser, wenn er zum Schaden der Republik eine Fertigkeit in ein anderes Land

Heute arbeiten Glasbläser nicht mehr heimlich, sie geben gerne Einblicke in die Glaskunst.

bringt, soll aufgefordert werden, heimzukehren; weigert er sich, sollen seine nächsten Verwandten ins Gefängnis geworfen werden ... verharrt er in seinem Ungehorsam, sind heimliche Maßnahmen zu ergreifen, um ihn, wo immer er sich aufhält, aus dem Weg zu räumen.«

Trotz dieser Drohungen gelang im 16. Jh. einigen von ihnen die Flucht nach Nordeuropa. Im 17. und 18. Jh. bauten vor allem Frankreich und Böhmen mit Glasbläsern aus der Lagunenstadt florierende Manufakturen auf. Ausländische Konkurrenz und das Ende der Republik 1797 führten zum **Niedergang der Glasherstellung**, die erst Mitte des 19. Jh.s durch das Engagement traditionsreicher Glasbläserfamilien wie die Barovier, Seguso, Salviati und Teso neu belebt wurde.

Aktuell gibt es auf der Insel fast 100 Glashütten mit rund 6000 Beschäftigten. Die meisten arbeiten für den Export. Allerdings nicht mehr heimlich: Vielerorts kann man den Glasmachern bei ihrer Arbeit zuschauen. Gegenwärtig sind jedoch viele Glashütten wegen der Wirtschaftskrise und der Zunahme von Chinaimporten (und Fälschungen) in ihrer Existenz bedroht. Die Stadt Venedig tüftelt bereits an Sozialplänen für arbeitslose Glasbläser ...

(Spannender Lesetipp: Donna Leon, »Wie durch ein dunkles Glas«.)

Elemente verbinden, anreisende Gäste beeindrucken. Innen trennen Säulen aus griechischem Marmor mit venezianisch-byzantinischen Kapitellen die Seitenschiffe vom Hauptschiff. Wie ein orientalischer Teppich wirkt der wunderschöne Mosaikfußboden aus dem 12. Jh. mit lebhaften Tiergestalten und kunstvollen Ornamenten. Im Chor zeigt sich auf goldenem Mosaikgrund die hohe Gestalt der Gottesmutter (um 1450). Über dem Altar das Reliquiar des hl. Donatus; die bemalte Reliefikone des hl. Donatus über dem Seitenaltar links gehört zu den frühesten Werken venezianischer Malerei (1310). An Drähten aufgehängte Knochen erinnern hinter dem Altar an den Drachen, den Donato in Griechenland erschlagen haben soll – tatsächlich stammen sie jedoch von Säugern aus dem Pleistozän. Der Sarkophag aus Altinum rechts vor dem Chor wurde früher als Brunnenbecken genutzt.

Mo.–Sa. 9–17, So. 12–15.30 Uhr (Anmeldung erforderlich: info@sandonatomurano.it) | www.sandonatomurano.it

Wertvolle Kunstschätze

San Pietro Martire

Die nach einem Brand 1511 neu errichtete ehemalige Klosterkirche der Dominikaner am Campiello Michelie birgt wertvolle Kunstschätze: Giovanni Bellinis Porträt des Dogen Agostino Barberigo und im linken Seitenschiff die Altarbilder »Der hl. Hieronymus in der Wüste« und »Die hl. Agathe im Kerker« von Paolo Veronese.

Mo. u. Mi.–Fr. 9–17, Di. bis 15.30, Sa./So. 11–16.30 Uhr (Anmeldung erforderlich: info@sandonatomurano.it) | www.sandonatomurano.it

★★ PALAZZO DUCALE · DOGENPALAST

Lage: Piazza San Marco | **Anlegestelle:** Vallaresso San Marco, San Zaccaria | April – Okt. tgl. 8.30–19 sonst bis 17.30 Uhr, Kassenschluss 1 Std. früher | **Eintritt** 19 € (Kombikarte mit Museo Correr, Museo Archeologico Nazionale und Biblioteca Nazionale Marciana) **palazzoducale.visitmuve.it** | **Itinerari segreti:** mehr über das »Funktionieren« der Lagunenrepublik erfährt man bei der Führung »Geheime Wege«, nach Voranmeldung, Tel. 041 42 73 08 92 oder online, 20 €; tgl. 9.30 u. 11.10 Uhr (ital.), 9.55 u. 11.35 Uhr (engl.)

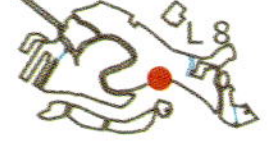

Er war 1000 Jahre lang Symbol und Stolz der Seerepublik, Regierungs- und Wohnsitz von 120 Dogen sowie Staatsgefängnis: der Dogenpalast mit seiner Prunkfassade aus weißem Stein und rosa Marmor. Ein Bau mit vielen Geschichten, der auch Sie faszinieren wird.

»
Dogen sind keine Herren, nicht einmal Fürsten, sondern die verherrlichten Sklaven Venedigs.
«

sagte im 14. Jh. Francesco Petrarca über die Hausherrn des Palastes, der von 697 bis 1797 Schauplatz politischer Entscheidungen, pompöser Empfänge und feierlicher Zeremonien war.

Bereits 814 entstand an dieser Stelle der erste Dogenpalast, eine Holzkonstruktion mit Wehrtürmen, auf drei Seiten von Kanälen und im Süden von der Lagune geschützt. Um 1000 ließ ihn der 22. Doge – Pietro IV. Candiano – zu einer Festung ausbauen, auch um dem Volkszorn zu entgehen, ohne Erfolg: Der Doge wurde ausgeräuchert, die Häuser ringsum abgebrannt. Besonders in der Frühzeit der Seerepublik wurde mit den Dogen nicht zimperlich umgegangen. 19 der ersten 50 Dogen wurden verbannt, verstümmelt, vergiftet oder auf andere Art aus dem Amt gejagt. Denn das Amt des Dogen besaß man auf Lebenszeit. Daher waren die Männer, die in einem komplizierten Verfahren zum Dogen gewählt wurden, meist älter, da man ihre Regierungszeit begrenzt halten wollte. Als um die Mitte des 14. Jh.s die Mitgliederzahl des Großen Rats auf über 1000 angewachsen war und ein neuer, größerer Versammlungssaal benötigt wurde, beschloss man den Neubau des heutigen Dogenpalastes.

Glanzvolle Inszenierung nach Außen

Außenbau

Die Fassaden des Dogenpalastes sind ganz auf die glanzvolle Inszenierung der Adelsrepublik ausgerichtet. Die 71 x 75 m große Anlage besteht aus drei Flügeln, die um einen leicht trapezförmigen Innenhof herum angelegt sind. Im Norden grenzt der Palast an den Markusdom. Der dem Molo zugewandte Südflügel entstand 1340–1400. 1424–1438 folgte der Westflügel zur Piazzetta. An dem Ostflügel mit der Seufzerbrücke wurde von 1483 bis ins 17. Jh. gebaut. Zwar haben Brände im Palast immer wieder großen Schaden angerichtet, sie betrafen in der Hauptsache aber nur die Ausstattung. Die Fassade des Dogenpalastes leitet sich von den venezianischen Adelspalästen des 12. und 13. Jh.s ab: Im Erdgeschoss ruhen offene Arkaden auf niedrigen basislosen Säulen, die fast 40 cm tief im Pflaster verschwinden (das Platzniveau wurde mehrfach angehoben). Darüber folgt eine Loggia mit schlankerer, enger stehender Säulenarkatur, die Kielbögen und Vierpassöffnungen in den Zwickeln wurden zum Vorbild für die ganze venezianische Ornamentik der Spätgotik. Zuletzt folgt ein geschlossener Baukörper, dessen Fassade aus weißen und rosa Marmorplatten kelimartig gemustert ist und sich in einigen Spitzbogenfenstern öffnet. Eine orientalisch inspirierte Krone aus Zinnen bildet den Dachabschluss.
Die Ostfassade zum Rio di Palazzo entwarf Mauro Coducci. Hier zieht die elegante »**Seufzerbrücke**« den Blick auf sich (Ponte dei Sospiri;

OBEN: Der Dogenpalast war der Stolz der Serenissima: unten leichtfüßig, oben trutzig und dabei durch und durch elegant. Hier residierte der Doge und von hier regierte Venedig.

UNTEN: Dieser Skulpturenschmuck an der Südfassade zeigt den betrunkenen Noah, der aus einer Schale Wein verschüttet. Im Hintergrund die Seufzerbrücke. Über sie gelangten die Gefangenen vom Dogenpalast ins Gefängnis. Durch kleine Lichteinlässe konnten sie aufs Wasser blicken und seufzen …

► Abb. links). Sie wurde 1614 nach Plänen von Antonio Contin aus istrischem Stein erbaut und kündet bereits den Barockstil in Venedig an. Über sie gelangten die Verurteilten in die 1589–1614 erbauten **Prigioni Nuove** (»Neue Gefängnisse«) auf der anderen Seite des Kanals. Die Flucht aus dem Zellenlabyrinth gelang nur einem Insassen: Casanova (► Interessante Menschen, S. 268).

Mit seinen Säulen und Arkaden ein Sinnbild der Stadt

Süd-fassade

Die Südfassade – die Hauptansicht von der Lagune – gehört zum ältesten Teil der Außenansicht. Allein der Balkon des Mittelfensters durchbricht die einheitlich gestaltete Fläche des oberen, trutzig wirkenden Baukörpers. Laut einer Inschrift stiftete ihn der Doge Michele Steno 1404. Der Skulpturenschmuck an den Gebäudeecken entstand 1340–1355 und trägt die Handschrift von Filippo Calendario. Die Statuen an der Seite zum Ponte della Paglia stellen den Erzengel Raffael und Tobias (oben) und den betrunkenen Noah dar, der aus einer Schale Wein verschüttet, in Richtung der Piazzetta folgen der Erzengel Michael sowie Adam und Eva. Sowohl hier als auch an der Fassade zur Piazzetta gibt es **Kapitelle** aus dem 14. Jh. (zahlreiche Stücke wurden durch Kopien ersetzt, die Originale sind im Museo dell'Opera ausgestellt). Unterschiedliche Motive – Laubkapitelle, Kaiserbüsten, Fabelwesen, Tiere, Allegorien von Tugenden und Lastern, Jahreszeiten und Lebensalter – sind hier frei kombiniert.

Ein Logenplatz für Hinrichtungen

Westfassade

Die zwischen 1424 und 1438 ausgeführte, der Piazzetta zugewandte Fassade ist eine spiegelbildliche Entsprechung des älteren Südflügels. Über dem Balkon, der erst im 16. Jh. folgte, sehen Sie zunächst den Markuslöwen und (darüber) die Justitia, die Symbole für Macht und Gerechtigkeit. Von hier aus, zwischen den beiden rosaroten Säulen, nahm der Doge an den Hinrichtungen teil, die auf der Piazzetta vollstreckt wurden. Die Skulpturen an der Ecke zur Porta della Carta – der Erzengel Gabriel, darunter das Urteil des Salomon – werden Bartolomeo Bon zugeschrieben.

Verlautbarungen und Bittgesuche

Porta della Carta

Die Porta della Carta, das Bindeglied zwischen Markuskirche und Dogenpalast, ist der Haupteingang in den Dogenpalast. 1438–1442 von Giovanni und Bartolomeo Bon erbaut, gilt die prunkvolle Pforte neben der ► Ca' d'Oro als das wichtigste Werk der venezianischen Gotik. Zwei große Strebepfeiler rahmen den Eingang und das darüberliegende Fenster. Über dem Tor kniet der Doge Francesco Foscari vor dem Markuslöwen und demonstriert die Unterordnung des Individuums unter die Staatsmacht (► Abb. S. 240). Über dem Fenster ist der hl. Markus zu sehen und darüber die von zwei Löwen begleitete Allegorie der Gerechtigkeit. Die Pforte war die Kommunikationszen-

DOGENPALAST

Anfang des 9. Jh.s wurde der Verwaltungssitz der Stadt Venedig an den Canal Grande verlegt und ein erster Dogensitz erbaut. An dieser Stelle steht auch heute noch der Palazzo Ducale. Er war Wohnsitz des Dogen und Regierungssitz der Serenissima. Hier befanden sich der Versammlungsraum des Großen Rats, die Amtssäle der Behörden, das Gericht, das Staatsgefängnis und das Waffenlager.

1 Südfassade
Der älteste Teil und die Schauseite des Dogenpalastes ist die Südfassade. An beiden Gebäudeecken stehen Figurengruppen aus dem 14. Jahrhundert. Das Relief an der Südostecke des Palastes stellt den betrunkenen Noah dar (14. Jh.), vielleicht ein Symbol für menschliche Schwächen; an der Ecke zur Piazzetta sind die Statuen von Adam und Eva zu sehen.

2 Cortile und Scala dei Giganti
Früher betrat man den Dogenpalast durch die Porta della Carta, heute geht man durch die Porta del Frumento auf der Wasserseite. Auf der Scala dei Giganti vor dem Ostflügel fanden die Krönungszeremonien für den Dogen statt. Gegenüber öffnet sich der reich dekorierte Triumphbogen Arco Foscari, der Eingang in die Markuskirche.

3 Sala del Maggior Consiglio
In dem Raum fanden die Versammlungen des Großen Rats statt, wurden die Dogen gewählt und die Regierungsmitglieder und die hohen Staatsbeamten in ihre Ämter eingeführt. Die Ausmalung entstand nach einem Brand 1577. Unterhalb der Decke verläuft ein Fries mit (meist erfundenen) Porträts der ersten 76 Dogen. Ein schwarzer Vorhang steht für das Bild des 1335 als Verräter hingerichteten Dogen Marino Falier. Die Thronwand schmückt Tintorettos »Paradies«.

4 Appartamento Ducale
Im Ostflügel lagen die Wohnräume der Dogen. Sie mussten beim Einzug ihre eigenen Möbel mitbringen und dafür sorgen, dass diese nach ihrem Tod auch wieder entfernt wurden.

5 Museo dell'Opera
In dem Museum sind einige Kapitelle aus dem 14. Jh. ausgestellt, die die Außenfassaden des Palastes schmückten (dort durch Kopien ersetzt).

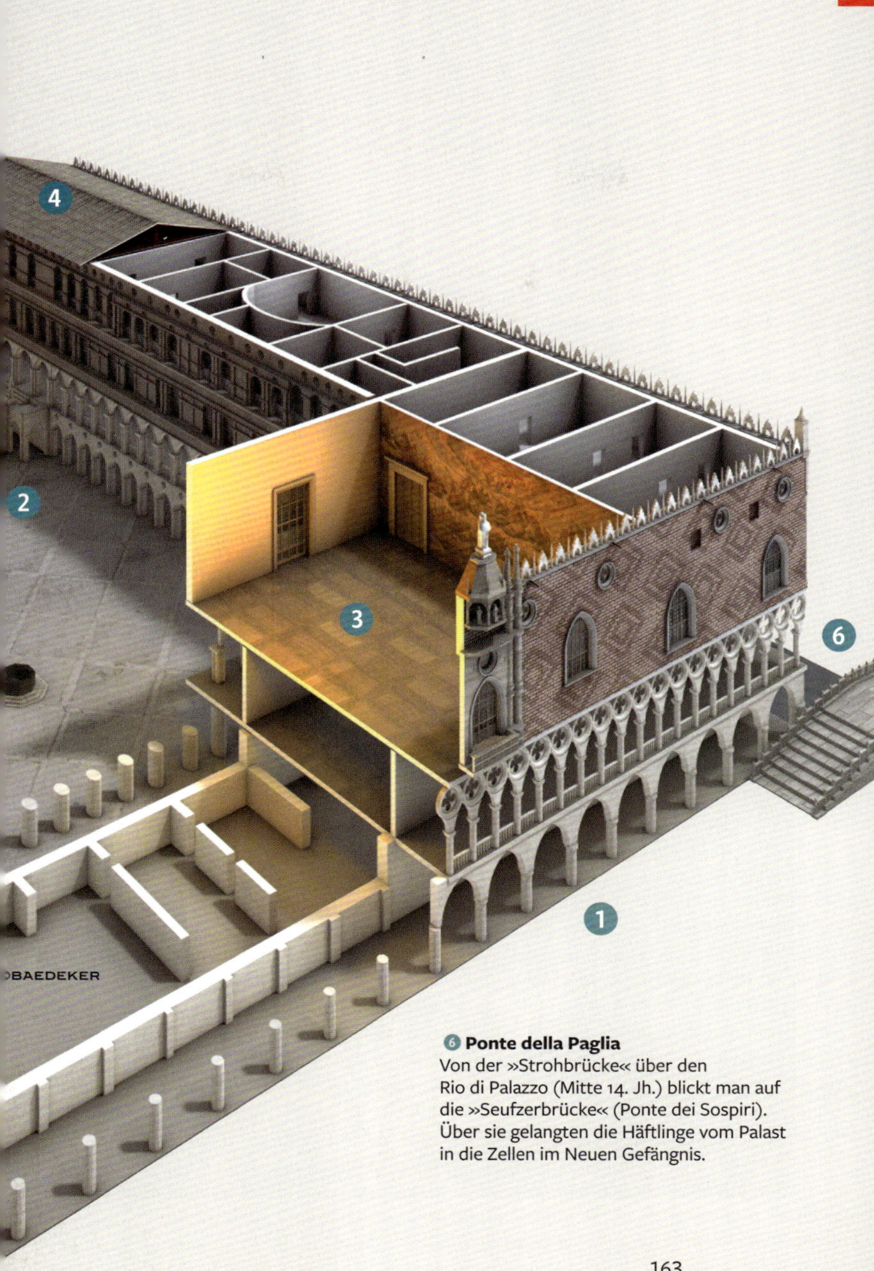

⑥ Ponte della Paglia
Von der »Strohbrücke« über den Rio di Palazzo (Mitte 14. Jh.) blickt man auf die »Seufzerbrücke« (Ponte dei Sospiri). Über sie gelangten die Häftlinge vom Palast in die Zellen im Neuen Gefängnis.

trale des Palastes: Am »Tor des Papiers« wurden nicht nur die amtlichen Bekanntmachungen der Seerepublik angeschlagen, sondern auch die schriftlichen Gesuche der Bittsteller entgegengenommen, die den Palast nicht betreten durften.

Innenhof

Die Treppe der Giganten

Scala dei Giganti

Heute betritt man den Palast durch die Porta del Frumento auf der Meeresseite. Im Hof fallen zwei bronzene Brunnen (Mitte 16. Jh.) und die Scala dei Giganti von Antonio Rizzo (ab 1483) auf. Sie war ein bedeutender Schauplatz: Auf der obersten Stufe leisteten die neu gewählten Dogen den Treueschwur. Jeden Ostermontag bekam der Doge hier im Anschluss an die Messe in San Zaccaria feierlich die

Innenhof des Palazzo Ducale mit Blick auf den vom hl. Markus gekrönten Arco Foscari und die Scala dei Giganti, auf der die Dogen ihren Treueschwur leisteten.

»corno ducale« aufgesetzt, die von den Nonnen von San Zaccaria bestickte Kopfbedeckung in Form einer stilisierten phrygischen Fischermütze. Benannt ist die Treppe nach den beiden Kolossalstatuen Mars und Neptun von Jacopo Sansovino (1550), die Venedigs Herrschaft zu Wasser und zu Lande verkörpern. Beachtenswert ist der feine Reliefschmuck der Treppengeländer und der Sockel aus floralem Renaissanceornament.

Ein Triumphbogen für den Dogen

Arco Foscari

Gegenüber der Treppe öffnet sich der reich dekorierte Triumphbogen Arco Foscari, der unter dem Dogen Cristoforo Moro zwischen 1462 und 1471 entstand und durch den man vom Palast in den Markusdom gelangt. In den Nischen des unteren Geschosses sind Repliken der wohl schönsten Plastiken von Antonio Rizzo zu sehen: zwei überlebensgroße Aktfiguren von Adam und Eva (Originale im Andito del Maggior Consiglio). Im zweiten Geschoss über der Tür stehen auf Türmchen und Postamenten Allegorien von Tugenden und Knappen. Über allem thront der segnende hl. Markus.

Im Dogenpalast

Im Zentrum der Macht

Regierungssitz und Wohung des Dogen

Als Amtssitz der Regierung und der obersten Richter, als Wahl- und Versammlungsort der Volksvertreter umfasste der Dogenpalast neben der Dogenwohnung auch Sitzungssäle, Folterkammern und Gefängniszellen. Die heutige Ausstattung entstand nach mehreren Bränden im 16. Jh. neu; verpflichtet wurden die bedeutendsten Künstler: Tintoretto, Tizian, Veronese und Bellini. Ihre Bilder erzählen die Stadtgeschichte von den Mythen der Gründungszeit bis zu den größten militärischen Erfolgen der Seerepublik.
Auf der Scala dei Censori (Zensorentreppe) erreichen Sie die Loggia (1. Stock), von der die Goldene Treppe in die Dogenwohnung im zweiten Stock und weiter zu den Amtsräumen im dritten Stock hinaufführt. Fast alle Säle und Zimmer haben flache, kassettierte Holzdecken (sofitto), in deren Felder Ölgemälde auf Leinwand eingelassen sind – sehr typisch für venezianische Innenräume!

Die goldene Treppe

Scala d’Oro

Die Goldene Treppe im Ostflügel entwarf Sansovino (1538), fertiggestellt wurde sie erst nach 1577. Benannt ist sie nach den vergoldeten Stuckverzierungen ihrer Kassettendecke von Alessandro Vittoria. Battista Franco schildert auf den Bildern die Verteidigung von Zypern und Kreta sowie die »Tugenden der guten Regierung«. Beachtenswert ist der schöne Fußboden – beim Blick zurück, entsteht ein dreidimensionaler Eindruck.

PALAZZO DUCALE

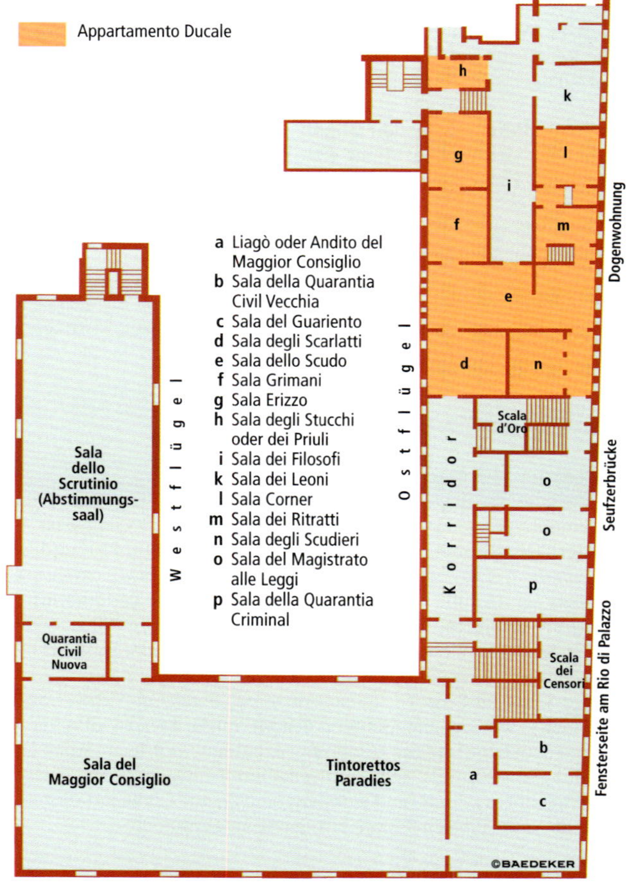

Quadratischer Vorraum

Atrio Quadrato

Die Scala d'Oro endet im 3. Stock in einem quadratischen Vorraum. In der vergoldeten Kassettendecke zeigt Jacopo **Tintoretto** wie dem Dogen Girolamo Priuli das Schwert der Gerechtigkeit überreicht wird (1561–1564).

Saal mit vier Türen

Sala delle Quattro Porte

Die vier mit marmornen Säulen gerahmten Türen, die zum Collegio, Senat, Rat der Zehn und ins Archiv führen, geben dem möglicherweise von Palladio entworfenen Wartesaal seinen Namen. Die Deckengemälde malte **Tintoretto** 1578–1581: Im Zentrum übergibt Jupiter Venedig die Herrschaft über die Adria; die acht ovalen Bilder stellen die Städte und Regionen Venedigs auf dem Festland dar. Das wichtigste Wandgemälde, ein Votivbild des Dogen Antonio Grimani an der Nordwand, wurde von **Tizian** begonnen und von seinem Neffen vollendet. Von **Tiepolos** Hand ist das Bild »Neptun bietet Venedig die Meeresschätze an«.

Bilder von Veronese und Tintoretto für den Warteraum

Sala dell' Anticollegio

Die Bilder im Warteraum für ausländische Gesandte behandeln mythologische Themen. Das zentrale Deckenfresko, »Venedig verleiht Anerkennungen und Ehren«, schuf Veronese. Von Tintoretto stammen die vier Bilder an den Türseiten: »Minerva trennt Krieg und Frieden«, »Schmiede des Vulkan«, »Merkur und die drei Grazien« und die »Vermählung von Bacchus und Ariadne durch Venus« (1577/1578). An der Wand gegenüber den Fenstern sind Paolo Veroneses »Raub der Europa« (1580) und die »Rückkehr Jakobs aus Kanaan« von Jacopo Bassano (1574) zu sehen.

Hier tagte der Staatsrat

Sala del Collegio

Im Tagungssaal des Staatsrats wurden die höchsten Besucher empfangen. Die Deckenbilder von **Veronese** feiern Macht und Glanz Venedigs, sie zeigen »Mars und Neptun«, »Der Glaube als Macht der Republik« und »Venetia auf dem Thron mit der Gerechtigkeit und dem Frieden«. In den Randfeldern sind die Tugenden abgebildet: Der Hund steht für Treue, das Füllhorn für Entwicklung und Erfolg, der Kranich für Wachsamkeit, das Spinnengewebe für Fleiß, der Adler für Mäßigung, das Zepter für Großmut, der Hermelin für Reinheit, das Lamm für Sanftmut. Auf dem Wandbild über dem Dogenthron verewigte Veronese den Dogen Sebastiano Venier, Oberbefehlshaber in der Schlacht von Lepanto (1571). Gegenüber auf dem breitformatigen Bild kniet der Doge Andrea Gritti vor Maria. Diese Komposition wie auch die drei Votivbilder an der Seite gegenüber den Fenstern werden Tintoretto und seiner Werkstatt zugeschrieben.

Versammlungssaal des Senats

Sala del Senato

Im Senatssaal versammelte sich zweimal pro Woche der Senat, der aus 40, dann 60 und später 100 Mitgliedern bestand. Im Gestühl an der Schmalseite saßen der Doge und das Kollegium, die Senatoren in roten Roben nahmen an den Längsseiten Platz. Die Deckenmalereien von **Tintoretto** und seiner Werkstatt dienen wieder der Selbstdarstellung Venedigs. Im Zentrum wird Venetia von den olympischen Göttern als Herrin der Meere eingesetzt. Andere Bilder widmen sich der Münzhoheit oder der Verehrung der Eucharistie; Waffenmacht und Schutz von Geist und Literatur wird in den schmaleren Bildern demonstriert. An der Wand über dem Tribunal ein weiteres Bild von Tintoretto, »Der tote Christus wird von Engeln gestützt«, an der Wand gegenüber beten die Dogen Pietro Lando und Marcantonio Trevisan den von Engeln getragenen Leichnam Christi an (Palma d. J.). Von Palma d. J. stammt auch die Allegorie auf die Liga von Cambrai über der Tür zur Sala del Collegio: Venetia attackiert einen Stier, das Symbol der gegen Venedig verschworenen Mächte (Papst, Kaiser, Frankreich, Spanien). Die Wanduhr erinnert an die Endlichkeit des Lebens.

Unter Veroneses Holzdecke tagte der Rat der Zehn

Sala del Consiglio dei Dieci

In diesem Saal tagte der geheimnisumwitterte Rat der Zehn. Ihm unterstanden die Sicherheitsdienste und die Bereiche des öffentlichen und privaten Lebens. Die Decke blieb von den Bränden 1574 und 1577 verschont und bewahrt ihre von **Veronese bemalte Holzdecke**. Das mittlere Bild, auf dem Jupiter seine Pfeile gegen die Laster schleudert, wurde 1797 nach Paris verschleppt und durch eine Kopie ersetzt. Die beiden anderen, »Juno überschüttet Venetia mit Juwelen« und »Der alte Orientale und die junge Frau«, sind echt. Letzteres versinnbildlicht die Bedrohung Venedigs durch die Türken. Die drei Wandgemälde über dem Gestühl stellen die »Anbetung der Hl. Drei Könige« (Aliense) dar, links davon die Ankunft venezianischer Gesandter vor Papst Clemens VII. und Kaiser Karl V. in Bologna, rechts segnet Papst Alexander III. den Dogen Sebastiano Ziani, nachdem dieser Barbarossa überwunden hatte.

Ein Wartesaal für die Verdächtigen

Sala della Bussola

Wer vor den Rat der Zehn oder die Inquisition geladen wurde, musste hier warten. Die Bocca di Leone, ein in die Wand eingelassenes Löwenmaul aus Marmor, war ein Briefkasten für geheime (aber nicht anonyme!) Denunziationen. Drei Inquisitoren werteten die Anzeigen aus. Die Geheimpolizei der Seerepublik hatte das Recht, Spitzel zu bezahlen, zu foltern und in besonderen Fällen auch zu töten. Mehr über die Arbeit der Staatspolizei, deren Sitz sich versteckt im Palazzo Duccale befand, und über andere Geheimnisse des Dogenpalastes erfährt man im Rahmen der Itinerari secreti-Führung (► S. 158). Das Inquisitionsgericht tagte in der **Sala degli Inquisitori**, die über die Sala di trei capi erreicht wird, und direkten Zugang zur Folterkammer und dem Gefängnis besaß.

Waffenarsenal der Republik

Armeria

Rüstungen, Schwerter, Lanzen, Hellebarden, Feuerwaffen, Harnische und Trophäen: Über 2200 Exponate gewähren Einblicke in das Waffenarsenal der Seerepublik; beachtenswert ist die Rüstung Heinrichs IV. von Frankreich.

Im Saal des Großen Rats kamen die Mitglieder der mächtigsten Familien zusammen.

Wartesaal für die Mitglieder des Großen Rats

Andito del Maggior Consiglio

Über die Scala dei Censori erreichen Sie den zweiten Stock und den Andito del Maggior Consiglio. Unter seiner ornamental geschmückten Balkendecke hielten sich die Mitglieder des Großen Rats vor Sitzungen oder während der Pausen auf. Im hinteren Teil des L-förmigen Gangs, dem sog. Liago, stehen die Originale der Bronzefiguren Adam und Eva (um 1470) von Antonio Rizzo.

Weitere Säle und ein Paradies für eine Krönung

Sala della Quarantia Civil Vecchia

Die Sala della Quarantia Civil Vecchia ist der erste Raum, der links vom Andito abgeht. Hier tagten die 40 (ital. quaranta) Mitglieder der **Zivilgerichtsbarkeit**. Die angrenzende **Sala del Guariento** birgt die Reste der »Marienkrönung«, die der Paduaner Guariento für die Sala del Maggior Consiglio im 14. Jh. gefertigt hatte. Nach dem Brand 1577 verschwand das Bild unter dem Gemälde »Paradies« von Tintoretto.

Das größte Gemälde der Welt

Sala del Maggior Consiglio

Mit 54 x 25 m ist die Sala del Maggior Consiglio, der Saal des Großen Rats, der größte Saal des Palastes. Unter seiner ungestützten Decke – einzigartig in Europa! – wählten die bis zu 1600 Mitglieder des Großen Rates in aufwendigen Wahlverfahren die Regierungsmitglieder und hohe Staatsbeamte, berieten sich und fällten alle wichtigen Ent-

scheidungen der Republik, auch ihre Auflösung 1797. Ihre großen Saalfenster eröffnen herrliche Ausblicke auf die Lagune. Die gesamte Rückwand nimmt das Wandbild »**Paradies**« ein. 1577 brannte der Saal aus und wurde von **Tintoretto** und anderen großen Künstlern der Zeit neu dekoriert. Mit 7 × 22 m war es zur Zeit seiner Enthüllung das größte Gemälde der Welt. **Veronse** begann das Mammutwerk. Als er verstarb, übernahm **Tintoretto**, damals auch schon fast 70 Jahre alt. Vier Jahre lang malte er am »Paradies«: Christus im Zentrum, Maria vor ihm kniend. Sie umgeben sieben Sterne als Sinnbild ihrer sieben Freuden und Schmerzen sowie 500 prominente Venezianer und Gönner Tintorettos, von denen meist nur die Köpfe zu sehen sind.
Die Deckengemälde feiern die Serenissima. Über der Tribüne befindet sich Veroneses »Triumph Venedigs«, in der Mitte Tintorettos Werk »Venezia übergibt dem Dogen Da Ponte einen Ölzweig«. Am Ende des Saals folgt »Die Provinzen huldigen der Venetia« von Palma d. J. Die zwölf seitlichen Deckengemälde stellen Heldentaten einzelner Feldherren, die großen Wandgemälde Ereignisse aus der Stadtgeschichte dar. Unterhalb der Decke verläuft ein Fries mit 76 Dogenbildern von Domenico Tintoretto. Ein Bildnis ist geschwärzt. Die Aufschrift erinnert an den – angeblich wegen Hochverrats – 1355 enthaupteten und daher nicht abgebildeten Dogen Marino Faliero.

Ein Saal für Wahlen und einer für Hieronymus Bosch

Sala dello Scrutinio

Über die kleine **Sala della Quarantia Civil Nuova**, wo das Gericht die Angelegenheiten der Venedig unterworfenen Provinzen verhandelte (mit Ausschmückungen zum Rechtswesen aus dem 17. Jh.), gelangt man in die Sala dello Scrutinio. Hier wurden die öffentlichen Wahlverfahren durchgeführt. Die Wand- und Deckengemälde von verschiedenen venezianischen Malern geben See- und Landschlachten wieder, darunter von Tintoretto der »Sieg der Venezianer über die Ungarn vor den Toren von Zara 1346«. Das »Jüngste Gericht« stammt von Palma d. J., der marmorne Triumphbogen (1694) ehrt den Feldherrn und Dogen Francesco Morosini.
Die Wände der Sala del Magistrato alle Leggi, wenige Räume weiter, schmücken Bilder flämischer Künstler; besonders eindrucksvoll sind die **Altarbilder von Hieronymus Bosch** (um 1450–1516), die einzigen Bilder des Niederländers in Italien.

Nur mit Führung zu besichtigen

Appartamento Ducale

Die Privatgemächer des Dogen im zweiten Stock des Ostflügels sind leer, da jeder neu gewählte Doge bei Amtsantritt seine eigenen Möbel mitbringen und nach seinem Tod wieder entfernen lassen musste. In der **Sala degli Scarlatti**, einer Art Vorzimmer für die Berater des Dogen, beeindrucken die schöne Holzdecke sowie der verzierte Kamin (1507) von Antonio und Tullio Lombardo. Der Landkartensaal, die **Sala dello Scudo**, dokumentiert das Herrschaftsgebiet Venedigs.

EHRLICHE KLEINODE

Auch mitten im touristischen San Marco verstecken sich ehrliche Kleinode des Alltags. So wie das kleine Bacaro Risorto am Campo San Provolo, wo Sie bei einem Aperol Spritz dem Treiben auf dem Campo zuschauen und hausgemachte Cicchetti und herzhafte Brötchen und Panini genießen können (San Marco 4700, Fondamenta Osmarin, Tel. 340 301 70 47).

Die dunkle Seite des Palazzo Ducale

Prigioni

Auf der Führung »Itinerari Segreti« (Geheime Wege) lernen Sie weitere verborgene Bereiche des Palastes und der Staatspolizei kennen. Dazu gehören das »alte« Gefängnis« (Prigioni Vecchie) im Dogenpalast und das im 16. Jh. erbaute »neue« Gefängnis (Prigioni Nuove) auf der anderen Seite des Rio di Palazzo. Sie sind durch die Seufzerbrücke (▶ Abb. S. 160) verbunden. Die Schwerverbrecher landeten in den Pozzi, den untersten Räumen des Dogenpalastes, die kalt und feucht waren (pozzo = Brunnen), die politischen Gefangenen in den Piombi. Die mit Blei (piombo = Blei) ausgekleideten Zellen im Dachgeschoss waren wegen der unerträglichen Hitze im Sommer gefürchtet. Aus einer dieser Zellen gelang Casanova 1755 mit der Hilfe eines Mönchs seine spektakuläre Flucht.

 San Zaccaria

Das weltlichste Kloster Venedigs im 18. Jahrhundert

Klosterkirche

Nicht in eine Zelle, sondern ins Kloster wurden – meist aus dynastischen oder finanziellen Gründen – immer wieder Patriziertöchter gesteckt. Die Klosterbälle und Amouren der gezwungener Maßen frommen Frauen vom Kloster San Zaccaria waren Stadtgespräch. Vermutlich rächten sich die um ihr Leben betrogenen Damen auf diese Weise ... Das Nonnenkloster nutzen heute die Carabinieri. Die Klosterkirche – man erreicht sie rasch über die beiden Brücken Ponte della Pagalia und Ponte del Vin – ist nicht nur zur Biennale, wenn hier zeitgenössische Ausstellungen stattfinden, ein Hingucker. Die Hauptsehenswürdigkeit hinter der gewaltige Fassade von Antonio Gambello und Mauro Coducci ist ein Spätwerk von **Giovanni Bellini** (1430 bis 1516; ▶ S. 266). Seine »Sacra Conversazione« (Thronende Madonna mit den Heiligen Petrus, Katharina, Lucia und Hieronymus) von 1505 gehört zu den schönsten Renaissancebildern der Welt, sie entstand fast zeitgleich wie Leonardos Mona Lisa. Streng symmetrisch aufgebaut: in der Mitte die durch den Thronsitz überhöhte Maria, Christus im Arm haltend, zu ihren Füßen ein musizierender Engel. Linkerhand werden sie von dem Apostel Petrus im typisch blau-gelben Gewand und der Heiligen Katharina mit der Märtyrerpalme begleitet, rechterhand von der Heiligen Lucia von Syrakus. Im Hintergrund der Heiligengruppe greift Bellini die Architektur der Kirche auf, deren Krypta meist unter Wasser steht.

Campo S. Zaccaria, Anlegestelle San Zaccaria | Mo. – Sa. 10–12, 16 bis 18, So. nur 16–18 Uhr

★★ PIAZZA SAN MARCO

Anlegestellen: San Zaccaria, Vallaresso San Marco

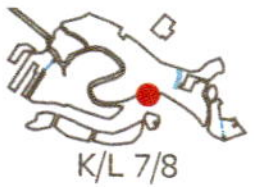

K/L 7/8

Mittelpunkt Venedigs ist der von Napoleon »Schönster Salon Europas« genannte Markusplatz, auch nur »La Piazza« genannt, da alle anderen Plätze Venedigs »Campo« heißen.

La Piazza – Herz der Lagunenstadt

Wohl keine andere Stadt der Welt kann mit einem vergleichbaren Entree aufwarten. Hier stehen die berühmtesten Bauwerke, Zeugnisse der glorreichen Vergangenheit, und gleich der erste Blick hinterlässt einen unvergesslichen Eindruck: Im Osten beherrscht die ▶ Basilica di San Marco den Platz, im Westen der Napoleonische Flügel, im Norden der Uhrturm und die Alten Prokuratien, im Süden die Neuen Prokuratien. Jahrhunderte lang war die Piazza San Marco das religiöse, politische und gesellschaftliche Herz der Seerepublik, und sie hat bis heute, wo sie allein den Schauenden vorbehalten ist, nichts von ihrer Wirkung eingebüßt.

Den Übergang zur »Piazzetta« mit der Bibliothek bildet der hoch aufragende Campanile mit der eleganten Loggetta. Von der Markuskirche zur Ala Napoleonica hin verjüngt sich der Platz, wodurch er noch an Tiefe gewinnt (im Durchschnitt ist er 175 m lang, bei der Kirche 82 m, beim Napoleonflügel 56,6 m breit). Nichts lenkt von der architektonischen Geschlossenheit des Platzes ab.

Geschichte der Piazza

Der Platz hat eine lange Geschichte. Ursprünglich war er eine von einem Kanal durchflossene Insel, auf der die Nonnen des Zaccaria-Klosters Obst und Gemüse anbauten. 1174 wurde der Kanal und das Hafenbecken vor dem Dogenpalast zugeschüttet. Damals entstand die Piazzetta, die heute den Marktplatz mit dem Molo, dem Anleger an der Lagune verbindet. 1267 wurde die Piazza mit Ziegeln gepflastert. Damals standen von den heutigen Bauten nur die Markuskirche und der Campanile. Im späten 16. Jh. folgten die Neuen Prokuratien. Kurz zuvor waren bereits der Uhrturm, die Alten Prokuratien, die Biblioteca Marciana und die Münze (Zecca) erbaut worden. 1735 erhielt die Piazza ihr heutiges Pflaster aus Trachyt, die eingelassenen Linien aus weißem Marmor zeigten die Position der Verkaufsstände an, denn bis zum Ende der Republik war der Markusplatz – außer Bühne für Festzüge und Prozessionen – vor allem Marktplatz. Die Ala Napoleonica entstanden erst Anfang des 19. Jahrhunderts. Heute ist der Markusplatz Flaniermeile und »Festsaal« für Konzerte und Theateraufführungen. Jeder sollte sich einmal das Vergnügen gönnen, in einem der Konzertcafés ringsum bei einer Tasse Kaffee oder einem Glas Wein den Walzermelodien und Evergreens zu lauschen.

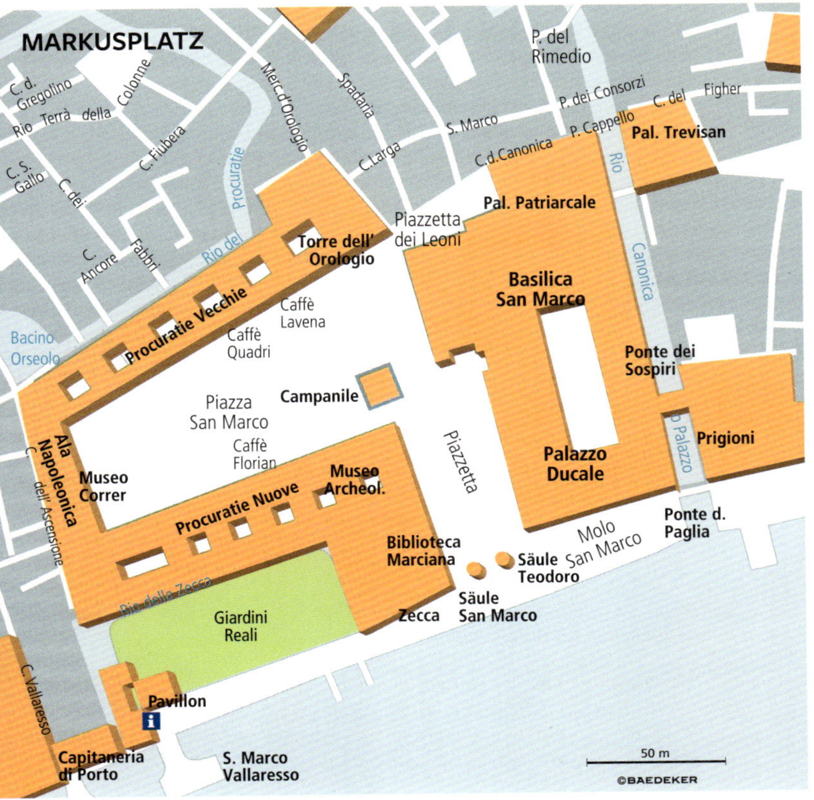

Die Tauben von San Marco

Bitte nicht füttern!

Auch die Tauben gehören zu San Marco. Egal, ob sie nun von jenen Tauben abstammen, die im 5. Jh. die venezianischen Urväter auf der Flucht vor den Hunnen in die Lagune führten, oder von jenen, die die Dogen alljährlich am Palmsonntag in die Freiheit entließen, oder aber von den Brieftauben, die 1204 die Kunde von der Einnahme Konstantinopels in die Lagunenstadt überbrachten und dafür 1300 Kilometer zurücklegen mussten. Rund 100 000 Tauben leben heute in der Lagunenstadt. Sie hinterlassen täglich vier Tonnen Kot, der nicht nur die Gebäude und Plätze verschandelt, sondern auch enorme Reinigungskosten verursacht. Seit 2008 dürfen die Tauben nicht mehr gefüttert werden. Sogar das Bewerfen von Hochzeitspaaren mit Reiskörnern nach der Trauung steht unter Strafe, denn der Reis könnte weitere Tauben anlocken.

Procuratie

Ein Palast für die Angestellten der Republik

Die beiden dreigeschossigen Längsflügel mit ihren Arkaden, die Alten und Neuen Prokuratien, begrenzen die Nord- und Südseite der Piazza San Marco. Die **Procuratie Vecchie** (ab 1500, Bartolomeo Bon) waren Sitz der Prokuratoren, nach dem Dogen die wichtigsten Würdenträger der Stadt. Sie verwalteten die Markuskirche und das gewaltige

Vor über 840 Jahren wurden hier noch Obst und Gemüse angebaut. Heute ist »La Piazza« der ganze Stolz der Stadt.

Kirchenvermögen, das sich aus öffentlichen und privaten Spenden und laufenden Einnahmen zusammensetzte. Als sich später ihr Aufgabenbereich auf die gesamte kommunale Verwaltung ausdehnte und ihre Anzahl entsprechend zunahm, entstanden gegenüber die **Procuratie Nuove** (1583–1640, Vincenzo Scamozzi und Baldassare Longhena). Scamozzi nahm sich dabei die Bibliothek seines Lehrers Sansovino zum Vorbild; er setzte lediglich noch ein drittes Stockwerk auf und schloss mit einem Gesims statt einer Balustrade ab. Nach der Eroberung Venedigs zog Napoleon in die neuen Prokuratien. Heute zeigt die **Fondazione Bevilacqua La Masa** hier zeitgenössisches Kunstschaffen, auch finden kulturelle Begegnungen statt (comune.venezia.it/content/fondazionebevilacqua-la-masa). Die Arkaden gehören zu den feinsten Geschäftsadressen Venedigs. 1957 eröffnete dort Adriano Olivetti einen Sowroom nach Plänen des Architekten Carlo Scarpa (1906–1978) – mit Bronze, edlen Hölzern, Marmortreppe und Glasmosaik.

Negozio Olivetti: Piazza San Marco 101 | Di.–So. 10–18.30 | Eintritt 10 €, plus Führung (So. 14.30 (ital.), Do. 12 Uhr (engl.)) 15 €
https://fondoambiente.it/luoghi/negozio-olivetti

Traditionsreich, aber sehr teuer

Berühmte Kaffeehäuser

Traditionsreich, aber auch sehr teuer, sind die berühmten Cafés in den Arkaden der Prokuratien. Zu jedem Kaffeehaus gehört im Sommer eine eigene Kapelle, die die Atmosphäre des Markusplatzes musikalisch unterstreichen. Als erstes Kaffeehaus eröffnete 1720 das **Caffè Florian**. Seine thematisch dekorierten Innenräume wie das chinesische oder das türkische Zimmer sowie das Senatszimmer haben seit Langem einen festen Platz in der Weltliteratur. Wo Giacomo Casanova, Goethe und Thomas Mann ihren Kaffee tranken, wurde auch die Biennale geplant – daher sind hier stets Installationen und Inszenierungen zu sehen. Die Lage des **Caffè Quadri** vis-à-vis spiegelte im 19. Jh. auch einen politischen Gegensatz wider, als die venezianischen Patrioten Manin und Tommaseo das Florian bevorzugten, während die österreichischen Offiziere im Caffè Quadri verkehrten. Atmosphäre vergangener Zeiten atmet also auch das ein halbes Jahrhundert jüngere Quadri, bekannt für sein unwiderstehliches Backwerk. Den Namen verdankt das Kaffeehaus seinem ehemaligen Besitzer Giorgio Quadri, einem Levantiner von Korfu, der seinerzeit den besten »Kaffee auf türkische Art« zuzubereiten wusste. Das 1750 gegründete **Caffè Lavena** erinnert mit seiner nostalgischen Einrichtung an die K.u.k.-Zeit, als sich das Lokal noch »Ungheria« nannte. Hier war Giuseppe Verdi oft zu Gast, ebenso Richard Wagner mit seiner Frau Cosima und dem Schwiegervater Franz Liszt. Doch wer sich an die Kaffeetische setzt, muss bereit sein, für Atmosphäre und Ausblick nicht nur gepfefferte Preise (Espresso 8 €, Filterkaffee 12 €, Mineralwasser 5 €, Glas Wein ab 12 €) zu zahlen, sondern auch den »supplemento musica«, den Aufschlag für die Musik (4–5 € pro Getränk).

BAEDEKER ÜBERRASCHENDES

6X FÜR KINDER

Langeweile verboten

1. DIE LÖWEN SIND LOS!

In Venedig soll es rund 2000 **Markuslöwen** geben, mal größer, mal kleiner, mal mit Flügeln und mal ohne. Man findet sie auf Hausmauern, Brücken, Türmen, auf Gemälden oder in Wappen. Manchmal muss man richtig suchen, da sie gut versteckt sind.

2. EINE SAFARI IN VENEDIG!

Der Dinosauriersaal im **Museo di Storia Naturale** im Fondaco dei Turchi am Canal Grande ist eine wirklich besondere Attraktion. (► **S. 93**)

3. VENEDIGS GEHEIMNISSE

Susanne Kunz-Saponaro kommt aus dem Ruhrpott, heiratete einen Römer und landete in Venedig, wo sie sich als Mutter von vier Bambini als Stadtführerin auf **Familientouren** spezialisiert hat – gut zu Fuß sollte der Nachwuchs dabei sein! (► **S. 310**)

4. MIT DEM RAD AUF DEM LIDO

Eine Abwechslung und vor allem (sportliche) **Bewegung nicht nur für Kids** verspricht eine Radtour auf dem Lido, zum Forte San Nicoló, zu den Sandstränden oder eine Fahrt nach Malamocco. (►**S. 147**)

5. KARNEVAL FÜR KINDER

Da feiern auch Veneziainer mit und **verkleiden ihren Nachwuchs** als Principessa, Saraceno (Pirat) oder Orsotto (Bärchen). Während des Karnevals gibt es für kleinere und größere Besucher ein besonderes Programm (www.carnevale.venezia.it und www.labiennale.org).

6. VOR DER REISE

Eine spielerische Vorbereitung auf den Venedigbesuch sind Cornelia Funkes auch verfilmter Bestseller **»Herr der Diebe«** und das Strategie-Spiel **»San Marco«** aus dem Ravensburger Verlag. (► **S. 328**)

Napoleons Eingang

Ala Napoleonica

Den westlichen Abschluss des Platzes bildet die Ala Napoleonica, ein erst 1810 auf Wunsch Napoleons von Giuseppe Soli eingefügter Verbindungsbau. Soli führte die ersten beiden Stockwerke der Neuen Prokuratien einfach weiter, ließ, um die Proportionen der Alten Prokuratien nicht zu stören, das dritte Stockwerk weg und setzte, um die Höhe zu halten, ein breites Band mit Steinreliefs obenauf. Die Ala bildete zwischen 1805 und 1814 den Eingang zur Residenz Napoleons, die er sich als »König von Italien« in der Bibliothek und in den Procuratie Nuove hatte einrichten lassen.

Stadtgeschichte, Kunst, Sissis Zimmer und mehr

Museo Correr

Der venezianische Adelige Teodoro Correr (1750–1830) hinterließ der Stadt eine unglaublich vielfältige kunst- und stadtgeschichtliche Sammlung. Von der Dogenkrone bis zu einer Stadtansicht Venedigs aus der Vogelperspektive, die Jacopo de' Barbari bereits um 1500 fertigte, reicht die Bandbreite des Museums. Im ersten Stock erfährt man in neoklassizistischen Sälen einiges über die Stadtgeschichte. Den Auftakt bilden die Statuen von Antonio Canova (1757–1822), gefolgt von Amtstrachten, Waffen und Münzen. Zu den Höhepunkten der Gemäldegalerie im zweiten Stock zählen die venezianisch-byzantinischen Tafelbilder von Paolo und Lorenzo Veneziano (»Schlüsselübergabe«, 1369) und eine gotische »Madonna mit Kind« von Jacobello del Fiore. Für die Frührenaissance stehen die ausdrucksstarke Pietà von Cosmé Tura und das »Porträt eines jungen Mannes« von Baldassare Estense. Den drei Bellinis ist ein eigener Saal gewidmet. Besonderes Augenmerk gilt auch Vittore Carpaccios eigenwilligem Bild »Zwei venezianische Patrizierinnen« (um 1510). In den sogenannten **Stanze di Sissi** wohnte die österreichische Kaiserin Elisabeth während ihrer Aufenthalte in der Stadt zwischen 1854 und 1862. Das **Risorgimento-Museum** dokumentiert die politische Entwicklung Venedigs vom Ende der Republik 1797 bis zum Anschluss an das Königreich Italien 1866.

April–Okt. tgl. 10–18, Mai–Aug. bei Sonderschauen Fr.–So. bis 23 Uhr
Eintritt 25 € (Kombikarte für die Museen am Markusplatz)
correr.visitmuve.it

Griechische und römische Skulpturen

Museo Archeologico

Sie waren Studienobjekte und Vorlagen für venezianische Maler und Bildhauer: die griechischen und römischen Skulpturen im Archäologischen Nationalmuseum, das sich den Eingang mit dem Museo Correr teilt. Den Grundstock bilden Sammlungen venezianischer Familien seit dem 16. Jh., besonders der Grimani. Zu den schönsten Exponaten gehören die Porträts römischer Kaiser, Weihgeschenke der Akropolis von Athen und Thronreliefs, die Putti mit Göttersymbolen zeigen.

Eingang Ala Napoleonica | tgl. 10–18 Uhr | Eintritt ▶oben | polomusealeveneto.beniculturali.it/musei/museo-archeologico-nazionale-di-venezia

Torre dell' Orologio

Ein Uhrturm als Zeichen für die Stärke

Mit dem Uhrturm über dem Durchgang zur ▶ Mercerie bewies Venedig Mut. Finanziell angeschlagen, folgte es dem Rat von Leon Battisti Alberti, dem wichtigsten Architekturkritiker der Renaissance, und errichtete als sichtbares Zeichen seiner Stärke dieses bauliche Novum – zuvor hatte es im städtischen Umfeld nur Kirchtürme und Wachtürme von Burgen gegeben. Den Auftrag vergab die Serenissima an Mauro Coducci, ihrem zweiten Stararchitekten neben Pietro Lombarda. Das oberste Stockwerk mit dem sternenübersäten blauen Mosaikfeld und dem Markuslöwen fügte Giorgio Massari 1755 hinzu. Auf seiner Plattform schlagen zwei mit Hämmern ausgestattete Bronzemohren jede volle Stunde. Die große Prunkuhr von Gian Paolo und Gian Carlo Ranieri – Vater und Sohn – zeigt auch Monate, Sternzeichen und Mondphasen an. In der Himmelfahrtswoche und an Dreikönig ziehen zur vollen Stunde die Heiligen Drei Könige, von einem Engel geführt, um die Madonna mit dem Kind.

Besichtigung nach Voranmeldung | Eintritt 15 €
torreorologio.visitmuve.it

Markusdom

▶ Basilica di San Marco

Campanile

Höchstes Gebäude der Stadt und ein Wahrzeichen Venedigs

Bindeglied zwischen Markusplatz und Piazzetta ist der quadratische, 98,6 m hohe Campanile. Als höchstes Gebäude Venedigs ist er für die Venezianer »El paron de casa« (der Herr des Hauses). Er wurde nicht nur im venezianischen Herrschaftsgebiet oft kopiert, sondern auch beim Bau des Kieler Rathausturms und im Venetian Resort Hotel von Las Vegas. Begonnen wurde der Bau, mittlerweile ein Wahrzeichen Venedigs, bereits im Jahr 888, doch immer unterbrochen. Erst 1178 wurde das obere Geschoss mit seinen Klangarkaden vollendet. Im 15. Jh. folgte schließlich die spitze Turmhaube, die schon von Weitem die herannahenden Schiffe grüßte. Am 14. Juli 1902 stürzte der Turm in sich zusammen, ohne dass jemand verletzt wurde, und begrub die kleine barocke Halle zu seinen Füßen, die **Loggetta**. Sie war 1540 nach Plänen von Sansovino erbaut worden. Nach zehn Jahren war am Markustag, dem 25. April, der Wiederaufbau beendet. Seit 2008 sichern zwei Titan-Ringanker von Thyssen-Krupp in 40 cm und 2,5 m unter Pflasterniveau das Fundament. Heute fährt ein Aufzug hinauf zur »Glockenstube«. Der Ausblick über die Stadt, die Lagune und das Festland bis zu den Alpen ist spektakulär.

tgl. 9.30–9.15 Uhr, Kassenschluss 1 Std. vorher, bei sehr schlechtem Wetter geschl. | Eintritt 10 €

Piazzetta

Drei Säulen für die Stadt

Von seiner Reise nach Tyrus (Libanon) brachte der Doge Michieli 1125 die Colonne di Marco e Teodoro mit. Die beiden mächtigen Granitsäulen mit den Stadtheiligen markieren den ursprünglichen Haupteingang Venedigs, das lange nur von der Meerseite erreicht werden konnte. Eigentlich waren es drei Säulen – doch beim Ausladen fiel eine ins Meer. Die westliche Säule wird von der Statue des heiligen Theodor bekrönt. Er war Grieche und Vorsteher eines Klosters in Konstantinopel, bis er nach Venedig verbannt wurde und dort erster Schutzpatron der Stadt war. 828 wurde er abgelöst vom heiligen Markus, der auf der östlichen Säule mit seinem Symbol, dem Markuslöwen, dargestellt wird. Zwischen den Säulen fanden früher öffentliche Exekutionen statt. Daher gehen abergläubische Veneziarner nicht zwischen ihnen hindurch. Vermutlich war die Marmorstatue des hl. Theodor ursprünglich eine römische Kaiserstatue aus dem 2. Jh., der bronzene Markuslöwe eine assyrische oder persische Chimäre, der man nachträglich Flügel einsetzte und ein Buch zwischen die Pranken schob.

► Palazzo Ducale

Dogenpalast

Von der Piazzetta sieht man hinüber zur Insel der mit der ehemaligen Benediktiner-Abtei San Giorgio Maggiore.

Ein Renaissancepalast für Bücher

Biblioteca Nazionale Marciana

Der Dichter Francesco Petrarca schenkte ihr 1362 seine Handschriftensammlung, Kardinal Bessarion seine private Bibliothek, und seit 1603 muss von jedem in Venedig gedruckten Werk ein Pflichtexemplar hier abgegeben werden: Die Markusbibliothek gegenüber dem ▶ Palazzo Ducale gehört heute zu den größten Nationalbibliotheken Italiens und wichtigsten Handschriftensammlungen der Welt.

Bessarion hatte seine Spende mit einer Auflage verbunden: Die Bibliothek solle an einem würdigen Ort untergebracht sein. Doch erst einmal reiste die Sammlung von einem Palazzo an der Riva degli Schiavoni zur Basilica San Marco, dann in den Dogenpalast. Erst 1537 konnte Sansovino den Grundstein an der Piazetta legen. Als jedoch das Gewölbe des Lesesaals einstürzte, wanderte der Architekt und Bildhauer ins Gefängnis. Nach Fürsprache seiner Freunde Tizian und Aretino kam er nach kurzer Zeit wieder frei, musste aber den Schaden auf eigene Kosten begleichen. Nach Sansovinos Tod vollendete Vincenzo Scamozzi bis 1588 den Bau. Seine Fassade gilt als eine der vollkommensten Schöpfungen der italienischen Renaissance. Palladio pries den auch Libreria Vecchia genannten Bau als prächtigstes Gebäude seit der Antike.

Das prachtvolle Treppenhaus (Alessandro Vittoria), das großartige Vestibül (Deckengemälde von Tizian, »Weisheit«, 1560) und der Große Saal (Salone) sind in Führungen zugänglich. Das Breviarium Grimani (1510–1520) mit 831 Blättern flämischer Miniaturen gehört zu den Kostbarkeiten der Buchmalerei, die die Schauräume neben Edelsteinen, Handschriften und Kalligraphien zeigen. Die eigentliche Bibliothek mit mehr als einer Million Bände finden Sie in der angrenzenden **Zecca**, die 1545 ebenfalls nach Plänen Sansovinos zur Lagune hin errichtet wurde. Bis 1870 barg sie die **städtische Münze**.

Eingang Piazzetta | Führungen: sporadisch s. Internetseite, sonst nach Anmeldung | Tel. 041 240 72 38 | Eintritt ▶ Museo Correr, S. 177
https://bibliotecanazionalemarciana.cultura.gov.it

★★ PONTE DI RIALTO

Lage: Canal Grande | **Anlegestelle:** Rialto

Rund um die Rialtobrücke pulsiert das Leben – seit Beginn der Seerepublik wird hier gehandelt. Und das Leben genossen – in charmanten Bars und in Lokalen. Bemerkenswert sind auch die Meisterwerke venezianischer Künstler in den umliegenden Kirchen, Ausdruck des Danks für die göttliche Unterstützung.

Ponte di Rialto: ein Bogen aus einem Schwung, gestützt von 12 000 Holzpfählen

Sie ist eines der Wahrzeichen der Lagunenstadt: die hellweiße Rialtobrücke, die bis Mitte des 19. Jh.s die einzige Brücke über den Canal Gande war. Erst 1854 wurde die Akademiebrücke erbaut, 1858 folgte die Barfüßerbrücke (Ponte degli Scalzi) und 2008 schließlich der Ponte della Costituzione, letztere beide in der Nähe des Bahnhofs.

Keimzelle und älteste Brücke Venedigs

Der Brückenname Rialto leitet sich von **»rivus altus«** (»hohes Ufer«) ab; auf dieser Insel siedelten Anfang des 9. Jh.s die ersten Venezianer. Bereits um 1180 gab es an dieser Stelle eine erste Holzbrücke über den Kanal; diese wurde durch eine Zugbrücke ersetzt, die 1444 unter dem Gewicht von Zuschauern zusammenbrach, die von der Brücke aus einer Bootsprozession beiwohnten. Auf dem in der Accademia ausgestellten Bild »Das Kreuzwunder« von Vittore Carpaccio ist das Bild einer Holzbrücke aus dieser Zeit festgehalten (► S. 122). Am Wettbewerb zum Bau der Brücke beteiligten sich viele namhafte Architekten. Den Zuschlag erhielt 1588 Antonio da Ponte für seine einbogige Lösung. Drei Jahre später konnte die 48 m lange und 22 m breite Brücke aus istrischem Marmor eingeweiht werden. Sie ruht auf jeweils 6000 Eichenpfählen, die zu beiden Seiten in den schlammigen Untergrund getrieben wurden. Ihre Durchfahrtshöhe beträgt 7,50 m. Über den Brückenbogen führen drei Fußgängerwege, die durch zwei Ladenreihen mit Leder-, Schmuck- und Souvenirgeschäften getrennt werden. Nimmt man die äußeren Wege, hat man von der oberen Brückenplattform einen schönen Blick auf das Leben und Treiben auf und um den Canal Grande.

Geschäftszentrum der Stadt

Rialtomarkt

Während sich am Markusplatz die politische und geistliche Macht und im Arsenale Industrie und Militär konzentrierten, war der Rialto viele Jahrhunderte lang das Geschäftszentrum Venedigs. An den Kais löschten Händler aus aller Welt ihre Waren, daran erinnern heute noch die Namen, hatten die größten Bank- und Handelshäuser ihren Sitz und verführt seit 1100 Jahren der zentrale Markt Venedigs die Sinne. Die einzelnen Marktbereiche sind getrennt – in der Erbaria werden bis heute Kräuter verkauft, in der Naranzeria Orangen und andere Zitrusfrüchte, in der Casaria gibt es Milchprodukte und in der Beccaria Schlachterwaren. Im 14. Jh. kam die Pescheria, der Fischmarkt hinzu, die auffällige offene Fischhalle entstand 1907 (► S. 95). Das Marktangebot ist enorm – Obst und Gemüse von den Inseln, Meeresgetier aus der Lagune –, die Händler versuchen sich lautstark Aufmerksamkeit zu verschaffen, Besucher kämpfen sich durch ihre Besorgungen, finden aber auch Zeit zum tratschen und später zum ersten »ombra« (= Glas Wein): Die Atmosphäre ist unvergleichlich, vorausgesetzt man kommt früh!
In der Drogheria Mascari werden anspruchsvolle Hobbyköche fündig. Nach dem Einkaufsbummel laden gemütliche Weinstuben ein, z. B. der Bancogiro (€€); im Erdgeschoss gibt es kleine Happen, im ersten Stock warme Küche und Tische mit Kanalblick.

Markt: Mo. – Sa. bis Mittag | **Fischmarkt** in der Pescheria: Di. – Sa. 5–11 Uhr | **Drogheria Mascari:** Calle degli Spezieri | www.imascari.com | **Bancogiro** (€€): im Arkadengang der Fabbriche Vecchie am Campo San Giacometto | Di. – So. 9–24 Uhr | osteriabancogiro.it

Das Rotlichtviertel der Seerepublik

Die Dirnen von Rialto

Anfangs tolerierten die Stadtväter die Ausübung der Prostitution im gesamten Stadtgebiet Venedigs. Ab dem 14. Jh. durften die Dirnen nur noch in den Osterien und Bars von Rialto ihren Geschäften nachgehen. 1360 öffnete dort im »Castelletto« das erste offizielle Bordell. Regelmäßig kam der Aufseher des Sestiere zur Kontrolle vorbei – und kassierte einen Teil der Einnahmen für den Staat. Bis ins 18. Jh. faszinierten die venezianischen Kurtisanen die Besucher und Dichter wie Goethe, wie seine stark erotischen Epigramme aus Venedig verraten.

Tizian und Pordenone

San Giovanni Elemosinario

In der Ruga degli Orefii hatten die Goldschmiede ihre Werkstätten. Dort, versteckt zwischen den Häusern, baute Scarpagnino 1539 die Kirche San Giovanni Elemosinario, in der der Doge Andrea Gritti immer mittwochs betete – unter dem Altarbild »Johannes der Almosengeber« (1545) von **Tizian**. Vorausgegangen war ein Wettstreit um diesen Auftrag. Der Verlierer Pordenone durfte »nur« die rechte Seitenkapelle mit seinen Heiligen Katharina, Sebastian und Rochus schmücken. An der Eingangswand zeigt ein Bild von Domenico Tintoretto den Dogen Marino Grimani und seine Frau Morosina Morosini beim Gebet.

Mi. und Do. 10.30–13.30 Uhr | Eintritt 3,50 €, Kombikarte Choruskirchen 14 €

Jesus und Johannes der Täufer

San Silvestro

Am Ende der Fondamenta del Vin, wo früher die Boote der Weinhändler anlegten, finden Sie in der Kirche San Silvestro (19. Jh.) am ersten Seitenaltar rechts ein weiteres Werk von **Tintoretto**, eine »Taufe Christi« (um 1580). Im Unterschied zur ▶ Scuola Grande di San Rocco, in der er dieses Thema ebenfalls aufgegriffen hat, zeigt Tintoretto hier die persönliche Begegnung zwischen Johannes dem Täufer und Jesus, den die Taube des Heiligen Geistes überstrahlt.

★ RIVA DEGLI SCHIAVONI

Lage: Calle dei Furlani/Ponte dei Greci | **Anlegestelle:** San Zaccaria

Venedigs bedeutendste Flaniermeile, die Riva degli Schiavoni, zieht sich vom Dogenpalast fast bis zum Arsenale und, unter anderen Namen, bis zu den Giardini Pubblici. Prachtvolle Kirchen und Palazzi, Hotels und Lokale säumen die aussichtsreiche Uferpromenade, an der einst die »Schiavoni«, dalmatinische Slawen, mit ihren Handelsschiffen anlegten.

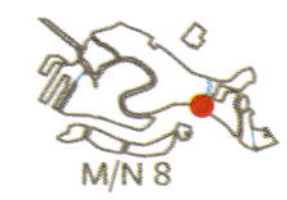

Heute versuchen hier fliegende Händler ihre Waren an die Touristen zu bringen, und anstelle der Galeeren liegen kleine Kreuzfahrtschiffe und Luxusjachten vor Anker. Die Südlage der Flaniermeile sorgt dafür, dass es auf den Kais stets wärmer ist als anderswo in der Stadt. Vor allem im Winter ist das äußerst angenehm, im Sommer kann es mitunter sehr heiß werden. Von der Uferpromenade, die fünf Kanäle mit Brücken überwindet, öffnet sich Richtung Lagune Venedigs bekanntestes Panorama von ▶ San Giorgio Maggiore über den Flachbau der Punta della Dogana mit ihrem goldenen Engel und der Kuppelkirche ▶ Santa Maria della Salute, beide am Ausgang des ▶ Canal Grande gelegen, bis zu Palladios Redentorekirche auf ▶ Guideccca.

Venedigs aussichtsreichste Flaniermeile, die Riva degli Schiavoni.

Vivaldis Kirche

Santa Maria della Pietà

Die spätbarocke Kirche Santa Maria della Visitazione, auch della Pietà genannt am Pietà-Anleger von San Zaccaria, heißt auch einfach nur Vivaldis Kirche. **Antonio Vivaldi** (► Interessante Menschen, S. 274) war ab 1703 viele Jahre als Violinlehrer im benachbarten Mädchen-Waisenhaus Ospedale della Pietà tätig. Auch heute finden hier Konzerte statt. Ein kleines Museum erzählt von der Geschichte des Hospizes und seines berühmtesten Musikers. Das Hospiz bietet auch einfache, preiswerte Zimmer an.

Casa per Ferie (€): Calle della Pietà, im Kirchenhospiz im obersten Stockwerk mit herrlicher Dachterrasse! | Buchung: www.facebook.com/BedVeniceCasaPerFerie | DZ ab 100 €, EZ ab 60 € (inkl. Frühstück) | Kircheninfos und -termine: pietavenezia.org

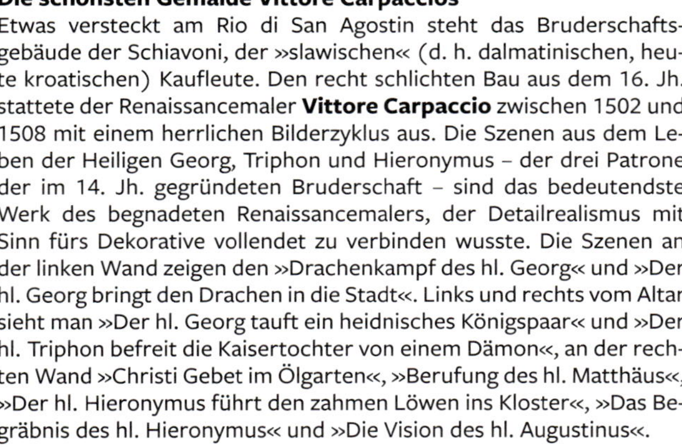

Die schönsten Gemälde Vittore Carpaccios

Scuola di San Giorgio degli Schiavoni

Etwas versteckt am Rio di San Agostin steht das Bruderschaftsgebäude der Schiavoni, der »slawischen« (d. h. dalmatinischen, heute kroatischen) Kaufleute. Den recht schlichten Bau aus dem 16. Jh. stattete der Renaissancemaler **Vittore Carpaccio** zwischen 1502 und 1508 mit einem herrlichen Bilderzyklus aus. Die Szenen aus dem Leben der Heiligen Georg, Triphon und Hieronymus – der drei Patrone der im 14. Jh. gegründeten Bruderschaft – sind das bedeutendste Werk des begnadeten Renaissancemalers, der Detailrealismus mit Sinn fürs Dekorative vollendet zu verbinden wusste. Die Szenen an der linken Wand zeigen den »Drachenkampf des hl. Georg« und »Der hl. Georg bringt den Drachen in die Stadt«. Links und rechts vom Altar sieht man »Der hl. Georg tauft ein heidnisches Königspaar« und »Der hl. Triphon befreit die Kaisertochter von einem Dämon«, an der rechten Wand »Christi Gebet im Ölgarten«, »Berufung des hl. Matthäus«, »Der hl. Hieronymus führt den zahmen Löwen ins Kloster«, »Das Begräbnis des hl. Hieronymus« und »Die Vision des hl. Augustinus«.

Mi.–Mo. 10–17.30 Uhr | Eintritt 5 € | www.scuoladalmatavenezia.com

Rund um die Scuola di San Giorgio

Griechenviertel

Das sog. Griechenviertel mit volkstümlichen Trattorien und Bars, überragt vom schiefen Glockenturm der 1539 erbauten orthodoxen Kirche **San Giorgio dei Greci**, erinnert an die einst bedeutende griechische Gemeinde in Venedig. In der **Scuola di San Nicolò** im Palazzo Flangini (17. Jh.) von Baldessare Longhena gleich neben der Kirche zeigt das Istituto Ellenico di Studi Bizantini in seinem Museum wertvolle byzantinische Ikonen.

Castello 3412 | tgl. 9–17 Uhr | Eintritt 4 € | istitutoellenico.org

Vivaldis Taufkirche

San Giovanni in Bragora

Das spätgotische Gotteshaus (1475–1494) etwas östlich des Rio della Pietà birgt unter dem Holzdachstuhl drei Höhepunkte venezianischer Malerei der Frührenaissance: in der Chorapsis eine »Taufe Christi« von Cima da Conegliano (1494) mit einer stimmungsvollen Veneto-Landschaft als Hintergrund; zwischen 1. und 2. Kapelle rechts ein Triptychon mit Maria, Johannes dem Täufer und dem hl. Andreas (1478) von Bartolomeo Vivarini; in der ersten Seitenkapelle links eine »Auferstehung« (1498) von Alvise Vivarini. Palma d. J. malte über dem Eingang den »Christus vor Kaiphas« (1600). Die Chorwände schmücken eine »Fußwaschung« und ein »Abendmahl« des Tizianschülers Paris Bordone (1500–1571). Im Taufbecken im linken Seitenschiff wurde Antonio Vivaldi getauft, daran erinnert eine Kopie seines Taufscheins.

Auf dem kleinen, baumbestandenen Campiello del Piovan nur wenige Schritte südlich stehen gleich drei der für Venedig typischen Brunnenköpfe (vere da pozzo) aus istrischem Stein.

Campo Bandiera e Moro | Mo. – Sa. 9–12 und 15.30–17.30 Uhr

★ SAN GIORGIO MAGGIORE

Lage: Canale di San Marco | **Anlegestelle:** San Giorgio (Vaporetto 2) | tgl. 9–19 Uhr, Nov.–März 8.30–18 Uhr | **Eintritt:** Kirche frei, Campanile 6 € | Tel. 375 63 235 95 | **www.abbaziadisangiorgio.it**

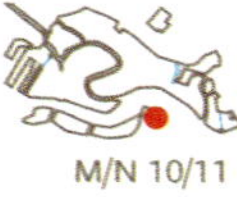
M/N 10/11

Sie ist die Paradeansicht von Piazzetta und Riva degli Schiavoni: die Klosteranlage der Benediktiner auf der Isola di San Giorgio Maggiore. Außerdem erwartet Sie hier ein schönes Café mit Blick auf die Jachten, Freilufttheater und die Fondazione Cini, die Sie in ihr Labyrinth entführt, sowie – während der Biennale – Kunst am Kai.

Kuppel, Campanile und Kloster bilden einen wunderbaren Akzent in der Lagune von Venedig. Schon Ende des 10. Jh.s gründeten Benediktiner hier ein Kloster, zu dem auch eine Kirche gehörte. Der heutige Bau geht auf einen Entwurf von **Andrea Palladio** von 1563 zurück; seine Fertigstellung 1610 erlebte der große Architekt allerdings nicht mehr. Die Fassade erinnert wie bei Palladios anderen venezianischen Kirchen San Francesco della Vigna (► Santi Giovanni e Paolo) und Il Redentore (► La Giudecca) an einen antiken Tempel mit kolossaler Säulenordnung, Nischen und Dreiecksgiebeln.

Im Innern und auf dem Campanile

San Giorgio Maggiore

Auch im weißgrauen Innern der dreischiffigen Basilika mit Säulen, Pfeilern, Pilastern und Gebälk, halbrund abschließenden Querhausarmen und einer Zentralkuppel mit Vierungsbereich war der römisch-antike Baugedanke Vorbild. Blickfang ist der Hochaltar (1591–1593) von Girolamo Compagna, einem Schüler Sansovinos. Die Seitenwände des Altarraums schmücken zwei großformatige Alterswerke von **Tintoretto**, »Mannaregen« und ein »Abendmahl«, beide entstanden 1594 in seinem Todesjahr. Das prächtige Chorgestühl (1594–1598) aus Nussbaumholz im Mönchschor ist mit Szenen aus dem Leben des hl. Benedikt verziert. Hier wurde 1800 Pius VII. zum Papst gewählt.
Links vom Mönchschor gelangt man durch einen Gang zum Aufzug des Campanile. Der 60 m hohe Glockenturm war Teil der Vorgängerbauten von 1470, stürzte später ein und wurde 1791 nach dem Vorbild des Markusturms wiedererrichtet. Der Blick vom Glockengeschoss über die Lagune ist überwältigend (► S. 134).

Café und alle zwei Jahre Kunst

Fondamenta San Giorgio

Die Uferpromenade ist – wie die Kirche – während der Biennale ein Ausstellungsort für zeitgenössische Kunst. Dort finden sie auch das Café San Giorgio (sangiorgio.cafe/en/home-eng/), das im Sommer

Stühle und Tische auf den Kai stellt. Genießen Sie dort eine Pause mit Blick auf den kleinen Leuchtturm von San Giorgio und die im Wind tanzenden Masten der Jachten. Segelunterricht erteilt die Compagnia della Vela im Rücken von San Giorgio – auch zum Segelclub gehört eine schöne Bar mit Meerblick!

Compagnia della Vela: Tel. 041 520 08 84 | compagniadellavela.org

Kloster und Fondazione Giorgio Cini

Kloster

Als Napoleon Venedig besetzte, endete die Blütezeit des Klosters. Die Kirche wurde säkularisiert, das Kloster aufgelöst. Die Insel verfiel, bis sie von dem Bankier Vittorio Cini (1885–1977) gekauft und restauriert wurde. Heute ist sie Sitz der Kulturstiftung **Fondazione Giorgio Cini**, die mit ihrem Namen an den tödlich verunglückten Sohn des Bankiers erinnert. Zu dem Komplex gehören zwei Kreuzgänge: Der hintere entstand 1520–1540, der vordere wurde 1579 von Andrea Palladio begonnen und von Baldassare Longhena vollendet. Von ihm stammen auch das frühbarocke Treppenhaus und die Bibliothek (1641). Das 128 m lange Dormitorium entstand 1488–1521. Die Stirnwand des Refektoriums (Speisesaal) nahm eine 9,90 × 6,69 m (!) große »Hochzeit zu Kana« von **Veronese** ein, die Napoleon 1797 raubte (im Pariser Louvre zu sehen); seit 2007 kann am originalen Ort eine perfekte Kopie bewundert werden. Das Borges-Labyrinth legte Randoll Coate in Erin-

Das einstige Benediktinerkloster ist heute Sitz einer Kulturstiftung.

nerung an den argentinischen Schriftsteller an. Die Lagergebäude im Osten (19. Jh.) werden für Ausstellungen genutzt.
Besichtigung meist Sa., So. außer an Feiertagen 10–16 Uhr | Führungen ab 15 € | www.visitcini.com

SAN POLO

Lage: Campo San Polo | **Anlegestellen:** San Silvestro, San Tomà

Südwestlich des Canal Grande beginnt der gleichnamige kleinste der sechs Sestieri – Stadtteile – Venedigs. Die gotische Backsteinkirche San Polo birgt Meisterwerke von Tiepolo, Tintoretto und Veronese und im Gassenlabyrinth rund um den Platz entdeckt man alteingesessene oder angesagte Lokale und Geschäfte sowie Lieblingsorte der Einheimischen.

Der Campo San Polo ist nach dem Markusplatz der zweitgrößte Platz Venedigs. Bis 1750 führte an seiner Ostseite ein Kanal entlang, dessen Verlauf noch an der gewundenen Linie des spätgotischen Palazzo Soranzo zu erkennen ist. Der Palazzo Corner Mocenigo gegenüber ist ein Spätwerk von Michele Sanmicheli aus der Mitte des 16. Jahrhunderts. Der Platz, auf dem bis ins 19. Jh. Feste und Stierkämpfe stattfanden und heute Cafés zum Verweilen einladen, verwandelt sich jedes Jahr Ende Juli bis Ende August in ein Freiluftkino.
Programm: Fremdenverkehrsamt, Tagespresse und veneziadavivere.com

Meisterwerke von Tintoretto und Tiepolo

San Polo Apostolo

Die Südostseite des Platzes nimmt die Backsteinfassade von San Polo Apostolo ein, deren heutiger Bau vor allem im 15. Jh. entstand. Der Campanile gegenüber dem Eingang ist von 1362 und die zwei Sockellöwen sind aus dem 12. Jahrhundert. Das Innere wurde im 19. Jh. umgebaut. So kontrastieren die schöne Holzkieldecke aus dem 15. Jh., in Venedig sonst nur noch in Santo Stefano und San Giacomo dell'Orio erhalten, mit den klassizistischen Kolonnaden aus hellem Marmor. Zunächst zieht das »Abendmahl« von **Tintoretto** (1568 /1569) links des Eingangs den Blick auf sich. Es handelt sich um die dritte Fassung dieses Themas: Die erste von 1547 befindet sich in der Kirche San Marcuola (► Canal Grande), eine zweite in San Trovaso (► Campo San Trovaso); im hohen Alter schuf er noch eine Fassung für San Giorgio Maggiore. Ein Meisterwerk der Lichtdramaturgie ist

Tiepolos Meisterwerk: »Maria erscheint dem hl. Johannes Nepomuk«

auch das zweite Altarblatt links, »Maria erscheint dem hl. Johannes Nepomuk« (1751) von Giovanni Battista **Tiepolo**. Von seinem damals erst 22-jährigen Sohn **Giovanni Domenico** stammen die 14 Kreuzwegstationen im Oratorio del Crocefisso (1749; der Eingang befindet sich unter der Orgel), eine sehenswerte Darstellung des venezianischen Adels in all seiner Pracht.

Mo. 10.30–16, Di. – Sa. bis 16.30 Uhr | Eintritt 3,50 €, Kombikarte Choruskirchen 14 €

Geburtshaus Carlo Goldonis und Ausgefallenes

Palazzo Centani

Im gotischen Palazzo Centani, Geburtshaus des Komödiendichters Carlo Goldoni (1707–1793), erinnert heute ein **Theatermuseum** an den berühmten Autor und Venedigs Bühnengeschichte.

In Gassenlabyrinth von San Polo verstecken sich zwischen Kleingewerbe, Handwerksbetriebe und alteingesessenen Geschäften Kunsthandwerker und kleine Manufakturen. So wie Bruno Amadi, der aus einem glühenden Klumpen Glas seit fast 40 Jahren eine maritime Menagerie fertigt – Kugelfische, Flundern, Krebse und Korallen. Venezianische Keramik finden Sie bei Biasin Luciana, »pavana, zaletti, busolai, fritelle« und andere typisch venezianische »Dolci« in der Pasticceria Rizzardini.

Palazzo Centani: Campo San Tomà | Do. – Di. 10–17, Nov. – März nur bis 16 Uhr | Eintritt 6 € | carlogoldoni.visitmuve.it
Bruno Amadi: Calle dei Saoneri | Tel. 041 523 80 89
Biasin Luciana: Salizzada San Polo 2094 | Tel. 041 528 93 96
Pasticceria Rizzardini: San Polo 1415 | Tel. 041 522 38 35

★★ SANTA MARIA GLORIOSA DEI FRARI · FRARI

Lage: Campo dei Frari | **Anlegestelle:** San Tomà | Mo. – Sa. 9–18, So. ab 13 Uhr | **Eintritt** 5 € | **www.basilicadeifrari.it**

Rein äußerlich ist die Frari-Kirche ein schlichter, großer Backsteinbau. Doch im Inneren quillt der Sakralbau förmlich über von Kunstwerken berühmter Venezianer wie Tizian und Giovanni Bellini. Hauptanziehungspunkt ist die »Himmelfahrt Mariens« auf dem Hochaltar, ein Meisterwerk von Tizian, der in der Franziskanerkirche seine letzte Ruhestätte fand.

Über 120 Jahre lang wurde an der Franziskanerkirche »Frari« gebaut.

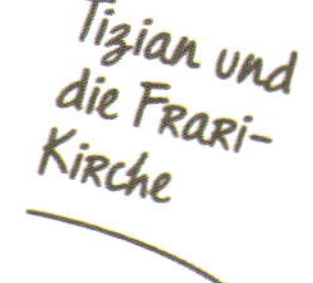

Die auch nur Frari genannte Kirche im Stadtteil San Polo gehört mit San Zanipolo, der Ordenskirche der Dominikaner (n Santi Giovanni e Paolo), zu den größten gotischen Kirchen Venedigs. Ein Vorgängerbau der Franziskaner (frari = fratres, Brüder) an der selben Stelle, der zwischen 1250 und 1338 erbaut worden war, erschien schon kurz nach Fertigstellung zu klein und so wurde bereits um 1340 im Chor und im Querschiffbereich mit einem Neubau begonnen. Das Langhaus folgte erst im 15. Jh.; mit der Weihe des Hochaltars 1469 war der schlichte gotische Ziegelsteinbau, der das Armutsideal der Franziskaner widerspiegelt, abgeschlossen. Man betritt die Kirche durch einen Seiteneingang unter dem Campanile (mit 83 m ist er das zweithöchste Gebäude Venedigs). Das hallenartige Innere teilt sich in ein dunkles dreischiffiges Langhaus, ein einschiffiges Querhaus und einen geraden Chorschluss mit der durchlichteten Wand der Hauptchorkapelle, die zu beiden Seiten von drei schmalen niedrigen Kapellen gerahmt wird. Die **prachtvolle Ausstattung**, vor allem die Grabmonumente und Altarbilder mit ihren Stiftern, bietet sich wie ein zweites Pantheon der venezianischen Geschichte dar. Ruhen in San Zanipolo Dogen und Adelige, sind es in der Frari neben einigen Dogen auch venezianische Künstler, Baumeister, Stifterfamilien und Feldherren.

SANTA MARIA GLORIOSA DEI FRARI

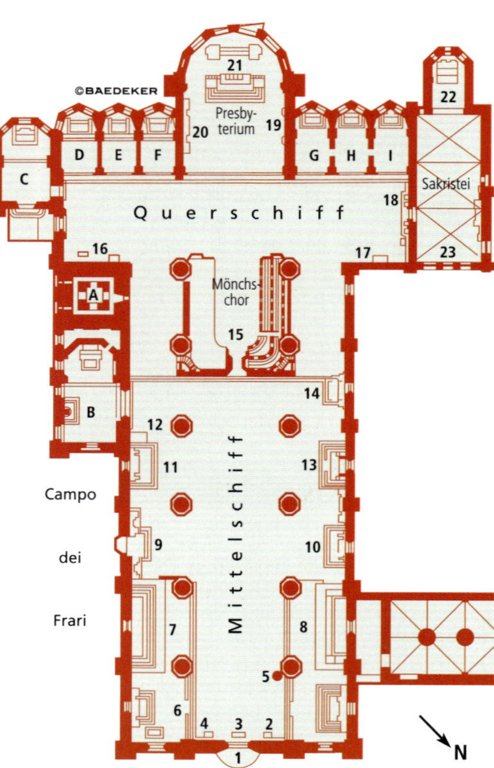

1 Hauptportal
2 Grabmal von Alvise Pasqualino († 1528)
3 Grabmal von Girolamo Garzoni († 1688)
4 Grabmal von Pietro Bernardo († 1538)
5 Weihwasserbecken mit Statuetten von G. Campagna (1593)
6 Kruzifix Altar
7 Grabmal von A. Canova († 1822)
8 Denkmal für Tizian († 1576)
9 Grabmal des Dogen Giovanni Pesar († 1659) am Seitenportal
10 Altar der Läuterung
11 »Madonna di Ca' Pesaro«,Tizian (1526)
12 Grabmal des Bischofs Iacopo Pesarc († 1547)
13 Altar des hl. Josef von Copertino
14 Altar der hl. Katharina
15 Chorgestühl von 1468
16 Monumente für Genero Orsini
17 Grabmal des Generals I. Marcello († 1484)
18 Grabmal des Admirals Benedetto Pesaro († 1503)
19 Grabmal des Dogen Francesco Foscari († 1457)
20 Grabmal des Dogen Niccolò Tron († 1473)
21 Hochaltar mit Tizians »Mariä Himme fahrt« (»Assunta«,1516-1518)
22 »Thronende Madonna mit Heiligen«, G. Bellini (1488)
23 »Madonna mit Kind und den Hll.Franziskus und Elisabeth, die den Dogen und seine Frau begleiten«, Paolo Veneziano

GLOCKENTURM UND KAPELLEN

A Glockenturm
B Emiliani
C Corner: Marmorstatue Johannes' de Täufers (1554); Altarbild von Bart. Vivarini (1474)
D Milanesi: Grabmal von Claudio Mon verdi († 1643); Altarbild von Al. Viva
E Trevisan (Melchiore Trevisan, † 1500
F San Francesco
G Fiorentini: Holzstatue Johannes' des Täufers von Donatello (1451)
H Sacramento: Wandgrab des Florentinischen Gesandten Duccio degli Alberti († 1336)
I Bernardo: Altargemälde von Bart. Vivarini (1488)

Monumente gegen das Vergessen

Prächtige Grabmäler

Über dem Hauptportal prangt an der Innenseite in schwarzweißem Marmor das Grab des 1688 im Türkenkrieg gefallenen Senators und Generals (»proveditor d'armata«) Girolamo Garzoni. Der von einem Genius bekrönte Verstorbene wird von den Personifikationen der Religion (links) und der Venezia (rechts) flankiert. Die Grabmäler rechts und links davon ehren die Prokuratoren Pietro Bernardo († 1538) und Alvise Pasqualino († 1528). Im zweiten Joch des linken

Seitenschiffs befindet sich das Grab für **Antonio Canova** (1757 bis 1822). Unter der Marmorpyramide wurde das Herz des bedeutendsten Bildhauers des Klassizismus beigesetzt, sein Körper ruht im Mausoleum in seinem Geburtsort Possagno. Der Entwurf für das Monument stammt von Canova selbst, die Pyramide war ursprünglich für den 1567 an der Pest gestorbenen **Tizian** bestimmt. Dessen Grab auf der gegenüberliegenden Seite wurde erst über 250 Jahre nach Tizians Tod von Canova-Schülern gebaut. Das folgende Grabmal für den Dogen Giovanni Pesaro († 1659) geht auf einen Entwurf von Baldassare Longhena zurück. Den nächsten Altar schmückt ein berühmtes Bild von Tizian, die sog. **Pesaro-Madonna** (1519/1526), religiöses Andachtsbild und profanes Gruppenporträt in einem: Von einem Bannerträger und einem gefangenen Türken umrahmt, ist links kniend der Stifter Jacopo Pesaro zu sehen, der in päpstlichen Diensten gegen die Türken kämpfte, ihm gegenüber treten sein Bruder Francesco und jüngere Familienmitglieder auf.
Ein prachtvoller **Lettner** (1468–1475, Bartolomeo Bon und Pietro Lombardo) trennt Hauptschiff und Mönchschor. Das großartig geschnitzte und intarsierte **Chorgestühl** schuf Marco Cozzi 1468, die Marmorreliefs an den Außenseiten kommen aus der Werkstatt der Lombardo-Brüder.

»Himmelfahrt Mariens« – ein Meisterwerk

Tizians »Assunta«

In der Hauptapsis erstrahlt in flammenden Farben Tizians Altarbild der »Himmelfahrt Mariens« (1518; ital. Assunta). Es ist 6,90 m hoch und 3,60 m breit und damit das größte Altargemälde der Stadt – und **Tizians größtes Werk**. Im Zentrum schwebt die anmutige Gottesmutter in einer sonnengleichen Gloriole auf einem von Scharen geflügelter Putten gebildeten Bogen in den Himmel, wo sie Gottvater empfängt. Wie damals üblich, wurde das Bild nicht auf Leinwand, sondern mit Ölfarben direkt auf Holz gemalt. Doch schon 200 Jahre nach seiner Erschaffung war das berühmte Werk, das für viele Reisende Grund für einen Stopp auf ihrer »Grand Tour« durch Europa war, von einer dicken Schicht Schmutz und Ruß überzogen. Mitte des 18. Jh.s hielt der Maler Joshua Reynolds in seinem Tagebuch fest: »Es war fürchterlich dunkel, aber hervorragend gemalt.«
Zum Meisterwerk machen es einige noch nicht bekannte Kunstgriffe. Ohne tatsächliche Perspektive gelingt es Tizian, den Eindruck räumlicher Weite zu schaffen. Er nutzt dazu die Eigenschaft des Auges, nahe Gegenstände unscharf erscheinen zu lassen, wenn man ein weiter entferntes Motiv fokussiert. Auch wurden üblicherweise die Figuren unterschiedlich groß dargestellt, um diesen Effekt zu erreichen – bei Tizian ist der rot gekleidete Apostel jedoch fast genauso groß wie Maria. Himmel und Erde trennt Tizian durch eine geschickte Licht- und Pinselführung. Die irdischen Apostel, breit und eher unscharf ausgeführt, stehen im Trüben; Maria leuchtet im goldenen

Himmel. Verstärkt wird der Unterschied durch die bewusste Ausnutzung des harten, gleichmäßigen Lichtes, das durch die Fenster fällt – es verstärkt oben das Funkeln und unten die Dunkelheit. Im Himmel verkleinert Tizian die Engelsköpfe und betont die unterschiedlichen räumlichen Entfernungen durch Helldunkel-Kontraste sowie Vorder- und Hintergrundfarben.
Unter den **Dogengrabmälern** in der Hauptchorkapelle ist besonders das spätgotische Grabdenkmal von Antonio und Paolo Bregno für Francesco Foscari († 1457) an der rechten Wand bemerkenswert, der Venedigs Herrschaft auf das Festland (Terra ferma) ausdehnte. Zwei Schildknappen haben den Baldachin zur Seite gezogen und geben den Blick frei auf die Liegefigur des Verstorbenen, die von Herrschertugenden umrahmt ist. Das Grabmal für den Dogen Niccolò Tron († 1473) an der linken Wand schuf Antonio Rizzo im Stil der Frührenaissance mit antikisierenden Nischenfiguren.

Ein Grabmal für Monteverdi

Linker Querhausarm

Im linken Querhausarm beeindruckt in der **Cappella San Francesco** das unter dem Einfluss Tizians geschaffene Altarbild der thronenden Madonna mit Heiligen (1. Hälfte 16. Jh.) von Bernardino Licinio. In der Cappella Milanesi erinnert die Grabplatte an den Komponisten **Claudio Monteverdi** (1567–1643), erster Kapellmeister von San Marco und Begründer der venezianischen Oper mit Werken wie »Orfeo« (1607) und »L'incoronazione di Poppea« (1642). Auf dem Altar befindet sich das Tafelbild »Hl. Ambrosius mit Heiligen« und eine Marienkrönung (um 1503) von Alvise Vivarini. Die Cappella Corner schmücken ein Weihwasserbecken mit der Figur Johannes des Täufers (um 1554) von Jacopo Sansovino sowie das Triptychon »Hl. Markus zwischen Heiligen« (um 1474) von Bartolomeo Vivarini.

Pesaro-Altar: Bellinis Meisterwerk

Rechter Querhausarm

Im rechten Querhausarm steht in der Cappella Fiorentini die ausdrucksvolle, farbig gefasste Holzstatue Johannes des Täufers (1451), des Stadtpatrons von Florenz, von **Donatello**, der den asketischen Johannes in eindringlicher Predigthaltung wiedergibt. In der angrenzenden Cappella del Sacramento befindet sich das Wandgrab des Florentiner Gesandten Duccio degli Alberti († 1336), und in der nächsten Cappella Bernardo überrascht eine mehrteilige Altartafel (1488) mit der Muttergottes und Heiligen in schönem Renaissancerahmen von Bartolomeo Vivarini. Über dem Durchgang zur Sakristei befinden sich das triumphbogenartige Grabdenkmal für den Admiral Benedetto Pesaro († 1503), rechts davon an der Wand die Grabdenkmäler für den General Jacopo Marcello († 1484) im Stil der

Tizian hatte eine besondere Beziehung zur Frari-Kirche. Hier befindet sich seine Grabstätte; von ihm ist auch die 1518 gemalte »Mariä Himmelfahrt«.

Frührenaissance sowie das Reiterdenkmal, das erste in Venedig, für den General Paolo Savelli († 1405).

Die Sakristei birgt in ihrer Apsis ein Meisterwerk von **Giovanni Bellini**. 1488 entstand im Auftrag der Familie Pesaro für ihre Familiengruft Bellinis Triptychon »Pesaro-Altar«. Auf der Mitteltafel zeigt es die thronende Gottesmutter mit dem Christuskind, auf den Flügeln (links) die Heiligen Nikolaus und Petrus sowie (rechts) Benedikt und Markus als Namenspatrone für Pietro Pesaro, den Vater, und für seine Söhne Nicolò, Marco und Benedetto. Die Harmonie und Ruhe, die von diesem Altarbild in seinen satten Farben ausgeht, hat auch Albrecht Dürer fasziniert, der die Tafel 1495 in Venedig sah und sie später zum Vorbild für seine berühmten »Vier Apostel« nahm (1526; Alte Pinakothek, München). Die »Madonna mit Kind, dem hl. Franziskus und der hl. Elisabeth, die den Dogen und seine Gattin begleiten« (1339) stammt von Paolo Veneziano.

Rund um die Frari-Kirche

Staatsarchiv

Archivio di Stato

Das um zwei Kreuzgänge erbaute Franziskanerkloster ist Sitz des venezianischen Staatsarchivs. Nach den Archiven des Vatikans und Wiens ist es das drittgrößte Archiv Europas mit über 15 Millionen Büchern und Manuskripten. Gemeinsam mit der Ecole Politecnique de Lausanne und der Università Ca' Foscari erstellt das Archiv derzeit als großes Projekt die »Venice Time Machine«, von der es sich neue Einblicke in die Geschichte erhofft.

www.archiviodistatovenezia.it

Campo di San Rocco

Am Campo di San Rocco warten weitere Sehenswürdigkeiten, die Kirche San Rocco und vor allem die ▶ Scuola Grande di San Rocco.

Schätze in einer der ältesten Kirchen und andere Tipps

San Giacomo dell'Orio

Ein herrliches Deckengemälde von **Paolo Veronese** schmückt San Giacomo dell'Orio nördlich der Frari-Kirche. Sie ist eine der ältesten Kirchen Venedigs – ihr Grundstein wurde bereits im 9. Jh. gelegt. Der massive Camapanile und das Querschiff entstanden um 1225, das Langhaus erhielt seine heutige Form im 15. Jh., das dreiteilige Presbyterium folgte in der Mitte des 16. Jhs. Die geschnitzte Holzdecke gleicht einem Schiffsrumpf! Veroneses Werk finden Sie in der neuen Sakristei neben der rechten Chorkapelle, die alte Saktristei neben der linken Chorkapelle schmücken zwei Werke von Palma d. J., den Chor eine »Sacra Conversazione« von Lorenzo Lotto (1546). Die Kanzel in Kelchform datiert aus dem 16. Jh., die Säule aus grünem Marmor im südlichen Querhausarm ist eine Spolie aus dem 6. Jh. Der gleichnamige Campo mit Bänken und Wasserbrunnen eignet sich perfekt für eine Pause. Das Herzstück von San Croce säumen die Eisdiele Majer Venezia, das luxuriösie B & B Patatina (www.patatinabb.com) und ein Kino. In den Sommermonaten gibt es im »Réfolo« auf dem kleinen Campiello dei Morti hinter der Kirche sehr gute Pizza.

Campo San Giacomo dell'Orio | Anlegestelle San Staè | Mo. -Sa. 10.30 bis 17 Uhr | Eintritt 3,50 €, Kombikarte Choruskirchen 14 €
Réfolo: Mo., Di. geschl. | Tel. 041 524 00 16

★★ SANTA MARIA DELLA SALUTE

Lage: Fondamenta della Salute | **Anlegestelle:** Salute | tgl. 9–12, 15–17.30 Uhr, Sakristei: Mi.–Sa. 10–12.30, Mi.–So. 14–17.30 Uhr
Eintritt: Sakristei 6, Sakristei u. Pinakothek 10 €, Panorama-Kuppel 8 €, Balustrade 5 € | **https://basilicasalutevenezia.it**

Als 1630 die Pest in Venedig wütete und schon über 40 000 Menschen, fast ein Drittel der Bevölkerung, gestorben waren, wandten sich die Venezianer in ihrer Verzweiflung an die Mutter Gottes. Als Dank für ihre Hilfe versprach der Doge Nicolò Contarini der Madonna eine prachtvolle Kirche. Den Auftrag erhielt ein damals unbekannter Baumeister: Baldassare Longhena – die Salute ist sein Erstlingswerk!

Als Standort für das Gotteshaus wünschte sich der Senat die Landspitze an der Mündung des Canal Grande in die Lagune. Da stand bereits die Dogana da Mer (▶ S. 104). Dass die Kirche dennoch so repräsentativ und stadtbildprägend ist, liegt an dem Entwurf des noch jungen Longhena (1597–1783). Baubeginn war 1631. Zunächst wurden für das Fundament der Kirche 176 626 Holzpfähle in die Lagune gerammt. Die Einweihung erfolgte erst 1687, fünf Jahre nach dem Tod des Baumeisters. Mit ihrer Freitreppe, dem monumentalen Portal und zwei gewaltigen Kuppeln ist die Marienkirche nicht nur ein gelungener Auftakt für die Ankunft in der Stadt, sondern das vollendete Pendant zur ▶ Basilica di San Marco und dem ▶ Palazzo Ducale gegenüber. »Eine Rotunde, ein Werk neuer Erfindungen, wie sie noch nirgends in Venedig zu finden sind, ein würdiges Werk, wie sich es viele wünschen«, wollte Longhena erreichen. Als Grundriss wählte er einen achteckigen Zentralbau. Bekrönt wird die Kirche in 55 m Höhe von Maria als »Gebieterin des Meeres«, als »Capitana del Mar« mit dem Kommadostab eines venezianischen Großadmirals.

Das große Finale des Canal Grande: die Kuppelkirche Santa Maria della Salute

Schätze im Innern

In der Salute-Kirche

Nach dem repräsentativen Äußeren wirkt ihr ebenfalls noch ganz der Renaissance verpflichtete Innenraum überraschend schlicht. Acht mächtige Pfeiler tragen die Tambourkuppel, rechts und links liegen je drei Seitenkapellen. Sehr schön ist der kunstvolle Marmorfußboden. Von den vielen Plastiken – es sollen am gesamten Bauwerk über 120 Figuren sein – ist die **Hochaltargruppe** des Flamen Giusto Le Court (vor 1674) wohl die bedeutendste Arbeit: Die Muttergottes (in der Mitte) erfüllt die Bitte der Venezia und vertreibt die Pest – ein altes Weib auf dem rechten Flügel. Die griechisch-byzantinische Ikone »Madonna della Salute« oder »Mesopanditissa« (13. Jh.) auf dem Hauptaltar brachte Francesco Morosini 1670 von Kreta mit.

In der Sakristei (links vom Hochaltar) finden Sie die größten Schätze, die meisten stammen aus aufgelösten Kirchen Venedigs: Dazu gehören **Tintorettos** »Hochzeit von Kanaa« an der Längswand (1551) und drei Bilder von **Tizian**, der »Hl. Markus mit den Heiligen Cosmos, Damian, Rochus und Sebastian« (1511) sowie die beiden Deckengemälde »Kain und Abel«, »Das Opfer Abrahams« und »David und Goliath« (1542–1544).

Stille Feier zum Gedenken

Festa della Madonna della Salute

Noch heute feiern die Venezianer jedes Jahr das Ende der Pest. Immer am 21. November zünden sie in der Kirche vor dem Altar »candeli per Madonna«-Kerzen an, beten und essen anschließend im Freien »frittelle« (Schmalkrapfen). Dafür wird eine Pontonbrücke von S. Maria del Giglio über den Canal Grande zur Kirche geschlagen.

★★ SANTI GIOVANNI E PAOLO · SAN ZANIPOLO

Lage: Campo Santi Giovanni e Paolo | **Anlegestellen:** Ospedale, Fondamente Nove | Mo.–Sa. 9–18, So. erst ab 12 Uhr | Eintritt 3,50 €
www.santigiovanniepaolo.it

Santi Giovanni e Paolo, von den Venezianern nur Zanipolo genannt, war von der Gotik bis zum Barock die beliebteste Grablege der Dogen. Später wurden in der Backsteinkirche auch bedeutende Maler und führende Männer beigesetzt. Mit der Frari (▸ S. 190) gehört sie zu den größten gotischen Kirchen Venedigs.

Pantheon Venedigs

Die Kirche gilt als Pantheon Venedigs: 27 Dogen sowie einige führende Künstler der Seerepublik, darunter Gentile und Giovanni Bellini, sind hier bestattet – ihre Grabdenkmäler spiegeln die Entwicklung der Bildhauerei von der Spätgotik über die Hochrenaissance bis zum Barock wider. Als erster Doge wurde Jacopo Tiepolo (Dogat 1229 bis 1249) in einem einfachen Marmorgrab nicht in der Kirche, sondern an ihrer Außenfassade begraben. Er hatte 1245 den Dominikanern das Gelände zum Bau der Kirche geschenkt.
Zusammen mit der angrenzenden, immer noch zu einem Hospital gehörenden Scuola Grande di San Marco und dem Colleoni-Reiterdenkmal auf dem Vorplatz bildet die imposante Backsteinkirche ein herausragendes Bauensemble aus Gotik und Renaissance. Ihre Fassade folgt dem dominikanischen Armutsideal: So fehlt ein Glockenturm, und die Tabernakel auf dem Giebel wurden erst später hinzugefügt. Finanzierungsprobleme waren wahrscheinlich für die 200-jährige Bauzeit verantwortlich: Das Langhaus wurde 1369, Chor und Vierungswölbung erst um 1450 fertiggestellt. Das Marmorportal ist ein Werk von Bartolomeo Bon (1460), die umrahmenden Säulen gehörten ursprünglich zu einer früheren Kirche auf Torcello.

SANTI GIOVANNI E PAOLO • SAN ZANIPOLO

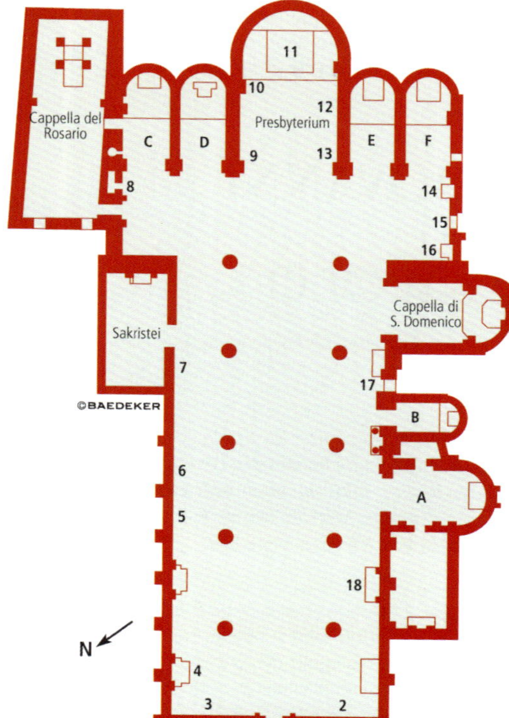

1 Hauptportal und Grabmal des Dogen Alvise Mocenigo († 1577)
2 Grabmal des Dogen Pietro Mocenigo († 1476)
3 Grabmal des Dogen Giovanni Mocenigo († 1485)
4 A. Vittoria: Hl. Hieronymus
5 Denkmal für den Dogen Nicolò Marcello († 1474)
6 Denkmal für den Dogen Tommaso Mocenigo († 1423)
7 Wandgrab des Dogen Pasquale Malipiero († 1462)
8 Grabmal des Dogen Giovanni Dolfin († 1361)
9 Grabmal des Dogen Marco Corner († 1368)
10 Grabmal des Dogen Andrea Vendramin († 1478)
11 Hochaltar von 1619
12 Grabmal des Dogen Leonardo Loredan († 1521)
13 Grabmal des Dogen Michele Morosini († 1382)
14 Altarbild von Rocco Marconi
15 Altarbild von Lorenzo Lotto
16 Tafelbild von A. Vivarini
17 Grabmal des Dogen Silvestro Valier († 1700)
18 Altar mit Tafelbild von Giovanni Bellini
A Cappella dell' Addolorata
B Cappella della Pace
C Cappella Cavalli (di S. Pio V)
D Cappella della Trinità
E Cappella della Maddalena
F Cappella del Crocifisso

20 m

Ein Museum der Grabkunst

Im Innern von San Zanipolo, Westwand

Mit 101,5 m Länge und 35 m Höhe ist San Zanipolo **Venedigs größter Sakralbau**. Ihr dreischiffiger, von hohen Säulen untergliederter Innenraum ist steiler proportioniert als der der Frari-Kirche. Durch das Fehlen der Chorschranke hat man einen freien Blick bis in die lichtdurchflutete Apsis.

An der Westwand befinden sich die Grabdenkmäler der Dogen Pietro, Giovanni und Alvise **Mocenigo**. Das sich fast bis auf den Boden herabziehende Renaissancegrabmal für Pietro Mocenigo (um 1481, links) mit Herkulesstatuen als Sockelreliefs, ein Werk von Pietro Lombardo, zeigt den Dogen nicht mehr als Liegefigur, sondern als

Helden. Das um 1500 von Tullio Lombardo vollendete Grabmal für Giovanni Mocenigo (rechts) wird von klassischer Strenge bestimmt, das Triumphbogenmotiv durch eine Säulenarchitektur ersetzt. Die Mitte der inneren Eingangswand nimmt das zwischen 1580 und 1646 gestaltete Kolossalgrabmal für den 1577 verstorbenen Alvise Mocenigo und seine Frau Loredana ein, das Züge dekorativer frühbarock-klassizistischer Inszenierung trägt.

Weitere Schätze

Im linken Seitenschiff

Die Marmorstatue des knienden hl. Hieronymus auf dem ersten Seitenschiffaltar entwarf Alessandro Vittoria (1525–1608). Auf der Höhe des zweiten Rundpfeilers befindet sich das 1481 von Pietro Lombardo geschaffene, mit Sockel, Säulen, Pilastern und Gebälk geformte Grabmal für den Dogen **Nicolò Marcello**, daneben das Grabdenkmal für den Dogen **Tommaso Mocenigo** im Übergangsstil von der Spätgotik zur Renaissance unter erstmaliger Verwendung des Stoffbaldachins, mit Muschelnischen und der porträthaften Liegefigur des Verstorbenen. Wenig weiter folgt das Wandgrab des Dogen **Pasquale Malipiero** im Frührenaissancestil von Pietro Lombardo, verziert mit Pietàrelief, Greifen und Stoffbaldachin.
Die angrenzende **Sakristei** (Ende 16. Jh.) besitzt eine schöne geschnitzte Täfelung aus Nussbaumholz und ein Deckenbild von Marco Vecellio mit den »Hll. Dominikus und Franziskus in Anbetung der Gottesmutter« sowie ein Altarbild mit »Kreuzigung« von Palma dem Jüngeren.
Im linken Querhausarm befinden sich an der Stirnwand drei Grabmäler für die Dogen der **Familie Venier** mit Antonio (Dogat 1382 bis 1400), Francesco (1554–1556) und Sebastiano (1577–1578). In die linke Wand der Cappella Cavalli ist eines der ältesten Grabmäler der Kirche für **Giovanni Dolfin** (Dogat 1356–1361) eingelassen, ein schlichter Sarkophag mit Reliefs des Dogenpaars vor dem thronenden Christus, der Anbetung der Weisen und des Marientods. In der **Cappella del Rosario**, der 1582 zur Erinnerung an den Seesieg von Lepanto (1571) errichteten Votivkapelle, wurden nach dem Brand von 1867 Deckengemälde von **Paolo Veronese** (1528–1588) in die neue Schnitzdecke eingefügt, darunter »Anbetung der Könige«, »Mariä Himmelfahrt« sowie »Verkündigung und Anbetung der Hirten«. Die Kapellenrückwand schmückt eine »Geburt Christi«.

In der Hauptapsis

Presbyterium

Im Presbyterium (Hauptapsis) beeindruckt der als Triumphbogen gestaltete Hochaltar (um 1619) nach dem Entwurf von **Baldassare Longhena** mit den Figuren von Johannes und Paulus, den Patronen der Kirche (um 1660). An der linken Seitenwand fällt der Blick zunächst auf das gotische Grabmal mit der Liegefigur des 1368 verstorbenen Dogen **Marco Corner**; das fünfteilige Retabel mit einer Madonnenfigur darüber schuf der toskanische Bildhauer Nino Pisano. Das folgende Renaissancegrabmal (um 1492) für den Dogen Andrea Vendramin (Dogat 1476–1478), ein Hauptwerk **Tullio Lombardos,** steigert das römische Triumphbogenmotiv aus der Wandfläche heraus ins Monumental-Plastische. Die von Dienern bewachte Liegefigur ruht auf einem von Tugendpersonifikationen umstellten Sarkophag, darüber erscheint im Bogenfeldrelief die thronende Muttergottes, während in den seitlichen Nischen jugendliche Krieger in antikischer Pose Aufstellung fanden. Die gegenüberliegende Wand ziert das von Kolossalsäulen gerahmte Grabdenkmal (1572) für **Leonardo Loredan** (Dogat 1501–1521), der als Staatsmann und Friedensstifter zwischen den Personifikationen der Venezia (links) und der Liga von Cambrai (rechts) erscheint. Das anschließende gotische Grabmal für den bereits im Jahr seiner Wahl 1382 verstorbenen Dogen **Michele Morosini** zeigt die für die Grabmalkunst des 14. Jh.s typische Verbindung von Architektur, Malerei und Plastik. Die Stirnwand des rechten Querhausarms schmücken »Die Kreuztragung Christi« (15. Jh.) von Alvise Vivarini, die »Marienkrönung« (16. Jh.) von Giovanni da Udine und das von Tizian beeinflusste Altarbild (1542) von Lorenzo Lotto, »Die Almosenspende des hl. Antonius Pierozzi« (1459 verstorbener und 1523 kanonisierter Erzbischof von Florenz) sowie ein leuchtendes großes Glasfenster (nach 1470) aus den Werkstätten von Murano mit den Heiligen Georg, Johannes, Paulus und Theodor in den Lanzettbahnen.

Ein Hauptwerk des Rokoko, eine Ikone und andere Schätze

Im rechten Seitenschiff

In der **Cappella di San Domenico** vom Anfang des 18. Jh.s fasziniert ein Hauptwerk des Rokokos, das bewegungsreiche und in irreales Licht getauchte Deckenfresko von Giovanni Battista Piazzetta (1682 bis 1754), die »Apotheose des hl. Dominikus« (1727). Folgt man dem rechten Seitenschiff in Richtung Ausgang, kommt man an dem in barocker Theatralik gestalteten Grabmal von **Silvestro Valier** vorbei, dem 1700 verstorbenen Dogen, der als Letzter in San Zanipolo beigesetzt wurde. Paolo und Andrea Tirali entwarfen die letzte Ruhestätte des 109. Dogen und seiner Frau Elisabette Querini, die als überlebensgroße Figuren auf dem Sarkophag stehen. Die angrenzende **Cappella della Pace** birgt eine byzantinische Ikone, die 1349 den Dominikanern geschenkt wurde. Die folgende Kapelle der »Schmerzhaften Muttergottes« ist ein im Kern spätgotischer Raum mit Ausmalung des 17. Jh.s und einem Kreuzabnahme-Altarbild (19. Jh.). Wenige Schritte weiter steht man vor einem Giovanni Bellini zugeschriebenen Triptychon im Frührenaissancestil (um 1475 bis 1480) mit schönem Originalrahmen, dessen Mitteltafel den hl. Vinzenz Ferrer, einen spanischen Dominikaner, darstellt, während die hll. Sebastian und Christophorus auf den Seitentafeln erscheinen und die Predella Szenen aus dem Leben des hl. Vinzenz (1346–1419) zeigt.

OBEN: Im Vordergrund die Backsteinkirche Santi Giovanni e Paolo, auch San Zanipolo genannt; im Hintergrund die immer noch zu einem Hospital gehörende Scuola Grande di San Marco, das einstige Zunfthaus der Goldschmiede und Seidenhändler.

UNTEN: Das Denkmal für den siegreichen Feldherrn Bartolomeo Colleoni ist das zweite epochale Reiterdenkmal der Neuzeit: Pferd und Reiter werden hier in Bewegung und nicht länger statisch wiedergegeben.

Rund um San Zanipolo

Monumento a Colleoni

Denkmal für einen erfolgreichen Kriegsherrn

Das Colleoni-Denkmal auf dem Vorplatz, nach Donatellos Gattamelata-Reiterstandbild in Padua das zweite epochemachende Reiterdenkmal der Neuzeit, wurde 1481–1488 von dem Florentiner Renaissancebildhauer Andrea del Verrocchio modelliert und 1496 von Alessandro Leopardi gegossen. Pferd und Reiter werden – und das war neu – **nicht mehr statisch, sondern in Bewegung** wiedergegeben. Die Gestalt selbst hat nur wenig mit dem Feldherrn Bartolomeo Colleoni (1400–1475) zu tun, sie stellt vielmehr den Idealtypus eines stolzen und machtbewussten Condottiere dar. Colleoni führte für Venedig seit 1448 die Kriege auf der Terra ferma (Festland), wodurch er ein ungeheures Vermögen ansammelte. Auf dem Sterbebett vermachte er seinen Besitz dem Staat unter der Bedingung, dass er »vor San Marco« ein Denkmal erhalte. Zwar wollte der Staat die an die Auszahlung geknüpfte Bedingung nicht erfüllen, aber auf das Geld wollte er auch nicht verzichten. So ließ er das Denkmal schließlich vor dem Bruderschaftshaus von San Marco errichten – der Sterbende hatte ja nicht ausdrücklich gesagt, dass es die »Kirche« von San Marco sein müsse.

Scuola Grande di San Marco

Ein Zunfthaus für Goldschmiede und Seidenhändler

Die Scuola unmittelbar neben der Zanipolo-Kirche war das Haus der reichen Bruderschaft der Goldschmiede und Seidenhändler. Nach der Auflösung der Bruderschaften unter Napoleon wurde das Gebäude zum Krankenhaus. Seine schöne Renaissancefassade wurde um

CAFÉ ROSA SALVA

Donna Leon hat sie 1981 entdeckt, als sie – gerade in ihrer Wahlheimat angekommen – tagelang planlos durch die Gassen spazierte: die Bar Rosa Salva am Campo Santi Giovanni e Paolo in Castello. Bis heute ist die Pasticceria für die Erfinderin von Commissario Bruntti ein magischer Ort: Hier trifft sich Venedig, trinkt einen Espresso und genießt süße Teilchen. Nicht schick, aber immer voll (▶ S. 297).

1490 von **Pietro Lombardo** (unterer Teil) begonnen; sein Sohn Tullio schuf die Reliefs und die beiden Löwen. **Mauro Coducci** vollendete um 1500 den oberen Teil. Sehr wirkungsvoll sind die illusionistische Wandgestaltung des Erdgeschosses, die plastischen Bögen und der Figurenschmuck des Giebels. Bemerkenswert ist außerdem das Relief über dem Eingangstor, der »Segnende hl. Markus« von Bartolomeo Bon, einem der Meister der Porta della Carta am ► Palazzo Ducale.

Auf Wein gebaut

San Francesco della Vigna

Bevor die Franziskaner im Osten von San Zanipolo ihr erstes Kloster anlegten, wurde hier Wein (ital. vigne) angebaut. 1534 legte der Doge Andrea Gritti den Grundstein zum Bau der Klosterkirche nach Plänen von Jacopo Sansovino. Neun Schritte in der Breite und 27 Schritte in der Länge sollte das Kirchenschiff messen, das zu jeder Seite drei Kapellen erhielt, jeweils drei Schritte breit: Die Zahl drei war damals ein bekanntes Symbol der heiligen Dreifaltigkeit, sieben die Summe aus Geist und Seele (3) sowie Körperlichkeit (4). Zur Finanzierung des Baus wurden die Kapellen für 300 Dukaten an wohlhabende Familien als Grablegen verkauft. Der Doge zahlte 1000 Dukaten, um direkt am Hochalter begraben zu werden.

Ein Weinberg war der Bauplatz für San Francesco della Vigna.

Fertiggestellt wurde wurde das Gotteshaus jedoch erst 30 Jahre später von Andrea Palladio. Er gestaltete 1568–1572 vor allem die Fassade im Stil eines antiken Tempels, die auch bei seinen Kirchen ▶ San Giorgio Maggiore und Il Redentore (▶ Giudecca) ein zentrales Gestaltungselement bildet. Zu den hochkarätigen Ausstattungsstücken gehört im rechten Querschiff das Tafelbild »Thronende Madonna« (um 1470) von Antonio da Negroponte. Die Cappella Santa (Zugang vom linken Querschiff), in der jedes Jahr dreißig arme Mädchen eine Mitgift feierlich geschenkt bekamen, birgt eine »Madonna mit Heiligen« (1507) von **Giovanni Bellini**, die Sakristei ein Triptychon von **Antonio Vivarini** (15. Jh.). In der fünften Kapelle links hängt eine Madonna mit Heiligen (1551) von **Paolo Veronese**. Der Skulpturenzyklus (um 1500) in der Cappella Giustiniani links des Hochaltars wird Pietro Lombardo zugeschrieben. Den Kreuzgang erreicht man vom Querarm gegenüber der Capella Santa.

Campo San Francesco della Vigna | Anlegestelle Celestia | tgl. 8–12.30 und 15–18 Uhr | Eintritt frei

★★ SCUOLA GRANDE DI SAN ROCCO

Lage: Campo San Rocco | **Anlegestelle:** San Tomà | tgl. 9.30–17.30 Uhr | **Eintritt** 10 € | **www.scuolagrandesanrocco.it**

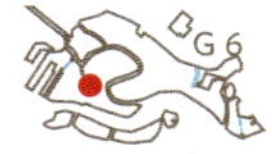

Von außen eher schlicht, im Inneren ein Juwel: Das Zunfthaus der Rochusbrüder lässt das goldene Zeitalter Venedigs wieder aufleben – mit Marmorfußböden, goldener Kassettendecke, allegorischen Holzfiguren und dramatischen Gemälden von Jacopo Robusti, bekannt unter dem Namen Tintoretto. Mit einem Trick hatte sich der Venezianer den Auftrag zur Ausmalung der »scuola« gesichert und schuf für sie 62 faszinierende Bilder.

Tintorettos Pinakothek

Im Mittelalter gab es in Venedig mehr als 60 sog. Scuole (ital. scuola, Pl. scuole = Schule; ▶ S. 241), vergleichbar mit unseren Zünften oder Gilden. Die Scuola Grande di San Rocco war eine der reichsten Scuole der Stadt ist wohl die besterhaltene der sechs Scuole Grandi von Venedig. Sie widmete sich der Pflege alter, kranker Menschen und war dem heiligen Rochus von Montpellier geweiht. Die Gebeine des 1327 verstorbenen und tatsächlich nie heiliggesprochenen Schutzpatrons der Pestopfer hatte der Doge 1485 aus Montpellier nach Venedig holen lassen.

SCUOLA GRANDE DI SAN ROCCO GROSSER SAAL

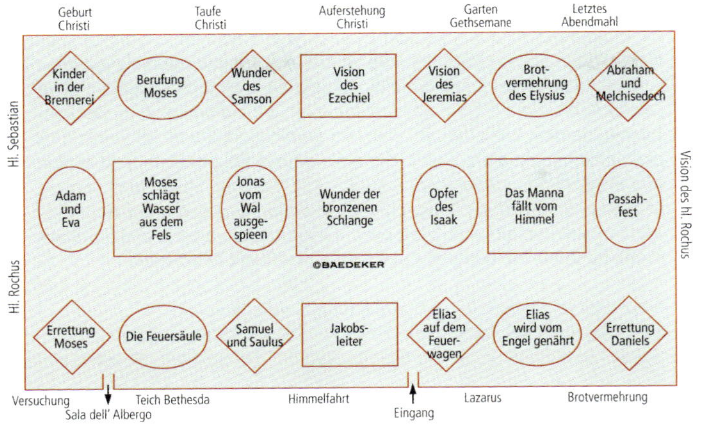

Wie man einen Konkurrenten ausschaltet

Die Scuola und Tintorettos Meisterwerk

Das Gebäudeentstand ab 1517 unter der Leitung von Bartolomeo Bon. Nach dessen Tod führte Antonio Scarpagnino die Arbeiten bis 1549 zu Ende. Gegenüber der mächtigen Fassade der Kirche San Rocco (▶ S. 209), in der die Reliquien des Heiligen aufbewahrt werden, wirkt der Renaissancebau der Scuola fast bescheiden. Den Wettbewerb zur Ausschmückung des Baus gewann 1564 **Tintoretto**, selbst Mitglied der Scuola. Anstelle einer Skizze hatte er gleich das fertige Gemälde »vorgelegt«. Mit diesem ungewöhnlichen Schachzug schlug er seinen ärgsten Kokurrenten: Paolo Veronese. 20 Jahre lang, bis 1588, arbeitete das »Färberlein«, der Namen Tintoretto leitete sich vom Handwerk seines Vaters ab, an der Ausstattung der Schule. So entstand ein Gesamtkunstwerk aus 62 Decken- und Wandgemälden, einer der umfangreichsten biblischen Bilderzyklen der italienischen Malerei..

Erdgeschoss · Sala Terrena

Marienzyklus

In der weiträumigen Säulenhalle im Erdgeschoss, wo einst Arme gespeist und Kranke versorgt wurden, beginnt an der linken Längswand der Gemäldezyklus zum Marienleben mit der »Verkündigung«. Vor dem zeitgeschichtlichen Hintergrund der Gegenreformation betont Tintoretto in seiner Malweise durch spannungsreiche Helldunkel-Effekte, aufwühlende Farbgebung und dramatische Gebärden das Mystische: Wolkenumhüllt betritt Erzengel Gabriel in blendendem Lichtschein das zur Ruine verwandelte Gemach der Maria. Die **»Anbetung**

der Weisen« ist eine komplizierte Diagonalkomposition, wobei Maria mit dem Christuskind auf einer Art Brückenbogen sitzend lichtumstrahlt die Huldigung entgegennimmt. Am rechten Bildrand trägt ein Sack die Initialen J R – Jacopo Rubusti war Tintorettos bürgerlicher Name. Das nächste Bild, die **»Ruhe auf der Flucht nach Ägypten«**, zeigt eine zwar ins Dämmerlicht getauchte, dennoch naturalistische Landschafts- und Figurengestaltung. Der **»Kindermord in Bethlehem«**, dessen Einzelheiten eher im Dunkeln bleiben, ist wiederum dramatisch gesteigert. Die Bilder der **»Maria Magdalena und Maria aus Ägypten«** geben eine melancholisch-ernste Stimmung wieder, unterstützt durch die landschaftliche Wildnis, die die beiden weltentrückten Gestalten umgibt. Der Marienzyklus endet mit der **»Darstellung Jesu im Tempel«** und **»Himmelfahrt Mariens«**.

Tintorettos Lebenswerk: 62 Decken- und Wandgemälde in der Scuola Grande di San Rocco

Obergeschoss · Sala Superiore

Die Passion Christi

Vorbei an den Bildern im Treppenhaus, die das Wüten der Pest in Venedig schildern, gelangt man in den 44 × 17 m großen Versammlungssaal im Obergeschoss. Die Wandbilder zeigen **Szenen aus dem Neuen Testament**, von der Geburt Christi über seine Taufe und die Auferstehung zur Ölberg- und Abendmahlsszene. Der Christuszyklus setzt sich vis-à-vis fort mit der wunderbaren Brotvermehrung; es folgen die Auferweckung des Lazarus, die Himmelfahrt Christi, die Krankenheilung am Teich Bethesda und die Versuchung Christi. Eine Schmalseite des Saals nimmt der Rochus-Altar ein, den Statuen des hl. Sebastian und Johannes des Täufers von Girolamo Campagna rahmen. Auf Staffeleien ruhen eine anmutige »Verkündigung« (um 1526) von Tizian und die »Begegnung von Maria und Elisabeth« (1588), ein Spätwerk von Tintoretto. Die zwei Gemälde Tiepolos von 1732, »Hagar in der Wüste vom Engel getröstet« sowie »Abraham und die Engel«, gelangten 1789 in die Scuola. Die Holzfiguren unterhalb der Gemälde wurden im 17. Jh. von Francesco Pianta geschaffen. Wie der kleinwüchsige Tintoretto angeblich ausgesehen hat, verrät die männliche Figur mit Palette und Pinseln beim Altar.

Mit Hilfe von Spiegeln kann man die 21 stark auf Untersicht angelegten **Deckengemälde** bequem betrachten. Sie behandeln **Szenen aus dem Alten Testament**. Das zentrale Deckenfeld schildert das Wunder der ehernen Schlange mit Moses als Retter. In der Szene, in der er Wasser aus den Felsen schlägt, erscheint Moses der Christusgestalt verwandt; er verweist damit auf den Lebensquell im heilsgeschichtlichen Sinn. Faszinierend wegen der steilen Untersicht in extremem Hochformat ist außerdem die Jakobsleiter, die Tintoretto als lichtumspielte Himmelstreppe malte.

Sala dell'Albergo · Kleiner Sitzungssaal

Kreuzigung

Im kleinen Sitzungssaal des Vorstands hängt Tintorettos vielleicht bewegendstes Werk, eine »Kreuzigung«. Der lichtumstrahlte Christus verkündet bereits den Sieg über den Tod und die Erlösung der Menschheit. An der Eingangswand sieht man die Passionsszenen Christus vor Pilatus, den Schmerzensmann und die Kreuztragung. Die Deckengemälde gehören zu Tintorettos ersten Auftragsarbeiten, mit dem »Hl. Rochus im Glorienschein« gewann er damals den Wettbewerb. Das Staffeleibild mit dem kreuztragenden Christus wird Tizian oder Giorgione zugeschrieben.

Der heilige Rochus

San Rocco

In der gegenübergelegenen, 1508 geweihten Kirche gibt es im Chor noch zwei sehenswerte Bilder Tintorettos, beide entstanden um 1550: Auf dem einen Bild ist der hl. Rochus im Kerker von Montpellier zu sehen, auf dem gegenüber bei der Pflege von Pestkranken.

TEATRO LA FENICE

Lage: Campo San Fantin | **Anlegestelle:** Santa Maria del Giglio | 9.30 bis 18 Uhr | **Eintritt** 10 € mit Audioguide – vorher reservieren auf www.festfenice.com | **www.teatrolafenice.it**

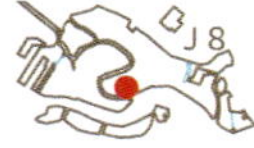

Mehrmals abgebrannt und immer wieder aufgebaut: Die Geschichte vom Gran Teatro La Fenice ist genauso aufregend wie seine Akustik und seine opulente, elegante Inneneinrichtung. Auch ohne Italienisch-Kenntnisse ist ein Opernabend ein unvergessliches Erlebnis!

Auferstanden aus der Asche

Venedigs Opernhaus gehört mit der Mailänder Scala und dem San Carlo in Neapel zu den berühmtesten Opernhäusern der Welt. Wie ein Phönix aus der Asche ist es seit fast 250 Jahren immer wieder auferstanden. Bereits 1773 wurde das populäre Opernhaus San Benedetto am Campo San Fantin Opfer der Flammen. 1792 wurde es unter neuem Namen wieder aufgebaut – seitdem heißt es symbolträchtig »La Fenice«, »der aus der Asche auferstandene Phönix«. Symboltier des Theaters ist seitdem der Sonnenvogel. 1836 zerstörte ein Großbrand auch dieses Opernhaus, was seiner Beliebtheit aber keinen Abbruch tat – und bereits im Folgejahr war es originalgetreu im neoklassizistischen Stil wieder aufgebaut. Die nächste Brandkatastrophe geschah wohl kalkuliert – um einer Konventionalstrafe in Höhe von 7500 Euro zu entgehen. Sie war dem Elektroingenieur Enrico Carella und seinem Cousin Massimiliano Marchetti wegen Verspätungen bei der Renovierung auferlegt worden. Aus Rache legten sie gezielt Feuer. Und weil der Feuerwehr Löschwasser fehlte – die umliegenden Kanäle waren wegen Reinigungsarbeiten trockengelegt – brannte das Theater am 29. Januar 1996 bis auf die Grundmauern nieder. Doch seit dem 13. Dezember 2003 und dem 55-Mio.-€-Wiederaufbau von Aldo Rossi erstrahlt La Fenice wieder in alter Pracht: 174 Logen sind originalgetreu wieder erstanden, an Blattgold wurde nicht gespart. Selbst die neuen Kronleuchter gleichen den alten aufs Haar, und an der türkisfarbenen Decke tanzen wie einst die Grazien. Rund 1000 Zuschauer fasst die heutige Oper, gut 150 mehr als bisher.

Berühmte Auftragskünstler

Aufführungsgeschichte

Seinen vor allem im 19. Jh. wachsenden Ruf als »Königin der Opernwelt« verdankt das Theater den Statuten seiner Gründungsurkunde: Sie schreibt die jährliche Inszenierung von zwei neuen Opern fest – und dies wird seit 1773 auch (fast) eingehalten. Rossini, Bellini, Donizetti und Verdi komponierten für La Fenice bedeutende Opernwerke. 1873 erlebten die Fenice-Besucher Wagners »Rienzi«, 1881 den

OBEN: Benannt ist das Theater La Fenice nach dem mythischen Feuervogel Phönix. Hier erfüllen sich Opernfans ihre Träume im Parkett und in den Logen in fünf Rängen.

UNTEN: Architektonisch eine Besonderheit: Die »bovolo« genannte Wendeltreppe verbindet die fünf Loggien des Palazzo Contarini, bietet eine schöne Aussicht und erinnert ein wenig an den Schiefen Turm von Pisa.

»Lohengrin«, kurz nach Wagners Tod die italienische Uraufführung des »Rings«. 1960 löste Luigi Nonos »Intolleranza« einen organisierten Skandal aus, und 1985 feierte Pina Bausch mit ihren eigenwilligen Choreographien am Fenice Triumphe. 2016 schrieb Filippo Perocco im Auftrag des Fenice zum 50. Jahrestag der venezianischen Flutkatastrophe von 1966 den Einakter »Aquagrande«. Sicher war es auch der besonderen Atmosphäre des Musiktheaters zu verdanken, dass Sänger von Caruso bis Pavarotti, Dirigenten wie Leonard Bernstein und Regisseure von Giorgio Strehler bis Luca Ronconi nur zu gerne hier gearbeitet haben.

Rund um das Fenice

Eine aussichtsreiche Schneckentreppe

Palazzo Contarini del Bovolo

Der Palazzo Contarini del Bovolo etwas weiter nordöstlich ist wohl der einzige Palast in Venedig, dessen Innenhof interessanter ist als die Schauseite zum Kanal Rio dei Barcaroli. Im Hof befindet sich die bezaubernde, »bovolo« genannte Wendeltreppe, (venezianisch bovolo = Schnecke), die um 1500 vermutlich von dem lombardischen Architekten Giovanni Candi an den Palazzo angebaut wurde – andere Meinungen gehen von Giorgio Spavento aus. Der Treppenturm, von dem man einen schönen Ausblick hat, verbindet die fünf Loggien des Palastes miteinander und erinnert wegen seiner rundbogigen Arkaden an den Schiefen Turm von Pisa. Werfen Sie im zweiten Obergeschoss auch einen Blick in die Sala Tintoretto, wo das IRE (irevenezia.it) einen kleinen, repräsentativen **Querschnitt der venezianischen Kunst** mit Werken von Tintoretto, Nicolò Bambini und Sebastiano Ricci zeigt.

Anlegestelle: Rialto; biegen Sie neben dem Monument für Daniele Manin auf dem Campo Manin in die Calle della Vida, die zum Palast führt | tgl. 10–18, Nov.–Febr. 9.30–17.30 Uhr | Eintritt 8 €
gioiellinascostidivenezia.it/en/the-jewels/scala-contarini-del-bovolo

Kleider machen Göttinnen und Prinzessinnen

Palazzo Fortuny

Im Palazzo Fortuny, dem ursprünglich Pesaro degli Orfei genannten gotischen Palast am hübschen Campo San Benedetto, lebte von 1899 bis zu seinem Tod 1949 der in Granada geborene Maler, Bildhauer, Bühnenbildner und Designer Mariano Fortuny y Madrazo, genannt **Fortuny**. Berühmt wurde er für seine kostbaren Plisseestoffe und filigranen Seidenlampen. Inspiriert von griechischen Tuniken, hatte Fortuny 1907 ein Kleid aus in winzigen Falten gelegtem Seidensatin entworfen, das ihm Weltruhm einbrachte. Der Stoff wurde per Hand gefaltet und in verschiedenen Schritten gefärbt, so dass er je nach Licht unterschiedlich schillerte. Der Schnitt selber war einfach, schmeichelte der Figur und verwandelte die Trägerin in eine Mischung aus antiker Göttin und orientalischer Prinzessin. Seine Kleider trafen das Lebensgefühl der Jahrhundertwende, zu seinen Kundinnen gehörten Bühnenstars wie Sarah Bernhardt, Isadora Duncan und Eleonore Duse. 1919 ließ Fortuny sein Verfahren, Plissiereffekte dauerhaft zu fixieren, sogar patentieren. Auf der ▶ Giudecca werden heute noch Stoffe nach seinen Entwürfen hergestellt. Im Piano Nobile seines Palazzo erzählt ein kleines Museum über Leben und Wirken des Allroundgenies und zeigt ausgefallene Entwürfe.

Campo San Benetto | Anlegestellen: San Zaccaria, Vallaresso San Marco | nur zu Ausstellungen geöffnet: Mi. – Mo. 10–18 Uhr | Eintritt 10 €, Kombiticket mit Ca' Pesaro 15 € | fortuny.visitmuve.it

★ TORCELLO

Einwohner: 17 | **Lage:** Nördliche Lagune | Anfahrt mit dem Vaporetto Linie 9 von Burano nach Torcello

Die Malaria machte der Insel den Garaus: Torcello, die älteste und einst mächtigste Siedlung der Lagune ist heute ein nahezu unbewohntes, idyllisches Eiland, das seine große Vergangenheit stolz präsentiert und auch mit schönen Lokalen zum Ausflug in die Laguna morta lockt.

Vom Campanile der Basilika Santa Maria Assunta überblickt man die Lagune.

Das byzantinische Vorbild ist in Santa Maria Assunta noch gut zu erkennen.

Alles auf Anfang

Als die anderen Inseln noch Marschland waren, hatte Torcello schon einen eigenen Bischof, 20 Kirchen, 16 Klöster, Villen und Paläste, einen großen Hafen und Schiffswerften, eigene Gesetze und über 20 000 Einwohner. Doch die beginnende Versumpfung, mit der um 1000 die Malaria über die Inselbewohner einbrach, und der unaufhaltsame Aufstieg Venedigs beendeten die Blütezeit des »kleinen Turms« (torcello = kleiner Turm). Im 12. Jh. setzte ihr Niedergang ein, ihre Einwohner flüchteten nach Murano und Venedig.
An die große Vergangenheit erinnern eine Handvoll verstreuter Häuser und zwei mittelalterliche Kirchen nahe des Nordostufers. Vom

Anleger führt der Fußweg zunächst über den **Ponte del Diavolo** – in der heiligen Nacht soll an der legendären Brücke der Teufel in Gestalt einer schwarzen Katze hocken und die Seelen einsammeln ... Das nach seiner Lage hier Al Ponte del Diavolo benannte lichtdurchflutete Lokal mit herrlichem Garten ist eine gute und preiswerte Alternative zum teuren Nachbarn »Cipriani« (▶ S. 296).

Wunderschöne Mosaiken

Santa Maria Assunta

Die dreischiffige Basilika **Santa Maria Assunta** ist das älteste Bauwerk in der Lagune und wurde laut einer Inschrift links vom Hochaltar 639 in venezianisch-byzantinischem Stil errichtet. 837 folgten Krypta, eine Vorhalle und die beiden Nebenapsiden. 1008 wurden die Schiffe erhöht und der Glockenturm ergänzt. Vor der Kirche sind noch die Grundmauern der Taufkapelle aus dem 7. Jh. zu erkennen. Das Bodenpflaster der dreischiffigen Basilika stammt aus dem 11. Jh., das Mosaik des Unterbodens sogar aus dem 9. Jahrhundert.

Die ältesten Mosaiken befinden sich im Kreuzgratgewölbe der rechten Apsis. Die Engel, die ein Medaillon mit dem Gotteslamm tragen (Apsiswölbung), stehen byzantinischen Vorbildern noch sehr nahe und erinnern an die berühmten Mosaiken in Ravenna aus dem 6. Jahrhundert. Vermutlich wirkten auf Torcello Mosaizisten aus Ravenna mit. Die Hauptapsis mit einer stufenförmigen Priesterbank ziert die Muttergottes mit den Aposteln (12. Jh.). Der thronende Christus mit den Erzengeln in der rechten Apsis entstand im 12./13. Jahrhundert. Die gegenüberliegende Wand nimmt ein großes Weltgerichtsmosaik aus dem 12./13. Jh. ein. Die Bildwand in sechs Szenen ist von oben nach unten zu lesen.

Attilas Thron

Santa Fosca

Neben der Basilika steht die kleine Kirche Santa Fosca, ein bedeutender Zentralbau aus dem 11. Jh., umgeben von einem Arkadengang des 12. Jahrhunderts. Der quadratische Innenraum – analog zu antiken Grabbauten – mit rechteckigem Chor dient als Gedenkstätte der hl. Fosca, einer Märtyrerin aus Ravenna, und besticht durch eine ungewöhnlich harmonische Raumwirkung. Der Marmorblock in Form eines Sitzes auf dem Vorplatz soll der Thron Attilas aus dem 5. Jh. sein – tatsächlich saß der Hunnenkönig nie darauf, venezianische Adelige dagegen vermutlich schon.

Inselgeschichte

Museo di Torcello

Das benachbarte Museum dokumentiert anhand von Funden die lange Geschichte der Insel. Ausgestellt sind Kapitelle, Fragmente von Mosaiken, Keramiken, Ikonen und Gemälde aus einstigen Kirchen, Schriftstücke, Siegel sowie Gegenstände aus dem Alltag.

Di. – So. März–Okt. 10.30–17.30, sonst 10–17 Uhr | Eintritt 3 €
museotorcello.servizimetropolitani.ve.it/il-museo

H

HINTER-GRUND

Direkt, erstaunlich, fundiert

Unsere Hintergrundinformationen beantworten (fast) alle Ihre Fragen zu Venedig.

DIE STADT UND IHRE MENSCHEN

Die zauberhafte Stadt im Wasser ist ein ganz eigener Kosmos. Das liegt an der atemberaubenden Kulisse und daran, dass man sich dort nicht mit Bus und Bahn, sondern mit Gondel und Vaporetto bewegt. Man läuft durch verwinkelte Gassen, über verwunschene Plätze und malerische Brücken. Dabei erzählt die Stadt von ihrer über 1500 Jahre alten Geschichte: von der Gründung, über den Aufstieg zur Königin der Meere und vom Untergang bis zur Gegenwart als eine der schönsten Städte der Welt.

»

Venedig ist eine so ungewöhnliche Stadt, dass man sich gar keine rechte Vorstellung von ihr machen kann, wenn man sie nicht wirklich gesehen hat. Landkarten, Pläne, Modelle und Reisebeschreibungen genügen nicht, man muss sie sehen.

«

Zauberhaftes Venedig

Was Venedigs bekanntester Komödienschreiber **Carlo Goldoni** vor rund 300 Jahren sagte, gilt bis heute: Venedig, diese »Stadt zwischen Himmel und Wasser« (Petrarca), muss man »er-fahren«, sich in Gondeln und Vaporetti auf ihren Kanälen zwischen prachtvollen Palazzi und Wohnhäusern treiben lassen, im Gewirr ihrer Gassen verlieren, auf ihren Plätzen beim Caffè oder Spritz dem Leben zuschauen, und den Markusplatz nachts erleben.
Jeden Tag, zu jeder Jahreszeit inszenieren Lagune und Licht den einst mächtigsten Stadtstaat der Welt neu. Mal funkelt und glitzert die Serenissima im Schein der Sonne. Dann wabern kühle Nebelschwaden über die Kanäle, umhüllt Dunst Kuppeln und Türme. Seit der legendären Stadtgründung 421 n. Chr. ist die Stadt Projektionsfläche für Visionen, Kulisse für Träume, Sinnbild für Sehnsüchte. Mehr Mythos als realer Ort, mehr Spekulationsobjekt als Lebensraum: Immer mehr Venezianer verlassen das Centro Storico, das seit 1987 zum UNESCO-Weltkulturerbe gehört und ein viel besuchtes Touristenziel ist.
Wichtigstes Mittel der Selbstdarstellung und Statussymbol adeliger wie reicher bürgerlicher Familien war die Kunst – heute zu entdecken in mehr als 900 Palazzi, 100 Kirchen und fast 50 Museen. Erster Malerfürst war Giovanni Bellini, berühmte Namen folgten: Tizian, Tintoretto und Tiepolo, Canaletto und Carpaccio. Wer jedoch gegen die strengen Regeln des Stadtstaates verstieß, wanderte nach kurzem Prozess ins Gefängnis. Einzig Casanova gelang die Flucht. Faszinierende Geschichten wie diese begegnen Ihnen in Venedig allerorten

SICH EINFACH MAL VERLIEREN

Venedig hat zwei Gesichter: die touristischen Trampelpfade zum Markusplatz und das Venedig der Einheimischen, das man eher zufällig entdeckt. Biegen Sie einmal unvermittelt ab, lassen Sie sich von Gerüchen, Eindrücken und der Neugier treiben. Schreiten Sie durch den Sotoportego, überqueren Sie Brücken, schlendern Sie durch die Gassen von Cannaregio, Castello, San Polo und Santa Croce und verlieren Sie sich in der Stadt auf Stelzen. So entdecken Sie vielleicht den Campo Santa Margherita mit seinem bunten Wochenmarkt, charmanten Kneipen und volkstümlicher Atmosphäre!

sowie aufregende Avantgarde und mutige Projekte, die beweisen, dass Venedig allen Unkenrufen zum Trotz nicht dem Untergang geweiht ist. Sondern vibriert, lebt – und sich, wie alle Zeiten zuvor, auch heute spannend und vielseitig neu inszeniert.

Bevölkerung und Stadtgebiet

Die schwimmende Stadt

Aus der Vogelperspektive sieht die Stadt aus wie ein Fisch, und der 1846 errichtete Ponte della Libertà, die Brücke der Freiheit, gleicht der Angelleine. Tatsächlich »schwimmt« Venedig am Nordende der Adria, knapp 4 km vom Festland und 2 km vom offenen Meer entfernt, in der gleichnamigen Lagune. Die Kommune Venedig hat rund 264 580 Einwohner, davon leben im Centro Storico etwa 54 930 (1951 waren es noch 174 800), auf den Inseln 28 790 und auf dem Festland 179 880 Menschen.

Sechs (plus eins) Sestieri

Das Centro Storico, die Altstadt, ist seit dem 12. Jh. in »Stadtsechstel«, venezianisch **Sestieri**, aufgeteilt. Sie heißen San Marco, Castello, Cannaregio, Santa Croce, San Polo und Dorsoduro mit den Inseln Giudecca und San Giorgio.
Es soll Venezianer geben, die noch nie den Markusplatz gesehen haben. Denn der wahre Bezugspunkt der Einheimischen ist ihr Sestiere. Schließlich ist es erst ein paar Generationen her, dass die einzelnen Stadtsechstel zu heftigen Brückenraufereien gegeneinander antraten.

Bis heute sind die Sestieri mehr als bloße administrative Einheiten, sie haben ihr eigenes Flair und bewahren ihre Identität. Außerdem sind sie zur Orientierung unerlässlich. Manche Straßennamen gibt es sechsmal in Venedig, in jedem Sestiere einmal. Die Häuser innerhalb eines Sestiere sind fortlaufend nummeriert – nur die Insel Giudecca hat eine eigene Nummerierung. So endet Castello bei der Rekordziffer 6828, Cannaregio bei 6426 – ein System, das auf Napoleon zurückgeht und für Nichtvenezianer praktisch nicht zu durchschauen ist.
San Marco, das Herz der Stadt, ist der vornehmste, aber auch touristischste Sestiere. Neben Markusdom und Dogenpalast besaßen hier auch die venezianischen Adligen ihre Casino genannten Wohnungen, in denen sie Bank hielten und Glücksspiele veranstalteten. Die teuren Cafés am Markusplatz, Luxushotels, Edelboutiquen, Kunstgalerien und Museen prägen das Bild dieses Stadtteils.
Nicht weniger nobel, aber verschwiegener ist **Dorsoduro**, der Stadtteil der Accademia, des Guggenheimmuseums und der Dogana da Mar. Die stillen, an Kanälen gelegenen Gassen mit ihren Galerien, Kunstateliers und wenigen, eher feinen Ristoranti sind bei begüterten Ausländern beliebt. Die im Westen gelegene Universität sorgt für ein junges Publikum; in Sommernächten trifft sich das am liebsten auf dem Campo San Margherita mit seinen Pizzerien und den Zattere mit ihren Eisdielen.
Lebendig, ein Labyrinth voller kleiner Läden, Boutiquen und Weinstuben, so präsentiert sich **San Polo**. Vom Rialtomarkt läuft eine der chronisch verstopften »Fußgängerautobahnen« Richtung Frari-Kirche durch den charmanten kleinsten Sestiere. Geruhsamer geht

es im bahnhofsnahen Sestiere **Santa Croce** zu. Hier locken vor allem kunstgeschichtliche Entdeckungen und versteckte Campi (Plätze).
Das Stadtsechstel **Cannaregio** im Norden mit dem Ghetto und den niedrigen Häusern an geraden langen Kanälen ist das volkstümlichste Venedigs. Hier treffen sich abends noch Fischer, Handwerker, Steinmetze und Friedhofsangestellte in bodenständigen Osterien. Seit einiger Zeit konzentriert sich hier das studentische Nachtleben.
Fast eine eigene Stadt bildet **Castello** mit dem Arsenal, den Biennagärten und der breiten Einkaufsstraße Via Garibaldi. Im größten der sechs Sestiere residierte ab 1091 der Patriarch von Venedig, und bis heute prägen Kirchen, Nonnenklöster und reiche Scuole das einstige Quartier der Werftarbeiter (Arsenalotti), in dem später zahlreiche Sozialwohnungen errichtet wurden. Seine Uferpromenade Riva degli Schiavoni gehört zu den schönsten Flaniermeilen der Stadt.
Als »siebter Sestiere« gilt die langgestreckte Insel **Giudecca**, die einst für ihre Gärten berühmt war und zum Sestiere Dorsoduro gehört. Heute bestimmt ein Mix von Industriebauten, Nachkriegswohnungen, Hafenbars und Luxusspots wie das Hilton-Hotel Molino Stucky den Stadtteil.

Politik und Verwaltung

Uralte Republik

Mit einem großen Verfassungswerk schuf Venedig im 11. und 12. Jh. die erste Adelsrepublik des Mittelalters. Sie bestand bis zur Eroberung durch Napoleon 1797. Heute ist Venedig die Hauptstadt der gleichnamigen Provinz, die 43 Kommunen umfasst, und der norditalienischen Region Venetien (Veneto). Wie alle italienischen Großstädte wird die Stadt von einem Bürgermeister (Sindaco) und einem Magistrat (Giunta Municipale) verwaltet, die alle fünf Jahre neu gewählt werden. Verwaltungssitz ist die Ca' Farsetti bei der Rialtobrücke.

Wirtschaft

Brötchengeber Nr. 1: Tourismus

Hauptarbeitgeber ist der Fremdenverkehr. Venedig ist nach Rom die meistbesuchte Stadt Italiens: Alljährlich kommen etwa 12 Mio. Übernachtungsgäste und über 14 Mio. Tagesbesucher. 80 % von ihnen verbringen weniger als acht Stunden in der Stadt. 90 % von ihnen besichtigen nur die Piazza San Marco mit der Basilica – das gilt vor allem für Hundertausende von **Kreuzfahrtpassagieren**. Um die Schäden durch die Großschiffe zu verringern, wurde der Hafen von Maghera für 157 Mio. Euro zu einem Kreuzfahrthafen ausgebaut. Dort legen die Riesen mit mehr als 25 000 Bruttoregistertonnen, einer Länge von über 180 Metern oder mit mehr als 35 Metern Höhe an. Langfristig sollen alle Kreuzfahrtschiffe komplett aus der Lagune verschwinden und

BAEDEKER WISSEN

12° 02′
östlicher Länge

Lage:
Venedig liegt in einer Lagune am Nordende der Adria, 4 km vom Festland und 2 km vom offenen Meer entfernt

Fläche:
415 km²

Einwohner:
Comune di Venezia: 253 174
Centro Storico: **49 665**
übrige Inseln **26 530**
Festland **176 979**

Bevölkerungsdichte:
610 Einwohner/km²

41°
nördlicher Brei

▶ Lage

Im 5. Jh. suchten Festlands-Veneter in der unzugänglichen Lagune Schutz vor eindringenden Germanen. Im 9. Jh. wurden die Inseln um den Rialto zur Keimzelle des neuen Venedig.

▶ Wappen

▶ Sitz der Stadtverwaltung

Ca' Farsetti am Canal Grande, nahe der Rialtobrücke

▶ Wirtschaft

Wichtigster Arbeitgeber ist der Fremdenverkehr: Die Comune di Venezia hatte vor der Pandemie 5,5 Mio. Gäste (2019), die im Schnitt 2,3 Tage blieben. Hinzu kamen über 12 Millionen Tagesbesucher. Seit 2021 steigen die Zahlen wieder deutliich an.
Weitere bedeutende Wirtschaftsfaktoren sind Verwaltung, Industrie und Hafen.

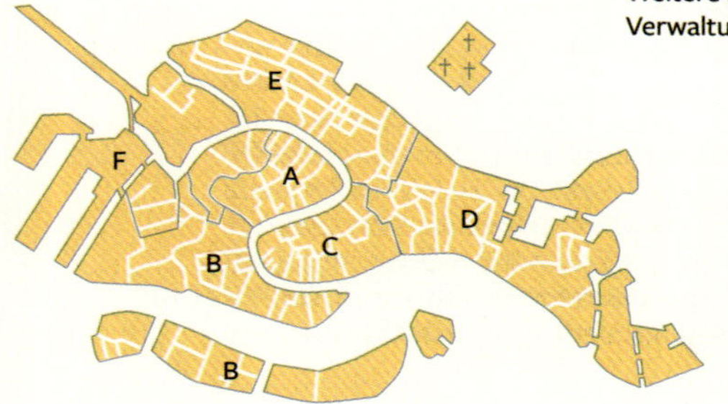

Das Centro Storico, die Altstadt, ist in »Stadtsechstel« (Sestieri) aufgeteilt.

A: San Polo
B: Dorsoduro
C: San Marco
D: Castello
E: Cannaregio
F: Santa Croce

Klima

n Venedig herrscht gemäßigt nediterranes Klima. Die Winter sind kühl, gelegentlich auch kalt und nebelreich, die Sommer sonnig und heiß, allerdings ohne die typisch mediterrane Trockenzeit.

Durchschnittstemperaturen

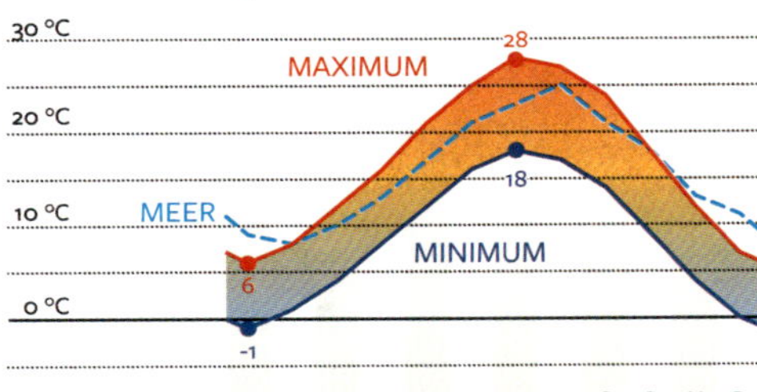

Niederschlag

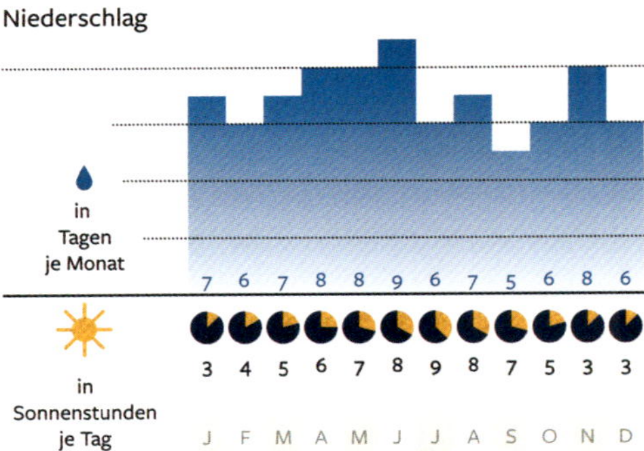

Bevölkerungsentwicklung

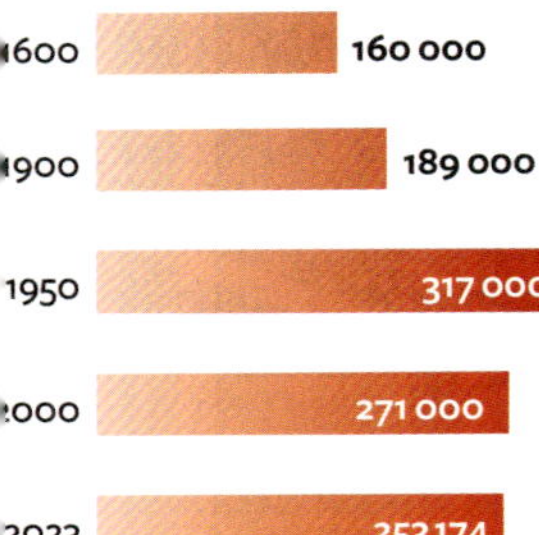

Hochwasser/Acqua Alta

Immer häufiger steigt das Wasser über die kritische Marke von 140 cm.

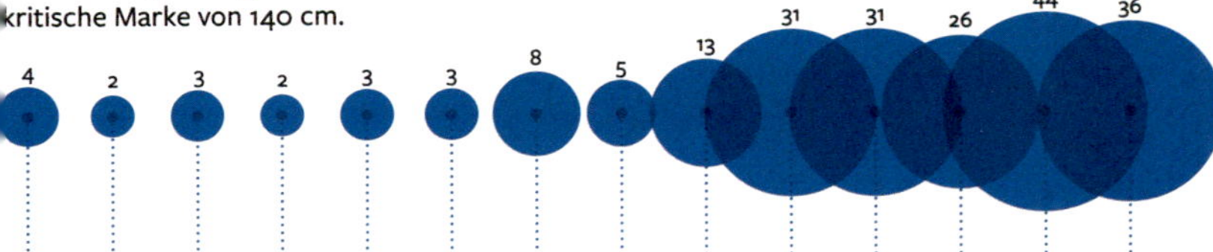

Die Phasen des Hochwassers
in cm über Normalstand

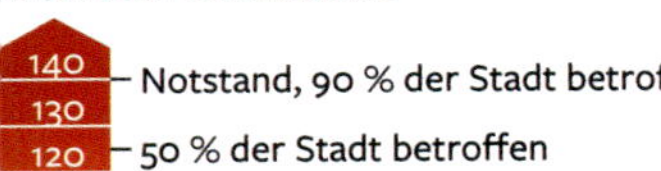

Warum sinkt Venedig?
Meeresspiegel steigt

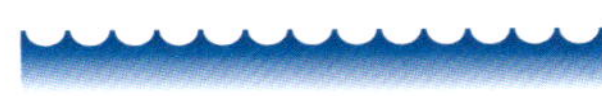

Sandiger Untergrund

Die Stadt ist in den vergangenen 100 Jahren insgesamt um 23 cm abgesackt.

außerhalb anlegen. Auch Kreuzfahrtschiffe, die eine bestimmte Abgasnorm nicht einhalten, sind von der jetzigen Regelung betroffen. Die italienische Regierung hat das Becken vor San Marco und die Kanäle San Marco und Giudecca zum Nationalen Kulturdenkmal erklärt. Nur noch kleinere Kreuzfahrtschiffe mit bis zu rund 200 Passagieren dürfen diese Kanäle befahren. Leider kommt es ab und an zu Zwischenfällen: Manche Redereien ignorieren das Verbot und fahren über Umwege doch bis vor den Markusplatz. Seit einigen Jahren schaut die UNESCO genauer auf den Overtourism in Venedig und diskutiert immer wieder, die Altstadt auf die rote Liste der gefährdeten Kulturgüter zu setzen und Venedig den Welterbestatus abzuerkennen.

In der Altstadt Venedigs leben die meisten Geschäftsleute dank des weiter anhaltenden Booms im Tourismus von den Gästen. Dies erklärt auch die im Verhältnis zur Einwohnerzahl hohe Dichte an Kunsthandwerkstätten und Souvenirläden. Mittlerweile hat die Stadtverwaltung beschlossen, neben der Kurtaxe für Übernachtungen auch eine Zugangsgebühr (contributo d'accesso) von 5 € für **Tagestouristen** zu erlassen (Kinder bis 14 Jahre frei). Für 2024 sind 30 Probetage vorgesehen, um dann 2025 eine reibungslose Organisation und Abwicklung der Zugangsgebühr garantieren zu können. Gezahlt werden soll die Gebühr über eine App. Als Zahlnachweis wird ein QR-Code dienen.

Nur drei Brücken führen über den Canal Grande, die 3,8 km lange und schönste Wasserstraße der Welt. Der Ponte di Rialto ist die älteste und berühmteste.

Der Hafen von Marghera ist Italiens achtgrößter Frachthafen. Dort ist auch ein riesiger Petrochemie-Komplex angesiedelt. Neben den Chemiewerken befinden sich hier und in Fusina die größten thermischen Kraftwerke Italiens und größten Erdöldepots am Mittelmeer. Viele Venezianer aus der Altstadt, die nicht vom Tourismus leben, sind Pendler. Täglich fahren rund 25 000 Bewohner der Inseln zur Arbeit aufs Festland, während 25 000 Pendler, davon 5000 von den umliegenden Inseln, zum Arbeiten oder Studieren ins historische Zentrum kommen. An der Universität Ca' Foscari und an der Hochschule für Architektur (IUAV) sind 22 000 Studenten eingeschrieben.

Straßen zu Wasser und an Land

Die Straßen und Gassen von Venedig bilden die Canali (Singular: Canale) und Rii (Singular: Rio). 175 Kanäle, durchschnittlich 1,85 m tief, durchziehen allein die Altstadt von Venedig. Hinzu kommen die mit Staken und Baken ausgewiesenen Schifffahrtsstraßen in der Lagune. Wichtigstes Beförderungsmittel sind Boote (▶Das ist Venedig, S. 14). Neben den Kanälen ist Venedig von rund 3000 »Straßen« durchzogen. Dabei gibt es nur eine (auch so genannte) **Strada**, die Strada nova, die Ende des 19. Jh.s in das Labyrinth von Cannaregio gebaut wurde, und zwei **Vie**, die Via 22 Marzo im Stadtteil San Marco und die Via Garibaldi in Castello. Alle anderen heißen **Calle** (Plural: Calli) – wobei viele in ihrem Beinamen an die einst hier ansässigen Zünfte erinnern, z. B. Calle dei Lavadori (Wäscher), Saoneri (Seifensieder), Spezieri (Gewürzhändler) oder Boteri (Fassmacher) –, **Ramo** (»Ast«), **Ruga** (»Furche«), **Salizzada** (von ital. selciato für »gepflastert«, Name für die ersten gepflasterten Wege in der Stadt), **Rio terà** (zugeschütteter Kanal), **Fondamenta** oder **Riva** (Uferstraße). Ein **Sotoportego** ist ein schmaler Durchgang, der teils sogar unter den Häusern hindurchführt. Es gibt auch nur eine **Piazza**, nämlich die von San Marco; die angrenzenden kleineren Plätze heißen Piazzetta (vor dem Dogenpalast) und Piazzetta dei Leoncini (neben der Markuskirche). Alle übrigen Plätze in der Stadt werden **Campo** (»Feld«, Plural: Campi) oder, wenn sie ganz klein sind, Campiello genannt. Corte (Plural: Corti) ist die Bezeichnung für einen geschlossenen Innenhof. 435 Brücken (**Ponte**, Plural: Ponti) halten die Stadt zusammen und führen die verwinkelten Gassen und Straßen über die Kanäle, vier davon über den Canal Grande: die hölzerne Akademiebrücke, die Rialtobrücke, die Barfüßerbrücke beim Bahnhof und der Ponte della Costituzione. Sie war 2008 vom spanischen Architekten Santiago Calatrava zwischen Bahnhof und Piazzale Roma erbaut worden, nach endlosen Querelen aufgrund der technischen Schwierigkeiten und weil die Baukosten von 3,5 Mio. € auf 14 Mio. € explodiert waren.

Die Lagune von Venedig

117 Inseln

Die Laguna Veneta ist – soweit das Auge reicht – flaches Land und Wasser (► Das ist Venedig, S. 10). Sie ist etwa 55 km lang und 13 km breit und nach dem Po-Delta **Italiens größtes Feuchtbiotop** mit hervorragenden Lebensbedingungen für Pflanzen, Wasservögel und Fische. Von den 117 Inseln und Inselchen sind heute zwölf bewohnt. Sie nehmen rund 3 % der Gesamtfläche von 550 km² ein (der Bodensee ist 536 km² groß); 80 % der Lagune sind Sand- oder Schlickbänke (barene), die zum Teil nur bei Ebbe auftauchen (velme); 17 % der Lagune sind Fischfanggründe (valli da pesca), wo Fische, Miesmuscheln (cozze) und Venusmuscheln (vongole) gezüchtet werden, erkennbar an den zwischen Pfählen gespannten Netzen und Tauen. Im Norden der Lagune hat sich eine fast unberührte Inselwelt erhalten, die unter Naturschutz steht. In den hafennahen Kanälen ist das Wasser im Schnitt 15 – 20 m tief, sonst nur 50 cm und je nach Gezeitenstand mehr oder wenig brackig.

Die einzigartige Landschaft entstand in vorgeschichtlicher Zeit, als die hier ins Mittelmeer mündenden Flüsse – vor allem Brenta, Sile und Piave – ihre aus den Alpen mitgeführten Sand- und Geröllmassen ablagerten. Die wechselnden Wasserläufe, Ebbe und Flut, Stürme und die

BAEDEKER ÜBERRASCHENDES

6X DURCHATMEN

Entspannen, wohlfühlen, runterkommen

1. (FAST) ALLEINE

Wer es schafft, früh aus den Federn zu springen, hat die Stadt fast ganz für sich. Genießen Sie an der **Riva degli Schiavoni**, wo sich sonst die Massen tummeln, den Sonnenaufgang über der Lagune – ein unvergessliches Erlebnis. (▶ **S. 183**)

2. AUF ABWEGEN

Die »Besucher-Autobahn« verläuft vom Bahnhof zur Piazza San Marco. **Je weiter Sie sich von San Marco entfernen**, desto ruhiger werden die Gassen und Kanäle, umso unverfälschter erleben Sie die Stadt!

3. ROBINSONADE

Im Fahrplan der Vaporetti ist es eine Bedarfshaltestelle – man muss den Haltewunsch den Fahrern der Linien 41 und 42 vorab mitteilen. Und dann stehen Sie, 500 m vom Lido entfernt, mitten in einem **Naturparadies**, das noch im Dornröschenschlaf liegt. (▶ **S. 142**)

4. INSEL-HOPPING

Mauro Stoppa ist **Slow Food-Koch** und passionierter Segler, der auf seinem Schiff »Eolo« Gäste in die Lagune mitnimmt, wo bis heute der Rhythmus der Tiden und die Jahreszeiten das Leben prägen. (▶ **S. 13**)

5. DIE SCHÖNE STILLE

... nannte Elke Heidenreich ihr Buch über Venedig als **Stadt der Musik**. Auf dem Wasser und an Land, in Kirchen und Palazzi spürt sie Komponisten und Klängen nach, die den Sehnsuchtsort vertont haben oder bei Konzerten zu erleben sind (▶ **S. 329**)

6. OMMMM

Den Kopf in den Sand, die Zehen gestreckt: Mit Yoga am Strand beginnt Wellness à la Veneziana. Das Dreisternehotel Rivamare hat auf dem Lido Venedigs erstes **Yogazentrum** gegründet (www.hotelrivamare.com und www.oshoki6.com).

ständige Meeresbrandung formten den Schutt etwa 20 km vor der eigentlichen Küstenlinie zu Sandbänken (litorali, barre) oder Sandküsten (lidi). Dort, wo die Menschen nicht eingriffen, sind wie bei Ravenna die Lagunen verschwunden. Da die fortschreitende Verlandung der Schifffahrt, dem Handel und auch der Verteidigung Venedigs ernsthaft schadete, begannen die Lagunenbewohner bereits im 14. Jh. die größten Flüsse umzuleiten. Heute besitzt die Lagune nur noch drei große Durchlässe (bocche): die 900 m breite Bocca di Lido, die 470 m breite Bocca di Malamocco und die knapp 500 m breite Bocca di Chioggia. Zweimal täglich flutet durch diese Öffnungen die Adria in die Lagune und fließt dann zurück. Damit diese »natürliche« Abwasserbeseitigung und der Schiffsverkehr aufrecht erhalten bleiben, werden die Bocche mit großem technischen Aufwand offen gehalten.

Schutz und Gefahren

Zu Zeiten der Seerepublik wurde 1501 zum Schutz der Lagune der Magistrato alle Acque eingerichtet. Das »Gewässeramt« veranlasste die regelmäßige Reinigung der Kanäle, über die auch das Abwasser entsorgt wurde, ließ die Flüsse umleiten, um die Verlandung der Lagune zu verhindern und die Ufer befestigen. Die Flüsse, die in die Lagune mündeten, wurden überwacht sowie die Trinkwasserversorgung und das Brunnensystem penibel kontrolliert. Willkürliche Verschmutzung wurde streng geahndet, im schlimmsten Fall mit der Todesstrafe. Das System der Wasserverwaltung funktionierte bis zur Einigung Italiens, danach wurde der Magistrato alle Acque Rom unterstellt. Anfang des 20. Jh.s wurden dann vor den Toren Venedigs große Teile der ursprünglichen Landschaft aufgeschüttet, als Industriestandort erschlossen und tiefe Wasserstraßen für Riesentanker ausgebaggert. Seither bedrohen die aggressiven **Abgase** und vor allem die **Abwässer** der Industrie – v. a. Stickstoff- und Phosphatverbindungen –, aber auch der Haushalte – Venedig besitzt bis heute keine Kanalisation – die Lagune und die Stadt. Erhebliche Schäden richten auch die meist hoch motorisierten Boote an. Ihr starker **Wellengang**, oft verbunden mit untermeerischen Strudeln, wäscht den Mörtel aus den Fugen der Hauswände, nagt an Mauern und Uferrändern. Viel schneller als früher werden Gebäude und Fundamente baufällig. Immer häufiger hängen deshalb an Hausfassaden und Gondelparkplätzen Proteste: **stop moto ondoso!** – Stopp dem Wellenschlag durch Motorboote!

MOSE

Von allen Bedrohungen sind die Hochwasser am offensichtlichsten. Seit der Jahrhundertsturmflut von 1966, als das Hochwasser auf 1,94 m über Normalnull stieg, stellten Stadt und Staat zahlreiche Überlegungen zum Schutz der Stadt an. 2003 legte der damalige Premierminister Silvio Berlusconi den Grundstein für das Projekt **MOSE**, das bereits in den 1970er-Jahren entwickelt wurde. Für MOSE (Modulo Sperimentale Elettromeccanico) wurden inzwischen an den drei Eingängen der Lagune 78 mobile Schutzdämme installiert, die je nach

Wasserstand gesenkt oder gehoben werden können. Im Normalfall liegen die mit Wasser gefüllten, 5 m dicken und 20 m breiten Bollwerke mit Scharnieren verankert auf dem Meeresgrund. Bei Anstieg des Meeresspiegels über 1,10 m wird Druckluft in die Sperrwerke gepresst, bis sie fast aufrecht im Wasser stehen und die Fluten zurückhalten. Innerhalb einer Stunde können sie seit 2020 die Lagune abriegeln, werden aber bislang nur im sogenannten Notfallbetrieb eingesetzt und konnten z. B. 2021 bei einer Sturmflut mit Hochwassermarke von 1,45 m größere Schäden an der Altstadt verhindern. MOSE soll bis 2024 komplett fertiggestellt sein, in den Regelbetrieb gehen und dem italienischen Staat offiziell übergeben werden. Ziel ist

MOSE HOCHWASSERSCHUTZPROGRAMM

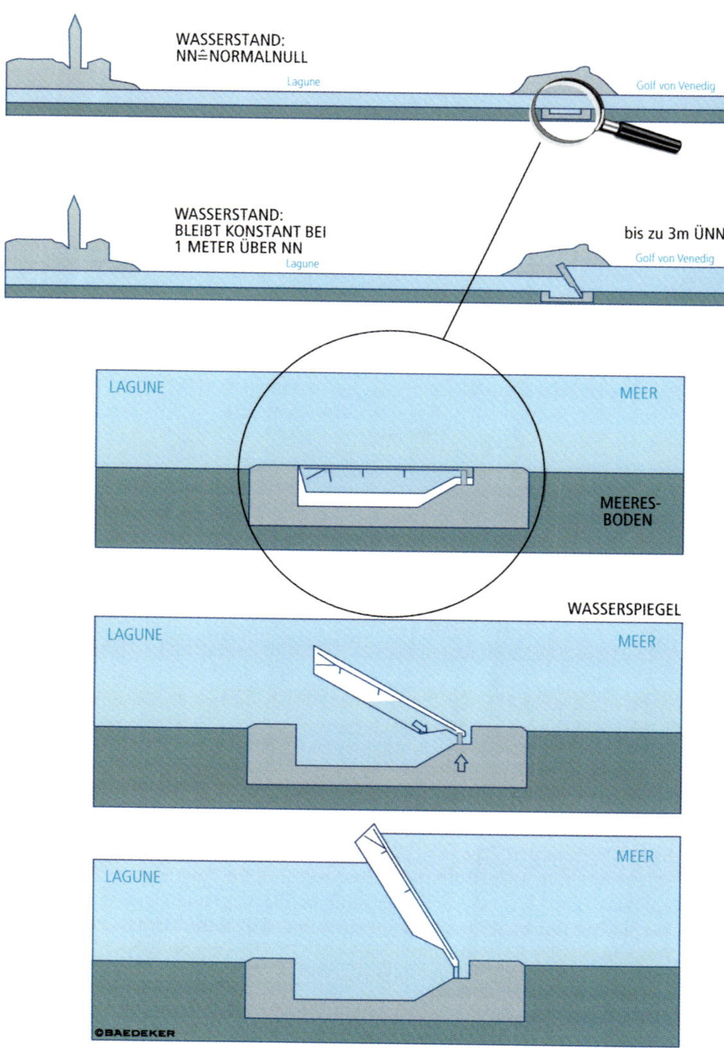

es, in den nächsten 150 Jahren Schutz vor Überschwemmungen zu bieten. Die Arbeiten wurden dem Consorzio Venezia Nuova übertragen, einem Pool von Unternehmen überwiegend aus dem Veneto. Die Gesamtkosten liegen mittlerweile bei über 6 Mrd. Euro. Es ist kein Wunder, dass solche Summen dubiose Geschäftsleute anzogen. Im August 2013 wurden 14 Personen wegen des Verdachts krimineller Machenschaften festgenommen. Unter ihnen der Ingenieur Piergiorgio Baita, dem 60 % der Aktien des Consorzio Venezia Nuova gehören. Ihm wurden gefälschte Ausschreibungen, Rechnungen und der Einsatz von Schwarzgeldern vorgeworfen. In 3. Instanz hat der italienische Rechungshof den Fall um den MOSE-Finanzskandal abgeschlossen und die Verantwortlichen (u. a. Baita) zu Geldstrafen verurteilt.

GESCHICHTE EINES SEEREICHS

Alles fing mit ein paar Kaufleuten und Fischern an, die auf den unzugänglichen Inseln in der Lagune Schutz suchten. Dank eines genialen Zusammenspiels von Handel und Diplomatie erklomm das Inselreich in den folgenden Jahrhunderten den Gipfel der Macht. 1797 ergab es sich Napoleon Bonaparte, der zur Eroberung nicht einmal Waffen brauchte.

Die Anfänge

5.–6. Jh. n. Chr.

Der Legende nach wurde Venedig am 25. März 421 n. Chr. gegründet, was historisch allerdings nicht belegt werden kann. Die Geburtsstunde der Stadt schlug, als der Ansturm der Völkerwanderung das Ende des Weströmischen Reichs einläutete und Germanen in Oberitalien einfielen. Damals suchten **Festlandsbewohner** im unzugänglichen Inselgewirr der Lagune (lat. lacuna = Lache, Teich) **Schutz.** Die ersten Siedler ließen sich auf Malamocco (heute Lido), Torcello und Murano nieder, rodeten die zum Teil morastigen Inseln und legten sie trocken. Als Fischer, Küstenschiffer, Salinenarbeiter und Gemüseanbauer fristeten sie ein wohl eher kärgliches Dasein. Die Hunnen unter Attila (452) und später die Langobarden (ab 568) lösten weitere Flüchtlings- bzw. Besiedlungswellen aus. Eine anschauliche Schilderung stammt vom römischen Gelehrten Cassiodor, Kanzler des in Ravenna residierenden Ostgotenkönigs Theoderich. Er schrieb im Jahr 537 über die Venezianer: Sie »scheinen zur See und auf dem Lande gleichermaßen heimisch zu sein«; »von Flut und Ebbe wird

CHRONOLOGIE

DIE ANFÄNGE

5. Jh. n. Chr.	Festland-Veneter flüchten vor heranrückenden Germanen in die Lagune
Ende 7. Jh.	Wahl des ersten Dogen

BEHERRSCHERIN DER ADRIA

828	Überführung der Gebeine des hl. Markus
1204	Eroberung von Byzanz. Venedig wird «Stato da mar«, Herrscherin über das Mittelmeer
1381	Sieg über Genua. Beginn der Expansion auf dem Festland; Venedig wird »Stato da terra«
1489	Zypern fällt an Venedig

VOM NIEDERGANG BIS HEUTE

1453	Eroberung Konstantinopels durch die Osmanen. Türken werden Konkurrenten in der Ägäis
1492	Kolumbus entdeckt die Neue Welt
1499	Vasco da Gama entdeckt den Seeweg über den Atlantik nach Indien – der Mittelmeerhandel und Venedig verlieren an Bedeutung
1508	Gründung der Liga von Cambrai, eines Bündnisses gegen Venedig
15. – 16. Jh.	Venedig erobert sein Hinterland; Kampf um die Vorherrschaft im östlichen Mittelmeer
16. – 17. Jh.	Pestepidemien und ein weiterer Mittelmeerkrieg schwächen Venedig
1797	Rücktritt des letzten Dogen. Venedig ergibt sich Napoleon kampflos und wird eine Provinz Österreichs
18. Jh.	Die Macht der Seerepublik ist endgültig verloren – die Kultur blühte
1866	Die Region Venetien gehört nun zu Italien
1926	Zusammenschluss von Venedig, Mestre und Marghera zur Comune di Venezia 1866
2. Hälfte 20. Jh.	Venedig wird berühmtes Touristenziel

das Land bald bedeckt, bald freigelegt«. Ihre Hütten gleichen »den Nestern von Wasservögeln, vor denen ihre Boote wie Pferde angebunden« sind. Venedig war noch keine Stadt, da stellte sich das kleine Lagunenvolk unter den Schutz des Byzantinischen Reichs, das aus dem oströmischen Imperium hervorgegangen war.

Vereinigung der Stadt 7./8. Jh.

697 ernannte der byzantinische Exarch von Ravenna den **ersten in der langen Reihe von 120 Dogen** (von lat. dux = Führer), Paoluccio Anafesto. Regierungssitz des Herrn über die Lagunensiedlungen war zunächst Heraclea auf dem Festland; bereits 742 wurde er nach Ma-

lamocco verlegt. Das erste Jahrhundert der Dogenherrschaft war von Rivalitäten zwischen den Lagunensiedlungen und von Auseinandersetzungen pro und contra Byzanz geprägt. Kaum ein Doge starb eines natürlichen Todes. Einflussreiche Familien mit Grundbesitz auf dem Festland stritten um die Rechte an der einträglichen Salzgewinnung. Die Einigung ergab sich durch eine Bedrohung von außen: Als Kaiser Karl der Große, konkret sein Sohn Pippin, 809 die Lagune belagerte und Malamocco zerstörte, besannen sich die Insulaner auf ihre Kräfte. Mit einer List – sie zogen die Pfähle, die in der Lagune vor den vielen Sandbänken warnten, heraus – besiegten so die feindlichen Truppen und verlegten ihren Regierungssitz auf den Rivus Altus (»Hohes Ufer«, später Rivoalto, Rialto). Diese Inselgruppe mitten in der Lagune war die Keimzelle der rasch wachsenden Stadt Venedig.

Beherrscherin der Adria

Der Aufstieg 9. – 11. Jh.

In einem Vertrag zwischen Karl dem Großen und Byzanz wurde 812 Venedig – mit Dalmatien und den Hafenstädten Istriens – Provinz des Byzantinischen Reichs. Das politische und geistliche Zentrum der Stadt befand sich auf dem Rialto. Hier standen der Vorläuferbau des heutigen Dogenpalastes sowie die Bischofskirche. 828 entführten zwei Kaufleute aus Venedig die Gebeine des **Evangelisten Markus** aus Alexandria. Sie hatten den Leichnam in einem Fass Schweinespeck versteckt und anstandslos den Zoll passiert, da die muslimischen Wächter aus religiösen Gründen Schweinefleisch nicht berühren durften. Damit besaß der junge Lagunenstaat auch endlich »seinen« Heiligen. Die Reliquien wurden in der neu errichteten Markuskirche aufbewahrt, der »Hauskapelle« des Dogen. Sein Symbol, der geflügelte Löwe, wurde zum Wahrzeichen der Stadt. Als talentierte Schiffsbauer, geschickte Fährleute, mutige Seefahrer (mit Hang zur Piraterie) und gewiefte Kaufleute eroberten die Insel-Veneter nach und nach die See- und Handelswege durch die Adria nach Osten. Das ferne Byzanz öffnete den Verbündeten großzügig alle Häfen und Handelsrouten. Von dort brachten die Veneter Samt- und Seidenstoffe, Elfenbein, Gold und vor allem Pfeffer und andere Gewürze, Reis, Kaffee und Zucker nach Venedig. Aber auch heimische Waren wie Öl und Holz aus dem Hinterland sowie das in der Lagune gewonnene Salz wurden vertrieben. Nicht nur einzelne Familien wurden wohlhabend, die Stadt entwickelte sich zum größten Finanzzentrum in Europa.

Schlagkräftig und erfolgreich

Die wachsenden Erfolge als Handelsmacht und der Bevölkerungszustrom von nah und fern sorgten für eine rasche Entwicklung. Einflussreiche Kaufmannsfamilien dominierten das wirtschaftliche, politische und soziale Geschehen in der Stadt. Eine schlagkräftige Kriegsflotte sorgte nicht nur für die äußere Sicherheit im Kampf gegen Piraten,

SEEMACHT VENEDIG

Ein erstaunlicher Aufstieg: Aus Fischern und Salzsiedern wurden schwerreiche Handelsherren und Herrscher über die Märkte der Alten Welt. Die Verfassung Venedigs entwickelte sich im 10. und 11. Jh. vor dem Hintergrund der Loslösung von Byzanz/Konstantinopel.

▶ **Venezianisches Reich im 16. Jh.**
Größte Macht und Ausdehnung

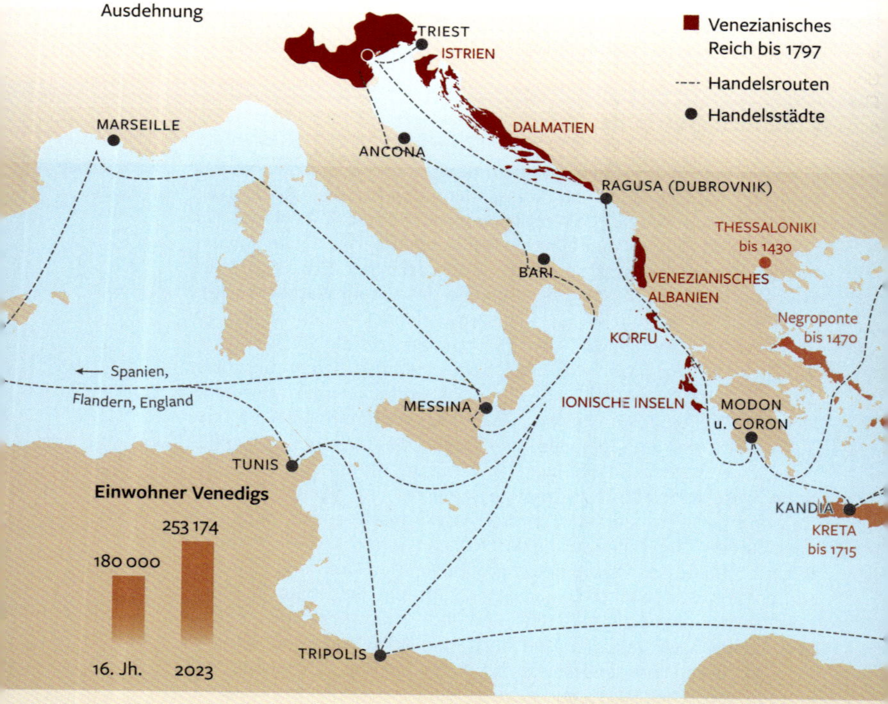

Venezianisches Reich bis 1797
Handelsrouten
Handelsstädte

TRIEST
ISTRIEN
MARSEILLE
ANCONA
DALMATIEN
RAGUSA (DUBROVNIK)
THESSALONIKI bis 1430
BARI
VENEZIANISCHES ALBANIEN
KORFU
Negroponte bis 1470
← Spanien, Flandern, England
MESSINA
IONISCHE INSELN
MODON u. CORON
TUNIS
KANDIA
KRETA bis 1715
TRIPOLIS

Einwohner Venedigs

16. Jh.	2023
180 000	253 174

▶ **Dogen**
Der aus dem Adel gewählte Doge, Souverän und »Sklave der Republik« (Petrarca), hatte bis 1148 uneingeschränkte Macht, bevor er zunehmend überwacht und geradezu isoliert wurde. Die wahre Herrschaft übten die ca. 2000 adligen Mitglieder des Großen Rats (1297 geschlossen) und der 1310 geschaffene Rat der Zehn aus, eine Art Sondergericht.

Pietro II. Orseolo
991–1009
Die Ostexpansion Venedigs beginnt in Istrien und Dalmatien als Kampf gegen Piraten.

Enrico Dandolo
1192–1205
Teilnahme am 4. Kreuzzug und Eroberung Konstantinopels 1204: Venedig herrscht über das Mittelmeeer.

Handelsrouten
Am Beispiel von Gewürzen aus Indien und Seide aus China

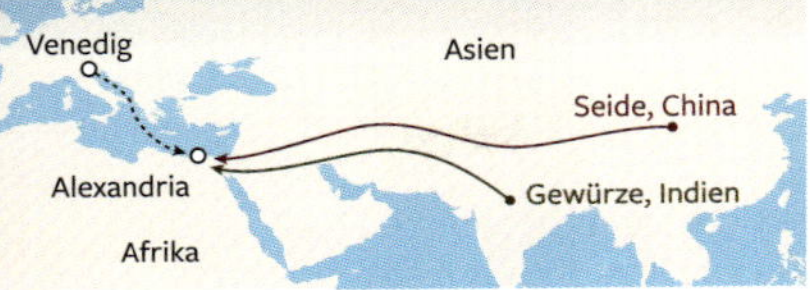

Wichtige Importgüter
Seide, Pelze, Elfenbein, Gewürze, Färbemittel und Parfüme

Wichtige Exportgüter
Gold, Silber, Bernstein, Wolle, Holz, Zinn, Eisen, geschliffene Juwelen, Glaswaren, Arzneimittel und Sklaven

Balance der Macht
Das komplexe Regierungssystem der Republik war geprägt von immer wechselnden Zuständigkeiten, um eine Erbmonarchie zu verhindern sowie die Machtbalance zwischen den Adelsfamilien zu gewährleisten. Alle Staatsämter, die mit Kompetenzen verbunden waren, wurden nur auf kurze Zeit vergeben, umgekehrt hatten die auf Lebenszeit bestellten Staatsorgane wie der Doge kaum Befugnisse und wurden überdies scharf kontrolliert.

Venedig hatte eine klare Arbeitsteilung:

1% Adel
Politik, Verwaltung und Kriegsführung

4% Cittadini (Kaufleute)
Geldmittel, Handel und Produktion

95% Populani (restliche Bevölkerung)
Soldaten, Matrosen und Handwerker

Marco Polo
Als die Mongolen im 13. Jh. bis nach Konstantinopel vordrangen und die Handelswege bis nach China frei wurden, machte sich Marco Polo mit seinem Vater und dessen Bruder auf die 25 Jahre dauernde Reise.

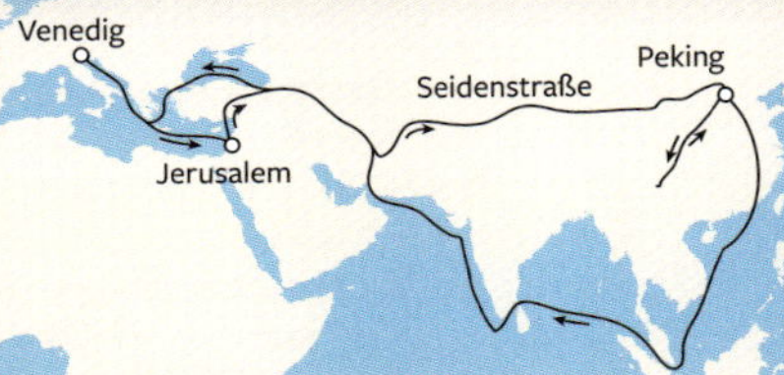

Jacopo Tiepolo
1229–1249
Die Dominanz der Mongolen in Zentralasien erlaubt für 50 Jahre Handel zu Land bis nach China.

Pietro Loredan
1567–1570
Verlust von Zypern an das Osmanische Reich (endgültig im Frieden von 1573).

Domenico II. Contarini
1659–1674
Nach 20-jährigen Kämpfen Verlust von Kreta an das Osmanische Reich.

Ludovico Manin
1789–1797
Übergabe der Stadt an Napoleon, der sie an Habsburg weiterreicht: Ende der Republik Venedig

sondern eroberte auch immer neue Gebiete an der Adria, in Istrien und in Dalmatien (1000 n. Chr.). Letzteres sicherte Venedig eine unerschöpfliche Quelle für Sklaven und Holz. Seit diesem Jahr wird alljährlich am Himmelfahrtstag vor der Kirche San Nicolò auf dem Lido der **Sposalizio col Mar** gefeiert, die »Hochzeit des Dogen mit dem Meer«.

Kreuzzüge 12./13. Jh.

An den ersten Kreuzzügen ins Heilige Land hatte Venedig, das lebhafte Handelsbeziehungen zur muslimischen Welt unterhielt, wenig Anteil. Davon profitierten die Handelskonkurrenten Pisa und Genua, die in der venezianischen Interessensphäre erfolgreich wilderten. Und als Konstantinopel dem Rivalen Genua sogar Vorteile einräumte, war es anlässlich des Vierten Kreuzzugs (1202 – 1204) mit der venezianischen Zurückhaltung vorbei. Mit diplomatischem Geschick erreichte der 92-jährige, halb blinde Doge Enrico Dandolo als Lohn für die Bereitstellung von Schiffen mitsamt Besatzung zum Transport des Kreuzzugheeres Unterstützung bei der **Eroberung** der dalmatinischen Küstenstadt Zara und **Konstantinopels** (1204). Die reichste Stadt der Christenheit und Hauptstadt des Byzantinischen Reichs wurde gründlich geplündert. Wertvolle Kunstschätze wie die vier berühmten Bronzepferde von San Marco gelangten nach Venedig. Darüber hinaus sicherte sich Venedig fast die Hälfte des ehemaligen oströmischen Staatsgebiets: die Küste von Epirus bis zum Peloponnes, Euböa, Kreta, Rhodos und andere Inseln der Ägäis. **Venedig** war damit zur **Mittelmeermacht** geworden. Kurze Zeit wurde sogar darüber nachgedacht, in die eroberte Stadt am Bosporus umzuziehen. Mit nur zwei Stimmen Mehrheit wurde der Plan 1224 verworfen.

Stolze Seerepublik 13. – 15. Jh.

Nun besaß die venezianische Seemacht das Monopol auf allen großen Handelswege zwischen der Levante und dem Abendland. Eine derartige Machtfülle rief den alten Rivalen Genua auf den Plan. Die Kämpfe um die Vorherrschaft im Mittelmeerhandel dauerten bis 1381, als Venedig bei Chioggia den Erzfeind besiegte. Venedig war nun **Stato da mar**, eine Seemacht. Venezianische Kaufleute kamen auf ihren Geschäftsreisen in weit entfernte Regionen. Nicolò und Antonio Zeno segelten 1390 bis nach Neufundland, Grönland und Island, Nicolò Conti kam im 15. Jh. über den Indischen Ozean in den Persischen Golf und bis nach Ceylon. Venezianische Niederlassungen standen auf der Krim, in Armenien, Syrien und Ägypten. Ende des 15. Jh.s war Venedig nach Paris und Neapel zur drittgrößten Stadt Europas mit rund 150 000 Einwohnern angewachsen.

Die Regierung Venedigs

Adelsdemokratie

Venedigs Verfassung sorgte über viele Jahrhunderte für innenpolitischen Frieden, auch mit gesellschaftlichen Gruppen, die von der

OBEN: Die Markuskirche entstand einst für die Reliquien des heiligen Markus, die zuvor aus Alexandria entführt worden waren. Das Mosaik über der Porta di San Alippio zeigt die Überführung des Leichnams des Heiligen in die Markuskirche und wie diese im 13. Jahrhundert aussah.

UNTEN: Der geflügelte Löwe, das Symbol des heiligen Markus, weht an vielen Stellen der Stadt.

Herrschaft ausgeschlossen waren. Sie entstand im 11. und 12. Jh., entwickelte sich aber entsprechend den Erfordernissen immer weiter. Ihren Erfolg verdankte sie einem ausgeklügelten System sich gegenseitig kontrollierender und ausgleichender Kräfte, »in dem die checks and balances moderner Demokratie-Verfassungen schon vorweggenommen wurden. Nur dass es sich hier um die ›Demokratie‹ bloß einer Klasse des ›Volkes‹, des Adels, handelte.« (R. Lebe, Mythos Venedig).

Organisation der Adelsrepublik

Venedig war eine **Oligarchie**. Die Macht lag in den Händen einiger durch Handel reich gewordener Familien. Sie gehörten dem Großen Rat an. Nachdem ihre Zahl auf mehrere Hundert angestiegen war, kam es 1297 zu seiner Schließung **(Serrata)**. Von nun an konnte nur Mitglied werden, wer (oder wessen Familie) im Libro d'Oro, dem **Goldenen Buch** der Republik, eingeschrieben war. Am Ende der Republik waren in diesem Buch 1218 Namen vertreten. Der Große Rat bestimmte die Mitglieder der verschiedenen Gremien, die die Staatsgeschäfte führten, und wählte aus den eigenen Reihen den Dogen. Jeder Nobile bekleidete im Staatsapparat ein Amt, meist als unbezahlter Diener des Staats. Er durfte weder einen ihm angetragenen Dienst verweigern noch ein Kommando ausschlagen. Wer im Amt versagte, ob schuldhaft oder unschuldig, wurde mit härtesten Strafen belegt. Diese Maßnahmen förderten die Entstehung einer sehr stabilen Führungsschicht, die sämtliche Belange der Stadt bestimmte. Mit dieser Regelung waren nicht alle Einwohner einverstanden, Putschversuche waren vorprogrammiert. Die »bürgerlichen« Familien standen im **Silbernen Buch**. Sie hatten keinen Anteil an den Regierungsentscheidungen, jedoch standen ihnen einige Ämter in der Verwaltung offen. Die im Goldenen und Silbernen Buch eingetragenen Familien machten nicht einmal 15 % der Gesamtbevölkerung Venedigs aus, verfügten aber über fast 90 % des Vermögens der Republik.

Die Dogen

Im Jahr 697 n. Chr. war der erste Doge vom Vertreter des byzantinischen Kaisers ernannt worden, ab 726 setzten die Lagunenbewohner ihr Wahlrecht durch, 1797 gab der letzte Doge Manin die Dogenmütze mit den Worten zurück: »Sie wird nicht mehr gebraucht.« In diesen elfhundert Jahren repräsentierten 120 auf Lebenszeit gewählte Dogen die Republik Venedig. Amtszeichen war der berühmte **Corno**, die Dogenmütze, die einer Zipfelmütze ähnelte und mit Gold und Edelsteinen verziert war. Das Volk bestätigte die Dogenwahl, indem es auf den Zuruf, »Dies ist euer Doge, wenn er euch gefällt«, in Jubel ausbrach. Die Macht des Dogen war zunächst nahezu unbeschränkt. Als im 10. Jh. der Doge Pietro Candiano IV. (959 – 976) versuchte, das Dogenamt erblich zu machen, kam es zum Aufstand. Dogenpalast und Basilika gingen in Flammen auf, der Doge und sein minderjähriger Sohn wurden ermordet. Im weiteren Verlauf wurde die Macht des Dogen zunehmend eingeschränkt. Er durfte weder verreisen noch allein Besucher empfangen. Sogar die Briefe an die Ehefrau wurden zensiert. Schließlich wurde auch das Volk bei der Dogenwahl ausgeschaltet. Nun hieß es nur noch »Dies ist euer Doge« (Mitte 12. Jh.). Ein hochkompliziertes Verfahren sollte Mauscheleien bei der Dogenwahl verhindern. Aus dem Großen Rat wurden zunächst 30 ausgelost, diese wählten neun aus ihrer Mitte, die 40 weitere Wahlmänner bestimmten. Diese 49 wurden durch Los auf 12 reduziert, die weitere 25 bestimmten. Diese wurden erneut auf neun reduziert, die noch einmal je fünf benannten. Diese 45 suchten dann elf Männer aus ihrer Gruppe aus, die die 41 endgültigen Dogenwähler bestimmten. Der Wahlvorgang konnte sich über Monate hinziehen.

Die Dogen, die verherrlichten Sklaven der Republik

Der Doge repräsentierte die Republik, hatte seinen Sitz in jedem Gremium (bei Abstimmungen jedoch nur eine Stimme), präsidierte dem Großen Rat, hatte Beschlüsse herbeizuführen und die staatlichen Amtsträger zu kontrollieren. Allerdings waren seine Kompetenzen begrenzt. Der Doge und seine Frau mussten im Dogenpalast wohnen. Ihre Möbel und sonstige Kosten hatten sie aus eigener Tasche zu bezahlen. Der Doge durfte keine privaten Ämter innehaben, kein auswärtiges Amt bekleiden. Keiner aus der Familie des Dogen durfte an Handelsunternehmen beteiligt sein. Ohne Erlaubnis des Großen Rats durften Söhne und Töchter nicht nach auswärts heiraten. Der Doge durfte in Abwesenheit der Räte keine Briefe auswärtiger Mächte öffnen und keine schreiben, keine Gesandten empfangen, keine Geschenke annehmen – es sei denn Blumen, Duftkräuter oder Rosenwasser. Francesco Petrarca beschrieb im 14. Jh. die Situation des Dogen mit den Worten: »Dogen sind keine Herren, nicht einmal Fürsten, sondern die verherrlichten Sklaven der Republik.«

Wie Venedig regiert wurde

Will man so etwas wie eine Staatsregierung ausmachen, so trifft dies am ehesten auf den **Kleinen Rat** zu, der aus sechs Consiglieri (Vertreter der sechs Stadtbezirke) bestand. Die Consiglieri diskutierten alle Staatsangelegenheiten, überwachten und vertraten den Dogen, der in diesem Kreis auch nur eine Stimme besaß, und führten mit ihm in den diversen Körperschaften den Vorsitz. Zu den beiden wichtigsten gehörten die Quarantia, benannt nach ihren ursprünglich 40 Mitgliedern, und der Senat. Die **Quarantia** bestand ab 1179. Anfangs nur ein Berufungsgericht, entwickelte sie sich ab etwa 1230 zu einer Finanz- und Gerichtsbehörde. Der **Senat** befasste sich seit etwa der gleichen Zeit vor allem mit Fragen der Schifffahrt und des Handels. Im weiteren Verlauf entwickelte er sich zum eigentlichen regierenden Parlament: dem Großen Rat zwar verantwortlich, jedoch zu wichtigen Entscheidungen berechtigt. Im ersten Drittel des 14. Jh.s ging aus dem Senat das **Collegio dei Savi** hervor. Ihm wurden die Vorbereitungen von Senatssitzungen sowie die Handels- und Marineangelegenheiten übertragen. Im 15. Jh. ging ebenfalls aus dem Senat das **Collegio** hervor, das gemeinsam mit dem Dogen, dem Kleinen Rat und drei Vertretern der Quarantia als eine Art Ministerrat fungierte. Als letztes großes Verfassungsorgan wurde der **Rat der Zehn** ins Leben gerufen. Hintergrund war der Umsturzversuch des Baiamonte Tiepolo im Jahre 1310. Der Ausschuss der »Dieci« sollte die Hintergründe und Vorgänge untersuchen und die Schuldigen bestrafen. Zu seinen Beratungen traf er sich vor allem nachts. Amtssitz war der Palazzo Ducale, wo sich auch die Gefängnis-, Folter- und Hinrichtungsräume befanden, allerdings sehr gut getarnt und von außen unsichtbar. Einen Einblick in die Räumlichkeiten und Arbeitsweise dieser Geheimpolizei vermittelt die Tour »Itinerari segreti« im Palazzo Ducale (► S. 158).1335 wurde beschlossen, diese Art Sondergerichtshof beizubehalten. Seine Aufgabe bestand darin, alle Vorgänge zu untersuchen, die die Sicherheit des Staates gefährden konnten. Das »Prinzip Mißtrauen, das die Verfassung Venedigs prägte« (R. Lebe), ist in diesem Gremium geradezu institutionalisiert. Es versteht sich fast von selbst, dass die Namen der zehn Mitglieder, die der Senat jedes Jahr neu bestimmte, geheim gehalten wurden.

Laut Petrarca war der Doge nur ein verherrlichter Sklave der Republik. Das zeigt der knieende Doge Foscari vor dem Markuslöwen auf der Porta della Carta.

Gegenseitige Kontrolle

So entstanden viele Institutionen, die Macht delegierten, teilten und sich gegenseitig kontrollierten. Ein Netz von meist ehrenamtlichen Funktionären sorgte dafür, dass die erlassenen Bestimmungen durchgeführt und einzelne Gruppen nicht zu mächtig wurden. Die Dienstperioden der wichtigen Staatsämter waren sehr kurz (bis auf den auf Lebenszeit gewählten, jedoch sorgsam überwachten Dogen). Meistens dauerten sie nur ein Jahr, außerdem waren die Amtsinhaber erst nach Ablauf einer Sperrfrist erneut in andere Ämter wählbar. Zu den wichtigen Ämtern gehörten u. a. die Cattaveri, die Steuerschätzer. Jeder Venezianer, ohne Ansehen von Stand und Person, musste ihnen seine gesamten Vermögensverhältnisse offenlegen und die danach festgelegte Steuersumme abführen.

Beschwichtigungsämter und Nobilitierungsschübe

Es gibt viele Hypothesen, warum sich das venezianische Bürgertum, die Gewerbetreibenden und Handwerker, aber auch Kaufleute und Seefahrer damit abfanden, zum großen Teil nicht direkt an der Politik beteiligt gewesen zu sein. Tatsächlich gab es für die Oberschicht einige Ämter – z. B. die einflussreiche geheime Staatskanzlei zur Kontrolle der patrizischen Adelsmacht –, »Beschwichtigungsämter« und einige »Nobilitierungsschübe«. »Wirklich hervorstechender Reichtum hat Bürger am Ende noch zu allen Zeiten ratsfähig gemacht« (R. Lebe).

Die Scuole, die demokratischsten Einrichtungen Venedigs

Im 13. und frühen 14. Jh. war Venedigs Verfassung im Wesentlichen vollendet. Im weiteren Verlauf wurde sie nur wenig verändert, obwohl 95 % der Bevölkerung nicht an der politischen Macht beteiligt waren. Eine wichtige Rolle im sozialen Gefüge und für die Stabilität der Adelsrepublik spielten die Scuole, die sich seit dem 12. Jh. herausbildeten: **Zünfte oder Gilden**, in denen meist Männer eines Gewerbes organisiert waren. Sie wählten ihre Vorstände, schufen genossenschaftliche Satzungen, erfüllten aber auch eine Reihe sozialer Aufgaben: Sie gründeten und unterhielten Hospitäler und Herbergen für Arme. In den Scuole entwickelte sich ein sehr aufwendiges Verbands- und Vereinswesen, und so boten sie großen Teilen des venezianischen Bürgertums einen Ersatz für politische Betätigung. Longworth (»Aufstieg und Fall der Republik Venedig«, 1976) nennt sie die »demokratischsten Einrichtungen von Venedig«. Es gab unzählige kleine sowie sechs große Scuole: die Scuole Grande di San Rocco, San Giovanni Evangelista, San Giorgio degli Schiavoni di San Teodoro, San Salvador und di Santa Maria della Carità. Im 18. Jh. kamen noch zwei weitere hinzu: Scuola Grande dei Carmini und di San Fantin. Die Mitglieder zahlten Beiträge und stellten die Männer, die in den wichtigsten Prozessionen mitmarschierten. Die großen Scuole besaßen eigene Gebäude, und es spricht für ihre Bedeutung, wenn die **Scuola Grande di San Rocco** einen der beeindruckendsten Gemäldezyklen der Welt präsentiert: **Tintoretto** malte für sie 62 Auftragswerke. Aber auch bei kleinen Scuole überrascht die Ausstattung: So schuf Vittore Carpaccio für die

Scuola di San Giorgio degli Schiavoni einen großartigen Bilderschmuck. Marco Polo sowie viele große Künstler haben den Scuolen angehört. Das Ende der Republik war auch ihr (vorläufiges) Aus. **Napoleon verbot die Scuole** ebenso wie die Klöster. Allerdings gründeten sie sich wieder, die Scuola Grande di San Rocco noch im Jahr 1797, andere folgten im frühen 20. Jahrhundert.

Vom Niedergang bis heute

Venedigs Seeherrschaft war unangefochten. Die Handelsflotte bestand aus 3900 Schiffen mit rund 17 000 Seeleuten. Im Inneren herrschte Stabilität. Einzig sein Hinterland war nicht gesichert, und so begann der »Stato da mar« Anfang des 15. Jh.s einen Expansionszug nach Westen, der Venedig schließlich zur größten Territorialmacht in Oberitalien machte.

Eroberungen zu Lande 15. Jh.

Mit bezahlten Truppen, angeführt von namhaften Condottieri (Söldnerführern), eroberte die Königin der Adria große Teile des Festlands (Terraferma): Padua, Vicenza, Verona (1405). 1489, als die Insel Zypern an Venedig fiel, erreichte der Stadtstaat seine größte Ausdehnung: Sein Herrschaftsgebiet erstreckte sich von den griechischen Inseln der Ägäis westwärts über Dalmatien und Friaul bis nach Bergamo, im Norden bis zu den Alpen einschließlich eines großen Teils von Trient und im Süden bis nach Ravenna. In der Stadt hatte sich eine vielseitige Wirtschaft entwickelt. Ende des 15. Jh.s besaß Venedig mehr Druckereien als Rom, Mailand und Florenz zusammen. Seiden- und Baumwollwebereien blühten; aus den Glasbläsereien auf Murano wurden Großbetriebe. Die Ausdifferenzierung im Handwerk war weit fortgeschritten, was heute noch am Repertoire der Straßennamen gut zu erkennen ist: Seiler, Seifenhersteller, Färber, Bierbrauer, Weber, Bäcker, Goldschmiede, Gewürzhändler, Gerber, Kerzendreher. In dieser Zeit entstanden auch viele der prachtvollen Sakralbauten und herrlichen Paläste, die bis heute die Besucher in ihren Bann ziehen.

Bedrohung von Außen

1453 eroberten die Osmanen im Handstreich Konstantinopel, nach und nach auch die venezianischen Besitzungen Zypern, Kreta und den Peloponnes. Sie drangen sogar in die Gewässer der Adria ein und besetzten 1499 vorübergehend Gebiete im Friaul. Zur gleichen Zeit (1504) schlossen sich Frankreich, Spanien, Ungarn und Österreich mit päpstlicher Unterstützung gegen Venedig zur Liga von Cambrai zusammen. Der Seerepublik gelang es, der Liga standzuhalten, die sich wegen interner Schwierigkeiten bald darauf auflöste. Kaum war die Ruhe im Westen Venedigs wiederhergestellt, begannen die Türken im Osten erneut zu rumoren. 1517 unterwarfen sie Ägypten und kontrollierten fortan Venedigs Handelswege nach Kleinasien, Persien und in den Fernen Osten. Der nun mit Unterbrechungen 300 Jahre währende, grausame und zerstörerische Krieg um die Vorherrschaft im östlichen Mittelmeer führte zum Untergang des Stato da mar. 1492 entdeckten der Genuese Christoph Kolumbus die Neue Welt und 1499 der Portugiese Vasco da Gama den Seeweg über den Atlantik nach Indien – folgenschwere Ereignisse, da sich das Zentrum des Welthandels zunehmend an die Atlantikküste, nach Lissabon, London und Antwerpen verlegte. Der Mittelmeerhandel und damit die Handelsmacht **Venedig verlor mehr und mehr an Bedeutung**. Bereits um 1510 war der Handel mit Flandern ganz eingestellt und der Gewürzhandel um 60 % zurückgegangen. Wie verzweifelt die Lage der Serenissima im 16. Jh. war, verdeutlichen die Pläne für den Bau des Suezkanals, der damals jedoch technisch noch nicht realisierbar war. Venedig stand vor großen Schwierigkeiten: Außenpolitisch war die Lagunenrepublik von den europäischen Königshäusern isoliert. Doch die türkische Flotte bedrohte nicht nur die verbliebenen Handelsaktivitäten Venedigs, sondern auch die Interessen der übrigen Mittelmeerländer. Unter Papst Pius V. formierte sich schließlich eine »Heilige Liga«. Mithilfe von Neapel, Österreich, Sizilien und Genua wurde eine Flotte aufgestellt, 450 Schiffe mit 120 000 Mann Besatzung, und am 7. Oktober 1571 kam es im Bereich zwischen dem Peloponnes und der Insel Kefalloniá zur **Schlacht von Lepanto**. Und obwohl den Venezianern das letzte Mal in der Geschichte ein überragender Sieg gelang, schafften sie es nicht, sich aus der außenpolitischen Isolation zu befreien.

Innere Probleme

Auch im Innern zeigten sich Zerfallserscheinungen. Armut wurde ein immer größeres Problem. Korruption und Misswirtschaft verursachten den Zusammenbruch mehrerer namhafter Banken. Die Syphilis breitete sich so stark aus, dass 1522 die Melde- und Behandlungspflicht eingeführt wurde. 1575 und 1630 erlebte Venedig zwei Pestepidemien, an denen jeweils fast ein Drittel der Bevölkerung starb. Da meldeten sich die Türken zurück, die Kreta angriffen und Venedig in einen weiteren verlustreichen Mittelmeerkrieg (1644 bis 1669) zogen. Als die neue Großmacht der Habsburger das Osmanische Reich zurückdrängte und sich die eroberten Gebiete selbst einverleibte, gab Venedig die letzten Handelsstützpunkte im Ägäischen Meer auf und konzentrierte seine Bemühungen auf die Rettung seiner kleinstaatlichen Unabhängigkeit im Schutz der Lagune.

Das Ende der Republik 18. Jh.

Die Macht war verloren, doch die Kultur blühte. Die Gemälde von Tiepolo, Canaletto und Guardi sowie die Schriften von Casanova und Goldoni begegneten dem drohenden Ende der Seerepublik mit Inszenierungen der glorreichen Vergangenheit und sorglosem Genießertum. Anfang des 18. Jh.s gab es noch 216 venezianische Patrizierfamilien, denen es gerade gelang, den Großen Rat und den gewaltigen Beamtenapparat zu besetzen. Um die Staatskasse zu sanieren, begann der Senat nach 1750 u. a. mit der Konfiszierung des Kirchenbesitzes. Mit dem Geld wurde u. a. die 15 km lange, 14 km breite und 4,5 m hohe Deichanlage zum Schutz der Lagune (Murazzi) erbaut, eine letzte große Leistung der Republik. 1796 hatte **Napoleon** Österreich den Krieg erklärt und war mit seinen Truppen in Norditalien einmarschiert. 1797 stand er vor der Lagunenstadt. Der Große Rat trat am 12. Mai 1797 zusammen. Der letzte Doge, Ludovico Manin, erklärte seinen Rücktritt. Mit 512 Ja-Stimmen und nur 30 Gegenstimmen wurde das Ende der Republik beschlossen. Respektlos verbrannte Napoleon den Libro d'Oro, das Goldene Buch der Stadt, das die Namen aller großen Patrizierfamilien enthielt, und ließ die Stadt plündern. Damals wurden viele Kunstwerke nach Paris geschafft, darunter die vier bronzenen Pferde vom Markusdom, Gebäude niedergerissen, Kirchen und Klöster zerstört oder umgewidmet. Noch im selben Jahr trat Frankreich das **Veneto mit Venedig an Österreich** ab.

Von Österreich nach Italien 19. Jh.

Nach über 1000 Jahren Unabhängigkeit war Venedig nur noch eine Provinz der weit entfernten Hauptstadt Wien. Die neuen Herren ließen Straßen pflastern, Gaslicht installieren, die Seeabwehr verstärken und 1846 die Eisenbahnbrücke bauen, die Venedig mit dem Festland verbindet. In der ersten Hälfte des 19. Jh.s ertrug die Serenissima die Okkupation widerstandslos. Nur im europäischen Revolutionsjahr 1848 gelang es venezianischen Freiheitskämpfern unter Daniele Manin, die Stadt für 15 Monate von Österreich zu befreien. 1866 überließen die Habsburger die Region Venetien dem neuen vereinigten Königreich Italien. Zu diesem Zeitpunkt war Venedig nur noch ein Schatten seiner selbst. Von Misswirtschaft und lokalpolitischen Machtkämpfen gezeichnet, glich die Stadt einem Armenhaus; von den etwa 130 000 Einwohnern lebte ein Drittel in Armut.

Neuer Aufschwung 20. Jh.

Der ersehnte wirtschaftliche und soziale Aufschwung ließ lange auf sich warten. 1917, während des Ersten Weltkriegs, begann man in Marghera auf dem Festland mit dem Bau von Industrieanlagen. Auch der Hafen wurde von Venedig heraus hierher verlegt. 1926 erfolgte der **Zusammenschluss von Venedig, Mestre und Marghera** zur Comune di Venezia. 1933 wurde parallel zum Bahndamm eine Autobrücke zwischen Mestre und Venedig erbaut. Trotz der Industrieanlagen auf dem Festland blieb Venedig von Bombenangriffen der Alliierten verschont. In den 1950er-Jahren entstand dort das **Chemiezentrum** Italiens.

Venedig heute

Als Touristenziel erlangte Insel-Venedig in der zweiten Hälfte des 20. Jh.s Berühmtheit. Die **Wiedereinführung des Karnevals** 1979

Regatta zu Ehren Napoleons 1807. Der Kaiser zeigt sich auf dem Balkon des Palazzo Balbi.

erweiterte die Hauptsaison fast auf das ganze Jahr. Kunstbiennale, Filmfestspiele, Universität, Kulturinstitute und Galerien verschafften der Lagunenstadt zusätzliche Anziehung als Kulturzentrum von Weltruf. Mittlerweile hat die Stadt täglich etwa 60 000 Besucher, also rund 24 Mio. im Jahr. Der Tourismus verdrängt nicht nur die anderen Wirtschaftszweige, sondern auch immer mehr Venezianer aus der Stadt. Die vielen Kreuzfahrtschiffe blasen so viele Abgase in die Luft wie die Industrie des Festlandes. Der Wellengang ihrer Riesenschrauben rüttelt an den Grundfesten der Stadt. Hinzu kommen Umweltverschmutzung (allein die Säuberung der Stadt kostet Venedig jährlich 30 Mio. €), Hochwasser und sinkende Fundamente. Trotz aller Einnahmen aus dem Fremdenverkehr kommt die Stadt nicht von ihren **400 Mio. € Schulden** runter. Auf der »Suche« nach neuen Geldquellen begann die Stadt, Palazzi im Centro Storico zu verkaufen, nicht nur an Benetton, Prada, Bulgari, sondern auch an geschäftstüchtige Chinesen.

Engagierte sich der ehemalige Bürgermeister und linksliberale Philosoph Massimo Cacciari (1993–2000, 2005–2010; ▶ Interessante Menschen S. 267) noch als Verteter eines Venedigs, das nicht nur als Museum seiner selbst erstarrt, so arbeitete sein Nachfolger, Giorgio Orsoni vom Partito Democratico, in die andere Richtung: Er unterstützte zunächst Venedigs Bewerbung als europäische Kulturhauptstadt, zog dann aber die Bewerbung angesichts wachsender Proteste

WIE VENEDIG ÜBERLEBT

Der über tausend Jahre alten Königin der Meere steht das Wasser bis zum Hals. Immer mehr Einwohner kehren ihrer Stadt den Rücken, deren Untergrund in die Lagune sinkt, während der Meeresspiegel steigt.

Venedigs Stadtbild entstand im frühen Mittelalter und hat sich fast unverändert erhalten. Dramatisch verändert hat sich allerdings die Einwohnerzahl. Am Campo San Bartolomeo informiert eine digitale Anzeige tagesgenau, wie viele Menschen noch im Centro Storico leben. Als die Uhr 2008 aufgestellt wurde, waren es 61 000, 2023 sind es nur noch knapp 50 000 – 1951 waren es noch 174 000 Menschen. Zudem sind es fast nur noch die Älteren; 33 % der Bewohner sind älter als 65 Jahre. Und der Exodus geht weiter.

Die Stadt verliert Bewohner

Jedes Jahr verlassen etwa 2000 Veneziani das Centro Storico, den Stadtkern. Die meisten bleiben zwar innerhalb der Comune di Venezia, sie ziehen jedoch aufs Festland nach Mestre (1926 wurden Venedig und Mestre zusammengeschlossen), Marghera oder in einen anderen Stadtteil. Vor allem junge Leute ziehen weg. Gründe gibt es viele, etwa die **hohen Mieten** in häufig unbequemen Wohnungen, oft ohne eigenes Bad oder Heizung, die großen Investitionen, die nötig sind, um die Wohnungen bzw. Häuser zu erhalten. 2011 musste die alteingesessene Buchhandlung Fantoni wegen der Verdreifachung der Miete schließen. Der **Tourismus** hat mit über 24 Mio. Besuchern im Jahr gewaltige Auswirkungen auf die städtische Infrastruktur. So verschwinden Lebensmittelgeschäfte, Kindergärten und Schulen, stattdessen breiten sich Souvenirläden, Restaurants, Hotels und Bed & Breakfast-Unterkünfte aus. Auch hat die Stadt vor allem jungen Menschen wenig zu bieten, es gibt **kaum Nachtleben** und Ausflüge aufs Festland verschlingen viel Geld. Venedig ist außerdem unbequem. Sämtliche Waren müssen vom Festland hergeschafft, auf Boote umgeladen und zu Fuß und mit dem Handkarren transportiert werden. Wegen der vielen Brücken braucht man für Spaziergänge mit dem Kinderwagen oder für Einkäufe eine gute Kondition. In der Innenstadt ist der **Arbeitsmarkt sehr begrenzt**, durch die Abwanderung gingen viele Arbeitsplätze verloren. Heute fahren rund 25 000 Pendler jeden Tag nach Mestre oder ins weitere Umland zur Arbeit.

Die Stadt versinkt

Venedigs Gebäude stehen auf Lärchenpfählen, die unter diesem Gewicht Jahr für Jahr tiefer in den schlammigen Lagunenuntergrund sinken. Das war auch in vergangenen Jahrhunderten der Fall. Die Venezianer reagierten darauf, indem sie einen Fußboden auf den nächsten bauten, bis zu sechs Schichten übereinander. Die Situation verschärfte sich allerdings drastisch, als man nach 1930 verstärkt Grundwasser vor allem für die aufstrebende Industrie auf dem Festland in Mestre und Marghera entnahm und die drei Einfahrten in die Lagune auf 12 m Tiefe erweiterte, damit die Öltanker zu den Raffinerien gelangen konnten. Die Folge: Der **Untergrund sank noch schneller**, seit

1908 um 12 cm (und damit mehr als in den zwei Jahrhunderten zuvor). Erst Ende der 1970er-Jahre wurde die Grundwasserentnahme gestoppt.

Hochwasser

Im gleichen Zeitraum stieg auch der Meeresspiegel um 12 cm. Hochwasser, acqua alta, heißt die Gefahr, die vor allem zwischen September und März droht. Kritisch wird es bei einem Pegelstand von 80 cm über Normalnull; da bekommt man in der Vorhalle der Markusbasilika (63 cm über NN) und auf dem Markusplatz nasse Füße. Bis 1932 gab es nur alle paar Jahre ein Hochwasser von mehr als 110 cm über Normal, 1943 – 1952 schon je eines, 1993 – 2002 dann bereits mehr als fünf jährlich. Seit der Flutkatastrophe 1966 mit einer Pegelhöhe von 194 cm überstieg die acqua alta über 220mal die 110 cm-Marke – sie wurde mittlerweile auf 140 cm angehoben. Tritt die prognostizierte Klimaerwärmung mit der damit verbundenen Erhöhung des Meeresspiegels ein, dann hieße das in 50 Jahren an jedem 3. Tag acqua alta!
Aber auch zu tiefe Ebben sind schädlich. Zu wenig frisches Meerwasser führt in der Lagune zu Sauerstoffmangel, der Muschelzucht und Fischfang akut bedroht. Zu tiefe Wasserstände gefährden auch die Stadt, da die zahllosen Lärchenstämme, auf denen Venedigs Bauten ruhen, im Kontakt mit Sauerstoff faulen könnten.

Acqua alta: Das Hochwasser überspült immer zuerst den Markusplatz, der liegt nur 63 Zentimenter über dem Wasserspiegel.

Die beweglichen Schutzdämme von MOSE sollen bei Bedarf die Fluten künftig zurückhalten.

Umweltverschmutzung

Die Zauberformel gegen das Hochwasser heißt MOSE (►S. 228). Kritiker wenden jedoch ein, dass damit nur Symptome bekämpft werden. Denn die **giftige Industrie** von Marghera, die über dreißig Jahre Tausende Tonnen hochgiftiger Abfälle wie Chlor- oder Stickstofflösungen, Cyanid und Schwermetalle direkt in die Lagune geschüttet hat, arbeitet weiter. Und auch wenn mittlerweile eine Recyclinganlage gebaut wird, die **Abwässer** Hunderttausender Anrainer fließen nach wie vor ungefiltert in die Lagune. Dies und die **Abgase** der 1500 Fabrikschornsteine am Hafen von Marghera nagen weiter an den Pfählen und am Mauerwerk der Gebäude. Sie sind vermutlich auch dafür verantwortlich, dass die Provinz Venedig eine um 50 % höhere Quote an Krebserkrankungen aufweist als der Weltdurchschnitt.

Venedig modernisieren?

Nun wird immerhin seit über einem Jahrzehnt **intensiv Stadtplanung** betrieben, wobei diese nicht nur das historische Zentrum, sondern die Doppelstadt Venedig-Mestre im Blick hat. Seither sind zahlreiche Projekte in Planung oder bereits fertiggestellt, alle mit dem Ziel, Venedig für die hier Lebenden attraktiver zu machen. Städtische Zuschüsse und günstige Darlehen sollen junge Einheimische und Kleinunternehmer zum Bleiben oder zur Rückkehr in die Altstadt veranlassen. San Giuliano an der Küste vor Mestre wird besonders tiefgreifend umgestaltet. Wo früher Schwefelsäure und Düngemittel produziert wurden, steht heute der Technologie-

Wenn Kanal und Gehweg nicht mehr zu unterscheiden sind...

und Wissenschaftspark VEnice GAteway (www.vegapark.ve.it) mit 200 Firmen. An der Küste, wo jahrzehntelang Industrie- und anderer Müll abgelagert wurden, dehnt sich ein 74 ha großer Sport- und Freizeitpark aus (www.visitvenezia.eu/venezianita/scopri-venezia/vivere-la-natura-in-citta-i-grandi-parchi-e-il-bosco-di-mestre). Auf einer Schrägseilbrücke von Alberto Novarin überquert seit 2006 der Verkehr in einer Kurve das Hafenbecken von Marghera. In Dorsoduro entstand in den Magazzini Frigoriferi nach Plänen von Enric Miralles der Sitz des Architekturinstituts IUAV. Der benachbarte alte Frachthafen Tronchetto ist heute ein reines Passagierterminal (u. a. Ugo Camerino). Auf der Insel Giudecca wurde das ehemalige Junghans-Gelände zum stylischen Wohnviertel. Die Friedhofsinsel San Michele hat David Chipperfield erweitert. Noch in der Planung befindet sich die Restaurierung und Umnutzung des Arsenale.

Eine Unterseebahn?

Der Ponte della Libertà ist die einzige Verbindung zwischen Venedig und dem Festland. 2003 beschloss die Stadtregierung den Bau einer 8 km langen U-Bahn. Die **Sublagunare** soll vom Flughafen über die Insel Murano zum Arsenale im Sestiere Castello führen und den täglich 25 000 Pendlern, 60 000 Touristen und 20 000 Studenten die An- und Abreise erleichtern. Der Bau, der mit schätzungsweise 1 Mrd. Euro Kosten gegenüber dem Boot zehn Minuten Fahrzeit einsparen würde, gilt als umstritten und eine Realisierung ist noch nicht in Sicht. Kritiker befürworten als ökologischere Alternative Hovercraft-Boote und Katamarane.

zurück. 2014 musste Orsoni wegen Korruptionsverdacht zurücktreten. Sein Nachfolger ist seit 2015 der Unternehmer Luigi Brugnaro. Der Betreiber einer Stellenvermittlung mit 600 Mitarbeitern und Präsident des traditionsreichen venezianischen Basketballclubs Reyer (1872) gewann als Mitte-Rechts-Kandidat überraschend die Wahl zum Bürgermeister und beendete nach 20 Jahren die Vorherrschaft der Linken. Ende 2015 bestätigte Brugnaro den geplanten Verkauf von Kunstschätzen aus städtischen Museen zum Schuldenabbau, darunter Gustav Klimts »Judith II (Salome)« sowie Marc Chagalls »Betenden Juden«. Im Herbst 2016 versteigerte Venedig den malerischen Giovanni Nicelli-Flughafen auf dem Lido – für 61 500 Euro übernahm ihn die Sace Srl, die bereits den Flughafen Biella betreibt. 2020 gelang Brugnaro die Wiederwahl zum Bürgermeister mit rund 50 % der Stimmen. Auf seinen Vorschlag hin sollen Tagestouristen ab 2024 an bestimmten Tagen Eintritt in die Stadt bezahlen.

KUNST UND KULTUR

Venedig ist ein fragiles Gesamtkunstwerk aus Brücken und Kanälen, aus Palazzi mit Patina, Backsteinkirchen mit Goldmosaiken, schlicht wirkenden Zunfthäusern, die im Innern mit Werken von Tizian und Tintoretto prunken – und aufregender Gegenwartskunst, die nicht nur zur Biennale Stadt und Inseln erobert.

Romanisch-byzantinische Kunst

Byzantinischer Einfluss

Die enge Beziehung zu Konstantinopel hat die Kunst in Venedig entscheidend geprägt. Die Staats- und Hofkirche der Dogen, **San Marco**, wurde mit ihren fünf Kuppeln nach dem Vorbild der Apostelkirche von Konstantinopel geschaffen, die Vorhalle um 1100 mit byzantinischen Mosaiken ausgestattet, später auch das Innere. Byzantinische Mosaizisten arbeiteten mit italienischen Gehilfen am Bildprogramm. Die Ikonographie ist am östlichen Vorbild orientiert, bei der Umsetzung jedoch dringen westliche Stilelemente ein – von der bewegten Gestaltung der Oberfläche und Figuren bis zur Stilisierung der Falten. Diese Verschmelzung von Ost und West, wie sie auch bei den Weltgerichts-Mosaiken der Westwand in **Santa Maria Assunta** auf Torcello (12. Jh.) zu sehen ist, ist typisch für die romanische Kunst Venedigs. Auch die Architektur von Santa Maria Assunta weist wichtige Kennzeichen der romanischen Baukunst auf: Die dreischiffige, querhauslose Säulenbasilika mit Holzdecke wird durch den hohen Campanile überragt, schmale Blendbogenfelder gliedern großzügig die Wand, innen ist über den schmalen Arkaden die Flächigkeit der Wand betont. Deutlich zeigt auch der Dom **Santi Maria e Donato** auf Murano die romanisch-byzantinische Vermengung: Die dreischiffige, querhauslose Säulenbasilika besitzt eine mächtige, breit gelagerte, eindrucksvolle Ostfassade. Vorgeblendet ist eine zweigeschossige Arkadenreihe auf Doppelsäulen. Im Untergeschoss umschließt sie Nischen, im Obergeschoss steht sie frei vor einem breiten begehbaren Gang. Zwischen den Arkaden verlaufen zwei Dreiecksfriese, einer ist aus verschiedenen Marmorarten. Weit hervortretende Arkaden gliedern die Wand in der Vertikalen – ein typisches Merkmal von Profanbauten der vorgotischen Zeit in Venedig. Auch die plastischen Arbeiten des 11. und 12. Jh.s sind stark von Ostrom beeinflusst. Häufig lässt sich nicht einmal entscheiden, ob die Skulpturen in Venedig hergestellt oder importiert wurden. Die Schrankenplatten im Dom von Torcello (11. Jh.), auf denen ein symmetrisch angeordnetes, von Rankenwerk umgebenes Pfauenpaar aus einer Schale Trauben pickt, stammen aus Byzanz. Die Symbolik bezieht sich auf die Erneuerung des Lebens durch die Teilhabe am Tod Christi. Das Relief mit der Himmelfahrt Alexanders an der Nordfassade von San Marco ist mit seiner einfachen Form und der reduzierten Körperlichkeit ins 11. Jh. zu datieren. Möglicherweise wurde es im christlichen Osten gefertigt.

Schönes Beispiel für die romanisch-byzantische Kunst: das Weltgerichtsmosaik in der Kirche Santa Maria Assunta auf Torcello (hier ein Ausschnitt).

Blick aus dem Palazzo Ducale hinüber zur Insel San Giorgio Maggiore

Neben den vielen Importen von Reliefs und Skulpturen finden sich in Venedig zahlreiche **Spolien**, d. h. Werkstücke aus älteren Bauwerken. Durch den Handel, Stützpunkte der Lagunenstadt und die Eroberung Konstantinopels 1204 kamen zahlreiche Beutestücke nach Venedig, darunter die farbigen Marmorsäulen und der ornamental verzierte Pilaster der Markuskirche. Die berühmtesten Spolien sind jedoch die beiden Säulen auf der Piazzetta mit den Statuen der Stadtheiligen, die Ende des 12. Jh.s mit dem Schiff aus dem Orient nach Venedig gebracht wurden. Der bronzene Markuslöwe war ursprünglich eine Chimäre, die mit hinzugefügten Flügeln und offenem Buch umgedeutet wurde, die Figur des hl. Theodor ist eine christlich umgeformte römische Arbeit.

Gotik

Mit der Umgestaltung der Fassade des **Dogenpalastes** zog die Gotik in Venedig ein. Alle Formen zeigen hier Grazilität und Farbenfreude. Das niedrige Untergeschoss besteht aus weiten Spitzbogenarkaden. Viel enger stehen die Arkaden der oberen Loggia. In die Zwickel sind Vierpässe eingeschnitten, wodurch eine transparentere Wirkung erzielt wird. Darüber nehmen weiß-rot-grüne Ziegel und Rautenmuster der Wand ihre Massivität. Weite spitzbogige Fenster sowie Oculi mit

Vierpässen sind in die Wand geschnitten. Auch die Balkone sind kunstvoll gotisch eingefasst. Selbst die »flammenförmigen« Zinnen sind durchbrochen und bilden einen filigranen Abschluss.
Ende des 14. Jh.s wurde auch **San Marco** grundlegend verändert und dem Stil der Gotik angepasst. Damals erhielt die Bogenreihe des oberen Geschosses eine spätgotische Bekrönung und weiteren typisch gotischen Zierrat: Figurentabernakel, geschwungene Wimperge (giebelartige Bekrönungen über Portalen und Fenstern) und Statuen auf den Giebeln. Die berühmteste Palastfassade der Spätgotik ist die teilweise vergoldete Schauseite der **Ca' d'Oro** (1421 – 1440) mit schlanken Spitzbogenarkaturen, unterschiedlichen Maßwerkformen, Balkonen, Friesen, fein applizierten Verzierungen sowie Polychromie.
Die beiden größten Kirchen Venedigs der Spätgotik – die Dominikanerkirche **Santi Giovanni e Paolo** und die Franziskanerkirche **Santa Maria Gloriosa dei Frari** – wurden nach dem Vorbild der Bettelordenskirchen als gewölbte Säulenbasiliken mit Querhaus und seitlichen Chorkapellen angelegt.

Plastik

In der Plastik gesellten sich zum Einfluss aus Byzanz antike Elemente und gotische Merkmale. Der Skulpturenschmuck des Hauptportals von **San Marco** aus der Mitte des 13. Jh.s zeigt in seiner lebendigen Erzählweise und Feinheit in der Darstellung völlige Eigenständigkeit. Auf die individuelle Gestaltung ihrer Figuren legten auch die Brüder Jacobello und Pierpaolo dalle Masegne wert, schön zu erkennen an ihren Skulpturen am Lettner von San Marco (1394) mit lebhaften Gesten und genau dargestellten Körpern. Bei einzelnen Aposteln achteten sie sogar auf den Kontrapost, das Nebeneinander von Stand- und Spielbein.
In Santi Giovanni e Paolo können Sie **die Entwicklung der Grabmalkunst** bestens verfolgen – die Bettelordenskirche war eine beliebte Grablege der Dogen. Dort ist der Aufbau des Wandgrabs von Michele Morosini an der rechten Wand im Presbyterium typisch für das 14. Jahrhundert. Ein Spitzbogen mit Wimperg, seitlich von Tabernakeltürmen begrenzt, überragt das Grab. Der Verstorbene ruht auf einem Paradebett, die Inschrift befindet sich zwischen den Wappenkonsolen. Die kleinen Plastiken, Engel, Apostel und die Verkündigung, sind nordisch beeinflusst, das Mosaik der Kreuzigung mit den Stifterfiguren steht der Kunst Giottos nahe.

Malerei

Ende des 15. Jh.s führte **Antonello da Messina** die Ölmalerei ein. Die Arbeiten, die er während seines Aufenthalts in Venedig schuf, hatten großen Einfluss auf die einheimische Kunstproduktion. Antonio Vivarini unterhielt zusammen mit seinem Bruder Bartolomeo eine Werkstatt. Ausgehend vom eher dekorativen spätgotischen Stil, bei dem die Figuren erstarrt wirken, verfeinerte er ab 1400 seine Malerei mit erstaunlicher Wirklichkeitsnähe und einfühlenden

Charakteren. Kräftige Farben und harte Konturen zeichnen die Arbeiten von Bartolomeo aus. Alvise Vivarini, Antonios Sohn, stand mit seinen großen Altar- und Andachtsbildern schon in enger Beziehung zu Giovanni Bellini.

Renaissance

Architektur

Eine der wenigen Kirchenneubauten in Venedig im 15. Jh. war die Kirche **Santa Maria dei Miracoli**. Den Auftrag erhielt 1481 der Architekt und Bildhauer **Pietro Lombardo**. Er ließ das Äußere mit farbigem Marmor verkleiden, das Untergeschoss durch Pilaster, das Obergeschoss durch Arkaden rhythmisch gliedern. Auch im Innern – ein tonnengewölbter Saal mit erhöhtem Presbyterium – dominiert Marmor. Besonders beachtenswert ist der Reliefschmuck der Pilaster: Tiere, Vasen, Köpfe und Masken schmücken die Ornamentbänder, sie sind plastisch, filigran und dicht gearbeitet. Neben Lombardo, der auch die Fassade der Scuola Grande di San Marco mit perspektivisch gestalteten Reliefs in der Sockelzone verzierte, war **Mauro Coducci** der zweite wichtige Architekt Venedigs jener Zeit. Er entwarf u. a. die Fassaden von San Zaccaria und San Michele in Isola. Charakteristisch für ihn sind halbkreisförmige Fassadenabschlüsse und Kreissegmente. Ein schönes Beispiel für sein strenges Gliederungssystem ist San Zaccaria: Pilaster, Säulen, Rundbogenfenster und Blendbögen gliedern die Fassade in der Vertikalen. Für einen horizontalen Akzent sorgen breite, die Stockwerke abgrenzende Gesimse. Häufig sind auch runde Oculi an seinen Fassaden anzutreffen. Beide Architekten, Lombardo und Coducci, hatten maßgeblichen Anteil an der Entwicklung der venezianischen Palastfassade, indem sie die bisher eher geschlossene Wand mit großen Fenstern durchbrachen. **Andrea Palladio** beschäftigte sich in seiner venezianischen Zeit ausschließlich mit dem Sakralbau. Er plante drei wichtige Kirchenfassaden: San Francesco della Vigna als Frühwerk, San Giorgio Maggiore in klassisch-monumentalen Bauformen und Il Redentore als Spätwerk. Sie zeichnen sich durch Strenge und Klarheit der Proportion aus. Kolossale Säulenordnungen, eine giebelbekrönte Säulenvorhalle und das ausgewogene Verhältnis von Wand zu Säule verleihen den Kirchenfronten ihre besondere Wirkung.

Plastik

Bahnbrechend für die Entwicklung der Grabmalkunst bzw. für die Plastik wurde die letzte Ruhestätte von Pietro Mocenigo in Santi Giovanni e Paolo (1476 – 1481), das **Pietro Lombardo** als Triumphbogen konzipierte. Neun an der Antike orientierte Krieger stehen in den Nischen oder tragen den Sarkophag, auf dem der verstorbene Doge nicht mehr liegend, sondern stehend dargestellt ist. Zu den bekanntesten Gräbern in der Kirche zählt auch das des Andrea Vendramin von **Tullio Lombardo** (1493), dem Sohn Pietros: Wieder wird eine mittlere Säulenarkade von zurückgenommenen Seitenteilen gerahmt. Das ikonographische Programm verbindet christliche Motive mit humanistischen Gedanken. Die einzelnen Figuren, vor allem die der Krieger, lässt ein genaues Studium der antiken Skulptur vermuten. Ähnlich lebendig ist Lombardos »Doppelbildnis« in der Galleria Franchetti (Ca' d'Oro), auf den beiden Gesichtern sind menschliche Regungen abzulesen. **Antonio Rizzo**, der dritte wichtige Bildhauer der Renaissance, schuf in der zweiten Hälfte des 15. Jh.s die Figuren von Adam und Eva, die ursprünglich am Arco Foscari des Dogenpalastes standen. Eva entspricht mit ihren schmalen Schultern und breiten Hüften noch dem gotischen Schönheitsideal, Haltung und zurückhaltender Gestus lassen sie sinnlich und in sich gekehrt erscheinen. Adam ist ergriffen und nach außen gewandt, angedeutet durch seinen geöffneten Mund und die vor die Brust gehaltene Rechte. Die Skulpturen sind nach Modellen gearbeitet, antike Vorbilder standen sicher nicht Pate. Für die Gestaltung der Piazza San Marco und der Piazzetta war der Architekt und Bildhauer **Jacopo Sansovino** wichtig. Er plante die Libreria di San Marco und die Zecca (Münze) und entwarf deren reichen Skulpturenschmuck, führt ihn aber nicht selbst aus. Dennoch sind von ihm in Venedig bedeutende plastische Zeugnisse zu sehen: die Reliefs der Sängerkanzeln und der Sakristeitüren von San Marco, die Madonna im Arsenal und Johannes der Täufer am Taufbecken in der Frarikirche. Die Nischenfiguren der Loggetta neben dem Campanile gestaltete er als Allegorien venezianischer Politik: Pallas steht für die Weisheit der Väter, Merkur für Beredsamkeit und die Künste, Apollo für Harmonie, Gleichklang und Musik, Pax für den Frieden; die Plastiken bestechen durch ihre Geschlossenheit und die feine Ausarbeitung ihrer Oberflächen.

Malerei

Was für eine Farbenpracht prägt Venedigs Malerei! Ihre Quellen sind der Einfluss byzantinischer Kunst, Venedigs Lage am Wasser und die vielen Kanäle, die außergewöhnliche Licht- und Schattenverhältnisse schaffen. Wen wundert es da, dass Venedigs Maler bevorzugt **lyrische Inhalte und Stimmungen** festhielten, ganz im Gegensatz zu den Florentiner Malern, die die Bilderzählung und die pathetische Darstellungsweise besonders liebten. Zu den Schlüsselwerken gehört **Giorgiones** Bild »Gewitter« in der Gallerie dell'Accademia. Das Gemälde, vielleicht eine Allegorie des menschlichen Lebens, zeigt ein ruhiges, friedliches Ambiente. Die unruhige, fast bedrohliche Stimmung des gewittrigen Himmels bildet dazu einen starken Kontrast. Licht und Farbe als Stimmungsträger in einer sinnlich-poetischen Welt sind für den Maler wichtige Charakteristika. **Gentile Bellini**, beteiligt am äußerst einflussreichen Familien-Werkstattbetrieb mit seinem Vater Jacopo und seinem Bruder Giovanni, hatte die vornehme Pflicht, jeden neu gewählten Dogen in einem Bildnis festzuhalten.

WIE VENEDIG GEBAUT WURDE

Venedig ist auf 117 eng beieinander liegenden Inseln und Inselchen in einer Lagune erbaut. Die ersten Inselbewohner lebten in Hütten, die an »Nester von Wasservögeln« erinnerten (Cassiodor). Bis ins 13. Jh. waren bis auf die Kirchen alle Häuser aus (leichtem) Holz. Um mehr Feuersicherheit zu erreichen und aus Stein zu bauen, entwickelten die Venezianer für den sumpfigen Untergrund eine besondere Bautechnik.

1 Venedig steht auf einem versenkten Wald

Da der sumpfige Boden wenig Halt bietet, wurden Baumstämme in den Lagunenboden gerammt. Sie vermodern nicht, solange sie unterhalb der Wasseroberfläche liegen. Die Lücken zwischen den Stämmen wurden mit Lehm und Schlick gefüllt. Darüber folgten Holzbohlen. Das eigentliche Fundament, ein Ziegelmauerwerk und ein Sockel aus istrischem Marmor, folgte in der Höhe des Wasserspiegels. Darüber beginnt die Hausfassade, eine Mauer aus Ziegeln, die mit wasserabweisendem Gips verputzt ist. Die Fassade ist mit beweglichen Metallankern mit dem Rest des Hauses verbunden. Die Basilica della Salute ruht laut einer Baurechnung auf 176 627 Pfählen, jede Seite der Rialtobrücke wird von rund 6000 Stämmen abgestützt.

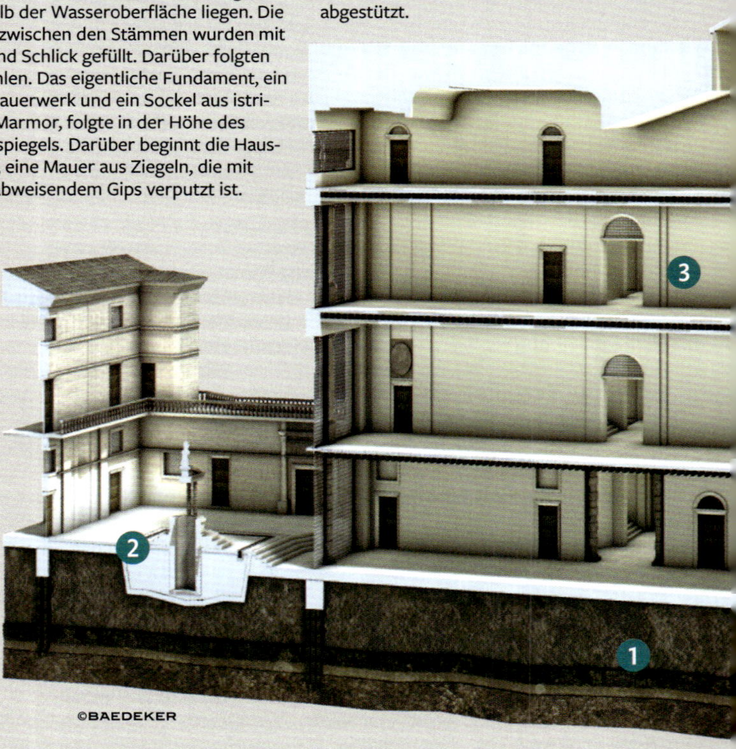

3

2

1

❷ **Brunnen**
Bis zum Bau einer Wasserleitung vom Festland 1884 bezog man das Wasser aus städtischen Brunnen. Dafür wurde das Regenwasser in mit Lehm ausgekleidete Zisternen unter dem Straßenpflaster geleitet. Als Filter diente eine Sandschicht. Die Sauberkeit des Wassers wurde streng überwacht.

❸ **Das venezianische Haus**
Die Grundrisse der Palazzi – in Venedig meist Casa, Haus, oder nur kurz Ca' genannt – waren mehr oder weniger gleich. Der große Andron (griech. = Männerraum) im Parterre war Warenlager und Verkaufsraum. Eine großzügige Treppe führte in den Piano nobile im ersten Stock mit dem Empfangs- oder Festsaal (Portego; mit Fenstern zum Kanal). Die eigentlichen Wohnräume lagen im zweiten Stock.
Je nach Bauepoche gab es niedrige Zwischenetagen (Mezzanin) und/oder weitere Stockwerke mit den eigentlichen Wohnräumen.

❹ **Kanäle**
Abwasser und Abfälle landeten in den Kanälen, die durch Ebbe und Flut, hin und wieder auch durch eine Sturmflut gespült wurden. Da dies nicht ausreichte, wurden sie auf eine gesetzliche Mindesttiefe von 180 cm gebracht und regelmäßig gesäubert.

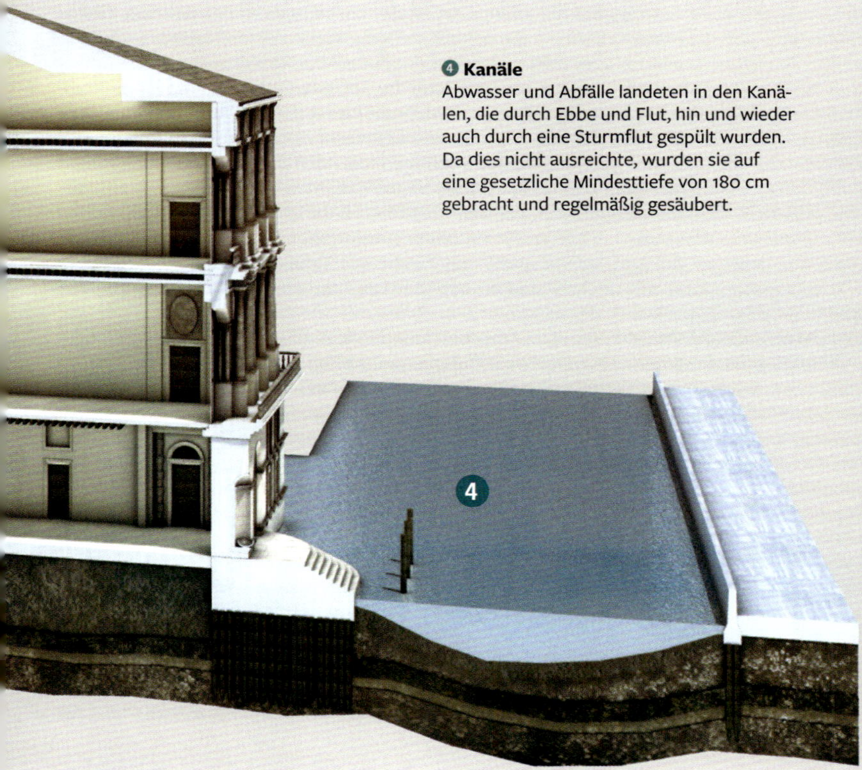

4

Gerade diese Porträts belegen eine intensive Auseinandersetzung mit dem Individuum. Die Skizzenbücher **Jacopo Bellinis** verraten, dass er sich intensiv mit der Antike beschäftigte. Mythologische Darstellungen wurden in Venedig jedoch deutlich später beliebt als in anderen Kunststädten wie Florenz und Mantua. Die Auftraggeber in Venedig bevorzugten zu Beginn der Renaissance Gemälde mit christlichen Inhalten. So auch die Scuole – sie beauftragten häufig **Vittore Carpaccio**, für ihre Versammlungsräume Bilderzyklen zu fertigen. Seine Werke, erzählfreudig und detailgetreu, fesseln bis heute. Ihre Komposition ist streng mit klaren Perspektiven und exakter Figurenmodellierung. **Tizian** schuf für die Frarikirche das zentrale Altarbild der Assunta (1516–1518). Die Himmelfahrt Marias ereignet sich hier in einem von Licht erfüllten Raum: unten die erschreckten, der Entschwebenden mit hoch gestreckten Armen nachblickenden Apostel, in der obersten Zone Gottvater, der Maria empfängt. Mit diesem Monumentalwerk fand Tizian ein über Jahrzehnte gültiges Kompositionsschema für dieses Thema. Während Tizian für viele prominente Auftraggeber in Europa arbeitete, konzentrierte sich **Jacopo Tintoretto** auf seine Heimatstadt Venedig. Neben einer Vielzahl an Aufträgen für Profanbauten schuf er große Altarbilder. In seinen Kompositionen betonte er die Plastizität der bewegten Figuren und setzte diese in perspektivisch exakt organisierte Tiefenräume. Im Spätwerk gewinnt das Licht als Stimmungsträger zunehmend an Bedeutung. Damit gehört er zu den wichtigen Meistern des Manierismus. Wie auf der Bühne entfaltet **Paolo Veronese** im Vordergrund seiner Bilder die Hauptszene, während sich im Hintergrund ergänzende Nebenszenen abspielen. Seine heiter vorgetragenen Geschichten und sein dekorativer Stil sind in der Kirche San Sebastiano zu bewundern, die er mit Decken- und Wandbildern ausstattete.

Wie Venedig gebaut wurde

Venedig ist auf 117 eng beieinander liegenden Inseln und Inselchen in einer Lagune erbaut. Dafür entwickelten die Bewohner eine besondere Technik: Venedig steht auf einem versenkten Wald. Ganze Wälder in den venetischen Alpen wurden abgeholzt, die Baumstämme zusammengebunden und als Flöße (zattere) nach Venedig transportiert. Die 2 bis 20 m langen Eichen- oder Lärchenstämme wurden eng nebeneinander in den Schlamm bis auf den festen Boden der Lagune (caranto) getrieben. Im Salzwasser, wo es keinen Sauerstoff und keine Fäulnisbakterien gibt, wurden die Pfähle hart wie Stein. Auf diesen Holzteppich nagelten die Baumeister horizontale Planken aus Walnussholz oder Mahagoni oder verklebten sie mit Sand, Teer und Öl. In der Höhe des Wasserspiegels folgte das eigentliche Fundament, ein Ziegelmauerwerk und ein Sockel wasserfesten Steins oder Marmors aus Istrien, auf dem sich dann das Gebäude erhebt. So ruht die Basilica della Salute laut einer Baurechnung auf 176 627 Pfählen, jede Seite der Rialtobrücke wird von rund 6000 Stämmen abgestützt. Fast

20 000 Gebäude Venedigs ruhen auf diesem auf dem Kopf stehenden versenkten Wald.

Palazzo und Casa

In Venedig gibt es nur einen auch so genannten Palast, den Palazzo Ducale. Alle Gebäude, die sich wohlhabende Familien bauen ließen, wurden in eher vorgetäuschter Bescheidenheit Casa (Haus) genannt, kurz Ca'. Im Gegensatz zu anderen oberitalienischen Städten hatte sich der Palastbau in Venedig mit zwei wichtigen Problemen nicht zu befassen: Die Gebäude waren auf natürliche Weise durch das Wasser geschützt, auch tobten in Venedig keine Kämpfe zwischen rivalisierenden Familien. Daher konnten die Bauten frei und offen gestaltet werden. Und da in Venedig besonders viele wohlhabende Adelige und Bürger lebten, entstanden hier außergewöhnlich viele Paläste. Für die weniger Betuchten schuf man günstigeren Wohnraum, wovon auch heute noch zahlreiche Reihenhäuser zeugen.

Grundriss der Palazzi

Die Paläste waren nicht nur Wohnstätte, sondern auch Arbeitsplatz. Daher weist ihr Grundriss einige Besonderheiten auf, die sich bis ins 18. Jh. gehalten haben. Im **Erd- bzw. Wassergeschoss** befindet sich eine Halle, die sich über die gesamte Tiefe des Baus erstreckt und Zugang in die angrenzenden Räume bietet. Seit der Renaissance dienten die wenig komfortablen Räume als Wirtschaftsräume, Warenspeicher und Büros. Häufig wurden seitlich der Halle Zwischengeschosse eingezogen. Eine Treppe führt hinauf zu den Wohnräumen im ersten und zweiten Stock. Im ersten Stock (**Piano nobile**) gibt es einen großen Saal mit einer Loggia. Hier fanden Feiern, Festessen oder Theateraufführungen statt, dementsprechend war die Sala möbliert und mit Bildern, Waffen und Trophäen geschmückt. Die eigentlichen Wohnräume befinden sich im zweiten Stock.
Der venezianische Palazzo hat in der Regel zwei Zugänge: den repräsentativen Eingang an der Wasserseite und den schlichteren Eingang auf der gegenüberliegenden Seite. Die **Außentreppen**, ein schönes Beispiel ist die Wendeltreppe im Hof des Palazzo Contarini del Bovolo, wurden zunehmend ins Haus verlegt. Auf große Innenhöfe wurde wegen der hohen Grundstückspreise meist verzichtet.

Besondere Fußböden

Eine Besonderheit sind die Bodenbeläge in Venedig. Der schwankende Untergrund erklärt die Vorliebe für die bereits in der Antike bekannten Terrazzo- und Mosaikböden. Im Gegensatz zum großflächig verlegten Marmor können sie die Schwimmbewegungen des Untergrunds mitmachen. Die Mosaikböden wurden seit dem 9. Jh. zunächst von Meistern aus dem Orient, später von Handwerkern aus Ravenna und Venedig selbst gefertigt. Gearbeitet wurde mit Porphyr, Serpentin, Chalcedon, Lapislazuli und Malachit. In ein Mörtelbett aus Kalk und Zement wurden zerkleinerte Steine in verschiedenen Formen, Farben und Granulierungen eingestreut und nach dem Erhärten geschliffen, schön zu sehen z. B. im Palazzo Ducale. Viele Motive der Mosaikböden haben Bedeutungen: So symbolisiert ein Kreis den Himmel, ein Quadrat die Erde (d. h. das irdische Paradies). Der Adler ist der König der Lüfte, der Löwe König der Wüste und Inkarnation von Majestät, Mut und Gerechtigkeit. Gelegentlich repräsentiert er Christus selbst. Der Pfau steht für Auferstehung und Unsterblichkeit, der Hirsch verkörpert Gottesglauben. Mythische Ungeheuer wie Greif oder Basilisk symbolisieren das Böse.

Fassade Die Hauptfassade zeigt immer zum Wasser. Auf einem Sockel aus Hausteinen, der mit einem kräftigen Gesims abschließt, entwickelt sich der Fassadenaufbau: Ein oder mehrere Portalbögen führen über eine Treppe in das Innere des Palastes. Mitunter ist eine Arkadenreihe dem Wassergeschoss vorgeblendet. Im Obergeschoss ist die Fenstergruppe der Sala bestimmend. Die seitlichen Räume besaßen meist zwei weit auseinander liegende Fenster, so dass dazwischen breite Wandflächen entstanden. Ihre Ausformung hängt von der Bauzeit ab: Rundbögen, Spitzbögen, Maßwerkverzierungen und Rechtecke mit Dreiecksgiebeln sind zu finden. Pilaster, Säulen oder andere teils aufwendige Verzierungen bereichern mitunter den Aufbau. Der ursprünglich zweigeschossige Palast erhielt in der Gotik ein weiteres Geschoss, doch galt für alle Palazzi eine einheitliche Höhe (erst im 16. Jh. entstanden höhere Bauten). Bis zum 13. Jh. war Holz das bevorzugte Baumaterial, dann wurde der haltbarere Stein bevorzugt. Backsteinmauerwerk setzte sich durch, wobei die Wände verputzt und dann bemalt oder mit Marmor oder Kalkstein verkleidet werden konnten. Die unterschiedliche Farbe und Maserung des Steins trug zur Wirkung der Fassaden bei.

17. und 18. Jahrhundert

Malerei Im Gegensatz zu anderen Regionen Italiens entwickelte sich die Malerei in Venedig dank eines wohlhabenden Bürgertums in eigenständiger Tradition weiter. Sebastiano Ricci, Giovanni Battista Tiepolo und sein Sohn Domenico waren maßgeblich an dieser Entwicklung beteiligt. **Ricci** nahm viele Anregungen der Bologneser Kunst auf und erweiterte sein Repertoire durch Reisen nach Rom und Florenz. Nach dessen Vorbild entwickelte **G. B. Tiepolo** seine von gleichmäßigem Licht durchflutete Malerei mit feiner und sehr differenziert eingesetzter Farbigkeit. Effektvoll komponierte er tiefe Bildräume, in denen sich die Figuren leicht und spielerisch bewegen. Er erhielt zahlreiche Aufträge von der Kirche, aber auch von privater Seite. Bevor er mit seinen Söhnen 1750 nach Würzburg aufbrach, stattete er den Palazzo Labia mit Fresken aus.

Das venezianische Alltagsleben stellt **Pietro Longhi** auf teils sehr kleinformatigen Bildern dar. Seine Gemälde sind an der französischen Kunst orientiert und in harmonischen Farben gestaltet. Neben die Schilderung des zeitgenössischen Fest- und Alltagslebens trat ein neues Genre: die Veduten von Luca Calevarijs, **Francesco Guardi** oder **Canaletto**. Canaletto malte Stadtansichten, zunächst in starken Farbkontrasten, änderte dann aber seinen Stil. Im Spätwerk wurden seine oft akribischen Topografien zu glatten starren Formeln.

Architektur

Wichtigster Baumeister des Barock in Venedig war **Baldassare Longhena**. Er schuf mit Santa Maria della Salute die bedeutendste Barockkirche der Seerepublik. Als Zentralbau mit einer Kuppelrotunde, Umgang und Trabantenkapellen, kraftvollem architektonischen Schmuck und reichlich plastischem Dekor prägt sie die Stadtsilhouette. Im 18. Jh. suchten die Architekten Venedigs an Traditionen großer Vorgänger wie Sansovino oder Palladio anzuknüpfen. So entstanden großräumige, lichtdurchflutete Gebäude. **Giorgio Massari** entwarf den Palazzo Grassi-Stucky (1749) als klaren nüchternen

Pietro Longhi war ein wunderbarer Chronist des zeitgenössischen Fest- und Alltagslebens. Hier mit »Passatempi in villa: il ballo« (heute in der Casa Goldoni)

TOD IN VENEDIG

Melancholisch, mysteriös, morbid – diese Attribute werden der Lagunenstadt gerne zugeordnet. Wer Venedig schon mal im Nebel oder im Nieselregen erlebt hat, kann dies vielleicht nachvollziehen. Kein Wunder, dass Venedigs eigenwilliger Charme Schriftsteller und Filmemacher inspirierte – zu düsteren Geschichten, die den Leser oder Betrachter mit einem Schauer zurücklassen.

Es gibt aber auch Filme, in denen die Lagunenstadt die heitere, romantische oder exotische Kulisse abgibt für nette Ferien, Karneval, Krimi- oder Agentengeschichten. Katherine Hepburn spielt in David Leans »**Summertime**« (1955) eine ältliche Jungfer, die in Venedig Urlaub macht und aufblüht, weil sie Rossano Brazzi trifft, der den Typ des italienischen Kavaliers besonders gut spielte. In »**Mitternacht - Canal Grande**« (1966) schlägt sich Elke Sommer in einer Agentenstory durch. Und in »**The Venetian Woman**« (1986) erlebt Sean Connery die Freuden der Liebe. In Schönheit schwelgende Venedigszenen bilden den Hintergrund der mörderischen Hochstaplerkarriere des »**Talentierten Mr. Ripley**«. Der Film (1999) von Antonio Minghella verarbeitet eine Vorlage von Patricia Highsmith. 2010 versuchte sich Oscarpreisträger Florian Henckel von Donnersmarck an dem Agententhriller »**The Tourist**« mit Schauplatz Venedig. Der amerikanische Mathematiklehrer Frank (Johnny Depp) flirtet im Zug mit der geheimnisvollen Elise (Angelina Jolie) und landet in ihrer Luxushotelsuite. Allein erwacht, wird er von russischen Killern über die Dächer der Lagunenstadt gehetzt, landet auf Botschaftsbällen, springt auf die Marktstände am Rialto und übersteht mit einem Trick eine fulminante Bootsjagd durch die Kanäle.

Schwarze Komödien

Aber der eigentliche Venedigfilm sieht anders aus. In ihm präsentiert die Stadt nicht nur ihre schöne Fassade, in ihm lockt sie die Menschen an und bringt sie dann – und dies nicht nur im geografischen Sinn – von ihrem Weg ab. Etwas von dieser Atmosphäre steckt in Joseph Mankiewicz' schwarzer Komödie »**Venedig sehen – und erben** ...« (1965), in der Rex Harrison drei ehemalige Geliebte erwartet, diesen den todkranken Reichen vorspielt und dabei nur auf Mord aus ist.

Stadt der Abwege

Dass hinter den bröckelnden Fassaden Abgründe lauern können, dass das sinkende Venedig eine seltsame Wirkung ausübt und zum Ort von Obsessionen werden kann, wird in Luchino Viscontis »**Senso**« (1953) deutlich. Alida Valli spielt hier eine italienische Gräfin, die während der italienischen Befreiungskriege gegen ihre Überzeugung einem Offizier der österreichischen Besatzungsmacht verfällt (gespielt von Farley Granger). 17 Jahre nach »Senso« gelang Visconti mit der Verfilmung von Thomas Manns Novelle »**Tod in Venedig**« eine Liebeserklärung an die Stadt. Der Komponist Aschenbach kommt zwar zur Erholung in die Lagunenstadt. Aber das von der Cholera bedrohte Venedig ist dafür der falsche Ort. Er verfällt dem schönen Knaben Tadzio. In

An ihm zerbricht Aschenbach: Tadzio am Klavier (»Tod in Venedig«, Visconti 1970)

grandiosen Bildern verströmt der Film eine elegische Atmosphäre, die in jenen letzten Szenen kulminiert, in denen der sterbende Künstler (Dirk Bogarde) im Liegestuhl am Strand sitzt und ihm die Haarfarbe übers Gesicht läuft.

Stadt der Obsessionen

Um Obsessionen und den Tod geht es auch in Nicolas Roegs Thriller »**Wenn die Gondeln Trauer tragen**« (1973). Ein englisches Künstlerpaar kommt nach dem Unfalltod seines Kindes nach Venedig, um zu vergessen. Aber die Stadt bringt besonders bei ihm (dargestellt von Donald Sutherland) die schrecklichen Erinnerungen zurück. Immer wieder sieht er eine zwergenhafte Figur im roten Mantel durch die dunklen Gassen huschen, in der er sein Kind zu erkennen glaubt. Das Trugbild führt ihn, der – ohne es zu wissen – das »zweite Gesicht« hat, schließlich in den Tod.

Spiel mit dem Tod

»**Der Trost von Fremden**«, heißt ein 1990 von Paul Schrader nach dem Roman von Ian Mc Ewan gedrehter Thriller. In diesem reist ein Paar nach Venedig, um die etwas abgekühlte Liebe an dem Ort aufzufrischen, wo sie einst begonnen hatte. Auch diese beiden kommen vom Wege ab, verirren sich und laufen in die Arme eines von Christopher Walken gespielten Mannes, der sie einlädt und in ein Spiel verwickelt, das in dieser Stadt – das ahnt man inzwischen schon – nur in den Abgrund führen kann.

Baukörper mit klassischer Fassade und eher sprödem Treppenhaus. Für die Chiesa dei Gesuati (1726 – 1743) plante er eine Fassade von großer plastischer Wirkung mit Säulen, Giebeln, Gebälk und Nischenfiguren. Eine ähnlich klassische Säulenfassade wurde der Kirche San Nicolò da Tolentino von **Andrea Tirali** vorgeblendet.

19. Jahrhundert bis heute

Da Venedigs Raum begrenzt war, wurden im 19. und 20. Jh. nicht wie anderenorts Neubauviertel aus dem Boden gestampft. Die wenigen Bauten veränderten das Ortsbild nicht schwerwiegend. Auf der Giudecca fällt der große Gebäudekomplex des **Molino Stucky** auf (heute ein Hotel). Giovanni Stucky beauftragte für Mühle und Nudelfabrik den Hannoveraner Architekten Ernst Wullekopf mit dem Entwurf. 1896 begannen die Bauarbeiten. Die historisierenden Formen der Neogotik, der burgartige Charakter und das Baumaterial Backstein verraten die Herkunft des Architekten aus Norddeutschland. Berühmte Architekten entwarfen Ende des 19. und im 20. Jh. auf dem Gelände der **Biennale** zahlreiche Pavillons im Auftrag verschiedener Nationen. Daher knüpft ihre Architektur nicht an die venezianische Bauweise an. **Carlo Scarpa**, der ab 1927 in Venedig ein Architekturbüro unterhielt, gestaltete einige berühmte Innenräume. 1952 plante er die Restaurierung der Accademia, 1953 – 1960 des Museo Correr und 1961 – 1963 der Galleria Querini Stampalia. Auch im Verkaufsraum der Firma Olivetti (1957/1958) an der Nordseite der Piazza di San Marco ist Scarpas Sinn für Maßstäblichkeit und kostbare Dekoration abzulesen. Feinfühlig entwickelte er den Raum um einen zentralen Pfeiler, kontrastierte Farben und Materialien und verband geschickt Alt und Neu. Der Entwurf **Frank Lloyd Wrights** für ein Haus am Canal Grande wurde 1953 nach erbitterten Diskussionen zurückgewiesen.

Seit 2004 steht fast die gesamte Altstadt unter Denkmalschutz. So versucht Venedig heute, in den Randzonen des Centro Storico durch zeitgenössische Architektur und Kunst Akzente zu setzen. Der Japaner **Tadao Ando** restaurierte 2005 im Auftrag des französischen Milliardärs François Pinault (Eigentümer u. a. von Gucci, Yves Saint Laurent, Bottega Veneta) den Palazzo Grassi und 2009 die Punta della Dogana. Der spanische Brückenspezialist **Santiago Calatrava** (von ihm sind u. a. auch die Samuel-Beckett-Bridge in Dublin und die Kronprinzenbrücke in Berlin) entwarf die 2008 eingeweihte vierte Canal-Grande-Brücke, der Ponte della Costituzione. **Renzo Piano** aus Genua (er schuf u. a. mit Richard Rogers das Centre Pompidou in Paris, Teile des Potsdamer Platzes in Berlin und The Shard in London) lieferte die Pläne für die Umwidmung der Magazzini del Sale an den Zattere als Atelier-Museum für Emilio Vedova (1919 – 2006). Der Brite **David**

Chipperfield (u. a. Museum Folkwang, Essen, Neugestaltung der Museumsinsel, Berlin) plante mit seinem Büro die Erweiterung des Zentralfriedhofs auf San Michele um einen »Corti dei quattro Evangelisti«, einen Basaltbau mit vier miteinander verbundenen, den Evangelisten gewidmeten Innenhöfen. Der Kanadier **Frank Gehry** (u. a. Guggenheim Museum, Bilbao) soll das Hafenbecken des Flughafens für Venice Gateway ausbauen – allerdings ist die Finanzierung strittig. Der niederländische Architekt **Rem Koolhaas** und sein britischer Kollege **Jamie Fabert** verwandelten den Fondaco dei Tedeschi, einen Prachtbau von 1228 am Canal Grande, für die Benetton-Familie in ein Luxuskaufhaus mit knallroten Rolltreppen und Dachterrasse.

Situation heute

Nicht allen Einheimischen gefällt diese Kommerzialisierung des öffentlichen Raums. Sie befürchten wie die Kulturreferentin Tiziana Agostini »die kulturelle Tiefe dieser Stadt zu verlieren«. Doch es gibt auch Lichtblicke. So wurde der ehemalige Schlachthof San Giobbi vom Architekturbüro Dadalus und Prof. Vittoria Spigai behutsam als Hörsaal für Venedigs Universität instandgesetzt und der von Cino Zucchi modernisierte A2-A3 Industriebau mit Loggien in Beton zum Blickfang eines neu gestalteten Platzes auf der Giudecca-Insel.

Der frühe Buchdruck

Im 15. Jh. gewann Venedig überragende Bedeutung als Druckerstadt. 1469 errichtete Johannes de Spira (»aus Speyer«) in der Lagunenstadt die erste Druckerei und führte das Druckverfahren mit der Gutenbergpresse, d. h. mit beweglichen Lettern, ein. Er erwarb ein Privileg, das ihm die alleinige Ausübung der Druckkunst in Venedig auf fünf Jahre zusicherte. Doch schon ein Jahr später, 1470, starb der deutsche Drucker, womit auch sein Privileg erlosch. Dies war ein Glücksfall für die vielen Konkurrenten, die sofort eigene Werkstätten eröffneten und mit einer regen Produktion begannen. So entwickelte sich der Buchdruck in Venedig rasch von einer Kunst zu einem wichtigen Wirtschaftszweig. Begünstigt wurde dieser Aufschwung durch die Möglichkeit, die Werke durch das Einholen eines Privilegs urheberrechtlich zu schützen. Ein so weit gefasstes Privileg, wie es Johannes de Spira zugebilligt wurde, konnte aus ökonomischen Gründen nicht mehr vergeben werden. Daher erstreckten sich die Rechte nur noch auf einen bestimmten Buchtitel und schlossen Druck sowie Verkauf ein. Neben vielen einheimischen Druckern ließen sich in der Metropole zahlreiche **deutsche Drucker** nieder. Der bekannteste Drucker um 1500 war **Aldus Manutius**. Er unterhielt eine florierende Offizin am Campo San Luca, woran heute noch eine Tafel erinnert (beim Seiteneingang der Sparkasse). 1495 beschaffte er sich mittels eines Privilegs das Monopol für griechische Drucke. Seine »Aldinen« fanden nicht nur in Venedig großen Absatz. Eine weitere bedeutende Werkstatt leitete **Lucantonio Giunta**. Er druckte in Venedig schwerpunktmäßig liturgische Werke und arbeitete eng mit seinem Bruder in Florenz zusammen, der sich auf humanistische Literatur spezialisierte. Neben religiösen Werken wurden Klassiker in unterschiedlichen Sprachen, humanistische Literatur, naturwissenschaftliche Lehrbücher, Wörterbücher und ab 1501 Musiknoten verlegt. Wichtige Grundlage für die Drucker war die umfangreiche Sammlung von Manuskripten des Kardinals Bessarion, die er der Stadt vermacht hatte. Seine Position als Druckerstadt konnte Venedig ohne Qualitätsverlust bis zum Ende des 16. Jh.s halten. Heute setzt Gianni Basso in seiner Druckerei mit Bleisatz und Handpressen die venezianische Tradizione della Stampa fort (Cannaregio, Calle del Fumo 5306, Tel. 04 15 23 46 81).

INTERESSANTE MENSCHEN

Die Künstlerfamilie: Jacopo, Gentile und Giovanni Bellini

Maler

Durch Florenz- und Romaufenthalte, Arbeiten am markgräflichen Hof in Ferrara und in der Universitätsstadt Padua lernte Jacopo Bellini (um 1400 – um 1470/1471) als Schüler von Gentile da Fabriano den kraftvoll-naturalistischen Malstil der Frührenaissance kennen, den er mit der für Venedig noch typischen gotischen Eleganz verband. Seine Madonnenbilder zeigen nuancierte Farbigkeit und weiche Linienführung. Seine **herausragende Zeichenkunst** verrät das Studium der Antike, während ihn seine malerische Erzählkunst aus einer Mischung von Fantasiereichtum und Wirklichkeitswiedergabe zum Wegbereiter der venezianischen Historienmalerei macht. Seine Söhne Gentile und Giovanni erlernten die Malkunst beim Vater, wurden aber auch von ihrem Schwager Mantegna beeinflusst und avancierten zu international bekannten Meistern. Gentile (um 1429–1507) war der älteste Sohn Jacopos und ein berühmter Bildnismaler, dem immer eine psychologisch einfühlsame Wiedergabe der Persönlichkeit gelang. Er hielt sich 1479 – 1481 am Hofe des Sultans in Konstantinopel auf, um dort u. a. den osmanischen Herrscher zu porträtieren. In Venedig beeindrucken seine wirklichkeitsgetreuen Ansichten der Stadt, seine scharfe Beobachtungsgabe bei der Darstellung von Armen und Reichen, Jungen und Alten sowie die szenische Fülle, z. B. im Zyklus der Wunder der hl.

Kreuzreliquie in der Accademia. Sein jüngerer Bruder Giovanni (um 1430–1516) ist der Hauptvertreter der venezianischen Frührenaissancemalerei. Wie kaum ein anderer seiner Zeit beherrschte Giovanni einen zeichnerisch-plastischen Stil und eine transparente Farbenskala, nicht zuletzt dank der neuen Ölmalerei, die er von Antonello da Messina lernte. Seine oft lyrisch gestimmten Bilder, von halbfigürlichen Madonnendarstellungen bis zu geheimnisvollen Allegorien, zeigen Intimität des Gefühls und Bewunderung für die Natur zugleich. Die Farbharmonien, die Abstufungen des Lichts und die atmosphärische Qualität seiner Landschaftshintergründe haben auch Albrecht Dürer fasziniert, der Giovanni Bellini 1506 in Venedig traf und behauptete: »Er ist der beste im Gemäl.« Hervorragende Arbeiten Giovannis sind in der Accademia sowie in der Frarikirche und in San Zaccaria zu sehen.

Philosoph und Bürgermeister: Massimo Cacciari

*1944
Philosoph und Politiker

Der Intellektuelle als Bürgermeister, der »Philosoph auf dem Dogenthron«: Dem bärtigen Kant-Spezialisten ist das politische Kabinettstückchen gelungen, als Sindaco (Bürgermeister) seiner Heimatstadt von 1993–2000 und 2005–2010 Venedig als rote Insel im Berlusconi-Italien zu verteidigen. Das hängt auch mit der bodenständigen Verwurzelung des Universitäts-Professors zusammen. Sein **lokalpatriotisches Programm** startete mit der Ausbaggerung der Kanäle – das hatte seit dem Ende der Serenissima 200 Jahre lang noch jede italienische Regierung hinausgezögert. Unvergessen, wie er publikumswirksam Tauben fütternde Touristen beschimpfte oder energisch den Wiederaufbau des abgebrannten Teatro La Fenice betrieb. Allerdings steht seine Regierung auch für aufdringliche Werbung an historischen Baustellen, das Anschwellen der Kreuzfahrten-Tagesbesucher und die Umwandlung von Wohnraum in B & B's. Ende 2009 zog sich der politische Denker (»Der Archipel Europa«) und Schöngeist, der einst Rilkes »Duineser Elegien« zu einem Libretto für den Komponisten Luigi Nono verdichtete, aus der Politik und wieder in die Freiheit der Wissenschaft zurück. Doch bereits sieben Monate später stellte er mit seinem Manifest »Verso Nord, un'Italia più vicina« eine Vision für die politische Zukunft Norditaliens vor und wurde 2010 Mitbegründer der Partei »Verso Nord«. Bis heute sorgen seine politikphilosophischen Äußerungen für großen Nachhall.

Maler und Zeitzeuge: Canaletto (Antonio Canal)

1697–1768
Maler

Einer der letzten großen venezianischen Maler war Canaletto. In Venedig geboren, begann er als Theatermaler, studierte dann in Rom und wandte sich Naturbeobachtungen zu. In Venedig hatte er zunächst großen Erfolg mit Veduten. Nach seinem zweiten Romaufenthalt 1742 begann er, ideale Landschaften zu malen. Detailgetreue, atmosphärisch dichte Stadtansichten, in denen sich Menschen beim Karneval, bei Festen und Prozessionen bewegen, wurden schließlich zu seinem eigentlichen Markenzeichen. So zeigen über 200 Gemälde die Lagunenstadt mit fast fotografischer Genauigkeit. Selbst den schmierigen Algengürtel an Häuserwänden hielt er fest. Gerade dieses Detail interessierte die Umweltwissenschaftler vom Istituto di Scienze dell'Atmosfera e del Clima in Padua, die diese Bilder als einen Beweis für das kaum merkliche Versinken Venedigs heranzogen. In den Jahren 1746 – 1750 und 1751 – 1753 hielt sich Canaletto in England auf, wo sich heute auch die meisten seiner Werke befinden. In Venedig sind Bildwerke von Canaletto vor allem in der Accademia zu bewundern.

Abenteurer und Verführer: Giacomo Girolamo Casanova

1725–1798
Reisender und Schriftsteller

Sein Ruf als Meister der Liebeskunst und der frivol-kultivierten Lebensart hat den Venezianer Giacomo Casanova, Chevalier de Seingalt – wie er sich selbst adelte –, zu einer Legende werden lassen. Auf seinen Reisen in wechselnden Diensten durch ganz Europa traf er berühmte Zeitgenossen aus Politik und Literatur wie Friedrich den Großen und Voltaire und brach immer wieder die Herzen der Damenwelt. 1755 in Venedig **wegen Atheismus eingekerkert**, gelang

Casanova 1756 die abenteuerliche Flucht aus den Bleikammern des Palazzo Ducale. Nach einem unsteten Wanderleben fand er 1785 eine Stellung als Bibliothekar bei Graf Waldstein in Dux (Böhmen). Dort schrieb er seine berühmten Memoiren, daneben verfasste er auch einen utopischen Roman, historische, mathematische sowie literarische Schriften. Bereits Mitte des 19. Jh.s wurde der Abenteurer, der bis heute als der Inbegriff des hemmungslosen Verführers gilt, selbst Gegenstand der Literatur.

Die letzte Dogin von Venedig: Peggy Guggenheim

1898 – 1979
Kunstsammlerin

»Ich habe immer getan, was ich wollte, und kümmerte mich nie darum, was jemand dachte. Women's lib? Ich war eine befreite Frau, lange bevor es den Namen gab.« Peggy Guggenheim lebte genauso stürmisch, wie sie sammelte. Zu Beginn der 1920er-Jahre schloss sich das »Enfant terrible des Großkapitals« der Pariser Bohème an und heiratete den Maler und Schriftsteller Laurence Vail, was sie aber nicht hinderte, enge Beziehungen mit Künstlern wie Marcel Duchamp, Samuel Beckett und Max Ernst einzugehen. 1938 eröffnete sie in London mit einer Cocteau-Ausstellung ihre erste Galerie »Guggenheim Jeune«. Entscheidend wurde für Peggy Guggenheim die Begegnung mit dem Schriftsteller und Kunsthistoriker Herbert Read, mit dessen Hilfe sie in London ein Museum ähnlich dem New Yorker Museum of Modern Art gründen wollte, was jedoch am Ausbruch des Zweiten Weltkriegs scheiterte. Stattdessen kehrte sie nach Paris zurück und brachte in kürzester Zeit den Grundstock ihrer Sammlung zusammen – nach der Devise: **»Kaufe täglich ein Bild.«** 1941 kehrte sie nach New York zurück, heiratete Max Ernst und eröffnete die Galerie »Art of this Century«, die Jackson Pollock zum Durchbruch verhalf. Als die Ehe mit Max Ernst zerbrach, zog Peggy Guggenheim 1947 nach Venedig. 1948 bestückte sie einen der Biennale-Pavillons mit Bildern ihrer Sammlung und 1949 kaufte sie den Palazzo Venier dei Leoni, der bis heute ihre Sammlung beherbergt. Das Leben der Sammlerin, die die Kunst der Selbstinszenierung perfekt beherrscht, hat Lisa Immordino Vree 2016 in ihrem Dokumentarfilm »Peggy Guggenheim« einfühlsam nachgezeichnet – und hinter die Kulissen der Dame geschaut, die mit Kunst und Klatsch zur Ikone wurde.

Kapellmeister am Markusdom: Claudio Monteverdi

1567–1643
Musiker

Claudio Monteverdi wirkte mit seiner Musik weit über das 17. Jh. hinaus. Der in Cremona geborene Musiker war bis 1590 Kompositionsschüler in seiner Heimatstadt, danach bis 1612 Hofmusiker und Kapellmeister in Mantua. Von 1613 bis zu seinem Tode arbeitete er als Kapellmeister des Markusdoms in Venedig. Zunächst in der polyfonen

OBEN: Peggy Guggenheim, die »letzte Dogin von Venedig«, in ihrem Palazzo Venier dei Leoni am Canal Grande.

UNTEN: Rund 30 Jahre war Claudio Monteverdi Kapellmeister des Markusdoms.

A-cappella-Tradition des 16. Jh.s stehend, entwickelte Monteverdi immer freiere musikalische Formen. Höhepunkt seines Werkes bilden die Opern »Orfeo« (1607) – sie markiert die eigentliche Geburt der Gattung Oper –, »Il ritorno d'Ulisse in patria« (1640) und »L'incoronazione di Poppea« (1642), die das Opernschaffen in Europa von Christoph Willibald Gluck bis Richard Wagner beeinflussten.

Kaufmann und Abenteurer: Marco Polo

um 1254–1324
Abenteurer und Schriftsteller

Marco Polo war der größte Abenteurer Venedigs und **bedeutendste Asienreisende des Mittelalters**. Seine Erlebnisse änderten das Weltbild seiner Zeit und wurden Ansporn für Europäer, die entlegenen Winkel der Welt zu erforschen. Im Jahr 1271 brach der 16-jährige Marco Polo in Begleitung seines Vaters Niccolò und dessen Bruder Matteo, zwei venezianische Kaufleute, zu einer Handelsreise nach Asien auf. Die Reise dauerte 24 Jahre. Zunächst führte sie über Anatolien durch Persien und Turkestan bis nach China. 1275 erreichten sie Peking. Für den dortigen Herrscher Kublai Khan, Enkel und Nachfolger des legendären Dschingis Khan, war Marco Polo von 1275 bis 1292 als Berater tätig. Dieser schickte ihn auf ausgedehnte Reisen in asiatische Länder bis nach Indien. Er lernte viel, darunter die chinesische Kunst der Porzellanherstellung und die Verarbeitung von Seide und Baumwolle. Er erlebte, wie in China Handelswaren mit »fliegendem« Geld, nämlich Geldscheinen, bezahlt wurden, nicht mit Münzen aus Edelmetall.

1292 erhielt Marco Polo die Erlaubnis, nach Europa zurückzukehren. Die Rückfahrt verlief durch das südchinesische Meer, an den Küsten von Vietnam, Malakka, Sumatra, Ceylon und Vorderindien vorbei nach Hormus und weiter über Persien, Armenien und Trapezunt nach Konstantinopel, wo er schließlich ein Schiff nach Venedig bestieg. Den Bericht über seine Reisen diktierte er in genuesischer Haft (September 1298 bis Juli 1299) seinem Mitgefangenen Rustichello da Pisa, und schon bald wurde »Il Milione« (»Die Wunder der Welt«) in andere Sprachen übersetzt und hatte dadurch weitreichenden Einfluss auf die geografischen Vorstellungen des 14. und 15. Jahrhunderts.

Architekt und Bildhauer: Sansovino (Jacopo Tatti)

1486–1570
Architekt

Kaum ein anderer Baumeister hat das Stadtbild Venedigs so stark geprägt wie der Florentiner Sansovino, den die Venezianer seit 1527 damit beauftragten, die Stadt im Hochrenaissancestil umzugestalten. Nicht weniger als 15 Kirchen und öffentliche Gebäude wurden von ihm ganz oder teilweise erbaut, darunter die Markusbibliothek, das

Münzgebäude (Zecca), die Loggetta am Campanile, die Kirche San Francesco della Vigna und der Palazzo Corner. Die Standbilder von Mars und Neptun im Hof des Dogenpalastes und die Sakristeitür von San Marco sowie das Grabmal des Dogen Venier in San Salvatore belegen sein großes Talent auch als Bildhauer.

Vater und Sohn: Giambattista Tiepolo (1696 – 1770) und Giovanni Domenico Tiepolo (1727 – 1804)

Maler

Als überragender Maler des venezianischen Rokokos schuf **Giambattista Tiepolo** im Auftrag der Dogen- und Adelsfamilien eine Vielzahl von Altarbildern, von Wand- und Deckenfresken für Kirchen, Paläste und Villen in der Lagunenstadt und an anderen Orten Oberitaliens. Weitere Auftragsarbeiten führten ihn in die fürstbischöfliche Residenz von Würzburg und an den Königshof nach Madrid. Kühne Verkürzungen und kraftvolle Lichteffekte in Verbindung mit einem lockeren, transparenten Farbauftrag zeichnen seine Werke aus, die in Venedig u. a. in der Accademia, in S. Alvise, der Scuola Grande dei Carmini und im Palazzo Labia zu sehen sind. **Giovanni Domenico** lernte die Malkunst bei seinem Vater und war bis zu dessen Tod an den bedeutenden Auftragswerken als gleichberechtigter Partner beteiligt. Sein Stil ist insgesamt anekdotischer, die Farbgebung weicher; seine Kompositionen kommen ohne den komplizierten Figurenaufbau im Werk seines Vaters aus. Im Alter widmete sich Domenico verstärkt dem Sittenbild und malte Karnevals- und Pulcinell-Szenen.

Der Färbersohn: Tintoretto (Jacopo Robusti)

1518–1594
Maler

Nicht nur als ideenreicher Maler des Manierismus und der Epoche der Gegenreformation ist Tintoretto in die Geschichte der venezianischen Malkunst eingegangen, sondern auch als Künstler mit großen kaufmännischen Fähigkeiten. Der **Sohn eines Seidenfärbers** (»tintore«, daher sein **Künstlername**) nahm jedes Angebot an und versuchte, seine zahlreichen malenden Konkurrenten mit Tiefstpreisen aus dem Feld zu schlagen. In Venedig geboren, verließ er seine Vaterstadt während seines gesamten Lebens nur einmal – eine Reise 1580 nach Mantua ist verbürgt –, wurde aber trotzdem von den wichtigen künstlerischen Strömungen seiner Zeit beeinflusst. Starke Helldunkelkontraste und gewagte Verkürzungen und Untersichten sowie ungewöhnliche Lichtwirkungen bestimmen seine Gemälde, die häufig dramatisch komponierte Motive aus dem Alten und Neuen Testament wiedergeben. In Venedig findet man etliche seiner Altarbilder in der Accademia-Sammlung, im Dogenpalast, in zahlreichen Kirchen (Madonna dell'Orto, San Giorgio Maggiore, San Marcuola, Santa Ma-

Jacopo Robusti, genannt Tintoretto, das »Färberchen«

ria della Salute) sowie in der Scuola Grande di Rocco mit den großartigen Wand- und Deckengemälden.

Lieblingsmaler an den europäischen Höfen: Tizian (Tiziano Vecellio)

1488/1490 bis 1576 Maler

Aus dem Cadore-Tal in den Dolomiten kam Tizian zu Anfang des 16. Jh.s nach Venedig, wo er bei Giovanni Bellini entscheidende Impulse für seine Malkunst erhielt. Nachdem die eigenen Auftragswerke zwischen 1510 und 1526, darunter das Assunta-Altarbild und die Pesaro-Madonna in der Frarikirche, ein großer Erfolg wurden, avancierte Tizian schnell zum Lieblingsmaler an den europäischen Fürstenhöfen. Die d'Este, Gonzaga und Farnese überschütteten ihn mit Aufträgen. Auch Franz I. von Frankreich schätzte ihn, und Kaiser Karl V. ernannte Tizian 1533 zum Hofmaler. In seiner Spätzeit war Tizian fast ausschließlich für dessen Sohn, den spanischen König Philipp II., tätig. Tizians umfangreiches Œuvre, das nicht ohne eine große Werkstatt bewältigt werden konnte, umfasst neben Altarbildern, Mythologien, Aktdarstellungen und Allegorien auch eine große Zahl von Porträts. Stilistisch steht Tizian an der Schwelle von der Hochrenaissance zum Manierismus. Farbharmonien, aber auch starke Helldunkelkontraste, bewegte Diagonalkompositionen, stimmungsvolle Landschaftsgründe wie auch die Fähigkeit, das Repräsentationsbedürfnis der Regierenden zu befriedigen, bestimmen Tizians faszinierende Malkunst, deren Technik und Kompositionsbreite richtungweisend für die folgenden Jahrhunderte wurde.

Gemalte Lebensfreunde: Veronese (Paolo Caliari)

1528–1588
Maler

Paolo Caliari, genannt Veronese – da aus Verona gebürtig –, ist der großartige Schilderer venezianischer Lebensfreude. Er gilt zusammen mit Tintoretto und Tizian als bedeutendster Maler der venezianischen Spätrenaissance. Ab 1553 wirkte er in Venedig, wo er wegen seiner sinnenfrohen Themen sogar mit der Inquisition Schwierigkeiten bekam. Die Vielzahl von Aufträgen konnte er nur mit Hilfe einer großen Werkstatt und Gehilfen bewältigen. Seine großformatigen, vielfigurigen Kompositionen, darunter prächtige Fest- und Gastmähler sowie allegorische Deckengemälde, fallen durch ihren Farbenreichtum und die Lebendigkeit der Personenführung auf. In Venedig findet man Veroneses Werke in der Kirche San Sebastiano (Decken- und Wandgemälde), in der Accademia (»Gastmahl im Haus des Levi«) und im Dogenpalast (Decken- und Wandgemälde; hier als Höhepunkt seines Spätwerks »Triumph der Venezia«).

Violinvirtuose: Antonio Vivaldi

1678–1741
Komponist

1725 veröffentlichte ein begnadeter Violinvirtuose vier Konzerte, die heute fest im Musikprogramm venezianischer Orchester verankert sind und jede Woche dort erklingen – »Le quatro stagioni«, »Die vier Jahreszeiten«. Komponiert hatte sie ein venezianischer Rotschopf, der von Kindesbeinen an gesundheitlichen Problemen litt: Antonio Vivaldi. Er ist nicht nur der bedeutendste venezianische Komponist, sondern trug mit seiner Entwicklung der Solokonzertform auch

Wesentliches zur europäischen Musik bei. 1703 erhielt Vivaldi die Priesterweihe und wurde im gleichen Jahr zum Maestro di violino am venezianischen Mädchen-Waisenhaus Ospedale della Pietà ernannt, wo er mit wenigen Unterbrechungen bis 1740 auch als Dirigent und Hauskomponist tätig war. Vivaldis Stil beeinflusste viele Komponisten, darunter auch Johann Sebastian Bach, der mehrere von Vivaldis Werken für Violine auf die Orgel oder das Cembalo übertrug. Neben rund 500 Konzerten (davon allein 241 für die Violine als Soloinstrument), die sich durch nuancenreiche Instrumentation, eine effekt- und affektvolle Melodiebildung und lebhafte Rhythmik auszeichnen, verfasste Vivaldi auch über 90 Sonaten, 46 Opern, von denen 21 erhalten sind, und drei Oratorien. Als sich der Musikgeschmack wandelte, ging Vivaldi 1740 nach Wien, wo er allerdings nicht Fuß fassen konnte und bereits nach zehn Monaten am 28. Juli 1741 verstarb.

Der Erfinder des Reiseführers: Karl Baedeker

1801 – 1859
Verleger

Als Buchhändler kam Karl Baedeker viel herum, und überall ärgerte er sich über die »Lohnbedienten«, die die Neuankömmlinge gegen Trinkgeld in den erstbesten Gasthof schleppten. Nur: Wie sollte man sonst wissen, wo man übernachten könnte und was es anzuschauen gäbe? In seiner Buchhandlung hatte er zwar Fahrpläne, Reiseberichte und gelehrte Abhandlungen über Kunstsammlungen. Aber wollte man das mit sich herumschleppen? Wie wäre es denn, wenn man all das zusammenfasste? Gedacht, getan: Zwar hatte er sein erstes Reisebuch, die 1832 erschienene »Rheinreise«, noch nicht einmal selbst geschrieben. Aber er entwickelte es von Auflage zu Auflage weiter. Mit der Einteilung in »Allgemein Wissenswertes«, »Praktisches« und »Beschreibung der Merk-(Sehens-)würdigkeiten« fand er die klassische Gliederung des Reiseführers, die bis heute ihre Gültigkeit hat. Bald waren immer mehr Menschen unterwegs mit seinen **»Handbüchlein für Reisende, die sich selbst leicht und schnell zurechtfinden wollen«**. Die Reisenden hatten sich befreit, und sie verdanken es bis heute Karl Baedeker. Venedig beschreibt er erstmals im 1842 erschienenen »Handbuch für Reisende durch Deutschland und den Oesterreichischen Kaiserstaat«.

»
Nur auf dem Marcusplatze, der Piazzetta und der Riva dei Schiavoni pflegt man zu Fuss zu gehen, nach allen andern Richtungen bedient man sich der Gondeln.
«

Handbuch für Reisende durch Deutschland und den Oesterreichischen Kaiserstaat
1. Aufl. 1842

E

ERLEBEN & GENIESSEN

Überraschend, stimulierend, bereichernd

Mit unseren Ideen erleben und genießen Sie die Lagunenstadt.

PROFUMERIA

AUSGEHEN

Das Nachtleben beginnt und endet früh in Venedig. Ist das Tagesgeschäft erledig, machen die Venezianer ihre »passegiata«, flanieren an der Riva degli Schiavoni, am Zattere oder bummeln zum Campo ihres Viertels, wo sie den Aperitif genießen – einen prickelnden Prosecco oder ein Gläschen Wein.

Venedigs Nachtleben

Rund um den **Markusplatz** wird man binnen kürzester Zeit sehr viel Geld los. Bodenständiger und preiswerter sind die Bacari von **Cannaregio** und **San Polo**. Achtung: Das Mindestalter für Alkohol, auch Bier, beträgt in Italien 18 Jahre! Die Studenten der Università Ca' Foscari und junge Festlandsveneter, die an den Wochenenden zum Ausgehen ins Centro Storico strömen, treffen sich im Sommer gerne Open-Air auf dem **Campo Santa Margherita**. Besonders im Trend liegen Pubs im englischen Stil. Wegen der Lärmbelästigung der Anwohner sind Diskotheken und Musikclubs selten und am ehesten in **Mestre** und auf dem **Lido** anzutreffen, wo Strandclubs bis morgens auflegen – und sich das Partyvolk beim Bad im Meer abkühlt. Im Centro Storico schließen die Lokale spätestens um 1 Uhr nachts, Hotelbars oft später.

Theater und Opernhäuser

Goldoni und Vivaldi sind allgegenwärtig im Programm. In Palazzi, Kirchen und Waisenhäusern kommen ihre Werke das ganze Jahr hindurch zur Aufführung. Venezianischer Settecento-Musik erklingt in Kirchen wie San Vidal oder San Salvador. Opern waren bis 1637 dem Adel vorbehalten, der sie in **La Fenice** genoss – erleben Sie im nos-talgischen Prunk des Opernhauses, das mehrfach abbrannte und immer wieder aufgebaut wurde, mit weltbekannten Solisten »Troubadour« oder »Turandot«. Hotspot der jungen, experimentellen Theaterszene ist ein ehemaliger Bunker, in dem im Zweiten Weltkrieg Bomben lagerten: das **Teatro Junghans** auf der Guidecca-Insel. Venedigs unabhängige Jazzszene lässt sich im **Venice Jazz Club** entdecken, wo der Pianist Pietro Tonolo und der Trompeter Massimo Donà des Öfteren auftreten. »Ska-J mixt«, sagt ihr Gründer und Saxofonist Marco »Furio« Forieri, »98 Prozent Jazz mit zwei Prozent Ska.« Ciuke e I Aquarasa verbindet Reggae, Ragamuffin und Rock zum Reggae 'n' Roll. Sie treten gerne in **Torino©Notte** auf, das im Herzen der Altstadt mit einem abwechslungsreichen Programm von Dancehall, Funk, Hip-Hop und Jazz zum Intreff für Nacht-schwärmer aufgestiegen ist.

Venedig ist Musik

Tagtäglich locken Konzerte in Kirchen und Stadtpalästen, die sonst verschlossen sind. Vivaldi und Monteverdi sind fest im Spielplan der Orchester verankert, die mitunter nicht nur auf historischen Instrumenten musizieren, sondern auch im Ambiente und Kostüm von einst. Moderne Töne erklingen seit 1930 alljährlich Ende Sept./Anfang

Okt. beim Festival für zeitgenössische Musik (Festival Internazionale di Musica Contemporanea) der Biennale. Werke aus Barock, Klassik und Romantik führt das Kammerorchester **Collegium Ducale** das ganze Jahr im Palazzo delle Prigioni neben dem Dogenpalast und in der Kirche Santa Maria Formosa auf. International berühmt sind die **Interpreti Veneziani**, die rund 200 Mal im Jahr in der Kirche San Vidal v. a. Barockwerke von Vivaldi, Bach, Tartini spielen. Ausschließlich der Erforschung und Aufführung von Werken der französischen Romantik aus den Jahren 1780 – 1920 widmet sich das Zentrum **Palazzetto Bru Zane**, das 1697 neben dem eigentlichen Palazzo Zane errichtet wurde. Die Konzerte finden in dem prachtvollen Hauptsaal im ersten Stock statt, den ein opulentes Deckengemälde und eine kunstvolle Holzbalustrade schmücken. Auf dem Programm stehen Kammerkonzerte, Opern und zeitgenössische Interpretationen von Werken der französischen Romantik. Als Inbegriff venezianischer Romantik gelten **Gondelfahrten mit Musik** auf dem Canal Grande und den Seitenkanälen, auch wenn das Singen nicht Bestandteil des Gondolieri-Berufes ist. Serenade-Touren können über spezielle Veranstalter gebucht werden.

Collegium Ducale: Tel. 0 41 98 81 55 | https://palazzoprigionivenezia.com | **Interpreti Veneziani**: Tel. 04 12 77 05 61 | http://interpretiveneziani.com | **Palazzetto Bru Zane**: San Polo 2368 | Tel. 04 15 21 10 05 | bru-zane.com | **Gondola Serenade:** www.gondola-rides-venice.com oder www.veneziaingondola.com | 35 Min. 41 €

Was, wann, wo?

Was wo gerade in Venedig aufgeführt wird, verraten die Tageszeitungen »Il Gazzettino« und »La Nuova Venezia«. In Hotels, Lokalen und Infostellen liegen die »Venezia News« (www.venezianews.it), »Venezia Cultura« (www.veneziacultura.it), Venice Today (www.veneziatoday.it) und »Meeting Venice« (www.meetingvenice.it) aus.

Am schönsten erleben Sie Venedig vom Wasser aus.

OBEN: Sie ist der berühmteste Treffpunkt Venedigs und alle lieben die coolen Cocktails in Harry's Bar.

UNTEN: Ein Klassiker in Bars rund um die Welt ist der »Bellini«. Giuseppe Cipriani hatte den Drink aus frischem Pfirsichmark und Champagner 1948 anlässlich einer großen Ausstellung des venezianischen Renaissance-Malers Giovanni Bellini erfunden.

BAR, CASINO, THEATER ODER KINO?

►KARTE S. 290/291

BARS, CLUBS & DISKOTHEKEN

❶ AURORA BEACH

Erst chillen zu Loungemusik, später zu Electropop tanzen – dann abkühlen im Meer. Ein Mix, der den Club zur angesagten Sommeradresse macht.
Lungomare Gabriele D'Annunzio Lido di Venezia | Tel. 340 813 2984

❷ BACARO JAZZ

Nicht nur der Jazz, auch die Drinks sind sehr beliebt – allerdings auch entsprechend teuer. Aber die Barkeeper verstehen ihr Handwerk.
San Marco, Salizzada del Fontego dei Tedeschi 5546
Tel. 041 528 52 49
www.bacaro jazz.com

❸ DEVIL'S FOREST

Der älteste Pub Venedigs mit Livemusik von elf Uhr früh bis nachts um eins.
Rialto, Campo San Bartolomeo
Tel. 041 523 66 51
www.devilsforestpub.com

❹ HARRY'S BAR

Von Giuseppe Cipriani und Harry Pickering 1931 eröffnetes Lokal, dem Ernest Hemingway ein literarisches Denkmal setzte. In der bis 2 Uhr geöffneten Cocktailbar und im Gourmetrestaurant im ersten Stock trifft sich illustre Prominenz – Cocktails und Häppchen haben also ihren Preis.
San Marco, Calle Vallaressa 1323
Tel. 041 528 57 77
www.cipriani.com

❺ IL PARADISO PERDUTO

Seit mehr als 30 Jahren ist das »verlorene Paradies« eine angesagte Musikbar mit studentischer Atmosphäre. Mo.abend Jazz.
Cannaregio, Fondamenta della Misericordia 2539 | Tel. 041 72 05 81 | https://ilparadisoperduto.wordpress.com

❻ PICCOLO MONDO

Stylische Disko mit aktuellen Hits.
Dorsoduro 1056/A, Calle Contarini Corfù | https://elsouk.it/

❼ MARGARET DUCHAMP

Die Bar ist beliebt, das Publikum jung, bunt gemischt, und darauf aus, die Nacht nicht vor zwei Uhr zu beenden.
Dorsoduro 3019, Campo Santa Margherita | Tel. 041 528 62 55
www.camposantamargherita.com/bar.htm

❽ MARTINI SCALA

Pianobar des Antico Martini. Bis 3.30 Uhr gibt es kleine Snacks.
San Marco, Campiello della Fenice 2007 | Tel. 041 522 41 21
www.anticomartini.it

❾ TAVERNA LA FENICE

Künstlertreff neben dem Teatro La Fenice, in dem man stilvoll diniert.
San Marco 1939, Campiello della Fenice | Tel. 041 522 38 56
www.ristorantelafenice.it

❿ TORINO@NOTTE

Mittwochs und am Wochenende legen DJs auf, viele Livekonzerte bereichern das Programm im Gran Caffè Città di Torino, das tagsüber ein normales Kaffeehaus ist.
San Marco 4267/C, Calle de S. Luca | Tel. 041 522 39 14

SPIELCASINOS

⓫ CA' NOGHERA

Die legere Alternative. American Style Games und Roulette.

Im Teatro La Fenice werden Opern und Ballet im großen Stil inszeniert.

Via Paliaga 4/8 (beim Flughafen Marco Polo) | So. - Do. 11 - 2.30, Fr., Sa. bis 3 Uhr
www.casinovenezia.it

12 CA' VENDRAMIN CALERGI

Im noblen Palazzo brauchen Herren Sakko und Krawatte.
Cannaregio 2040 | So. - Do. 15 - 2.30, Fr., Sa. bis 3 Uhr
www.casinovenezia.it

THEATER

1 TEATRO A L'AVOGARIA

Experimentelles Theater und Dialektstücke
Dorsoduro, Campo S. Sebastiano 1617 | www.teatro-avogaria.it

2 TEATRO GOLDONI

Auf der Bühne des Nationaltheaters – der ältesten Bühne der Stadt! – stehen Komödien auf dem Spielplan, vor allem von Carlo Goldoni.
San Marco 4650, Calle Goldoni
www.teatrostabileveneto.it

3 TEATRO LA FENICE

Eines der berühmtesten Opernhäuser der Welt ►S. 210

4 TEATRO JUNGHANS

Neue Talente, mutige Stücke und Experimente: Die junge Bühne setzt auf direkten Dialog.
Guidecca 494b, Campo Junghans
Tel. 04 12 41 19 74
www.accademiateatraleveneta.com/teatro-junghans

5 TEATRO MALIBRAN

Bühne für Oper, Ballett und Konzerte
Cannaregio 30133, Campiello del Teatro 5873 | Tel. 04 19 65 19 75
www.teatrolafenice.it

KINOS

6 CINEMA GIORGIONE

Venedigs wichtigstes Kino
Cannaregio 4612
Tel. 041 522 62 98

7 LA CASA DEL CINEMA - VIDEOTECA PASINETTI

Städtisches Programmkino
Palazzo Mocenigo, S. Stae 1990
Tel. 041 274 71 40

ESSEN UND TRINKEN

Was für köstliche Gabelhappen haben Orienthandel und griechische Kolonien, Einflüsse aus Istrien und fremder Gäste komponiert – und einheimische Erzeugnisse vom Land und Meer aufregend bereichert!

Cucina veneziana

Wahre Leckerbissen für die venezianische Küche liefert bereits die Lagune: Meeräschen (cefalo), **Meerspinnen** (granseola), Seeteufel (coda di rospo), Stockfisch (stoccafisso), Venusmuscheln (vongole), Lagunenmuscheln (cape rossoi), Miesmuscheln (peoci), Stabmuscheln (cape lunghe), Meereszikade (cigalla di mare), Sardinen (sardine), Kraken (polpo), kleineTintenfische (moscardino), Tintenfische (sepie), Aal (bisato) und köstliche endemische Lagunenkrebse (canoce). Als kleinen Imbiss zum Wein im **Bacaro** essen die Venezianer gerne boluvetti, Minischnecken in der Schale, oder Mojecche – Krabben, die im Frühjahr und Herbst ihre Panzer abgestreift haben und dann nicht gepult werden müssen. Unbedingt kosten sollten Sie auch **Sarde in saòr** – eine süßsaure Kombi, wie die Venezianer sie lieben (►S. 284). Ein Hochgenuss ist die **Fegato alla Veneziana** (►S. 284). Die Terraferma versorgt die Stadt mit luftgetrockneter Gänsebrust, das Friaul mit San Daniele-Schinken. Das Voralpenland liefert roten Treviso-Radicchio und gelben Spargel, die Laguneninseln Vignole und Sant' Erasmo lang und dünn den »Spareselle«, grünen Spargel, und **Castraure**, junge Artischocken. Eingefärbt wird die »Cucina veneziana« auch von jüdischen Einflüssen – so sollen Artischocken und Auberginen über das Ghetto in die europäische Küche gekommen sein. Und noch etwas ist venezianisch: die Sitte, mit der Gabel zu essen. Die byzantinische Prinzessin Theodora, die den Dogen Domenico Selvo (1071 – 1084) heiratete, provozierte noch mit dem »**Teufelswerkzeug**«. Doch in der Renaissance hatte sich der Brauch durchgesetzt, wie Bankettgemälde von Veronese verraten.

Trattoria, Osteria, Ristorante

Die Auswahl an Restaurants ist sehr groß. Sie reicht von Sterneküche auf einer Privatinsel, wie sie der junge Federico Belluco auf der Isola delle Rose inszeniert, bis zu einfachen Lokalen, wo die Einheimischen zu grundsoliden Preisen eine ehrliche Hausmannskost genießen. Genauso breit wie die Vielfalt der Ristoranti, volkstümlichen Trattorien und Osterien sowie Pizzerien sind die Preise gestreut, wobei Lokale in weniger besuchten Stadtteilen deutlich billiger sind als jene rund um den Markusplatz. **Abends sollte immer ein Tisch reserviert werden**, mittags ist dies nur in sehr beliebten Gaststätten erforderlich. Für einen kleinen Imbiss oder eine Tasse Kaffee zwischendurch setzt man sich in ein Caffè oder stellt sich (günstiger) an den Tresen einer Bar oder eines Bacaro.

TYPISCHE GERICHTE

In der Küche des Veneto und Venedigs gibt es viel Fisch, schließlich gilt Chioggia als größter Fischmarkt Italiens. Doch was das fruchtbare Hinterland liefert, ist genauso wichtig für den Speisezettel, besonders Reis und Mais.

Sarde in saor: Einer der beliebtesten Antipasti Venedigs geht auf ein orientalisches Rezept zurück, gebratene Fische aromareich (in sapore) einzulegen. Zu den frittierten Pelamiden, einer Makrelenart, werden Zwiebelconfit mit Pinienkernen und Korinthen serviert, die einst von den ionischen Inseln geliefert wurden. Die Urrezepte findet man noch heute als savouro auf Ithaka oder Zakynthos.

Fegato alla veneziana: Zarte Kalbsleber wird in Olivenöl mit Zwiebelringen, Salbei und Weißwein süßlich blanchiert, sodass sie möglichst weich bleibt. Dazu gibt es die klassische Beilage des Veneto: gerührte Polenta aus Maisgrieß.

Bigoli in salsa: Schmackhafte cucina povera. In diesem »armen« Rezept werden Bigoli-Nudeln (die echten sollten aus Buchweizen gemacht werden) in Sardellenpaste mit Olivenöl und süß verköchelten Zwiebeln geschmälzt. Reibekäse dazu ist ein schwerer Fauxpas!

Pasta con fasoi heißen Bruchnudeln mit weißen Bohnen (fagioli). Die einstige Kraftsuppe der Gondolieri ist heute beliebte Winterspeise. Mit gutem Olivenöl kann sie köstlich schmecken.

Risi e bisi: Ein Frühlingsrezept für das Fest des Stadtpatrons Markus am 25. April, von dem einst der Doge den ersten Teller bekam:
750 g Zuckererbsen (mit Schoten)
400 g italienischer Risotto-Reis
100 g Butter
75 g gewürfelter Speck
2–3 Schalotten (klein geschnitten)
1 Bund Petersilie (oder Fenchelkraut)
Man entschotet die Erbsen und kocht aus den Schoten mit Salz einen Gemüsefond, in den man die Schoten passiert. In einem Topf werden die Schalotten in etwas Butter gedünstet, man gibt den Speck dazu und lässt das ganze etwa fünf Minuten köcheln. Dann schüttet man den Reis dazu und kocht ihn unter beständigem Rühren und wiederholter Zugabe der Brühe all'onda sämig gar (ca. 15–20 Minuten). Unter das fertige Gericht rührt man das kleingewiegte Grün, den Rest der Butter und nach Bedarf frischgeriebenen Parmesan. Besonders gut passt dazu ein Pinot Grigio aus den Soavelagen.

Pasticcio al radicchio: Lasagne heißt in Venedig Pasticcio, ein Name, der auf Renaissance-Rezepte zurückgeht. Besonders schmackhaft ist Pasticcio mit bitteren roten Radicchioblättern aus Treviso. Andere Varianten basieren auf mit Fisch oder Artischocken gefüllten Teigblättern.

Peperonata: Von den griechischen Inseln, lange Zeit Kolonien der Seerepublik, kam ebenso wie der Moussaka-Auflauf die Zubereitung von Peperonata, ein Schmorgericht aus Zwiebeln, Tomaten und Paprika.

Speisenfolge Ein italienisches Essen beginnt mit **Antipasti** (Vorspeisen), die meist Fisch, Fleisch, Gemüse und Dips kombinieren. Typisch venezianisch sind die **Cicchetti**, kleine Tapas, die längst nicht mehr nur beim »ombra« genossen werden, sondern auch als Auftakt beim Essen beliebt sind. Der erste Gang (**primo piatto**) ist traditionell der »Sattmacher«, für den in Venedig statt Pasta häufig Reis der nahen Po-Ebene als leckeres Risotto zubereitet wird – mit Zucchini, Radicchio, Zwergartischocken oder Hühnerleber (Risi e figadini). Risotto nero wird mit Sepia-Tinte schwarzgefärbt. Traditioneller als Pasta sind frische Gnocchi aus Kartoffeln, beispielsweise mit Kaninchensauce (al sugo di coniglio). Lasagne gibt es in Venedig nicht: Sie heißt hier Pasticcio und kann mit Fisch oder Radicchio gefüllt sein. Fisch oder Fleisch ist die Frage beim zweiten Gang (**secondo piatto**). Frischer Fisch vom Rost ist kostspielig, doch die Auswahl enorm groß . Einmal sollten Sie sich ein Fischessen mit Seeteufel (coda di rospo), Wolfsbarsch (branzino), Dorade (orata) oder Petersfisch (pesce di San Pietro) gönnen. Abgerechnet wird meist nach Gewicht. Doch lassen Sie noch etwas Platz für die »**dolci**« – denn die Nachtische fallen äußerst opulent aus in Venedig. Wer nur einen kleinen süßen Abschluss sucht, dippt süße gelbe Kringel (buranei) in Süßwein. Und genießt nach dem Espresso ein Glas mit in **Grappa** eingelegten Rosinen oder einen Sgroppin (mit Zitroneneis verquirlter Wodka) zum Verdauen.

Andere Sitten, andere Preise Italiens Restaurantkultur unterscheidet sich erheblich von deutschen Gewohnheiten. Der größte Fauxpas: sich seinen Tisch selbst auszusuchen. Warten Sie, bis der Kellner den Platz anweist. Und rechnen Sie nicht damit, dass der Preis der Speisen der Endpreis für den Restaurantbesuch ist. In Venedig kommen immer zwei Aufschläge hinzu: die Gebühr für **Brot und Gedeck** (pane e coperto) in Höhe von 2 bis 5 Euro sowie der ungeliebte »servizio« mit 15 – 20 Prozent für die **Bedienung**, von dem der Kellner allerdings nichts erhält – umso mehr freut er sich über ein **Trinkgeld**!

Wann wird gegessen? Am Morgen heißt es für die Venezianer »un caffè e via«, einen Espresso, und los geht's. Für Urlauber gibt es in den Hotels ein Frühstück (**colazione**), das mit Weißmehlbrötchen, Konfitüre und Butter recht einfallslos und zu teuer ist. Mischen Sie sich lieber unter die Einheimischen und ins Gewühle **am Tresen der Caffès**, wo sie zur braunen Bohne süße Teilchen verspeisen oder in den Cappucino stippen – Italiener genießen ihn nur morgens! Am Vormittag machen brioche, fagottini, focaccia, mandelbestreute cornetti und mit Vanille- oder Schokocreme gefüllte Hörnchen Platz für fantasievoll belegte Brötchen oder Sandwiches (**panino, tramezzino**) Platz. Das Mittagessen (**pranzo**) nehmen die Venezianer zwischen 12.30 und 14.30 Uhr ein, das Abendessen (**cena**) von 19 bis etwa 22 Uhr.

OBEN: Machen Sie es wie die Venezianer und kehren Sie einfach mal in eine Bar, ein Café oder in eine Weinbar ein.

UNTEN: Was Leib und Seele zusammenhält, darf in Venedig auch mal etwas herzhafter sein.

Was trinken die Venezianer?

Aperitif Ein wenig bitter, ein wenig süß, und stets knallig orange: So hat Venedigs »**Spritz**« als Sommer-Drink auch deutsche Bars erobert. Günstig und gut trinken Sie den Aperitif mit Weißwein oder Sekt, Campari oder Aperol sowie Sprudelwasser im Café Noir (Dorsoduro 3805), das erst nachts um zwei Uhr schließt.

Wein Lieblingsgetränk ist freilich der Wein. Ganz früher tranken die Venezianer süßen Zypernwein und Malvasia von den eigenen Besitzungen, im 19. Jh. dalmatinischen Rotwein, erst nach 1866 gingen sie wegen der Zollschranken zu italienischen Tropfen über. Damals schlug die Stunde der apulischen Weinhändler, die Trinkstuben eröffneten, die deren Nachfahren z. T. heute noch führen. Erst in der EU wurde im

Rund 50 000 »Ombre« sollen täglich in Venedig getrunken werden. Aber Zahlen sagen wenig über den Genuss. Und nur um den geht es beim »Schattenrundgang«.

Veneto, Friaul und in den lokalen Piave-Lagen der Weinbau in großem Stil eingeführt. Die bekanntesten **Weißweine** aus Venetien sind die trockenen Sorten Breganze, Bianco di Conegliano, Bianco di Custoza, Gambellara und Soave sowie die blumigen Friulano und Verduzzo. Zu den trockenen **Rotweinen** des Veneto zählen Barbarano rosso, Breganze rosso, Cabernet di Treviso, Friularo, Bardolino, Merlot, Valpantena sowie der mächtige, langgereifte Amarone. Ein eher blumiges Bukett besitzen der »normale« Recioto, Rubino della Marca und Rubino del Piave. Zum Dessert wird gerne der süße **Moscato** di Arquà gereicht. Serviert wird Tischwein in Liter-, Halbliter- und Viertelliterkaraffen (un litro, mezzo litro, un quarto) sowie im Glas (un bicchiere/ombra). Unbedingt probieren sollte man echten **Prosecco** di Valdobbiadene e Conegliano DOC.

Flüssige Schatten

Zum venezianischen Alltag gehören die »**Bacari**« – auf der ersten Silbe betont. Hier trinkt man an alten Holztheken ein Gläschen Wein, vor allem frische, leichte Tropfen wie einen Pinot Bianco, Tocai, Chardonnay oder Merlot. Dazu gibt es einfache **Ciccheti**, appetitliche mundgerechte Häppchen, die meist nach traditionellen Rezepten hausgemacht sind: zum Beispiel Thunfisch-Kroketten, Stockfisch-Kräuter-Kanapees, frittierte Reis- und Hackfleischbällchen, Sardellenrollen und eingelegte Tintenfische, gefüllte Oliven, gegrillte Auberginen und Artischocken »Sarde in saor« (►S. 284).
Den Wein gibt es »schattenweise« aus einem 100-ml-Gläschen, **Ombra** genannt. Angeblich wurde der Wein früher auf der Piazza San Marco verkauft, und um den Wein kühl zu halten, folgten die Weinhändler stets dem Schatten (ombra) des Campanile. Auf jeden Fall gilt für diese Erklärung das italienische Sprichwort »Se non é vero é ben trovato – und wenn es nicht wahr ist, so ist es doch gut erfunden«. Wahrscheinlicher ist die Erklärung, dass man im Italienischen zu einer Kleinigkeit auch »un'ombra« sagt. Eben nur ein Schatten von Etwas.
Ein **Bacaro** ist eine zutiefst demokratische Veranstaltung. Hier ist ein Gast so gut wie der andere, gelten keine Standesunterschiede, gibt es keine Sprachprobleme und kaum Anmache, dafür jede Menge Kommunikation.

Viele Kaffee-Spezialitäten

Die Mahlzeit beendet ein **Caffè** (Espresso). Den Caffè gibt es auch doppelt (doppio), extra stark (ristretto) oder schwach (mit Wasser verlängert, lungo), mit Milchschaumhaube (macchiato) oder mit Schuss (corretto) – dann wird die braune Bohne mit Grappa, Cognac oder Bitter »korrigiert«. Viel beliebter aber sind bei ausländischen Besuchern der **Cappuccino**, die Latte Macchiato (»befleckte Milch«, viel Milch und Espresso) oder der Caffè Latte, der mehr Kaffee im Milch-Mix enthält, aber ebenfalls auch von einer Milchschaumhaube bekrönt ist.

1 Club del Doge
2 Ai Gondolierie
3 Il Ridotto
4 Da Fiore
5 Ai Mercanti
6 Antico Giardinetto
7 Ristorante Adriatica
8 Poste Vecie
9 Vinaria
10 Antiche Carampane
11 Alla Madonna
12 Da Remigio
13 La Bitta
14 La Zucca
15 Dalla Marisa
16 Pietra Rossa
17 Ai Rusteghi
18 Covino
19 Do Mori
20 Al Prosecco
21 Birrareria La Corte
22 Due Colonne
23 L'Olandese Volante
24 Dai Zemei
25 Da Romano
26 Da Primo e Paolo
27 Enoteca Enos
28 Eden
29 Venissa; Maddalena
30 Muranese
31 Da Celeste
32 Ca' Vignotto
33 Al Ponte del Diavolo

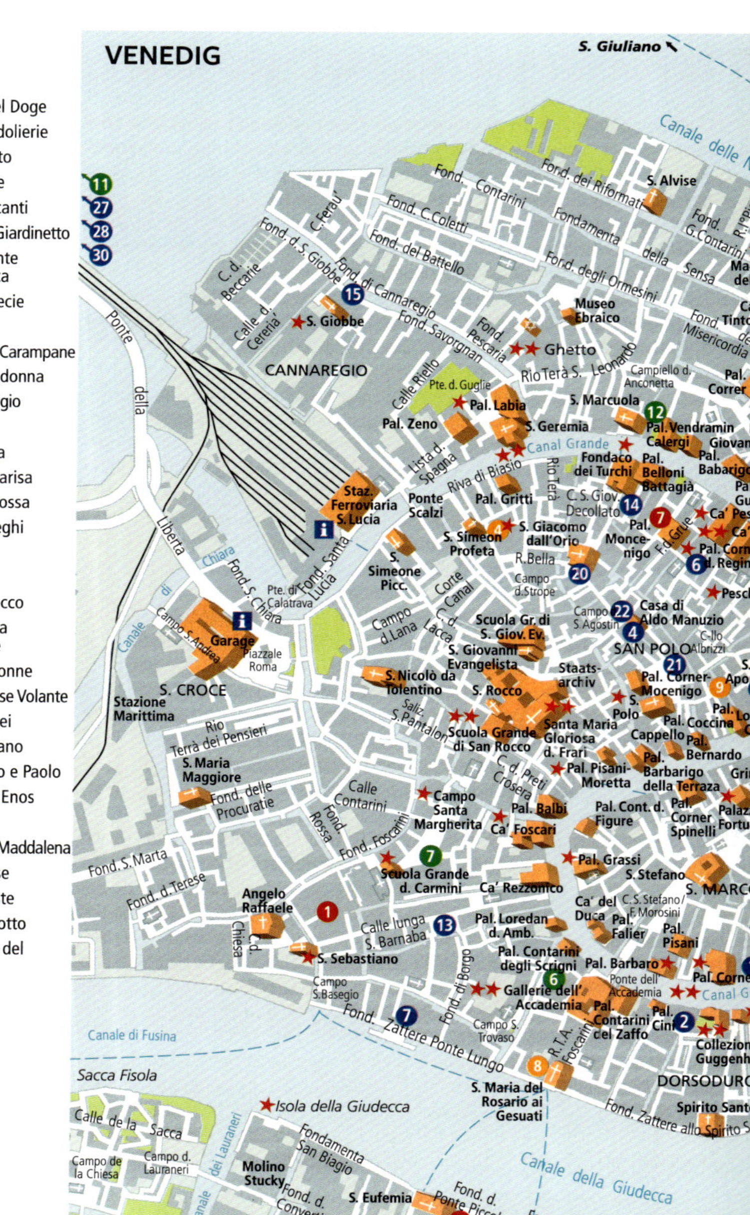

1 Aurora Beach
2 Bacaro Jazz
3 Devil's Forest
4 Harry's Bar
5 Il Paradiso Perduto
6 Piccolo Mondo
7 Magaret Duchamp
8 Martini Scala
9 Taverna La Fenice
10 Torino@Notte
11 Ca' Noghera
12 Ca' Vendramin Calergi

1 Florin/Lavena/Quadri
2 Rosa Salva
3 Gran Caffè Chioggia
4 Gelateria Alaska
5 Boutique del Gelato
6 Gelateria Grom
7 Gelatoteca SuSo
8 Gelateria Nico
9 Rizzardini

Theater und Kinos

1 Teatro a l'Avogaria
2 Teatro Goldoni
3 Teatro La Fenice
4 Teatro Junghans
5 Teatro Malibran
6 Cinema Giorgione
7 Videoteca Pasinetti

Für ein romantisches Dinner zu zweit: Von Mai bis Oktober kann man wunderbar auf der Terrasse des Club del Doge Restaurant am Canal Grande sitzen.

AUSGESUCHTE RESTAURANTS ▸ KARTE S. 290/291

PREISKATEGORIEN

Für ein Dreigänge-Menü mit Primo (Pasta, Risotto), Secondo (Fleisch, Fisch) und Dolce, ohne Getränke

€€€€ über 100€
€€€ 70 – 100 €
€€ 40 – 70 €
€ bis 40 €

EDLE KLASSIKER

❶ CLUB DEL DOGE €€€€
Im Gourmettempel mit aprikotfarbenem Marmor, Muranoglas und handgefertigtem Stuck verspricht Daniele Turco kulinarische Höhenflüge – am schönsten speisen Sie auf der Sommerterrasse direkt am Canal Grande mit Panoramablick auf die Kirche Santa Maria delle Salute.
Campo Santa Maria del Giglio, 2467 | Palazzo Gritti | Tel. 0 41 79 46 11 | www.clubdeldoge.com

❷ AI GONDOLIERI €€€€/€€€
Traditionelle Rezepte neu komponiert: Probieren Sie mit Perlhuhn gefüllte Raviolini, Kalbsbäckchen mit Rosmarin und das hausgemachte Konfekt. Auch top: die Weinauswahl.
Dorsoduro 366, Fondamenta Zorzi Bragadin, San Vio
Tel. 04 15 28 63 96 | Di. geschl.
https://aigondolieri.it

❸ IL RIDOTTO €€€€/€€€
Eines der sieben Sternerestaurants

von Venedig. Gianni Bonaccorsi und Murshedul Haque servieren italienische Küche wie Risotto mit Esskastanien, Pasta mit Seeigel, Milchferkelfilet oder knusprige Taube.
Sestiere di Castello 4509
Campo SS Filippo e Giacomo
Tel. 041 520 82 80 | Mi. u. Di./Do.mittag geschl.
www.ilridotto.com

4 OSTERIA DA FIORE €€€€/€€€

Modern interpretierte, michelinbesternte Traditionsküche mit Moleche (»Butterkrebsen«), Stockfischpüree, Seewolf in Balsamico und panierten Artischocken.
San Polo 2202, Calle del Scaleter
Tel. 0 41 72 13 08 | Mo./Di. geschl.
www.dafiore.it

TRADITIONSLOKALE UND JUNGE KÜCHE

5 AI MERCANTI €€€/€€

Gefüllte Tortellini mit Meerbarsch, Fleischspieß mit Kichererbse, Kalbsnieren mit Süßholzaroma und Panna Cotta mit Lakritz – überraschende Geschmackserlebnisse in szeniger Gastrosteria.
San Marco 4346/a (Eingang: Corte Coppo) | Tel. 041 523 82 69
So./Mo. geschl.| www.aimercanti.it

6 ANTICO GIARDINETTO €€€

In der Nähe des Fischmarktes serviert Virgilio in seiner familiengeführten, gemütlichen Osteria vorzügliche venezianische Küche.
Santa Croce 2253, Calle dei Morti
Tel. 041 72 28 82 | nur abends, Mo. geschl. | facebook.com/OsteriaAnticoGiardinetto

7 RISTORANTE ADRIATICA €€€

Das Adriatica gehört zum Palazzo Experimental. Das lässt schon ahnen, wie es das Konzept des an ein Hotel angegliederten Restaurants revolutioniert und vor Leichtigkeit und Innovation übersprudelt – mit zeitgenössischen Gerichten und luftigem Design.
Dorsoduro 1412, Fondamenta Zattere al Ponte lungo | Tel. 041 098 02 01 | www.palazzoexperimental.com/restaurant

8 POSTE VECIE €€€

Das edle Restaurant ist das älteste in Venedig – seit 1500 wird im stilvollen Speisesaal und bezaubernden Garten typisch venezianisch gespeist – Leber, Tintenfisch und süßsaure Sardinen.
San Polo 1608, im Rialto-Fischmarkt | Tel. 041 72 18 22 | Di. geschl. | www.postevecie.com

9 RISTORANTE PIZZERIA VINARIA €€€/€€

An der Rialto-Brücke belebt Serghei Hachi die Traditionsküche neu: mit einer Kürbiscremesuppe, der Ingwer und Amarretto Pfiff verleihen, und venezianischer Kalbsleber mit Safranspaghetti, Traubenjus und Petersilie. Wer nur den kleinen Hunger stillen will, stellt sich an die Bar und genießt ausgefallene Cicchetti.
San Polo 1097 | Tel. 041 241 06 65
www.vinariaristorante.it

10 ANTICHE CARAMPANE €€/€€€

»No Pizza, No Lasagne, No Menù turistico.« Urgemütlich. Ein Muss sind die Muschelsuppe und die Croccantini mit süßem Wein.
San Polo 1911, Rio terà delle Carampane | Tel. 041 524 01 65
So., Mo. geschl.
www.antichecarampane.com

11 TRATTORIA ALLA MADONNA €€/€€€

Gut besuchtes, alteingesessenes Fischrestaurant, zwei Minuten von der Rialtobrücke entfernt.
San Polo 594, Calle della Madonna
Tel. 041 522 38 24 | Mi. geschl.
www.ristoranteallamadonna.com

⓬ TRATTORIA DA REMIGIO €€

Die venezianischen Fischgerichte von Fabio Bianchi sind tatsächlich so gut wie von Donna Leon beschrieben.

► Das ist Venedig, S. 20

Salizada dei Greci, 3416
Tel. 041 523 00 89 | Di. geschl.
www.facebook.com/Trattoria-DaRemigio

⓭ LA BITTA €€

Schmackhafte Gemüse- und Gänsegerichte aus dem Veneto – eines der authentischsten Lokale Venedigs.
Dorsoduro 2753, Calle Lunga de San Barnaba | Tel. 041 523 05 31
nur abends, Sa./So. geschl.
facebook.com/LaBittaVenezia

⓮ OSTERIA LA ZUCCA €€

Grüne Jahreszeitenküche – herzhafte Tartes mit Brokkoli, Kartoffeln oder Kürbis sind die Spezialität, aber auch Fleisch und Fisch stehen auf der Karte. Köstlich: Kaninchen in Prosecco.
Santa Croce 1762, Campo San Giacomo dall'Orio | Tel. 041 524 15 70 | So. geschl. | www.lazucca.it

⓯ DALLA MARISA €€/€

Hier am Ponte dei Tre Archi wird traditionell gekocht: gesottene Innereien vom Rind und Hirsch- oder Rehragout. Großzügige Portionen und für Venedig sehr preiswert. Auf Bestellung gibt es Fischlasagne oder gefüllte Muscheln. Unbedingt reservieren!
Cannaregio, Fondamenta San Giobbe 652 b | Tel. 041 72 02 11
So., Mo./Mi.abend geschl.
trattoria-daa-marisa.business.site

⓰ PIETRA ROSSA €€/€€€

Das zweite Restauran von Andrea Laurenzon (s. Covino) ist an Orginalität kaum zu übertreffen: Überraschungsmenü (Fai tì), beste lokale Produkte, social table (für bis zu 10 Einzelgäste, die nicht alleine speisen möchten), viel Platz im Freien.
2877 Castello
Di./Mi.abend geschl.
www.pietrarossavenezia.com

PIZZA, BIER UND BACARO

⓱ AI RUSTEGHI €/€€

Ein Paradies für Imbissfans. In der winzigen Osteria gibt es eine unglaubliche Auswahl knuspriger, lecker belegter Panini. Günstiger lässt sich der Hunger in Venedig im Stehen kaum stillen.
San Marco 5513, Campiello del Tentor | Tel. 338 760 60 34
www.airusteghi.com

⓲ COVINO €/€€

Andrea Laurenzon eröffnete das erste **Slowfood-Bacaro** Venedigs – eine Orgie der Farben und Aromen ist seine Rote-Bete-Suppe mit allerlei Gemüse und bunten Blüten. Die Weine sind vorwiegend bio und ungeschwefelt.
Castello 3829a, Calle del Pestri
Mi.–So. ab 18 Uhr

⓳ DO MORI €/€€

► Das ist Venedig S. 21

Calle dei Do Mori 429
Tel. 041 522 54 01

⓴ AL PROSECCO €

Bei Einheimischen beliebte Enoteca mit Gastgarten, Bio-Prosecco und Räucherfisch-Crostini.
Santa Croce 1503, Campo San Giacomo dall'Orio | Tel. 041 524 02 22 | Mo.–Mi. 10–20 Uhr
www.alprosecco.com

㉑ BIRRARERIA LA CORTE €

Ausgezeichnete Pizza, gutes Risotto und Craft Beer aus aller Welt: So begeistert die moderne Brasserie, die im Sommer Tische auf den Campo stellt, ihre Gäste.
San Polo 2168, Campo San Polo
Tel. 041 275 05 70 | Di. geschl.
www.birrarialacorte.it

Mit Hingabe werden in der Trattoria Da Romano auf Burano traditionelle Gerichte zubereitet, und das schmeckt man.

22 PIZZERIA DUE COLONNE €
Hervorragende Pizza in zig Varianten und dazu sehr preiswert.
San Polo 2343, Campiello San Agostin 2343 | Tel. 041 71 73 38

23 L'OLANDESE VOLANTE €
Man sitzt auf dem kleinen Campo, trinkt ein Bier, dazu schmeckt ein Sandwich, ein Salat oder die Pasta.
Castello 5658, Campo San Lio
Tel. 041 099 54 81

24 OSTERIA DAI ZEMEI €
Giovanni und Franco sind wahre Genusszauberer für ausgefallene Cicchetti. Köstlich: Tintenfisch-Salat mit mariniertem Rucola, Entenbrust mit Trüffelöl, Gorgonzola und Speck.
San Polo 1045b, Ruga Vecchia San Giovanni | Tel. 04 15 20 85 96
9–20 Uhr | ostariadaizemei.it

BURANO

25 DA ROMANO €€€
Im gutbürgerlichen Lokal bezahlten Künstler einst ihr Mahl mit Bildern. Heute kommen die Gäste, um Fisch vom Holzkohlengrill und venezianische Gerichte zu essen. ►Abb. S. 295
Via Galuppi 221, Burano
Tel. 041 73 00 30 | Di. geschl.
www.daromano.it

26 TRATTORIA DA PRIMO E PAOLO €€
Frittiertes aus Garten und Meer sind Spezialität des gemütlichen Lokals.
Piazza Galuppi 285
Tel. 041 73 55 50 | Mo. geschl.
www.trattoria-primoepaolo.it

CAORLE

27 ENOTECA ENOS €
Mehr als 30 offene Weine, dazu venetische Appetithappen und Mittagssnacks – auch Jazzabende.
Via della Serenissima 5
Tel. 041 121 21 99

CHIOGGIA

28 TRATTORIA EDEN €€
Unscheinbare Einrichtung, aber wunderbare Antipasti und Fischsuppe.
Calle Airoldi 152/B
Tel. 041 550 04 25 | Mo. geschl.

MAZZORBO

29 WEINGUT VENISSA €€€€ und **ANTICA TRATTORIA MADDALENA €€**, ►Tour 6, S. 48

MURANO

30 ANTICA TRATTORIA MURANESE €
Sympathische Trattoria mit hübschem Garten.
Fondamenta Riva Longa 18
Tel. 041 73 96 10 | 11–17 Uhr, Mi. geschl. | https://antica-trattoria-muranese-s-r-l.business.site

PELESTRINA

31 DA CELESTE €
Tolle Fischgerichte und überdachte Terrasse direkt am Meer.
Via Vianelli 625 | Tel. 041 96 73 55
https://daceleste.com

SANT' ERASMO

32 RISTORO CA' VIGNOTTO €€
Ausgezeichnete Küche, besonders köstlich sind die Castraure, junge Artischocken.
Via Forti 71 | Tel. 04 124 440 00
www.vignotto.com

TORCELLO

33 OSTERIA AL PONTE DEL DIAVOLO €€/€€€
► S. 215
Fondamenta dei Borgognoni 10/11
Tel. 041 73 04 01 | www.osteriaal-pontedeldiavolo.com

Cafés und Eisdielen

An allen größeren Plätzen

Der Erste, der in Italien von Kaffee sprach bzw. schrieb, war Gian Francesco Morosini, 1582 – 1585 Botschafter der Serenissima beim Sultan von Konstantinopel: »In der Türkei pflegen sie ein schwarzes Wasser zu trinken, das aus einem ›cave‹ genannten Samen gewonnen wird, der, wie sie sagen, die Fähigkeit besitzt, den Menschen wachzuhalten.« Das **erste Caffè** der Lagunenstadt soll bereits 1647 den bitteren türkischen Trank serviert haben. Im 18. Jh. gab es allein auf dem Markusplatz acht Kaffeehäuser. Wer heute durch Venedig bummelt, findet an allen größeren Plätzen eine Caffè-Bar mit umfangreicher Getränkeauswahl, frischem Gebäck, belegten Brötchen oder Sandwiches, Cremetörtchen, Biscottini und andere Dolci.

❶ DIE CAFÉS FLORIAN, LAVENA UND QUADRI
Die drei berühmten, teuren Cafés an der Piazza San Marco gehören zu den schönsten Salons der Welt. ►S. 175

❷ CAFÉ ROSA SALVA
Das alte Café mit exzellenten Dolci ist längst auch Ziel von Commissario-Brunetti-Fans.
Castello 6779, Campo SS. Giovanni e Paolo | Filialen in San Marco, Calle Fiubera/C. Forner, San Salvador 5020 und Isola di S. Giorgio | www.rosasalva.it

❸ GRAN CAFFÈ CHIOGGIA
Nobles, teures Etablissement an der Westseite der Piazzetta mit Blick auf den Dogenpalast
San Marco, Piazzetta 11
Tel. 04 1523 74 04

❹ GELATERIA ALASKA
Carlo Pistacchi fabriziert aus natürlichen Zutaten ungewöhnliche Eissorten wie Sambuco-Sorbet, Ingwer-Eis oder Orangeneis mit Rucola.
Calle Larga dei Bari, 1159
Santa Croce | Tel. 0 41 71 52 11

❺ BOUTIQUE DEL GELATO
Immer wieder als beste Eisdiele Venedigs gerühmt.
Castello 5727, Salizzada San Lido
www.laboutiquedelgelato.it

❻ GELATERIA GROM
Venedig-Filialen der Turiner Eisdiele, die auf allerbeste Zutaten wie Piemont-Haselnüsse, Amalfi-Zitronen und Hochlandkakao setzt.
Dorsoduro, Campo S. Barnaba und Stazione FS Santa Lucia
www.grom.it

❼ GELATOTECA SUSO
Unwiderstehlich: das »Doge«-Eis mit Marscapone, Feigensoße und Schoko-Mandeln.
Cannaregio 5801, Salizada S. Giovanni Grisostomo und San Marco 5453, Calle della Bissa
www.suso.gelatoteca.it

❽ GELATERIA NICO
Gianduiotto ist die beliebteste der unnachahmlichen Eisspezialitäten.
Dorsoduro 922, Zattere ai Gesuati
Tel. 04 15 22 52 93
301

❾ RIZZARDINI
Holzvertäfelte Pasticceria und winzige Stehbar – seit 1742 begeistert sie die Gäste mit hausgebackenen Dolci und Salzmandeln zum Spritz.
San Polo 1415, Campiello dei Meloni | Tel. 04 15 22 38 35
Di. geschl.

FEIERN

Das ganze Jahr hindurch feiert Venedig Feste – weltberühmte wie den Karneval oder die Regata storica und volkstümliche Events wie die Festa del Redentore, wenn in einer lauen Julinacht jeder schwimmbare Untersatz aktiviert wird, um vor der Giudecca zu ankern, venezianische Barcarolen anzustimmen, das Feuerwerk zu bestaunen und sich mit Prosecco zuzuprosten.

Beliebte Feste

Ein echter Treff ist auch die sakrale **Festa della Madonna della Salute** mit Pontonbrücke und Hammelfleischessen. Zünftig mit Glühweintrinken (Vin brulé) geht es bei der **Hexenregatta** (Regata delle Befane) am 6. Januar zu, bei der sich Gondolieri als »streghe« verkleiden. Die Pracht der **Regata storica** mit ihren Prunkbarken und Ruderwettkämpfen lockt regelmäßig so viele Gäste an, dass die Straßen Venedigs zu Einbahngassen umfunktioniert werden (▶ Das ist Venedig, S. 14, ▶ Abb. links). Zum absoluten Tourismusmagneten hat sich der 1979 wiederbelebte **Karneval** entwickelt – viele Venezianer meiden in diesen Wochen ihre Stadt (▶ Das ist Venedig, S. 22).

Programmauskunft

Über Veranstaltungen, Öffnungszeiten etc. informieren die Tageszeitungen »Il Gazzettino« und »La Nuova Venezia« sowie »Venezia News (venezianews.it), Un Ospite di Venezia« (unospitedivenezia.it), »Venezia Cultura« (veneziacultura.it), »Venice Today« (venezia today.it) und »Meeting Venice« (meetingvenice.it), die bei touristischen Informationsstellen, in Hotels und Lokalen ausliegen und auch online einzusehen sind.

VERANSTALTUNGSKALENDER

GESETZLICHE FEIERTAGE

1. Januar (Neujahr): Capodanno
6. Januar (Hl. Drei Könige): Epifania
Ostersonntag, Ostermontag: Pasqua, Lunedi dell'angelo
25. April (Tag der Befreiung 1945): Festa della liberazione
1. Mai (Tag der Arbeit): Festa del primo maggio
2. Juni: Nationalfeiertag
15. August (Mariä Himmelfahrt): Assunzione/ Ferragosto
1. November (Allerheiligen): Ognissanti
8. Dezember (Mariä Empfängnis): Immacolata Concezione
25. und 26. Dezember (Weihnachten): Natale Santo Stefano

Die **Festa Nazionale della Repubblica** (Nationalfeier der Republik) findet am 1. So. nach dem 2. Juni statt, die **Festa dell'Unità Nazionale** (Tag der Nationalen Einheit) am 1. So. im November.

EVENTS IM JANUAR

NEUJAHRSTAG

Am frühen Morgen des 1. Januar wagen beherzte Schwimmer am Lido-Strand das erste Bad im neuen Jahr. Die Wassertemperatur? Höchstens sieben Grad ...

REGATA DELLE BEFANE

»Hexenregatta« auf dem Canal Grande am 6. Januar, dem Tag der Hl. Drei Könige (Epiphanias)

FEBRUAR

CARNEVALE DI VENEZIA

Der Karneval beginnt 14 Tage vor Aschermittwoch und dauert bis zum Faschingsdienstag. Das Ende symbolisiert die Verbrennung des Pantalone auf dem Scheiterhaufen. Danach geht es an der Riva degli Schiavoni zur Kirche S. Maria della Pietà, wo um Mitternacht das Aschermittwochskonzert (Concerto delle Ceneri) stattfindet – das einzige Konzert in Venedig, zu dem man maskiert erscheinen darf. (▶ Das ist Venedig, S. 22)
www.carnevale.venezia.it

MÄRZ

INCROCI DI CIVILITÀ

Seit 2007 veranstaltet Venedigs Uni alljährlich Ende März ein renommiertes internationales Literaturfestival.
www.incrocidicivilta.org

OSTERN: BENEDIZIONE DEL FUOCO

Ein Höhepunkt der Karwoche ist die »Segnung des Feuers« Gründonnerstag am späten Nachmittag. In der völlig dunklen Markusbasilika wird erst im Atrium die heilige Flamme entzündet, dann durchschreitet die Prozession die Basilika; dabei werden alle Kerzen angezündet, bis die ganze Kirche erstrahlt.

APRIL

SU E ZO PER I PONTI

398 Brücken soll es in Venedig geben – beim Volkslauf geht es in der 9,4 km langen Version über 42, in der kurzen (5,3 km) über 28 Brücken.
www.suezo.it

FESTA DI SAN MARCO

Fest des Stadtpatrons am 25. April. Zu Zeiten der Republik gab es einen Staatsakt mit feierlichen Prozessionen und »Risi e bisi« (▶ S. 285). Heute findet ein Hochamt in der Markusbasilika statt. Am Nachmittag veranstalten die Gondolieri ihre Regata dei Traghetti auf dem Canal Grande. Venezianer schenken an diesem Tag ihrer Angebeteten eine Rosenknospe, den »bocolo«.

MAI

SPOSALIZIO DEL MARE

Am Sonntag nach Christi Himmelfahrt wird die symbolische Vermählung der Serenissima mit dem Meer gefeiert. Bis zum Ende der Republik 1797 ließ sich der Doge vor den Lido hinausrudern, wo er einen Goldring in die Fluten warf. Zur 14-tägigen Messe kamen Kaufleute aus ganz Europa, den Abschluss bildete ein Festbankett für die diplomatischen Vertretungen. Heute findet ein historischer Umzug auf dem Markusplatz statt, mit dem Bürgermeister als Dogen, begleitet von Vertretern des Klerus und des Militärs. Von der Riva degli Schiavoni beobachten Tausende die Überfahrt der Flotte zum Lido, wo heute als Symbol ein einfacher Lorbeerkranz versenkt wird.

VOGALONGA

Am Sonntag nach Christi Himmelfahrt rudern tausende Hobby-Kapitäne aus ganz Europa in Kanus, Kajaks und Drachenbooten auf einem 30 km langen Kurs durch Venedig. E-

Carnevale di Venezia: Fast zwei Wochen dauert das Spiel der Masken.

beginnt um 8.30 Uhr in der Markusbucht und führt über die Inseln Sant' Erasmo – S. Francesco del Deserto – Burano – Mazzorbo zurück in die Bucht von San Marco.
www.vogalonga.it

JUNI

Biennale d'Arte
Internationale Kunstausstellung
► Giardini Pubblici, S. 130

SAGRA DI SAN PIETRO DI CASTELLO

In der letzten Juniwoche werden auf dem Platz vor San Pietro eine große Bühne für Livekonzerte sowie kleine Stände mit Weinausschank und venezianischen Spezialitäten aufgebaut. Der Sonntag endet mit einer großen Tombola.
www.sanpierodecasteo.org

JULI

FESTA DEL REDENTORE

Das Fest des Erlösers am dritten Julisonntag erinnert an das Ende der Pestepidemie 1576. Es beginnt am Vorabend mit einer Parade geschmückter Boote auf dem Canale della Giudecca und einem großen Feuerwerk. Am Sonntag gehen die Gläubigen über eine improvisierte Brücke zur Messe in der Redentore-Kirche auf der Guidecca, und genießen anschließend auf Booten und in den Gassen traditionelle Gerichte. Singend und tanzend begrüßen die Venezianer am Ende der Feier den Sonnenaufgang am Strand des Lidos.

AUGUST

MOSTRA INTERNAZIONALE D'ARTE CINEMATOGRAFICA

Internationale Filmfestspiele auf dem Lido mit Medienspektakel und viel Prominenz.

CONCERTO DELL'ASSUNTA

Konzert am 15. August (Mariä Himmelfahrt) in der Basilika Santa Maria Assunta auf Torcello.

SEPTEMBER

REGATA STORICA

Gondelregatta auf dem Canal Grande am ersten Sonntag im September. Vor dem Start prachtvoller Umzug mit historischen Figuren aus der Glanzzeit der Serenissima, u. a. Doge, Dogaressa, Königin von Zypern und Botschafter. Zwischen 14.30 und 19 Uhr werden vier Rennen abgehalten: Jugend und Frauenregatta, Regatta mit Caorline (Bootstyp aus dem benachbarten Caorle) und eine Regatta mit kleinen Gondeln. Zielpunkt ist die Ca' Foscari (Siegerehrung). Am zweiten Septembersonntag defilieren die Boote auf dem Brenta-Kanal. (▶ Das ist Venedig S. 14, Abb. S. 298)
www.regatastoricavenezia.it

SAGRA DEL PESCE DI BURANO

Am dritten Sonntag veranstaltet Burano seine Insel-Regatta, für Stärkung sorgen Fisch- und Weinstände.
www.isoladiburano.it/it/regata-di-burano.html

FESTIVAL INTERNAZIONALE DI MUSICA CONTEMPORANEA

Das Festival für zeitgenössische Musik der Biennale dauert bis Anfang Okt.
www.labiennale.org/it/musica

OKTOBER

SAGRA DEL MOSTO DI SANT' ERASMO

Weinfest auf der Insel S. Erasmo am ersten Oktobersonntag mit neuem Wein (Mosto) und kleinen Schmankerln, Musik, Tanz und der einzigen Regatta, an der Männer und Frauen gemeinsam teilnehmen.

VENICE MARATHON

Am zweiten Oktobersonntag laufen Tausende von Strà auf dem Festland über den Ponte della Libertà zur Ziellinie Riva dei Sette Martiri.
www.venicemarathon.it

NOVEMBER

FESTA DEI MORTI

Am Totensonntag ist es üblich, dass Verliebte ihrer Angebeteten »fave« schenken, kleine, bunte Mürbeteigkuchen.

FESTA DI SAN MARTINO

Am 11. November trommeln Kinder mit Kochlöffeln auf Töpfen und singen von den guten Taten des hl. Martin. Man gibt ihnen ein Trinkgeld für ihre Darbietung – oder noch häufiger, damit sie aufhören. Die Bäckereien fertigen zum Martinstag Mürbteig-Pferde mit buntem Zuckerguss.

FESTA DELLA MADONNA DELLA SALUTE

An das Ende der Pestepidemie von 1630 erinnert am 21. November eine große Pilgerprozession von der Markusbasilika über eine Pontonbrücke am Canal Grande auf der Höhe des Campo S. Maria del Giglio zur Kirche Santa Maria della Salute. Nach der Huldigung der Heiligen isst man Frittelle, frittierte Krapfen, und deftige Castradina mit Wirsing und Hammelfleisch.

SHOPPEN

In Venedig einzukaufen, ist ein echtes Vergnügen. In keiner Stadt der Welt gibt es so viele traditionelle Kunsthandwerker und individuelle kleine Läden: Rahmenvergolder, Möbelmaler, Seidenwirker, Papiermacher, Restauratoren historischer Musikinstrumente, Juweliere, Glasbläser und ... (▸ *Das ist Venedig, S. 26*).

Venezianisches für Daheim

Italiens große Couturiers von Armani bis Versace sind mit Flagship-Stores vertreten, ausgefallene Avantgarde-Designer wie Fiorella Mancini schneidern Bühnenoutfits für Madonna und Sting, und auch Mode »made in Venice« lockt. Mit samtigen Gondoliere-Pantoffeln, Seidentüchern von Fortuny oder Spitze von Martina Vidal. Die Lagunenstadt ist ein teures Pflaster. Das gilt vor allem für die Läden rund um die Piazza San Marco, die Mercerie zwischen Rialto und Campanile und die Calle Larga XXII Marzo. Es macht aber auch viel Spaß, in den günstigeren Boutiquen der Einheimischen an der Lista di Spagna und der Strada Nova in Cannaregio nach einem Paar schicker Schuhe zu suchen, sich in den herrlich altmodischen Lingerie-Geschäften beraten zu lassen oder in einem Haushaltswaren-Labyrinth die klassische Espressokanne von Bialetti als Souvenir zu erstehen.

MODE, MASKEN & DELIKATESSEN

ANTIQUARIATE & BÜCHER

GOLDONI
Die beste Buchhandlung ist auch bei Publikationen zur Stadt gut sortiert.
San Marco, Calle dei Fabbri 4742
veneziagoldoni.ubiklibri.it/home.html

GRAFICA ANTICA
Alte Stiche und Veduten von Venedig
San Marco, Calle Larga XXII Marzo 2089 | Tel. 041 522 71 99

TOLETTA
Seit 1933 geschätzt wegen ihres guten modernen Antiquariats, ihrer eigenen Editionen und ihrem Café
Dorsoduro, Sacca della Toletta 1214 | Tel. 041 523 20 34
www.latoletta.com

FEINKOST

EL FORNER DE CANTON
Biscotti, Bruschette, Pan del Dogi – nach uralten Rezepten der Serenissima gibt es Süßes und Pikantes für unterwegs oder als Mitbringsel.
Ruga Vecchia di San Giovanni 603
San Polo 603 | Tel. 041 523 16 08
www.elfornerdecanton.com

PASTIFICIO GIACOMO RIZZO
Pasta in den verrücktesten Formen und Farben seit 1905, sogar Gondeln!
Cannaregio 5778, Calle S. Giovanni Crisostomo | Tel. 041 522 28 24

PROSCIUTTO E PARMEGIANO
Parma- und San Daniele-Schinken, Speck aus Alto Adige sowie Käse aus allen Regionen Italiens

Calle del Mondo Novo, Castello 5793, Tel. 338 312 02 84
www.prosciuttoeparmigiano.it

GLAS

BAROVIER & TOSO
Die Hütten der berühmten Glasbläser produzieren nach überlieferten Techniken und modernen Entwürfen opulente Lüster, verspielte Schalen, Figurinen, Ketten und Ringe. Legendäre Werkstätten zeigen, wie ihre Kunst bis heute mundgeblasen wird.
Murano, Fondamenta Vetrai 28
Palazzo Contarini | Tel. 041 73 90 49 | www.barovier.com

CENEDESE
Ausgezeichnete Adresse für Muranoglas
Piazza San Marco 40/41
Tel. 041 522 54 87
www.arscenedese.com

NASON & MORETTI
Moderne Glaskunst für den Tisch
Murano, Calle dietro gli Orti 12
Tel. 041 73 90 20
www.nasonmoretti.it

GAMBARO & POGGI
Klassisch oder poppig bunt – Mario Gambaro und Bruno Poggi fertigen schöne Vasen, Gläser und Leuchten.
Murano, Calle del Cimitero 15
Tel. 041 73 65 76
www.gambaroetagliapietra.it

VENINI
Murano-Objekte, z. B. von Carlo Scarpa und Tapio Wirkkala
San Marco 314, Piazzetta Leoncini | Tel. 041 522 40 45
www.venini.com

GONDEL-KUNST

REMI E FORCOLE
Die Ruderriemen und -gabeln des Gondelbauers Franco Furlanetto sind so kunstvoll aus Buche, Birne undWalnuss gedrechselt, dass das New York Metropolitan Museum of Modern Art sie als Kunst erwarb. Handlicher und preiswerter sind seine Miniaturen.
San Polo 2768/8

GILBERTO PENZO
Miniaturen der berühmten Gondeln gibt es bei Gilberto Penzo, der in Handarbeit die gesamte Flotte Venedigs nachgebaut hat – von archäologischen Fundstücken über Alltagskähne und repräsentative Boote bis zu den Wasserfahrzeugen von heute.
Calle 2 dei Saoneri, San Polo 2681
Tel. 041 524 61 39
www.veniceboats.com

HOLZARBEITEN

LIVIO DE MARCHI
Mäntel, Möbel, Bücher und Taschen bis hin zum Ferrari, alles aus Holz
San Marco, San Samuele 3157 a
Tel. 041 528 56 94
www.liviodemarchi.com

KARNEVAL

BAC ART STUDIO
Schöne Drucke zum Thema Karneval
Dorsoduro, San Vio 862
(östlich der Accademia)
Tel. 041 522 81 71
www.bacart.com

MASKEN UND KOSTÜME
► Das ist Venedig, S. 22 und Baedeker Wissen, S. 305

KAUFHAUS/EINKAUFSZENTRUM

T GALLERIA
Luxusshopping im ehemaligen Fondaco die Tedeschi an der Rialto-Brücke
San Marco, Calle del Fontego dei Tedeschi | Tel. 041 314 20 00
tgl. 10 – 19.30 Uhr
www.dfs.com/en/venice

KOSTÜME FÜR DEN KARNEVAL

Mit der Wiedergeburt des Karnevals (▶ Das ist Venedig, S. 22) erfuhren auch die fast ausgestorbenen Berufe der Kostümbildner und Maskenhersteller eine Renaissance. Ihre aus Pappmaché, Keramik und Leder gefertigten Masken wurden ein Wahrzeichen der Stadt.

Das Tragen von Masken dürfte vor allem durch den Kontakt mit dem Orient und muslimischer Kleidung aufgekommen sein. Eigentlich waren Maskierungen nur im Karneval erlaubt, doch die vornehme **Bauta**, eine schwarze Kapuze aus Samt oder Seide, die das Gesicht frei ließ, war auch zu besonderen Festlichkeiten zugelassen. Zur Bauta trug man den Dreispitz (**tricorno**) und einen langen schwarzen Mantel (**tabarro**). Die eigentliche Maske war weiß oder schwarz und verbarg die obere Gesichtshälfte; wollte man völlig unerkannt bleiben, so bedeckte ein Spitzentuch am unteren Rand der Maske auch Mund und Kinn. Der Domino, ein weiter Umhang, verbarg seinen Träger völlig. Die Moretta, eine kleine, ovale Samtmaske, wurde nur von Frauen getragen. Großer Beliebtheit erfreuten sich die **Mattacini**, farbenfrohe Narrenkostüme mit großen Federhüten. Der **Medico della peste** geht auf die Pestepidemien zurück, von denen Venedig wiederholt heimgesucht wurde. Der grobe Überwurf und ein tief ins Gesicht gezogener Schlapphut ließen bei diesem Kostüm nur die Augen frei, die Maske mit der charakteristischen überlangen Schnabelnase sollte die verpestete Atemluft filtern, und mit dem langen Stock konnten Patienten aus sicherer Entfernung untersucht werden.

Bunt bereichert wurde die Karnevalsszene mit den **Figuren der Commedia dell'Arte**, darunter der liebenswürdige und für seine Possen bekannte Arlecchino, der einfallsreicher Diener Brighella, die schlagfertige Colombina und der Prahlhans Pulcinella. Sinnbild des schlauen venezianischen Kaufmanns ist der spitzbärtige Pantalone, den geliebten Geldbeutel am Gürtel. Der Capitano mit buntgestreifter Uniform, Schwert und breitkrempigem Federhut gilt als Symbol der Auflehnung gegen Fremdherrschaft und Inbegriff der Karnevalsfreiheit, einmal sagen zu können, was man will. Für 200 bis 800 € können im **Kostümverleih** von **Stefano Nicolao** prunkvolle Roben und Reifröcke, Masken und Mäntel ausgeliehen werden (Cannaregio 2590, Tel. 04 15 20 70 51, www.nicolao.com). Bei **Alberto Sarria** können Sie zusehen, wie **traditionelle und moderne Masken** entstehen (San Polo 777, Ruga Vecchia S. Giovanni, www.masksvenice.com), bei **Ca' Macana** sogar eine eigene Maske anfertigen (▶ Das ist Venedig, S. 22).

OBEN: Erst bei John Lobb in London, dann bei Hermès in Paris – Gabriele Gmeiner hat ihr Handwerk als Schuhmacherin bei den besten ihres Metiers gelernt.

UNTEN: In Stefano Nicolaos Werkstatt nahe dem Canal Grande kann man edle Karneval-Kostüme nicht nur für 2000 bis 3000 Euro kaufen, sondern auch für etwa ein Zehntel des Preises leihen.

LEDERTASCHEN UND SCHUHE

ATELIER SEGALIN DI DANIELA GHEZZO

Feinste handgefertigte Maßschuhe für Sie und Ihn
San Marco, Calle dei Fuseri 4365
Tel. 041 522 21 15
www.danielaghezzo.it

FURLANE-SCHUHE

► Piedaterre, S. 39

GABRIELE GMEINER

Silberschnalle, Pelzbesatz oder Stickerei? Gabriele Gmeiner fertigt in ihrer Werkstatt nahe der Rialtobrücke aus Hirsch- und Rindsleder »Ferraris für die Füße« – Opernsängerin Anna Netrebko ist Stammkundin.
San Polo 951, Campiello del Sol
Tel. 338 896 21 89
https://gabrielegmeiner.com

OFFICINE 904

Hochqualitative Lederhandtaschen und Schmuck junger Designer
Calle Lunga San Barnaba, Dorsoduro 2864 | Tel. 041 524 22 86
www.officine904.it

MÄRKTE

Der größte Markt findet Mo. bis Sa. 7 – 13 Uhr rund um die **Rialtobrücke** statt; der Fischmarkt hat Mo. geschlossen. Im Stadtteil Castello kann man in der **Via Garibaldi** werktags ab 7 Uhr Obst, Gemüse, Fisch und Haushaltswaren erstehen. **Kleinere Märkte** mit Gemüse-, Fisch- und Blumenständen finden vormittags in Cannaregio am Ponte delle Guglie, in Dorsoduro auf dem Campo Santa Margherita und im Stadtteil San Marco auf dem Campo Santa Maria Formosa statt. Am Campo San Barnaba gibt es Obst und Gemüse vom Boot.
www.veneziaunica.it/de/content/die-märkte-von-venedig

MARMORPAPIER

PAOLO OLBI

Handgeschöpftes Papier, gebundene Bücher und Alben
Dorsoduro 325e | Tel. 041 523 76 55 | olbi.atspace.com

LEGATORIA PIAZZESI

Fantasievolle Papierdrucke und Puppentheater, ► Das ist Venedig, S. 26
San Marco, Campiello della Feltrina 2511 | Tel. 348 144 53 67

CARTERIA TASSOTTI

Edles Bassano-Papier
San Marco 5472, Calle de la Bissa
Tel. 041 528 18 81
www.tassotti.it

ALBERTO VALESE EBRU

Marmorpapier von Meisterhand
► Das ist Venedig, S. 26
San Marco, Campo San Stefano 3471 | Tel. 041 523 88 30
www.albertovalese-ebru.it

MASKEN UND KOSTÜME

STEFANO NICOLAO

Er hat Kunst und Architektur studiert, war Bühnenbildner und gehört zu denen, die 1979 den venezianischen Karneval wieder zum Leben erweckten. In seinem Atelier fertigt Nicolao Kostüme, die seiner unerschöpflichen Fantasie entsprungen zu sein scheinen und doch historisch fundiert sind – mehr als 10 000 birgt sein Fundus, sortiert nach Jahrhunderten. Auch Kostümverleih, ► S. 305

ALBERTO SARRIA

Handgefertigte Masken
► Baedeker Wissen, S. 305

PAPIER MACHE

Der Name ist Programm: Stefano Gottardo und sein Team zaubern aus Papiermaché fantastische Masken.

Castello 5174/b - 5175, Calle Tetta
Tel. 041 522 99 95
www.papiermache.it

TRAGICOMICA

Auch die Arena in Verona bestellt hier Masken und Kostüme.
San Polo, Calle dei Nomboli 2800
Tel. 041 72 11 02
www.tragicomica.it

MODE

AL DUCA D'AOSTA

Vor vier Generationen verkaufte Emilio Ceccato nahe der Rialtobrücke nur Herrenhemden, heute ist die Boutique am Kanalufer ein Modeparadies mit mehr als 100 angesagten Designern.
San Marco 284 | Tel. 041 522 07 33
www.alducadaosta.com

FIORELLA GALLERY

Ausgefallene Mode von Fiorella Mancini. Ein Kuriosum sind die zwitterartigen Dogenfiguren als Schaufensterpuppen.
San Marco, Campo S. Stefano 2806 Tel. 041 520 92 28
www.fiorellagallery.com

GIULIANA LONGO

Raffinierte Hutkreationen und Gondoliere-Mützen.
San Marco 4813, Calle del Lovo
Tel. 041 522 64 54
www.giulianalongo.com

NINA BOUTIQUE

Exklusive, aber erschwingliche Mode italienischer und internationaler Marken in schönem Ambiente.
San Polo 3230, Campiello San Rocco | Tel. 041 822 10 85

Lässt sich sogar mit der Gondel ansteuern: das Modehaus Al Duca d'Aosta

STADTBESICHTIGUNG

Venedigs Centro Storico lässt sich bestens auf eigene Faust zu Fuß erkunden. Für besondere Interessen gibt es sehr gute deutschsprachige Führungen durch die Lagunenstadt.

Geführte Touren

Wie funktionierte Venedig als Seemacht? Wo finden Sie das ursprüngliche, wo das junge Venedig? Wie folgen Sie am besten den Spuren von Commissario Brunetti und wie sieht die Zukunft der Lagune aus? Die empfohlenen Stadtführer sind offen für persönliche Wünsche und stellen auch individuelle Touren zusammen.

Im Boot durch die Lagunenstadt

Verpassen Sie auf keinen Fall eine Fahrt mit dem **Vaporetto**, dem »Wasserbus«. Die Linien 1 und 2 befahren den **Canal Grande** in beiden Richtungen zwischen der Piazza San Marco und dem Piazzale Roma mit ZOB und Bahnhof, wobei die Linie 1 an allen Haltestellen stoppt, während die Linie 2 nur die wichtigsten anfährt. Unterwegs bleibt genügend Zeit, um die Patrizierpaläste und Kirchen zu bestaunen oder an einer Station eine Pause einzulegen.
Die Altstadt umrunden die Vaporetto-Linien 41/51 gegen den Uhrzeigersinn mit Schlenker nach Murano, die Linien 42/52 im Uhrzeigersinn mit einem Abstecher zum Lido. Startpunkt für die zweistündige Rundfahrt mit der Linie 41 ist die Riva degli Schiavoni (S. Zaccaria) östlich des Dogenpalastes. Nach der Insel S. Elena steuert der Wasserbus die Fondamenta Nove an; von dort geht es nach Norden, vorbei an der Friedhofsinsel San Michele, nach **Murano**, das einmal ganz umfahren wird. In Murano besteht Anschluss nach Burano und Torcello. Zurück am Fondamenta Nove, umrunden Sie den Stadtteil Cannaregio mit der Basilika Madonna dell'Orto, und erreichen durch den Canale di Cannaregio das Nordende des Canal Grande, ehe man vorbei an den Hafenanlagen und durch den Canale della Giudecca zur Piazza San Marco zurückkehrt.
Venedigs Lagune ist ein Labyrinth aus Kanälen, Salzwiesen, Inseln und Inselchen. Thementouren im Vaporetto haben die empfohlenen Stadtführer im Programm. **Boots- und Angeltouren** samt einem Besuch bei Ruderbauern veranstalten Slow Venice und die Fischerkooperative von Burano. René Seindal bietet **Kajaktouren** an. Wie eine **Gondel richtig gerudert** wird, zeigt Voga Veneta Row Venice.

STADTFÜHRUNGEN

ASSOCIAZIONE
GUIDE TURISTICHE
Autorisierte deutschsprachige Fremdenführer (guide turistiche)

San Marco 750
Tel. 04 15 20 90 38
www.guidevenezia.it

THEMENTOUREN

DR. SUSANNE KUNZ-SAPONARO

Zeitgenössische Kunst, Familientouren und Brunettis Lieblingsorte
► Das ist Venedig, S. 21
Mobil: 338 220 04 19 | www.stadtfuehrungen-venedig.de

DR. FIONA GIUSTO

Kurzweilige Kunst- und Malereitouren, Muranos Glasbläser und auf den Spuren von Commissario Brunetti
Tel. 338 432 11 03
www.venicetours.it

VENICE MASTER ARTISANS TOUR

Dreistündige Touren zu Meistern des venezianischen Kunsthandwerks
► Das ist Venedig, S. 26
www.aguideinvenice.com

VITAVINOVIAGGIO

Seit fast 20 Jahren lebt Katharina John mit ihrem Ehemann, dem Schauspieler Ulrich Tukur, in Venedig, wo sie gemeinsam das Buch »Die Seerose im Speisesaal: Venezianische Geschichten« veröffentlichten. Mit ihrer italienischen Freundin Miriam Fjordeponti zeigt sie Besuchern ganz private Seiten der Lagunenstadt.
Tel. in D: +49 179 101 13 78
www.fiordeponti.com/reisen/venezia/

GONDELRUDERN, BOOTS- UND ANGELTOUREN

HOPP-ON-HOPP-OFF

Bootstour für 24 Std. oder 48 Std. zu den wichtigsten Sehenswürdigkeiten vom Markusplatz bis zur Seufzerbrücke und von den Stränden des Lido bis zur Glasbläserinsel Murano.
Startpunkte: Santa Lucia (Linie A) oder Punta Sabbioni (Linie B) ab 25 € | https://www.hop-on-hop-off-bus.de/venedig/

SLOW VENICE

Zu Gast in der Werkstatt eines Ruderbauers, bei Küchenchef Domenico leckere venezianische Cichetti verspeisen und mit dem Boot durch die nördliche Lagune schippern auf der Suche nach dem ursprünglichen Insel-Venedig – Slow Venice veranstaltet außergewöhnliche Bootstouren in der Wasserstadt.
Tel. 041 93 20 03
https://tour.slowvenice.it/

TERRA E AQUA

Mit der im 18./19. Jh. bevorzugten Sanpierota, einem kleinen Ruderboot (jetzt mit Motor), starten Ausflüge in die Lagune vom Squero di San Trovaso oder nahe dem Piazzale Roma zwischen 9.30 und 10 Uhr.
www.terraeacqua.com

PESCATURISMO BURANO

Die Fischerkooperative von Burano vermittelt Angelausflüge und Besuche der Vongole-Zuchten.
www.pescaturismoburano.com

VENICEKAYAK

René Seindal veranstaltet Kajaktouren durch Venedigs Kanäle und die Inselwelt der Lagune
Lido, c/o Campeggio S. Nicolò, Via dei Sanmicheli 14 | Tel. 34 64 77 13 27 | www.venicekayak.com

VOGA VENETA ROW VENICE

Es sind überwiegend Frauen, die als »Vogatori« auch Anfängern die uralte venezianische Tradition zeigen, wie man eine Gondel richtig rudert.
90-Min.-Kurse ab 85 €/pro Boot für 1–2 P. | Tel. 34 77 25 06 37
https://rowvenice.org

Der eiserne »Ferro« am Bug gleicht das Gewicht des Gondoliere aus. Sechs Metallzähne symbolisieren die sechs Viertel der Lagunenstadt.

ÜBERNACHTEN

Ob direkt am Canal Grande, inmitten des Gassenlabyrinths oder mit Blick auf den weißen Adriastrand – wie alles in Venedig kostet auch das Hotelzimmer deutlich mehr als auf dem Festland. Generell gilt: Je weiter weg vom Markusplatz und der Rialtobrücke, umso preiswerter werden die Unterkünfte.

Hotels, B & Bs und Privatzimmer

Klug beraten ist, wer die Lagunenkönigin **außerhalb der Hauptsaison** (Karneval, Ostern, Juni bis Oktober, Weihnachten) ansteuert. Der Preis kann im Winter auf ein Drittel der Hochsaison fallen! Aber selbst dann sollte man unbedingt **rechtzeitig reservieren**. Hotellegenden wie das »Gritti« oder das »Danieli« lassen opernhafte Pracht wahr werden. Charmante günstige Zimmer sind eher Mangelware, da ein Großteil der historischen Bausubstanz eng und kleinräumig ist, galt die Stadt doch bereits im Barock als übervölkert. Einblicke ins

Die Dachterrasse des Danieli und der Blick hinüber zur Punta della Dogana und zur Kuppelkirche Santa Maria della Salute ist Hotelgästen vorbehalten.

venezianische Leben gewähren **Privatunterkünfte**. B & Bs und Sharing-Portale wie Airbnb oder Wimdu boomen. Allerdings nicht ohne Kritik, da vermehrt Wohnraum touristisch umgewidmet wird, der dann auf dem Wohnungsmarkt fehlt. Zeit und Geld lässt sich bei der Hotelsuche sparen mit **Buchungsportalen** wie www.booking.com, www.hrs.de, www.trivago.com und www.bbvenezia.com. Die von einer deutschen Wahlvenezianerin geführte Mitwohnzentrale vermittelt gut 100 Quartiere, vom Gästezimmer bis zur großzügigen **Ferienwohnung** (Alloggi Temporanei, Tel. 041 523 16 72, www.mwz-online.com). Venice Apartments bietet eine kleine Auswahl stilvoller und luxuröser Apartements in Palazzi (www.veniceapartments.org). Venedig erhebt eine **Kurtaxe** (Imposta di soggiorno) von 2 bis 5 Euro, je nach Hotelkategorie.

Campingplätze gibt es auf der Halbinsel Cavallino sowie bei Mestre und Marghera (www.camping.it/de/venetien). Wildes Zelten ist verboten. Wer mit Wohnmobil oder Wohnwagen reist, kann eine Nacht auf einem Park- oder Rastplatz verbringen, wenn es nicht ausdrücklich verboten ist.

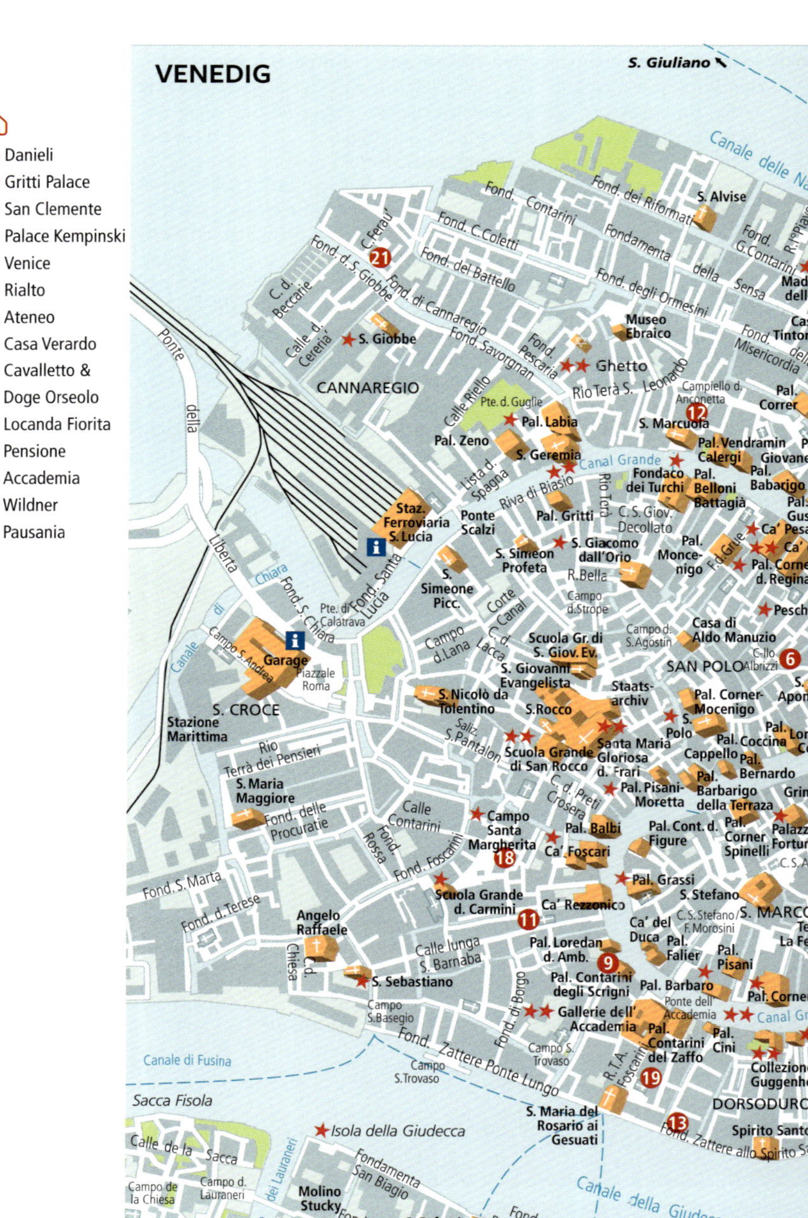

1 Danieli
2 Gritti Palace
3 San Clemente Palace Kempinski Venice
4 Rialto
5 Ateneo
6 Casa Verardo
7 Cavalletto & Doge Orseolo
8 Locanda Fiorita
9 Pensione Accademia
10 Wildner
11 Pausania

12 Angeles Inn
13 La Calcina
14 Residenza de l'Osmarin
15 Serenissima
16 Ai Do Mori
17 Allo Squero
18 Antico Capon
19 Centro Culturale Don Orione Artigagnelli
20 Tra Mare e Laguna
21 Domus Orsoni
22 Generator Venice

AUSGESUCHTE HOTELS ►KARTE S. 314/315

PREISKATEGORIEN
für ein Doppelzimmer

€€€€	über 300 €
€€€	200 – 300 €
€€	120 – 200 €
€	bis 120 €

1 DANIELI €€€€
Eines der berühmtesten Hotels Italiens, im Palast des Dogen Enrico Dandolo aus dem 14. Jh. beim Markusplatz, mit edelster Ausstattung und perfektem Service. Wer im Dachrestaurant speist, genießt dabei einen unvergesslichen Blick über die Lagune bis zum Lido (► Abb. S. 312/313).
Castello, Riva degli Schiavoni 4196, Tel. 041 522 64 80
www.danielihotelvenice.com

2 GRITTI PALACE €€€€
Commissario Brunettis Vorgesetzter, der Vice-Questore, beginnt seinen Arbeitstag gern mit einem Kaffee auf der Terrasse der Nobelherberge (► Das ist Venedig, S. 18). Der Hotelpalast wurde Anfang des 16. Jh.s für den Dogen Andrea Gritti erbaut, 1585 erhielt ihn Papst Sixtus V. zum Geschenk. Von Schriftstellern wie Hemingway beschriebene Hotellegende mit luxuriösen Suiten und dem romantischen Gourmettreff Club del Doge (► S. 292).
San Marco 2467, Campo Santa Maria del Giglio | Tel. 041 79 46 11
www.marriott.com/en-us/hotels/vcegl-the-gritti-palace-a-luxury-collection-hotel-venice

3 SAN CLEMENTE PALACE KEMPINSKI VENICE €€€€
Exklusive Oase in einem Konvent aus dem 17. Jh. auf der Privatinsel San Clemente. Alle Zimmer und Suiten haben Blick auf die Lagune oder den jahrhundertealten Park. Drei Restaurants verwöhnen mit venezianischen Spezialitäten. Regelmäßig kostenloses Shuttleboot zum Markusplatz.
Isola di San Clemente 1
Tel. 041 475 01 11
https://www.kempinski.com/de/san-clemente-palace-kempinski

4 RIALTO €€€€/€€€
Klassisches Vier-Sterne-Haus direkt an der Rialto-Brücke mit eleganten Zimmern, Studios und Apartments im Stil des 18. Jahrhunderts
San Marco 5149, Riva del Ferro
Tel. 041 520 91 66
www.rialtohotel.com/de

5 ATENEO €€€
Hübsches kleines Hotel mit Antiquitäten und familiärer Atmosphäre in einer ruhigen Seitenstraße um die Ecke vom Theater La Fenice.
San Marco 1876, San Fantin
Tel. 041 520 07 77 | www.ateneo.it

6 CASA VERARDO €€€
Das Ehepaar Mestre hat seinen Adelspalazzo aus dem 16. Jh. mit Fortuny-Lampen und Rubelli-Stoffen verschönert. Frühstücksbuffet im edlen Speisesaal oder im Sommer auf der Terrasse mit Blick auf den Kanal.
Castello 4765, Ponte Storto
Tel. 041 528 61 38
www.casaverardo.it

7 CAVALLETTO & DOGE ORSEOLO €€€
Richard Strauss, Winston Churchill und Hermann Hesse logierten in dem historischen Haus hinter den Alten Prokuratien, keine 50 m vom Markusplatz. Beim Dinner im Restaurant Il

Charmante Bleibe in Dorsoduro: Hotel Pausania

Cavalletto blicken Sie direkt auf einen Gondelhafen.
San Marco, 1107, Calle Cavalletto
Tel. 041 520 09 55 | www.hotelcavallettovenice.com

8 LOCANDA FIORITA €€€

Hinter der terracottafarbenen Fassade verbergen sich nostalgische Zimmer mit modernem Komfort. Wunderschön: das Frühstück im begrünten Innenhof.
San Marco 3457 | Tel. 041 523 47 54 | www.locandafiorita.com

9 PENSIONE ACCADEMIA €€€

Teamwork heißt der Treibstoff für die Erfolgsgeschichte der Familie Salmaso. Ihre Villa Maravege aus dem 17. Jh. punktet mit Antiquitäten, romantischem Garten und privater Anlegestelle für Wassertaxis.
Dorsoduro 1058, Fondamenta Bollani | Tel. 041 521 01 88
www.pensioneaccademia.it

10 PENSIONE WILDNER €€

Elegante Zimmer mit Antiquitäten, Parkettboden und Lagunenblick. Frühstück, Mittag- und Abendessen werden im Panoramarestaurant mit Aussicht auf die Insel San Giorgio und die Kirche Salute serviert.
Castello 4161, Riva degli Schiavoni | Tel. 041 522 74 63
www.hotelwildner.com

11 PAUSANIA €€€/€€

Liebevoll restaurierter Patrizierpalast aus dem 14. Jh. am Kanal mit gotischen Vierbogenfenstern und Baldachinbrunnen. Beginnen Sie den Tag auf der Frühstücksveranda im Garten.
Dorsoduro 2824, Fondamenta Gherardini | Tel. 041 52 22 08 36
www.hotelpausania.it

12 ANGELES INN €€

Kleines B & B nahe dem Kasino mit romantischen Zimmern im venezianischen Stil, einige verfügen über eine Terrasse oder einen Balkon.
Calle Colombina 2010, Cannaregio | Tel. 339 521 12 92
www.angelesinnvenice.com

13 LA CALCINA €€

Kleines, aber feines Stadthotel mit

OBEN: Keine fünf Gehminuten vom Markusplatz bietet die Residenza de l'Osmarin hübsche, helle Doppelzimmer.

UNTEN: Das kleine familiäre Hotel Ai Do Mori liegt nur 100 m vom Markusplatz entfernt. Wer gut zu Fuß ist: Im fünften Stock gibt es eine wunderschöne Dachterrasse.

ausgezeichnetem Espresso. Im Terrassenrestaurant am Kanalufer mit Blick zur Insel Giudecca speist auch Commissario Brunetti gern, ▶ Das ist Venedig, S. 18.
Fondamenta Zattere Ai Gesuati, Dorsoduro | Tel. 041 520 64 66
www.lacalcina.com

⑭ RESIDENZA DE L'OSMARIN €€

Weiß, mit bunten Blumen oder künstlerisch gestalteten Doppelzimmern mit originalen Marmorböden und Blick auf den Kanal Rio de Osmarin, nicht weit vom Markusplatz. Leckeres Frühstücksbuffet.
Castello 4960 | Tel. 347 450 14 40
www.residenzadelosmarin.com

⑮ SERENISSIMA €€

Zentrales, hübsches Hotel Garni zwischen Rialtobrücke und Markusplatz, das seit gut 40 Jahren im Besitz der Familie Del Borgo ist. An den Wänden hängt moderne Kunst – der Vater des heutigen Besitzers war Sammler.
San Marco, Calle Goldoni 4486
Tel. 041 520 00 11
www.hotelserenissima.it

⑯ AI DO MORI €€/€

11 kleine, helle Zimmer mit alten Holzbalken und eigenem Bad oder Gemeinschaftsbad. Tipp: Zimmer elf in der vierten Etage hat eine private Terrasse mit Tisch und Stühlen und Blick auf den Markusdom!
San Marco 658, Calle Larga San Marco | Tel. 041 520 48 17
www.hotelaidomori.com

⑰ ALLO SQUERO €€/€

Charmantes B & B in einer ehemaligen Gondelwerkstatt abseits des Trubels. Pretty in Pink: Das leckere Frühstück wird bei gutem Wetter im farbenfrohem Garten serviert.
Cannaregio 4692, Corte dello Squero | Tel. 041 523 69 73
www.allosquero.it

⑱ ANTICO CAPON €€/€

Einfache Zimmer mit typischen Terrazzo-Böden am lebhaften Santa Margherita-Platz
Dorsoduro 3004/B | Tel. 041 528 52 92 | vgl. Buchungsplattformen

⑲ CENTRO CULTURALE DON ORIONE ARTIGAGNELLI €€/€

Ruhig gelegenes Kloster und religiöses Gästehaus in der Nähe der Accademia mit großen, sparsam möblierten Zimmern. Das Frühstück sollte man lieber im nächsten Café nehmen.
Zattere Dorsoduro 909/A
Tel. 041 522 40 77
https://donorione-venezia.it

⑳ TRA MARE E LAGUNA €

Stilvolle, haustierfreundliche Unterkunft, 3 Gehminuten vom Strand, bei einer deutsch-italienischen Familie, die auch Bootsausflüge in ihrer »Sanpierotta« anbietet.
Lido, Via P. Orseolo II 2 | Tel. 041 242 02 04 | www.bb-venezia.com

㉑ DOMUS ORSONI €

Haustierfreundliche Unterkunft im Stammhaus der Orsoni, wo seit über 100 Jahren Gold- und Glasmosaiken gebrannt werden. Die Familie hat Zimmer und Bäder individuell mit modernen Mosaiken ausgestaltet und erklärt stolz die Handwerkstechniken. Traditioneller Terrazzofußboden, Garten und Mosaiksaal.
Cannaregio 1045, Guglie | Tel. 041 275 95 38 | http://domusorsoni.it

㉒ GENERATOR VENICE €

Ein ehemaliges Lagerhaus direkt am Wasser auf der Insel Giudecca hat die Generator-Kette in ein stylisches Hostel verwandelt mit Mosaikböden, Kristalllüstern, Bar, Café und vielfältiger Zimmerauswahl – buchen Sie die Sky Suite mit Panoramablick.
Fondamenta Zitelle 86
Tel. 041 877 82 88
https://generatorhostels.com

P

PRAKTISCHE INFOS

Wichtig, hilfreich präzise

Unsere Praktischen Infos helfen in (fast) allen Situationen in Venedig weiter.

KURZ & BÜNDIG

ELEKTRIZITÄT
220 Volt/50 Hz; Adapter (Adattatore) sind empfehlenswert.

NOTRUFE

ALLGEMEINER NOTRUF
Chiamata di Emergenza
Tel. 112 (landesweit)

POLIZEI
Polizia
Tel. 113 (landesweit)

FEUERWEHR
Vigili del Fuoco
Tel. 115 (landesweit)

NOTARZT
Emergenzia sanitaria
Tel. 118 (landesweit)

PANNENHILFE DES ACI
Soccorso stradale
Tel. 80 31 16
Tel. 8 00 11 68 00
(von ausländischen Mobiltel.)

ADAC-NOTRUF IM AUSLAND
Tel. 00 49 89 22 22 22

ACE-NOTRUF IM AUSLAND
Tel. 00 49 71 15 30 34 35 36

DRK-FLUGDIENST
Tel. 04 92 11 91 74 99 39
www.drkflugdienst.de

DRF LUFTRETTUNG
Tel. 00 49 711 7 00 70
www.drf-luftrettung.de

WAS KOSTET WIE VIEL?
Einfaches Doppelzimmer: ab 90 €
Einfache Mahlzeit: ab 14 €
Espresso: ab 1,50 €
Einfache Vaporetto-Fahrt: 7,50 € (gültig für 75 Min.)
Gondeltour (ca. 30 Min.): online ab 35 €, vor Ort ab 90 €

ZEIT

MITTELEUROPÄISCHE ZEIT SOMMERZEIT
Ende März – Ende Oktober

ANREISE · REISEVORBEREITUNG

Mit dem Auto Venedig ist bis auf den Lido **autofrei**. Wer mit eigenem Fahrzeug anreist, kommt über die knapp 4 km lange »Brücke der Freiheit« (Ponte della Libertà) in die Lagunenstadt. Für Tagesbesucher gibt es die rund um die Uhr geöffneten, aber recht teuren und oft überfüllten **Parkhäuser** um den Piazzale Roma gegenüber vom Bahnhof sowie auf der Insel Tronchetto. Zwischen beiden verkehrt der »**People Mover**«, eine 900 m lange Kabinenbahn auf 7 m hohen Stelzen (einfache Fahrt:

1,50 €, https://avm.avmspa.it/it/content/people-mover) Vom Piazzale Roma kommen Sie zu Fuß oder mit Taxi- und Linienbooten (vaporetti) ins Zentrum. Deutlich günstiger sind Parkplätze (parcheggio) auf dem Festland in Fusina (15 €/Tag; Bootsverbindung), in Mestre (am Bahnhof), Treporti, Punta Sabbioni oder auf dem Parkplatz »Marco Polo 2002« beim Flughafen, von wo Sie per Zug, Bus oder Boot die Stadt erreichen. Die Tarife der Parkhäuser passen sich der saisonalen Nachfrage an; bei Online-Buchung gibt es 20 % Nachlass.

Mit der Bahn

Von Deutschland, Österreich und der Schweiz gibt es gute Verbindungen nach Venedig (Fahrzeit von München 7 – 10 Std., von Zürich knapp 7 Std., von Wien 8 – 11 Std.). Der **Bahnhof Stazione Santa Lucia** liegt am Nordende des Canal Grande, wo man in ein Vaporetto umsteigen kann (▶ Verkehr). Beim Gleis 1 gibt es eine **Gepäckaufbewahrung** (Deposito bagagli). Den Gepäcktransport zum Hotel übernimmt zu festgelegten Preisen der **Gepäckträger-Service** am Piazzale Roma (Tel. 0 41 71 37 19, www.trasbagagli.it).

Mit dem Flugzeug

Der internationale **Flughafen Venedig Marco Polo** liegt 13 km nordöstlich bei Tessera. Von hier verkehren blaue **Busse** der ATVO (atvo.it) und gelbe der ACTV (actv.it) zum Piazzale Roma (einfache Fahrt 8 €, Hin- und Rückfahrt 15 €, Fahrzeit ca. 30 Min.; Flughafen – Stadt 7.50 – 22.20, Stadt – Flughafen 5 – 20.50 Uhr), mit dem **Taxi** (Fahrzeit ca. 30 Min.) kostet es rund 45 €. Es gibt bereits die beiden Tram-Linien T 1 und T 2 von Mestre und Marghera zum Piazzale Roma in Venedig, ihre Verlängerung zum Flughafen ist geplant. Vom Bahnhof Mestre fahren außerdem Expressbusse nach Treviso und Padua. Vom Flughafen kommt man auch mit dem **Wassertaxi** in die Innenstadt (motoscafi, ab 100 €, ca. 30 Min. Fahrzeit; Flughafengebäude und Flughafenpier verbindet ein Laufband).

PARKHÄUSER
NUOVA ISOLA
DEL TRONCHETTO
ab 25 €/24 Std.
www.veniceparking.it

PIAZZALE ROMA
Autorimessa Comunale
ab 35 €/24 Std. | https://avm.avmspa.it/it/content/sosta

SAN MARCO
San Marco kooperiert mit einigen Hotels und gewährt dann Rabatt.
45 €/24 Std.
www.garagesanmarco.it

FESTLAND
7 €/ 2 Std.

Mestre
https://avm.avmspa.it/it/content/sosta | www.parkvia.com
Fusina
www.terminalfusina.it/de/parking (Linienboot-Transfer hin und zurück 13 €)
Marco Polo 2002
www.parcheggiomarcopolo.com

BAHN

DEUTSCHE BAHN
www.bahn.de

TRENITALIA (FS)
www.trenitalia.com

FLUGHÄFEN

AEROPORTO MARCO POLO
Viale G. Galilei 30/1
30173 Tessera-Venezia
Tel. 04 12 60 92 60
www.veniceairport.it

AEROPORTO DI TREVISO CANOVA
Via Noalese 63/E
31100 Treviso
Tel. 04 22 31 51 11
www.trevisoairport.it

FLUGGESELLSCHAFTEN

ALITALIA
www.alitalia.com

LUFTHANSA
www.lufthansa.com

AUSTRIAN AIRLINES
www.aua.com

SWISS
www.swiss.com

Die **Linienboote** von Alilaguna (einfache Fahrt 15 €, www. alilaguna. it) benötigen gut eine Stunde bis zur Piazza San Marco.
Einige Billigflieger steuern den **Flughafen Canova** westlich von Treviso an (20 km nördlich von Mestre, www.trevisoairport.it). Von hier fahren ATVO-Busse zum Piazzale Roma (Fahrzeit 1 Std. 10 Min., einfache Fahrt 12 €, Hin- und Rückfahrt 22 €, www.atvo.it).

Mit dem Schiff Venedig ist mit allen Adriahäfen verbunden, Fähren fahren nach Griechenland. Linien- und Kreuzfahrtschiffe legen von der Stazione Marittima ab (Tronchetto; www.vtp.it). Mit dem eigenen Boot steuert man die Häfen von der Inseln S. Elena oder S. Giorgio an.

Ein- und Ausreisebestimmungen

Personal- und Fahrzeugpapiere Ausweise von EU-Bürgern werden in der Regel nicht überprüft, man muss sie aber mit sich führen. Für Deutsche, Österreicher und Schweizer genügt der **Personalausweis**. Kinder brauchen einen eigenen Ausweis, ob Kinderreisepass oder Personalausweis hängt vom Alter ab. Bei Verlust stellt das entsprechende Konsulat (► Auskunft) Ersatz aus. Es empfiehlt sich, Ausweiskopien mitzuführen oder als Scan in einer privaten Cloud zu lagern. Führerschein, Kfz-Schein und Internationale Grüne Versicherungskarte sind mitzuführen.

Haustiere Haustiere benötigen einen EU-Heimtierausweis mit Nachweis einer Tollwutimpfung, der vom Tierarzt ausgestellt wird. Maulkorb und Leine sind mitzuführen. Hunde dürfen angeleint mit an den Strand. An konzessionierten Stränden besteht Maulkorbpflicht!

Zollbestimmungen

Innerhalb der EU ist der Warenverkehr für private Zwecke weitgehend zollfrei. Es gelten lediglich gewisse **Höchstmengen** (z. B. für Reisende über 17 Jahren 800 Zigaretten, 10 l Spirituosen und 90 l Wein). Für Reisende aus Nicht-EU-Ländern wie der **Schweiz** gelten folgende Freigrenzen: 200 Zigaretten oder 100 Zigarillos oder 50 Zigarren oder 250 g Tabak, ferner 2 l Wein oder andere Getränke bis 22 % Alkoholgehalt sowie 1 l Spirituosen mit mehr als 22 % Alkoholgehalt (www.ezv.admin.ch). Geschenkartikel dürfen bis 300 € mitgenommen werden, Flugreisende bis 430 €, unter 17 Jahren bis 175 €.

Reiseversicherungen

Krankenversicherung

Im EU-Ausland erstatten deutsche gesetzliche Krankenkassen die Kosten für ärztliche Leistungen. Doch auch mit der **europäischen Krankenversicherungskarte** (Tessera europea di assistenza malattie) muss stets ein Teil der Kosten selbst bezahlt werden. Gegen Vorlage der Quittungen übernimmt die Krankenkasse zu Hause dann in der Regel die Kosten. Schweizer müssen Behandlungen und Medikamente selbst bezahlen. Da jedoch nicht alle Behandlungen bezahlt werden und die Kosten eines evtl. Rücktransports von den Krankenkassen nicht übernommen werden, empfiehlt sich der Abschluss einer privaten Auslandskrankenversicherung.

AUSKUNFT

AUSKUNFT ZUHAUSE

Ente Nazionale Italiano per il Turismo (ENIT; **Staatliches Italienisches Fremdenverkehrsamt**) für Deutschland, Österreich, Schweiz
Barckhausstr. 10
60325 Frankfurt am Main
Tel. 0 69 23 74 34
www.enit.de

AUSKUNFT IN VENEDIG

Website der Stadt Venedig
www.veneziaunica.it

Tourismus-Infos und Buchungsplattform mit Service- und Erlebnis-Bausteinen, auch auf Deutsch. Online vorab Karten für Museen, Verkehrsmittel, Touren, Events, WLAN 24 Stunden und den entsprechenden **Venezia Unica City Pass** (Erw. ab € 29,90)

UFFICI INFORMAZIONI IAT/VELA

Die Tourismus-Informationsbüros werden von der privaten Gesellschaft Vela betrieben, die auch die Vaporetti-Tickets verkauft.
Tourismus-Info Points:
Bahnhof Santa Lucia (7 – 21 Uhr)
Flughafen Marco Polo (hier bei Ankünfte; 8.30 –19 Uhr); Piazzale Roma (beim Fundbüro; 7.30 – 19.30 Uhr)
Museo Correr am Markusplatz (9 – 19 Uhr)

KONSULATE
DEUTSCHLAND
Honorarkonsulat Venedig
Palazzo Condulmer, Santa Croce 251 | Tel. 04 15 23 76 75
venedig@hk-diplo.de

ÖSTERREICH
Honorarkonsulat Venedig
Palazzo Condulmer, Santa Croce 251 | Tel. 04 15 24 05 56
consolato.austria@zoppas.com

SCHWEIZ
Konsulat Venedig
Dorsoduro 810, Campo S. Agnese, Tel. 04 15 22 59 96
venezia@honrep.ch

FUNDBÜROS · UFFICI OGGETTI SMARRITI
STÄDTISCHES FUNDBÜRO
San Marco, Ca' Farsetti 4136
Tel. 04 12 74 82 25-81 07

STÄDTISCHE VERKEHRSBETRIEBE
Piazzale Roma, Tel. 04 12 72 21 79 (ACTV, Vaporetti)
Stazione Santa Lucia
Bahnhof, Tel. 0 41 78 56 70
Aeroporto Marco Polo
Flughafen, Tel. 04 12 60 64 36

WEITERE INTERNETADRESSEN
WWW.ACTV.IT
Nützliche Infos, Vaporetti-Fahrpläne und Tarife der Städtischen Verkehrsgesellschaft ACTV

WWW.VENEDIG INFORMATIONEN.EU
Informative Webseite von Stadtführer Paul Sippel zu Kultur, Kunst, Museen und Geschichte von Venedig

WWW.HOTELINVENICE.COM
Zimmersuche nach Sestiere und Raumgröße – auch Familienzimmer

WWW.VENEZIADAVIVERE.COM
Veranstaltungen und andere Tipps für kulturell interessierte Besucher

WWW.GONDOLAVENEZIA.IT
Alles zum Thema Technik und Geschichte der Gondel

WWW.PROMOVETRO.COM
Glaskunst auf Murano, von der Geschichte bis zur Besichtigung

WWW.PROVINCIA.VENEZIA.IT
Portal der Metropolregion Venedig

WWW.PETRARESKI.COM
Die Journalistin, Mafia-Expertin und Krimiautorin Petra Reski lebt in Venedig. In ihrem Blog berichtet sie über den Alltag in der Lagunenstadt und über das Land Italien.

WWW.VENEDIG-EBB.BLOGSPOT.COM
Vielseitiger Venedig-Blog

WWW.VENICEWIKI.ORG
Internet-Enzyklopädie mit vielen von Venezianern verfassten Beiträgen

ETIKETTE

Was kommt an in Italien und was nicht?

Bella Figura, der schöne äußerliche Schein, ist für die meisten Italiener und Italienerinnen ein innerliches Bedürfnis. Auch wenn es sich bloß um den Gang zum Postamt oder einen Markteinkauf handelt – wer auf die Straße tritt, macht sich für die Öffentlichkeit fein. Im

Zweifelsfall gibt man sein Geld eher für Mode (und gutes Essen) aus. Umso verständnisloser oder amüsierter schaut man auf Touristen herab, die mit Badeschlappen in Kathedralen tappen, in Shorts Gemäldegalerien besichtigen, mit Sandalen in Restaurants sitzen oder sogar mit nacktem Oberkörper durch die Altstadt wandeln.

Autofahren

Spontan sind Italiener auf jeden Fall hinter dem Steuer. Selbst wenn die Regierung 2004 beschlossen hat, die Flensburger Verkehrssünderkartei nachzuahmen. Wie schön, wenn das Verkehrschaos sich dann doch entwirrt und möglichst viele Menschen mit möglichst vielen Gesten daran beteiligt sind. Dass es dabei um Kommunikation und kaum je um Rechthaberei geht, beweist die kavaliersmäßige Rücksicht gegenüber Fußgängern, wenngleich viele einheimische Autofahrer den **Zebrastreifen** wohl mehr für Kunst auf der Straße halten: Gehalten wird nur, wenn Fußgänger mutig den ersten Schritt wagen.

Komplimente machen

Glücklich wird in Italien, wer auf Italiener zugeht und ihnen durch ein Lächeln oder eine Geste zu verstehen gibt, dass man das Gegenüber schätzt. Rufen Sie lieber ein »bravo«, »grande« oder »bello« zu viel als zu wenig. Sagen Sie generös »Complimenti«, wenn einer etwas wirklich gut gemacht hat oder jemand etwas Tolles besitzt und dies zeigt. Sollte wieder einmal etwas nicht klappen, dann verlegen Sie sich ganz macchiavellistisch auf die uralte italienische Kunst des »arrangiarsi«, des Sich-Arrangierens. Ein **verständnisvolles Kompliment** führt in Italien meist schneller zum Ziel als herrisches Auftreten, das – Sie ahnen es schon – die Bella Figura beschädigt.

GELD

Wichtige Informationen

Italien gehört zur **Eurozone**. Für Schweizer gilt: 1 EUR = 0,95 CHF, 1 CHF = 0,87 EUR. Wer die Kredit- oder Bankkarte (aber auch Handy- oder Krankenversicherungskarte) verloren oder sonstwie eingebüßt hat, lässt sie sperren unter dem **Sperrnotruf** Tel. 0049 11 61 16; jeweilige Nummern bereithalten! Die **Öffnungszeiten der Banken** sind in der Regel Mo.–Fr. 8.30–13, teilweise nachmittags 15 – 17 Uhr.

Bargeld, Bank- und Kreditkarten

Geldautomaten heißen in Italien **Bancomat**. Banken, größere Hotels, Restaurants, Autovermieter, zahlreiche Geschäfte, Dienstleistungs- und Verkehrsbetriebe akzeptieren die international gängigen Kreditkarten. Manche Hotels gewähren Nachlass auf die Rechnung, wenn bar bezahlt wird. Bei Autovermietern muss man eine Kreditkarte vorlegen, andernfalls muss eine Kaution hinterlegt werden.

Quittungen Beim Einkauf oder Restaurantbesuch ist man verpflichtet, den Kassenbeleg (ricevuta fiscale, scontrino) zu verlangen und aufzubewahren – so sollen Steuerbetrügereien erschwert werden.

GESUNDHEIT

Gut versorgt Italien ist das Land mit den meisten Ärzten (medici) pro Einwohner; sie sind sehr gut ausgebildet und sprechen häufig Englisch. Termine werden meist nicht vergeben, wer Hilfe braucht, kommt und wartet im Wartezimmer der Praxis (studio medico). Wer einen Zahnarzt braucht, fragt nach einem Dentista. Der **medizinische Notdienst** ist unter **Tel. 118** zu erreichen. Während der sommerlichen Ferienzeit richtet Venedig vom 13. Juni bis 15. September einen medizinischen **Notdienst für Urlauber** (Guardia medica turistica) ein, der sie tgl. von 8.30 – 13.30, 14.30 – 19.30 Uhr behandelt (Tel. 04 12 38 56 00).

Apotheken (farmacia) **Öffnungszeiten** sind in der Regel Mo.–Fr. 9–12.30 und 16–19.30 Uhr. Sie schließen wechselweise Mi. und Sa. An jeder Apotheke informiert der Aushang »Farmacie di Turno« über die nächstgelegenen Apotheken mit Nacht- bzw. Feiertagsdienst.

LESETIPPS

Klassiker, Krimis und Schmöker **Cornelia Funke**: Herr der Diebe. Oetinger 2014. Keiner weiß, wer Scipio wirklich ist, der geheimnisvolle Anführer einer Kinderbande in Venedig, die er mit dem Verkauf der Beute aus seinen Raubzügen über Wasser hält. Wenn er abends mit seiner schwarzen Maske unangekündigt ins verlassene Kino schneit, verbreitet er Respekt. Kaum einer merkt, dass Scipio selbst kaum älter als zwölf Jahre ist – ein wundervoller Roman für Groß und Klein, der die Fantasie beflügelt.

Guiseppe Furno: Die Feuer von Murano. Aufbau 2015. Im Jahr 1569 steckt die freie Republik Venedig im Klammergriff zwischen Osmanen und Kirchenstaat. Der preisgekrönte Debütroman erzählt nicht nur vom idealistischen Dogensohn Andrea Loredan, der in einer Serie von mysteriösen Morden ermittelt und sich dabei in eine Segelmacherin verliebt, sondern malt auch ein farbenprächtiges, detailgenaues Bild Venedigs auf dem Gipfel seiner historischen Bedeutung.

Birgit Haustedt: Das schöne Gegengewicht der Welt: Mit Rilke durch Venedig. Insel tb 2016. Markusplatz und Lido inspirierten den Dichter ebenso wie eine verlassene Großwerft, er wohnte in einfachen Pensionen und prächtigen Palazzi venezianischer Mäzene.

Elke Heidereich: Die schöne Stille: Venedig, Stadt der Musik. Römerweg 2016. Mit Monteverdi, Vivaldi und Wagner, aber auch mit Goethe, Mark Twain und Sartre spürt dieses Buch den Klängen und Tönen nach, für die der Sehnsuchtsort seit Jahrhunderten berühmt ist.

Herman Hesse: Lagunenzauber. Aufzeichnungen aus Venedig. Insel 2016. Wer mit Hesses begeisterten Schilderungen durch die »Stadt des Müßiggangs, der Liebe und der Musik« streift, wird vieles neu entdecken und »dem schönen Wunder auf den Grund sehen«.

Clemens F. Kusch / Anabel Gelhaar: Architekturführer Venedig. Bauten und Projekte nach 1950. DOM publishers 2014. Vorgestellt werden Werke von Carlo Scarpa, Tadao Ando und David Chipperfield, alle Biennale-Pavillons der letzten sechs Jahrzehnte, umstrittene Neubauprojekte wie die Hochwassersperren und spektakuläre Umbauten wie bei der Fondaco dei Tedeschi von Rem Koolhaas.

Reinhard Lebe: Mythos Venedig. Hohenheim Verlag, Stuttgart 2003. Eine kritische, faktenreiche Entmythologisierung Venedigs.

Donna Leon: Stille Wasser. Commissario Brunettis 26. Fall. Diogenes 2017. Brunetti ist reif für die Insel ... ► Das ist Venedig, S. 18

Petra Reski: Die Gesichter der Toten. Hoffmann & Campe 2015. Reski lebt seit mehr als 20 Jahren in Italien und bekämpft das organisierte Verbrechen u. a. mit empfehlenswerten Krimis.

Tiziano Scarpa: Venedig ist ein Fisch. Wagenbach 2002. Der junge Venezianer lädt ein, den »Wunderfisch« zu entdecken.

Uwe Schultz: Giacomo Casanova oder die Kunst der Verführung. C. H. Beck 2016. Facettenreiches Bild einer vielseitig begabten Persönlichkeit und einer glanzvollen Epoche, insbesondere der Damen, mit denen der berühmteste Liebhaber der Welt verkehrte.

Ulrich Tukur: Die Seerose im Speisesaal. List 2008. Ein liebevoller Blick des Schauspielers auf die »Randfiguren« seiner Wahlheimat Giudecca (► S. 310), wo er seit fast 20 Jahren lebt.

DuMont Bildatlas Venedig. MairDumont 2022. Ein stimmungsvolles Porträt der Lagunenstadt und Venetiens. **Zur Einstimmung**

PREISE · VERGÜNSTIGUNGEN

Venezia Unica Pass

Sparen lässt sich mit dem Venezia Unica Pass, der online maßgeschneidert zusammengestellt werden kann. Mit dabei: Nahverkehrsticket, Eintrittskarten für Museen und Kirchen, Parkplatzbuchungen, Touren und Ausflüge sowie Angebote von Restaurants und Geschäften. Es gibt die Bausteine auch in drei Paketen: **Junior, Adult und Senior. Die Preise liegen etwa zwischen 40 und 65 € ohne Nahverkehr.** Weitere Vergünstigungen erhalten junge Leute zwischen 6 und 29 Jahren mit der **Rolling Venice-Karte** für 6 €.

Info/Verkauf: www.veneziaunica.it

Kirchen

Viele Kirchen sind nur gegen Gebühr zu besichtigen, wobei der Erlös ihrem Unterhalt zugutekommt. »Chorus« ist ein Zusammenschluss von 16 Kirchen, die mit einem Sammelticket (12 €) besucht werden können, erhältlich in den Kirchen und als Baustein des City Passes von Venezia Unica. Weitere Info unter **www.chorusvenezia.org**.

REISEZEIT

Klimadiagramm ► S. 223

Als Reisezeit sind **April – Juni** und **September / Oktober** zu empfehlen. Zwar ist Venedig zu jeder Jahreszeit eine Reise wert, doch hält die ungemütliche Witterung von November bis März mit zahlreichen Nebeltagen (im Mittel 20 im Dezember), Regen und sogar Schnee an. Besserung ist ab April in Sicht, doch zeigt sich im Frühjahr das Genuatief besonders aktiv. Bis in den Juni macht es sich durchschnittlich jeden dritten bis vierten Tag mit Schauern und Gewittern bemerkbar.
Der Hochsommer bringt Sonne und schweißtreibende Temperaturen. Im Juli/Aug. steigt das Thermometer gewöhnlich auf mindestens 28 °C, während es in den Nächten auf laue 18 °C sinkt. Bei heißen Südwinden aus Afrika (Schirokko) sind sogar mehr als 35 °C möglich. Wenig Wind und hohe Luftfeuchtigkeit machen den Sommer zeitweise schwül. Dann bietet der Lido mit Wassertemperaturen um 24 °Celsius eine willkommene Abkühlung. Auch der September ist ein exzellenter Reisemonat. Dafür sprechen die gemäßigten Tagestemperaturen von 24 °C, die geringe Zahl von fünf Regentagen (Jahresminimum) und das noch recht warme Meer. Häufig hält sich das schöne Spätsommerwetter bis in die erste Oktoberwoche hinein.

Doch dann klopft der Herbst an mit deutlich zurückgehenden Temperaturen, schweren Gewittern und z. T. sintflutartigen Regenfällen.

SPRACHE

In vielen Hotels, Restaurants und Geschäften spricht jemand **Deutsch oder Englisch**. Wundern Sie sich nicht, wenn Sie beim Einkaufen merkwürdige Gewichtsangaben hören. Unbekannt ist in Italien eine Entsprechung für das »Pfund« (500 g), stattdessen ist von »mezzo chilo« (halbes Kilo) die Rede. Und bei kleineren Mengen verlangt man nicht etwa »cento grammi«, sondern »un etto« (100 g). Bei den Maßangaben gilt das metrische System.
Italienisch-Kurse ab einer Woche, aber auch für länger, bietet das Istituto Venezia (Dorsoduro 3116/a, Campo S. Margherita, Tel. 04 15 22 43 31, www.istitutovenezia.com), auf Wunsch mit Unterkunft. Die deutsch-italienische Kulturgesellschaft (Associazione Culturale Italo-Tedesca, Cannaregio, Fondamenta S. Andrea 4118, Palazzo Albrizzi, Tel. 04 15 22 54 75, www.acitve.it) hat Sprachkurse für Urlauber im Programm, die Kunst- und Kulturangebote ergänzen.

KLEINER SPRACHFÜHRER ITALIENISCH

ZAHLEN

zero	**0**	dodici	**12**
uno	**1**	tredici	**13**
due	**2**	quattordici	**14**
tre	**3**	quindici	**15**
quattro	**4**	sedici	**16**
cinque	**5**	diciassette	**17**
sei	**6**	diciotto	**18**
sette	**7**	diciannove	**19**
otto	**8**	venti	**20**
nove	**9**	ventuno	**21**
dieci	**10**	trenta	**30**
undici	**11**	quaranta	**40**
cinquanta	**50**	mille	**1000**
sessanta	**60**	duemille	**2000**
settanta	**70**	diecimila	**10000**
ottanta	**80**		
novanta	**90**	un quarto	**1/4**
cento	**100**	un mezzo	**1/2**
centouno	**101**		

AUF EINEN BLICK

Sì/No	**Ja/Nein**
Per favore/Grazie	**Bitte/Danke**
Non c'è di che	**Gern geschehen**
Scusi!/Scusa!	**Entschuldigen Sie!**
Come dice?	**Wie bitte?**
Non La/ti capisco	**Ich verstehe Sie/dich nicht**
Parlo solo un po' di ...	**Ich spreche nur wenig ...**
Mi può aiutare, per favore?	**Können Sie mir bitte helfen?**
Vorrei ...	**Ich möchte ...**
(Non) mi piace	**Das gefällt mir (nicht)**
Ha ...?	**Haben Sie ...?**
Quanto costa?	**Wie viel kostet?**
Che ore sono?/Che ora è?	**Wie viel Uhr ist es?**
Come sta?/Come stai?	**Wie geht es Ihnen/dir?**
Bene, grazie. E Lei/tu?	**Danke. Und Ihnen/dir?**

INTERNET HANDY

la chiavetta USB/la chiave USM	**USB Stick/Memory Stick**
il caricabatterie	**Ladekabel**
il caricabatterie smartphone	**Handy-Ladekabel**
La batteria non funziona più.	**Die Batterie funktioniert nicht mehr.**
Ho rotto il display del mio cellulare.	**Das Display meines Handys ist kaputt.**
Riparazione/sostituzione	**Reparatur/Austausch**
Cambio	**Tausch**
tutti i modelli	**alle Modelle**
Dovè si trova l'internet point?	**Wo gibt es ein(en) Internet Shop/Café?**
Vorrei comprare un SIM card.	**Ich möchte eine SIM-Karte kaufen.**
Casella di posta elettronica	**E-Mail-Posteingang**
Qui c'è il collegamento internet/wifi?	**Gibt es hier einen Internet/WLAN-Zugang?**
La Connessione ad internet non funziona.	**Der Internetzugang funktioniert nicht.**

UNTERWEGS

a sinistra/a destra/diritto	**nach links/nach rechts/geradeaus**
vicino/lontano	**nah/fern**
Quanti chilometri sono?	**Wie weit (in Kilometern) ist das?**
Vorrei noleggiare ...	**Ich möchte ... mieten**
... una macchina	**... ein Auto**
... una bicicletta	**... ein Fahrrad**
... una barca	**... ein Boot**
Scusi, dov'è ...?	**Bitte, wo ist ...?**
... la stazione centrale	**der Hauptbahnhof**
... la metro(politana)	**die U-Bahn**
... l'aeroporto	**der Flughafen**
... all'albergo	**zum Hotel**
Ho un guasto.	**Ich habe eine Panne.**
Mi potrebbe mandare	**Würden Sie mir einen**

un carro-attrezzi?	**Abschleppwagen schicken?**
Scusi, c'è un'officina qui?	**Gibt es hier eine Werkstatt?**
Dov'è la prossima stazione di servizio?	**Wo ist die nächste Tankstelle?**
benzina normale	**Normalbenzin**
super/gasolio	**Super/Diesel**
deviazione	**Umleitung**
senso unico	**Einbahnstraße**
sbarrato	**gesperrt**
rallentare	**langsam fahren**
tutti direzioni	**alle Richtungen**
tenere la destra	**rechts fahren**
zona di silenzio	**Hupverbot**
zona tutelata inizio	**Beginn der Parkverbotszone**
Aiuto!/Attenzione!	**Hilfe!/Achtung!**
Chiami subito ...	**Rufen Sie schnell ...**
... un'autoambulanza/la polizia	**... einen Krankenwagen/die Polizei**

AUSGEHEN

Scusi, mi potrebbe indicare ...?	**Wo gibt es ...?**
... un buon ristorante	**... ein gutes Restaurant**
... un locale tipico	**... ein typisches Restaurant**
C'è una gelateria qui vicino?	**Gibt es hier eine Eisdiele?**
Può riservarci per stasera un tavolo per quattro persone?	**Kann ich für heute Abend einen Tisch für vier Personen reservieren?**
Alla Sua salute!	**Auf Ihr Wohl!**
Il conto, per favore.	**Bezahlen, bitte.**
Il mangiare era eccellente.	**Das Essen war ausgezeichnet.**
Ha un programma delle manifestazioni?	**Haben Sie einen Veranstaltungskalender?**

EINKAUFEN

Dov'è si può trovare ...?	**Wo finde ich ...?**
... una farmacia	**... eine Apotheke**
... un panificio	**... eine Bäckerei**
... un grande magazzino	**... ein Kaufhaus**
... un negozio di generi alimentari	**... ein Lebensmittelgeschäft**
... il mercato/il supermercato	**... den Markt/den Supermarkt**
... il tabaccaio/il giornalaio	**... den Tabakladen/ den Zeitungshändler**

ÜBERNACHTEN

Scusi, potrebbe consigliarmi ...?	**Können Sie mir ... empfehlen?**
... un albergo / una pensione	**... ein Hotel / eine Pension**
Ho prenotato una camera.	**Ich habe ein Zimmer reserviert.**
È libera ...?	**Haben Sie noch ...?**
... una singola / una doppia	**... ein Einzel- / ein Zweibettzimmer**
... con doccia/bagno	**... mit Dusche/Bad**
... per una notte/sttimana	**... für eine Nacht/Woche**
... con vista sul mare	**... mit Blick aufs Meer**

Quanto costa la camera ...?	**Was kostet das Zimmer ...?**
... con la prima colazione	**... mit Frühstück**
... a mezza pensione	**... mit Halbpension**

ARZT UND APOTHEKE

Mi può consigliare un buon medico?	**Können Sie mir einen guten Arzt empfehlen?**
Mi può dare una medicina per ...	**Geben Sie mir bitte ein Medikament gegen ...**
Soffro di diarrea.	**Ich habe Durchfall.**
Ho mal di pancia.	**Ich habe Bauchschmerzen.**
... mal di testa/gola/denti	**... Kopf-/ Hals-/Zahnschmerzen**
... influenza/tosse/la febbre	**... Grippe/Husten/Fieber**
... scottatura solare	**... Sonnenbrand**
... costipazione	**... Verstopfung**

SPEISEKARTE

prima colazione	**Frühstück**
caffè	**Espresso**
cappuccino	**Kaffee mit aufgeschäumter Milch**
Latte macchiato	**Espresso mit wenig Milch**
tè al latte/al limone	**Tee mit Milch/Zitrone**
cioccolata	**Schokolade**
frittata	**Omelett/Pfannkuchen**
pane/panino/pane tostato	**Brot/Brötchen/Toast**
burro	**Butter**
salame/prosciutto	**Wurst/Schinken**
miele/marmellata	**Honig/Marmelade**
iogurt	**Joghurt**

ANTIPASTI	VORSPEISEN
affettato misto	**gemischter Aufschnitt**
anguilla affumicata	**Räucheraal**
melone e prosciutto	**Melone mit Schinken**
vitello tonnato	**kalter Kalbsbraten mit Tunfischsauce**

PRIMI PIATTI	NUDEL-, REISGERICHTE, SUPPEN
pasta/fettuccine, tagliatelle	**Nudeln/Bandnudeln**
gnocchi	**kleine Kartoffelklößchen**
polenta (alla valdostana)	**Maisbrei (mit Käse)**
vermicelli	**Fadennudeln**
minestrone	**dicke Gemüsesuppe**
pastina in brodo	**Fleischbrühe mit feinen Nudeln**
zuppa di pesce	**Fischsuppe**

CARNI E PESCE	FLEISCH UND FISCH

agnello	**Lamm**
ai ferri/alla griglia	**vom Grill**
aragosta	**Languste**
brasato	**Braten**
coniglio	**Kaninchen**
cozze/vongole	**Miesmuscheln/Venusmuscheln**
fegato	**Leber**
fritto di pesce	**gebackene Fische**
gambero, granchio	**Garnelen**
maiale	**Schweinefleisch**
manzo/bue	**Rind-/Ochsenfleisch**
pesce spada	**Schwertfisch**
pollo	**Huhn**
rognoni	**Nieren**
salmone	**Lachs**
scampi fritti	**gebackene Langustinen**
sogliola	**Seezunge**
tonno	**Tunfisch**
trota	**Forelle**
vitello	**Kalbfleisch**

VERDURA	GEMÜSE
asparagi	**Spargel**
carciofi	**Artischocken**
carote	**Karotten**
cavolfiore	**Blumenkohl**
cavolo	**Kohl**
cicoria belga	**Chicorée**
cipolle	**Zwiebeln**
fagioli/fagiolini	**weiße Bohnen/grüne Bohnen**
finocchi	**Fenchel**
funghi	**Pilze**
insalata mista/verde	**gemischter/grüner Salat**
lenticchie	**Linsen**
melanzane	**Auberginen**
patate	**Kartoffeln**
patatine fritte	**Pommes frites**
peperoni	**Paprika**
pomodori	**Tomaten**
spinaci	**Spinat**
zucca	**Kürbis**
FORMAGGI	KÄSE
parmigiano	**Parmesan**
pecorino	**Schafskäse**

DOLCI E FRUTTA	NACHSPEISEN UND OBST
cassata	**Eisschnitte mit kandierten Früchten**
coppa assortita	**gemischter Eisbecher**
coppa con panna	**Eisbecher mit Sahne**

tiramisu	**Löffelbiskuit mit Mascarponecreme**
zabaione	**Eierschaumcreme**
zuppa inglese	**likörgetränkter Biskuit mit Creme**

BEVANDE	GETRÄNKE
acqua minerale	**Mineralwasser**
aranciata	**Orangeade**
bibita	**Erfrischungsgetränk**
bicchiere	**Glas**
birra scura/chiara	**dunkles/helles Bier**
birra alla spina	**Bier vom Fass**
birra senza alcool	**alkoholfreies Bier**
bottiglia	**Flasche**
con ghiaccio	**mit Eis**
gassata, con gas/liscia, senza gas	**mit Kohlensäure/ ohne Kohlensäure**
secco	**trocken**
spumante	**Sekt**
succo	**Fruchtsaft**
vino bianco/rosato/rosso	**Weiß-/Rosé-/Rotwein**
vino della casa	**Hauswein**

TELEKOMMUNIKATION · POST

Telefonieren und Surfen Roaming-Gebühren fallen innerhalb der EU seit Juni 2017 bis zu einer bestimmten Obergrenze nicht mehr an, das heißt, Sie können mit dem Handy (telefonino, cellulare) zu gleichen Konditionen wie daheim telefonieren, surfen und SMS versenden. Venice Connected hat gut 200 **WLAN-Hotspots** in der Altstadt, auf den Inseln und auf dem Festland eingerichtet – der Aufruf der Partnerseiten von VeneziaUnica ist kostenfrei, alle anderen Adressen und Online-Aktivitäten sind nur nach Erwerb eines Wifi-Passes möglich: **WLAN 24 Stunden** kosten 5 €, 72 Stunden 15 €, eine Woche 20 €, Infos unter www.veneziaunica.it/en/content/wi-fi-connection-rolling-venice). Die meisten Hotels, Restaurants undCafés bieten zudem kostenloses WLAN (Wifi) an.

Post **Briefmarken** (francobolli) kauft man besser nicht in **Tabakgeschäften** mit dem Schild »Stamps & Mail Box« und durchgestrichenem roten Briefkasten. Sie kooperieren mit dem Globe Post Service, der eigene Marken 30 Cent teurer verkauft. Wer sie dennoch erstanden hat, darf sie nur in die mit »GPS« gekennzeichneten, **schwarzen Briefkästen** werfen. Es gibt aber auch Tabacchi, die normale Brief-

LÄNDERVORWAHLEN

AUS ITALIEN
nach Deutschland: 00 49
nach Österreich: 00 43
in die Schweiz: 00 41

AUS DEUTSCHLAND, ÖSTERREICH UND DER SCHWEIZ
nach Italien: 00 39

TELEFONAUSKUNFT
Inland Tel. 4 12
Ausland Tel. 1 76

---

marken verkaufen, die man in die **roten Briefkästen** der italienischen Post einwirft. Am einfachsten kaufen Sie Briefmarken Mo.– Fr. 8.30 –14, Sa. bis 12 Uhr auf einem **Postamt**, z. B. am Rialto oder Piazzale Roma. Das **Porto** für Postkarten und Briefe bis 20 g beträgt innerhalb Italiens und der EU 1,30 €.

VERKEHR

Schiffslinienplan hintere Umschlagklappe

Das praktischste Verkehrsmittel in Venedig sind die **Vaporetti** der städtischen Verkehrsbetriebe **ACTV**. Sie befahren den Canal Grande und die wichtigsten Nebenkanäle. Die größeren doppelstöckigen **Motonavi** verkehren auf längeren Strecken, z. B. zum Flughafen, zum Lido oder den Inseln in der Lagune (zwischen 5 und 23.15 Uhr). Schneller, aber auch teurer sind die kleineren **Motoscafi** (Wassertaxis). Mit den **Traghetti** (Gondelfähren) werden an mehreren Plätzen Venezianer und Touristen billig über den Canal Grande befördert. Die Boote der **Alilaguna** verbinden Flughafen, Piazza San Marco, Lido und die übrigen Inseln, bieten aber auch diverse Touren an. Durch breite und schmale Kanäle kann man sich mit der **Gondel** schippern lassen, ► Das ist Venedig, S. 14 und S. 84. Strecken- und Fahrpläne für festivi (Sonn- und Feiertage) und feriali (Wochentage) erhalten Sie in den ACTV-Büros am Piazzale Roma und am Markusplatz.

Infos, Strecken- und Fahrpläne unter www.actv.it, Tickets vorab online sind günstiger | www.alilaguna.it und www.venicelink.com

Fahrkarten

Einzelfahrten mit dem Vaporetto (1 Std., 1 Gepäckstück) kosten 7,50 €. Günstiger sind Tageskarten (1 Tag/20 €, 2 Tage/30 €, 3 Tage/40 €, 7 Tage/60 €). Alle werden an den ACTV-Schaltern am Piazzale Roma oder in Tronchetto und Tabacchi (Tabakläden) sowie online verkauft unter **www.veneziaunica.it**. Die Fahrkarten müssen vor Fahrtantritt am Automaten am Anleger entwertet werden.

Online erworbene Tickets für Wasserbus/Bus können Sie an den Fahrkartenautomaten oder Venezia Unica-Verkaufsstellen abholen.

Vaporetto-Linien

Eine der meistbefahrenen Vaporetto-Linien im Stadtzentrum ist die Linie 1 ab Piazzale Roma bzw. Bahnhof durch den **Canal Grande** (Stopp an sämtlichen Haltestellen) zum Lido und zurück. Die Linie 2, die schnellste auf dem Canal Grande, fährt von Tronchetto über Piazzale Roma, Bahnhof, Rialto, Vallaresso San Marco, San Zaccaria und zurück durch den Giudecca-Kanal. Die **Altstadt umrunden** die Linien 4.1/5.1 gegen den Uhrzeigersinn, 4.2/5.2 im Uhrzeigersinn (erstere inkl. Murano, letztere inkl. Lido). Die »**Lagunenlinien**« fahren über die Lagune nach Chioggia, Treporti und Punta Sabbioni auf dem Litorale del Cavallino. Die Linie 17, eine Autofähre, verkehrt zwischen Tronchetto und Lido San Nicolò.

Traghetti, Motoscafi und Gondeln

Außer den vier Fußgängerbrücken gibt es günstige **Gondelfähren** (Traghetti, pro Fahrt 2 €), um den Canal Grande zu überqueren: Bahnhof – Fondamenta San Simeon, San Marcuola – Fondaco dei Turchi, Santa Sofia/Ca' d'Oro – Pescheria, Riva del Carbon – Riva del Vin (Rialto), Ca' Garzoni – San Tomà, San Samuele – Ca' Rezzonico, San Maria del Giglio – Palazzo Genovese. **Wassertaxis** (Motoscafi) sind teuer (Fahrt vom Flughafen Marco Polo in die Stadt ca. 100 €; online günstiger über www.motoscafivenezia.it und www.veneziataxi.it). Die (festen) Tarife sind auch an den Standplätzen am Flughafen Marco Polo, Bahnhof Santa Lucia, Fondamenta Nove, Lido Viale Santa Maria Elisabetta, Piazzale Roma, Rialto, San Marco und Tronchetto angeschlagen. Inbegriff der Romantik ist eine Fahrt mit einer der rund 400 schwarzen **Gondeln**, ► Das ist Venedig, S. 14, 84ff. Ihre Tarife für sind festgelegt: Min. (30 Min.) 80 €, nachts 100 €, jede weiteren 20 Min. 40 €.

Busse, Taxis und Leihräder

Die Verbindung zwischen Venedig und dem Festland wird auch mit **Bussen** hergestellt: Linie 5: Piazzale Roma – Aeroporto Marco Polo; Linien 2, 4, 7, 12: Piazzale Roma – Mestre; Linie 6: Piazzale Roma – Marghera; Linie 19: Piazzale Roma – Favaro – Altinia. Auf dem Lido verbinden Busse der Linien A und B die Anlegestelle Santa Maria Elisabetta mit den Endpunkten Alberoni und San Nicolò. Außerdem gibt es im Sommer einige Rundkurse sowie eine Buslinie von Santa Maria Elisabetta nach Alberoni, Pellestrina und Chioggia (Linie 11). In der Lagunenstadt gibt es keine Autotaxis. Vom Piazzale Roma fahren **Taxis** auf das Festland nach Mestre, Marghera und zum Flughafen (Tel. 04 15 95 20 80, 04 15 41 63 63). Die Taxis auf dem Lido sind unter Tel. 04 15 26 59 74 und 04 15 26 59 75 zu erreichen. Auf dem Lido, in Marghera und in Mestre gibt es ein **Stadtradsystem** für Einheimische und Touristen (www.bicincitta.tobike.it).

Mietwagen

Für Ausflüge auf das Festland mietet man sich am besten ein Auto ab Piazzale Roma, in Mestre oder am Flughafen. Mindestalter ist 21 Jahre. Führerschein und Kreditkarte sind ebenfalls erforderlich.

Straßenverkehr

Autobahnen

Italienische Autobahnen (Autostrada) sind **gebührenpflichtig**. Die Maut richtet sich nach dem Fahrzeug; für Wohnmobile bezahlt man fast das Doppelte des Pkw-Tarifs. Bezahlt wird bar oder mit der Bank- bzw. Kreditkarte (mit »Carte« bezeichnete Spuren). Die Viacard lohnt sich nur für Vielfahrer.

Tankstellen

Tankstellen sind in der Regel 7–12.30 und 15.30–19.30, manchmal auch bis 22 Uhr geöffnet. An Autobahnen gibt es meist einen 24-Stunden-Service. An Wochenenden sind viele Tankstellen geschlossen. Größere Tankstellen haben mitunter Tanksäulen, die Geldscheine sowie Kredit-/Bankkarten akzeptieren – aber nicht immer funktionieren.

Verkehrsvorschriften

In Italien gelten folgende **Tempolimits**: Pkws, Motorräder und Wohnmobile bis 3,5 t: innerorts 50 km/h, außerorts 90 km/h, auf Schnellstraßen (2 Fahrbahnen in jeder Richtung) 110 km/h, auf Autobahnen 130 km/h; Pkws und Wohnmobile über 3,5 t: außerorts 80 km/h, auf Schnellstraßen 80 km/h und Autobahnen 100 km/h. Wer zu schnell fährt, muss mit hohen Geldstrafen rechnen. Außerhalb geschlossener Ortschaften muss auch tagsüber mit **Abblendlicht** gefahren werden. In Orten mit guter Straßenbeleuchtung ist Standlicht erlaubt. Auf **Motorrädern** über 50 cm³ besteht Helmpflicht. Telefonieren ist dem Fahrer nur mit Freisprecheinrichtung erlaubt.
Warnweste ist für jede Person, die bei einer Panne das Auto verlässt, Pflicht. Privates Abschleppen auf Autobahnen ist verboten. Im Fall einer **Panne** hilft der italienische Automobilclub ACI (► S. 324). **Notrufsäulen** stehen im Abstand von 2 km an den Autobahnen. Bei Unfällen mit Personenschäden ist die Verkehrspolizei hinzuzuziehen. Hilfreich bei der Schadensabwicklung ist der Europäische Unfallbericht, den auch die italienischen Versicherungen verwenden – Download unter www.kfz-auskunft.de. Bei Totalschaden ist der italienische Zoll zu verständigen, da sonst eventuell für das Schadensfahrzeug Einfuhrzoll bezahlt werden muss.

REGISTER

C

D

E

F

G

H

I

J

K

L

M

N

P

Q

R

S

T

U

V

W

BILDNACHWEIS

APT Venedig 103
AWL Images 2 Mitte, 3 links unten, 14/15, 17, 51, 94, 184, 217 (J. Arnold), 224/225 (M. Colombo), 56 oben (D. Delimont Stock), 72 (Calum Stirling)
Hotel Danieli 312/313
DuMont Bildarchiv 119 u. und o., 122, 189, 194, 208, 237 o., 157 (R. Kiedrowski); 2 li., 3 Mitte, 5 u., 9, 12, 22/23, 35, 43, 70, 126 u., 144, 160 o. und u., 174, 176, 181, 191, 211 o. und u., 213, 277, 279, 321, 280 o., 282, 287 o. und u., 311 (S. Lubenow); 91
gettyimages 28 (Archivio Cameraphoto Epoche/Kontributor); 143 (R. Gerometta); 104 (Rachel Whiteread: »Untitled«, 1995; Maurizio Cattelan: »Untitled«, 2007; Felix Gonzalez-Torres: »Untitled«, 1992; Paris Match/H. Fanthomme/ Kontributor); 305 (Westend61/JL Pfeifer); 306 (M. Secchi)
Gritti Palace 280 u., 292
Huber 53 (G. Gräfenhain); 295 (L. Grandadam); 7, 96 (S. Kremer); 106, 126 o., 169 (SIME/G. Baveria); 25 (SIME/N. Miana); 65, 66 (SIME/ G. Simeone)
laif 31 (P. Adenis); 3 re., 203 u. (Archivio GBB/CONTRASTO); 205 (hemis.fr/C. Guy); 288 (Hub); 151 u. (M. Kirchgessner); 26/27 (H. Kloever); 308 (G. Knoll); 111 (Polaris/M. Silvestri); 2 re., 108 (Marino Marini: »Angelo della città«, 1948, Collezione Guggenheim, © VG Bild-Kunst, Bonn 2017, Polaris/G. Tagliapietra)
Maunder, Hilke 306 u.
Mauritius Images 138 (Alamy/J. Ferguson); 132 (Alamy/D. Knighton); 18/19 (Alamy/M. Scholz); 318 u. (Alamy/D. Smith); 10/11 (ClickAlps); 134 (R. Hardin/N. Clark); 164 (E. Nägele); U 8 (Novarc/S. Paterna); 251 (SuperStock/P. Barritt); 227 (Westend61/M. Grigollo); 85 (Richard sowersby/Alamy); 99 (Robert Wyatt/Alamy); 129 (James Talalay/Alamy); 214 (CuboImages/ Paolo Reda); 263 (Moviestore Collection Ltd/Alamy); 270 u. (Pictures Now /Alamy); 274 (Digital Image Library /Alamy); 298 (age fotostock/Carlo Morucchio)
Mosler, Axel M. 153
Hotel Pausania 317
picture-alliance/akg-images 268, 273; 261 (E. Lessing); 79, 151 o. (Cameraphoto); 245 (dpa); 20 (Fotoreport/M. Hanschke); 114 (Imagno/J. Kräftner); 68 (ZB/W. Grubitzsch)
picture-alliance/dpa 270 o. (Giornalfoto Mailand)
Residenza de l'Osmarin 318 o.
Schliebitz, Anja 56 u.
shutterstock 3 li. o. (Boumen Japet); 4 (DaLiu); 5 o. (Ducu Rodionoff); 62 (Fedor Selivanov); 75 (Isogood_patrick); 83 (Martin Charles Hatch); 179 (Igor Link); 187 (Don Mammoser); 198 (elxeneize); 203 o. (Alexander Reuter); 237 u. (Fabrizio Annovi); 240 (LukeOnTheRoad); 247 (Pierre Teyssot); 248 (Pierre Teyssot); 249 (Ihor Serdyukov); 252 (ZUCKY); 301 (Zafer Develi)
stockfood 284 o., (M. Brauner); 284 u. (J. Cazals); 285 (K. Iden)

Titelbild: Schapowalow/SIME/Mj. Rellini

VERZEICHNIS DER KARTEN UND GRAFIKEN

IMPRESSUM

Ausstattung:
130 Abbildungen, 28 Karten und grafische Darstellungen, ein großer Cityplan

Text:
Hilke Maunder, mit Beiträgen von Gabriella Vitiello, Dr. Evamarie Blattner, Peter Peter, Dr. Madeleine Reincke, Anja Schliebitz, Reinhard Strüber

Bearbeitung:
Baedeker-Redaktion
(Birgit Ulmer)

Kartografie:
Christoph Gallus, Hohberg;
Franz Huber, München
MAIRDUMONT Ostfildern (Cityplan)

3D-Illustrationen:
jangled nerves, Stuttgart

Infografiken:
Golden Section Graphics GmbH, Berlin

Gestalterisches Konzept:
RUPA GbR, München

19. Auflage 2024

Printed in China

Trotz aller Sorgfalt von Redaktion und Autoren zeigt die Erfahrung, dass Fehler und Änderungen nach Drucklegung nicht ausgeschlossen werden können. Dafür kann der Verlag leider keine Haftung übernehmen. Jede Karte wird stets nach neuesten Unterlagen und unter Berücksichtigung der aktuellen politischen De-facto-Administrationen (oder Zugehörigkeiten) überarbeitet. Dies kann dazu führen, dass die Angaben von der völkerrechtlichen Lage abweichen. Irrtümer können trotzdem nie ganz ausgeschlossen werden. Kritik, Berichtigungen und Verbesserungsvorschläge sind jederzeit willkommen. Schreiben Sie uns, mailen Sie oder rufen Sie an:

MairDumont: Baedeker Redaktion
Postfach 3162, D-73751 Ostfildern
Tel. 0711 4502-262
www.baedeker.com

BAEDEKER VERLAGSPROGRAMM

Viele Baedeker-Titel sind als E-Book erhältlich.

A
Ägypten
Algarve
Allgäu
Amsterdam
Andalusien
Australien

B
Bali
Baltikum
Barcelona

Belgien
Berlin · Potsdam
Bodensee
Böhmen
Bretagne
Brüssel
Budapest
Burgund

C
China

D
Dänemark
Deutsche Nordseeküste
Deutschland
Dresden
Dubai · VAE

E
Elba
Elsass · Vogesen
England

F
Finnland
Florenz
Florida
Frankreich
Fuerteventura

G
Gardasee

Golf von Neapel
Gomera
Gran Canaria
Griechenland

H
Hamburg
Harz
Hongkong · Macao

I
Indien
Irland
Island
Israel · Palästina
Istanbul
Istrien · Kvarner Bucht
Italien

J
Japan

K
Kalifornien
Kanada · Osten
Kanada · Westen

Kanalinseln
Kapstadt · Garden Route
Kopenhagen
Korfu · Ionische Inseln
Korsika
Kreta
Kroatische Adriaküste · Dalmatien
Kuba

L
La Palma
Lanzarote
Lissabon
London

M
Madeira
Madrid
Mallorca
Malta · Gozo · Comino
Marrokko
Mecklenburg-Vorpommern
Menorca
Mexiko
München

N
Namibia
Neuseeland
New York
Niederlande

Norwegen

O
Oberbayern
Österreich

P
Paris
Polen
Polnische Ostseeküste · Danzing · Masuren
Portugal
Prag
Provence · Côte d'Azur

R
Rhodos
Rom
Rügen · Hiddensee
Rumänien

S
Sachsen
Salzburger Land
Sankt Petersburg
Sardinien
Schottland
Schwarzwald
Schweden
Schweiz
Sizilien
Skandinavien
Slowenien
Spanien
Sri Lanka
Südafrika
Südengland
Südschweden · Stockholm
Südtirol
Sylt

T
Teneriffa
Thailand
Thüringen
Toskana

U
USA · Nordosten
USA · Südwesten

Usedom

V
Venedig
Vietnam

W
Wien

Z
Zypern

Meine persönlichen Notizen

Meine persönlichen Notizen

Meine persönlichen Notizen

Meine persönlichen Notizen

Meine persönlichen Notizen

Meine persönlichen Notizen

Meine persönlichen Notizen

Meine persönlichen Notizen

1 P.le Roma-Ferrovia-Rialto-S.Marco-Lido
2 S.Zaccaria-Giudecca-Tronchetto-P.le Roma-Ferrovia-Rialto-S.Marco-Lido
3 P.le Roma-Ferrovia-Murano-Ferrovia-P.le Roma
4.1 Murano-F.te Nove-Ferrovia-P.Roma-Giudecca-S.Zaccaria-F.te Nove-Murano
4.2 Murano-F.te Nove-S.Zaccaria-Giudecca-P.Roma-Ferrovia-F.te Nove-Murano
5.1 Lido-Ospedale-F.te Nove-Ferrovia-P.le Roma-S.Zaccaria-Lido
5.2 Lido-S.Zaccaria-P.le Roma-Ferrovia-F.te Nove-Ospedale-Lido
6 P.le Roma-Zattere-Giardini Biennale-S.Elena-Lido
7 S.Zaccaria-Murano-S.Zaccaria
8 S. Fisola-Zattere-Giardini Biennale-Lido S. Nicolò
9 Burano-Torcello
10 Lido-S.Marco Giardinetti-Zattere
11 Alberoni Faro Rocchetta-S.Maria del Mare-Pellestrina-Chioggia
12 F.te Nove-Burano-Treporti-Punta Sabbioni
13 F.te Nove-Murano-Vignole-S.Erasmo-Treporti
14 S.Zaccaria-Lido-P.Sabbioni-Treporti-Burano
15 S.Zaccaria-P.Sabbioni
16 Fusina-Zattere
17 Servizio Trasporto Automezzi Tro
18 Murano-S. Erasmo-Lido
20 S.Zaccaria-S.Servolo-S.Lazzaro-Li
22 P.Sabbioni-Ospedale-F.te Nove-T
PM People Mover Funicolare terrestr
N Notturno: S.Zaccaria-Canale Giu
N Notturno Laguna Nord: F.te Nov
N Notturno Murano: F.te Nove-Mu

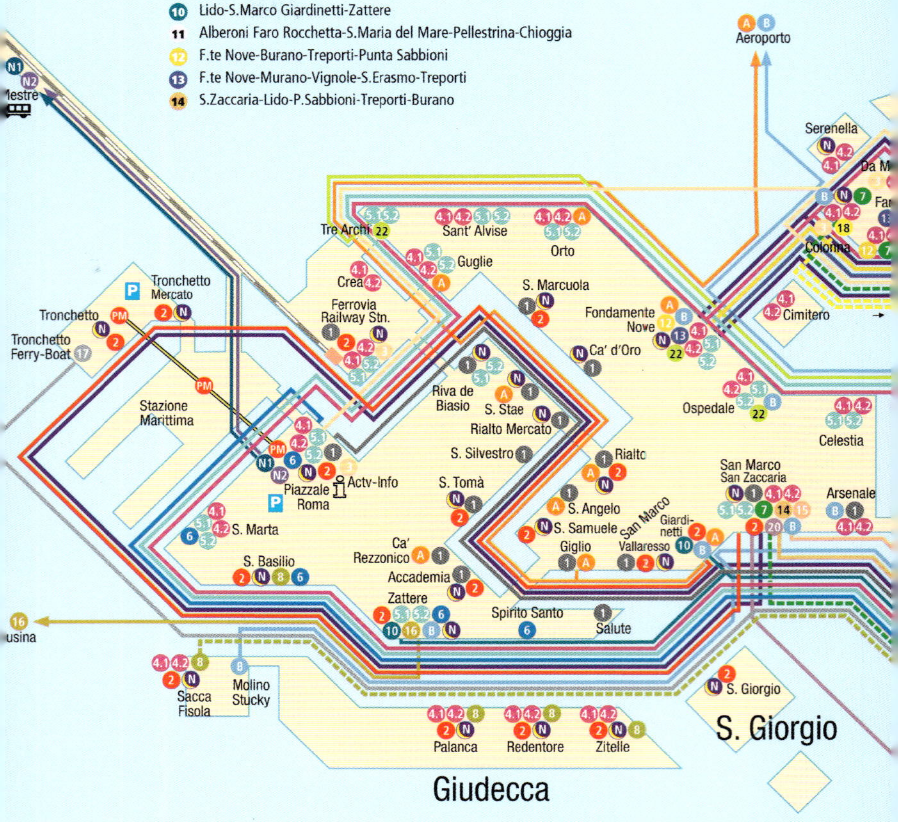

Aeroporto
Serenella
Da M
Fa
Colonna
Tre Archi
Sant' Alvise
Orto
Guglie
Crea
S. Marcuola
Fondamente Nove
Cimitero
Tronchetto Mercato
Tronchetto
Tronchetto Ferry-Boat
Mestre
Ferrovia Railway Stn.
Ca' d'Oro
Riva de Biasio
S. Stae
Rialto Mercato
Ospedale
Celestia
Stazione Marittima
Piazzale Roma
Actv-Info
S. Silvestro
Rialto
S. Tomà
San Marco San Zaccaria
Arsenale
S. Angelo
S. Samuele
San Marco Vallaresso
Giardinetti
S. Marta
Giglio
Ca' Rezzonico
S. Basilio
Accademia
Zattere
Spirito Santo
Salute
Fusina
Sacca Fisola
Molino Stucky
S. Giorgio
Palanca
Redentore
Zitelle
S. Giorgio
Giudecca

Actv Azienda del Consorzio Trasporti Veneziano

ALILAGUNA

Alilaguna

A Alilaguna Arancio — Aero

B Alilaguna Blu — Aero

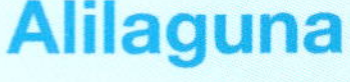

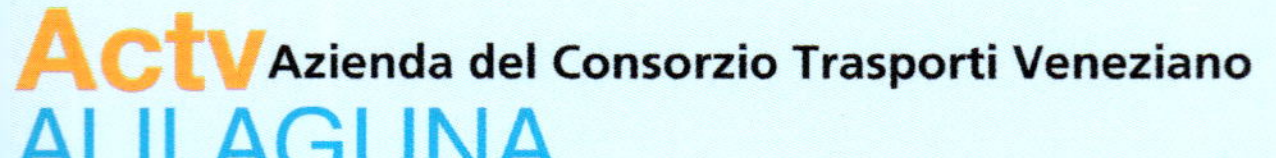

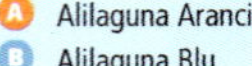